Gerhard Helbig
Zur Bedeutung der Wörter
Ein illustriertes Lexikon

Gerhard Helbig

ZUR BEDEUTUNG DER WÖRTER

Ein illustriertes Lexikon

Mit zweihundertfünfundzwanzig Zeichnungen von Hans-Eberhard Ernst

Verlag Faber & Faber Leipzig

Inhaltsverzeichnis

Einleitung

Das vorliegende Wörterbuch umfaßt – in alphabetischer Reihenfolge – etwa 1000 Wörter, deren Bedeutung in der deutschen Gegenwartssprache den Sprechern in der Regel geläufig ist, deren Herkunft ihnen aber zumeist unbekannt ist. Diese »verdunkelte« Herkunft (und die damit verbundene »ursprüngliche« oder »Grundbedeutung«) soll für breite Kreise (nicht in erster Linie für Spezialisten der germanistischen Sprachwissenschaft) aufgehellt und erläutert werden. Auf diese Weise versteht sich das Wörterbuch als Beitrag zur Sensibilisierung des Sprachbewußtseins, zur Bewahrung der Tradition und damit auch zur Sprachkultur im weiteren Sinne.

Es gibt im Deutschen eine Fülle von solchen Wörtern mit »verdunkelter« Herkunft. Sie lassen sich unterschiedlichen Gruppen zuordnen: Zu einem Teil gehen sie auf Namen (Personennamen oder geographische Namen) zurück, die auf Objekte oder Handlungen übertragen worden sind (z. B. *Kognac, Selters, röntgen*). Eine andere Gruppe umfaßt Wörter, die mannigfaltige Prozesse der Bedeutungsveränderung durchlaufen haben (wie z. B. Bedeutungserweiterung oder -verengung, Bedeutungsminderung oder -aufwertung), bei denen – linguistisch gesehen – bestimmte (manchmal sogar: alle) Bedeutungsmerkmale unterdrückt oder neue hinzugefügt worden sind. Unter ihnen gibt es eine (Teil-)Gruppe von Wörtern, die noch heute ihre Herkunft aus einer Fremdsprache erkennen lassen (z. B. *Agent, Demagoge, Karneval*). Daneben steht eine zweite (Teil-)Gruppe von Wörtern, deren (mögliche) Herkunft aus einer Fremdsprache heute nicht mehr deutlich ist, weil sie eine Bedeutungsentwicklung innerhalb des Deutschen durchgemacht haben, die zumeist deutscher Herkunft sind, aber auch alte »Lehnwörter« (etwa aus dem Lateinischen) sein können (z. B. *Arbeit, fertig, Gefährte, Doktor*).

Freilich sind die Grenzen zwischen diesen Gruppen nicht ganz scharf zu ziehen. Das ergibt sich schon daraus, daß auch die heutigen »Lehnwörter« früher einmal »Fremdwörter« waren. Den heutigen Wörtern kann man es auch nicht immmer ansehen, ob sie auf einen Namen zurückgehen (wie z. B. *verballhornen*) oder nicht (wie z. B. *radebrechen*). Ihre Unterscheidung ist auch für dieses Wörterbuch nicht von zentraler Bedeutung, da es von einer alphabetischen Reihenfolge ausgeht. Wie die schon genannten Beispiele zeigen, handelt es sich bei den Wörtern mit »verdunkelter« Herkunft vor allem um Substantive, aber auch – zu einem kleineren Teil – um Verben und Adjektive (vereinzelt sogar um Adverbien). Dagegen sind aus dem vorliegenden Wörterbuch mit Absicht von vornherein ausgeschlossen worden die phraseologischen Einheiten (die Anliegen eines spezifischen phraseologischen Wörterbuchs sind) und die Abkürzungen (die in ein besonderes Abkürzungswörterbuch gehören). –

Die Geschichte des Wortschatzes wird wissenschaftlich einerseits von der Lexikologie, genauer: der historischen Lexikologie, untersucht, die dem Bedeutungswandel (und den verschiedenen Typen des Bedeutungswandels) nachgeht. Die Geschichte der einzelnen Wörter andererseits wird lexikographisch weitgehend in solchen Wörterbüchern erfaßt, die als »etymologische Wörterbücher« firmieren, die Wortgeschichte und Etymologie erfassen. Die Etymologie versteht sich als Wissenschaft von der Herkunft der Wörter sowie der Entwicklung ihrer Formen und Bedeutungen (entsprechend griech. *etymos* ›wahr‹; *etymon* ›Urform, Urbedeutung, historische Wurzel eines Wortes‹).

Das vorliegende Wörterbuch stützt sich auf die Ergebnisse dieser etymologischen Wörterbücher (vgl. das kleine Literaturverzeichnis am Ende des Bandes, das zugleich zur weiterführenden Lektüre anregen kann). Es unterscheidet sich von ihnen aber grundsätzlich im Adressatenkreis und – davon abgeleitet – in der Art der Einträge zu den einzelnen Stichwörtern: Die etymologischen Wörterbücher verfolgen sprachwissenschaftliche Ziele und sind vor allem für Philologen bestimmt, das vorliegende Buch richtet sich an einen breiteren Leserkreis von sprachlich interessierten »Laien« (auch ohne philologische Vorbildung) – sowohl an Muttersprachler als auch an Nicht-Muttersprachler. Während die etymologischen Wörterbücher die Geschichte des Wortschatzes insgesamt und akribisch sowohl auf der lautlich-formalen Ebene (z. B. vom Lat. über das Ahd. und Mhd. hin bis zum Gegenwartsdeutschen) als auch auf der semantischen Ebene (in der Entwicklung der Bedeutungen) verfolgen, enthält das vorliegende Buch nur einen kleinen Bruchteil des Gesamtwortschatzes, also eine Auswahl, eben solche Wörter, deren Herkunft – und deren ursprüngliche Bedeutung – für den heutigen Sprecher »verdunkelt« ist. Dieser Teil wird vor allem im Hinblick auf die Herkunft der Bedeutungen erklärt; die Wandlungen auf der lautlich-formalen Seite werden dabei nur in wenigen Fällen (am Rande) vermerkt. –

Ich danke dem Verlag Faber & Faber, besonders Herrn Elmar Faber, für die Anstöße und Anregungen zu diesem Buch, ohne die es gewiß nicht entstanden wäre.

Benutzungshinweise

Die Lemmata stehen im Fettdruck.

Am Anfang jedes Eintrags findet sich in kursiver Schrift die Angabe der Bedeutung (bzw. der Bedeutungen) des betreffenden Wortes in der Gegenwartssprache.

Sprachliche Ausdrücke selbst (aus verschiedenen Einzelsprachen) sind kursiv gesetzt.

Mit einfachen An- und Ausführungszeichen sind Bedeutungsangaben zu den sprachlichen Ausdrücken gekennzeichnet.

Es werden einige Abkürzungen verwendet, vor allem für Sprachbezeichnungen; sie sind im unmittelbar folgenden Abkürzungsverzeichnis aufgeführt und erklärt.

Abkürzungsverzeichnis

A. Sprachbezeichnungen:

aengl.	altenglisch (5.–11. Jh.)
ahd.	althochdeutsch (8.–11. Jh.)
aind.	altindisch
alat.	altlateinisch (6. Jh.–1. Jh. v. Chr.)
alem.	alemannisch
amerik.	amerikanisch
arab.	arabisch
aram.	aramäisch
bair.	bairisch
chin.	chinesisch
dt.	deutsch
engl.	englisch
frühnhd.	frühneuhochdeutsch (14.–17. Jh.)
frz.	französisch
germ.	germanisch
griech.	griechisch
hebr.	hebräisch
hd.	hochdeutsch
idg.	indogermanisch (indoeuropäisch)
aind.	altindisch
ital.	italienisch
jidd.	jiddisch
kirchenlat.	kirchenlateinisch
lat.	lateinisch (klassisches Lat. 1. Jh. v. Chr.–5. Jh. nach Chr.)
mal.	malaiisch
md.	mitteldeutsch
mfrz.	mittelfranzösisch
mhd.	mittelhochdeutsch (11.–14. Jh.)
mlat.	mittellateinisch (14.–15. Jh.)
mnd.	mittelniederdeutsch (13.–16. Jh.)
mnl.	mittelniederländisch (13.–15. Jh.)
mongol.	mongolisch
nd.	niederdeutsch
nhd.	neuhochdeutsch (seit dem 14. Jh.)
nl.	niederländisch
nlat.	neulateinisch
nord.	nordisch, nordgermanisch
obd.	oberdeutsch
österr.	österreichisch(es Deutsch)
ostmd.	ostmitteldeutsch
pers.	persisch
poln.	polnisch
port.	portugiesisch
rom.	romanisch
russ.	russisch
schwäb.	schwäbisch
schwed.	schwedisch
schweiz.	schweizerisch, Schweizer Deutsch
serbokroat.	serbokroatisch
slaw.	slawisch
sorb.	sorbisch
span.	spanisch
tschech.	tschechisch
türk.	türkisch
ungar.	ungarisch
vlat.	vulgärlateinisch
westgerm.	westgermanisch
westmd.	westmitteldeutsch

B. Andere Abkürzungen

Jh.	Jahrhundert
Kor.	Korinther (Neues Testament)
Luk.	Lukas (Neues Testament)
Mos.	Moses (Altes Testament)
Sam.	Samuel (Altes Testament)
ugs.	umgangssprachlich

Abitur

›Reifeprüfung, Abschlußprüfung an einem Gymnasium‹

Das Wort ist eine Verkürzung von *Abiturium*, das in der 2. Hälfte des 19. Jhs. nach dem Vorbild von *Physikum* (bei Medizin-Studenten) gebildet worden ist. Die Wörter *Abitur* und *Abiturient* gehen zurück auf das lat. Verb *abīre*, das soviel bedeutet wie ›ab-, fort-, weggehen‹. Ein *Abiturient* ist deshalb ursprünglich jmd., ›der (von der Schule) abgehen wird‹.

abrupt

›zusammenhanglos, plötzlich, unvermittelt‹

Das Wort ist in der 2. Hälfte des 18. Jhs. aus einem gleichlautenden und gleichbedeutenden lat. Wort entlehnt worden, das von dem Verb *abrumpere* mit der Bedeutung ›ab-, losreißen, mit Gewalt trennen‹ abgeleitet ist. *Abrupt* ist deshalb etwas, was von einem Zusammenhang getrennt ist und deshalb unvermittelt wirkt (z. B. *ein abruptes Ende, ein Gespräch abrupt abbrechen*).

absolut

›uneingeschränkt, nicht bedingt, völlig‹

Das Wort ist im 16. Jh. aus lat. *absolutus* entlehnt worden (›vollständig, unbedingt, ohne Einschränkung‹). Zuerst taucht es im Dt. bei Paracelsus in der Bedeutung ›befreit, erlöst‹ auf, später im Sinne von ›uneingeschränkt, unbedingt‹, dann auch von ›unumschränkt‹ (im Sinne der politischen Herrschaft) und schließlich – seit dem 18. Jh. – von ›unabhängig, losgelöst, an (und für) sich‹. Das Wort *absolut* wird im Gegensatz zu *relativ* verwendet im allgemeinen und auch im fachsprachlichen Gebrauch (z. B. *Das Flugzeug ist absolut sicher, absolute Höhe, absolute Zahl, absoluter Nullpunkt* [›tiefste *Temperatur* überhaupt‹]).

absolvieren

›(eine Schule, ein Studium, eine Ausbildung) durchlaufen und erfolgreich abschließen‹

Das Verb geht auf das Lat. zurück und findet sich schon im Mhd., dort aber in der Bedeutung von ›(von Sünden, von Acht und Bann) los- und freisprechen‹.

Abteil

›abgetrennter Raum in einem Eisenbahnwagen‹

Das Wort hängt offenbar (als Kürzung) mit *Abteilung* zusammen und wurde durch Sarrazen (1886) als Ersatz für das ältere (aus dem Frz. übernommene) *Coupé* vorgeschlagen. Das jüngere Wort *Abteil* wird Ende des 19. Jhs. in den amtlichen Sprachgebrauch übernommen und setzt sich erst seit den 20er Jahren des 20. Jhs. wirklich gegenüber *Coupé* durch.

Abtritt

›Weggang, Rücktritt‹; ›Abort‹

Die erste Bedeutung ist die ältere und findet sich schon im Mhd. (›das Zurücktreten, der Widerruf‹). Sie findet sich auch heute noch (z. B. *sein Abtritt von der (politischen) Bühne*). Die zweite Bedeutung (›Abort‹) tritt vereinzelt seit dem 16. Jh. auf, wird aber erst in der 2. Hälfte des 17. Jhs. geläufig. Sie war zunächst ein verhüllender Ausdruck, ist aber zunehmend zu einem groben Ausdruck (mit negativer Bewertung) geworden.

abwägen

›mehrere Möglichkeiten sorgsam vergleichen, um sich für die günstigere zu entscheiden‹
Das Wort wurde ursprünglich gebraucht im konkreten Sinne ›das Gewicht feststellen, abwiegen‹ (im 15. Jh.), danach (im 16. Jh.) allgemeiner ›messen‹ und schließlich (seit dem 16. Jh.) in unserer heutigen Bedeutung ›vergleichend prüfen, genau bedenken‹.

Ader

›Blutgefäß‹
Ursprünglich bezeichnete das Wort jeden Rohrgang im Körper sowohl für Blut als auch für Luft, Speise, Wasser, Kot sowie rohrenähnliche Stränge im Körper (wie Sehne oder Muskel) und sogar in Bereichen außerhalb des Menschen (z. B. in Blättern oder im Holz). Erst im Nhd. wird – im Zusammenhang mit dem früher oft verordneten Aderlaß – die heutige (engere) Bedeutung von ›Blutgefäß‹ vorherrschend. Allerdings gibt es auch heute noch Reste der breiteren und heute z. T. auch metaphorischen Bedeutung (z. B. *Wasserader, seine dichterische Ader*).

adieu / ade

›leb wohl‹ (als Grußformel)
Der Abschiedsgruß geht auf eine gleichlautende und gleichbedeutende frz. Form zurück, der das lat. *ad Deum* (›(ich empfehle dich) Gott‹) zugrunde liegt. Die frz. Form hat verschiedene Kurzformen entwickelt: Auf der einen Seite ist die (im 17. Jh.) aus dem Frz. entlehnte Form der landschaftlichen Umgangssprache angepaßt worden, so daß Formen wie *atjē, t(s)schö* und schließlich *adē* begegnen (letzteres bis heute in Volksliedern bewahrt). Auf der anderen Seite treten (seit dem 18. Jh.) – wahrscheinlich vermittelt über das span. *adiós* – Bildungen mit *-s* am Ende auf: *adjes, adjüs, atschüs* und in der heutigen Sprache häufiger *tschüs* und *tschüsing*, die sich über die norddt. Hafenstädte verbreiten. Alle diese jüngeren Formen haben die ursprüngliche religiöse Bedeutungskomponente völlig eingebüßt.

Adjektiv

›Eigenschaftswort‹
Das Wort ist aus dem Lat. entlehnt worden und hat dort die ursprüngliche Bedeutung von ›hinzufügbares Wort‹ – entsprechend dem lat. Verb *adicere* ›hinzutun, beifügen‹. Das Adjektiv kann als Wort einem Substantiv hinzugefügt werden, deshalb auch im Lat. eigentlich die Bezeichnung *nomen adjectivum*. *Adjektiv* hat sich als grammatischer Terminus erhalten, seine Eindeutschung als ›Eigenschaftswort‹ ist nicht sehr glücklich, weil Adjektive durchaus nicht immer Eigenschaften bezeichnen (vgl. z. B. *die heutige Zeitung, das hiesige Klima*) und Eigenschaften auch durch Wörter bezeichnet werden, die keine Adjektive sind (vgl. z. B. *die Härte, die Größe*).

adoptieren

›an Kindes Statt annehmen‹
Das Verb ist im 16. Jh. aus dem gleichbedeutenden lat. Wort *adoptāre* entlehnt worden, dem der Stamm *optāre* ›wählen, wünschen‹ zugrunde liegt. Es bedeutete

also ursprünglich soviel wie ›hinzuwählen, hinzuwünschen‹.

Adresse

›Anschrift, Wohnungsangabe‹; ›offizielle schriftliche Willensbekundung‹

Das Wort ist im 17. Jh. aus dem Frz. entlehnt worden, bedeutete dort ›Richtung, richtige Gelegenheit, Zugang‹, so zunächst auch im Dt. (bis ins 18. Jh.). Um 1700 kommt dann im Dt. von der engl. Parlamentssprache her die oben genannte zweite Bedeutung auf (›schriftliche Willensbekundung, feierliches Schreiben‹, später vor allem ›Glückwunsch- und Grußschreiben‹ [z.B. *eine Adresse des Parlaments an den König, eine Adresse an den Parteitag*]). In der Alltagssprache dominiert die erste Bedeutung (›Anschrift‹).

Advent

›Zeit vor Weihnachten, beginnend mit dem ersten der vier Sonntage vor Weihnachten, einer dieser vier Sonntage‹

Das Wort ist aus einem gleichlautenden lat. Wort entlehnt, das soviel wie ›Ankunft‹ bedeutete. Gemeint ist die Ankunft Christi: Entsprechend den Festlegungen im Kalender des Kirchenjahres nahm das lat. Wort im 5./6. Jh. die Bedeutung ›Buß- und Vorbereitungszeit auf das Fest der Geburt (der ersten Ankunft) Christi‹ an.

Advokat

›Rechtsbeistand, (Rechts-)Anwalt‹

Das Wort ist im 14. Jh. aus einem gleichlautenden lat. Wort entlehnt worden, das eigentlich soviel bedeutete wie ›der in einem Rechtsstreit zu Hilfe Herbeigerufene‹ (entsprechend lat. *advocāre* ›herbeirufen‹). Als offizielle Berufsbezeichnung wurde *Advokat* im Dt. durch die Rechtsanwaltsordnung von 1878 durch *Rechtsanwalt* ersetzt, ist in einigen deutschsprachigen Gebieten umgangssprachlich jedoch noch üblich.

Affäre

›peinlicher, skandalöser Fall oder Vorfall‹

Das Wort wurde im 17. Jh. aus dem Frz. übernommen, bedeutete dort ›Geschäft, Sache, Angelegenheit, Vorfall‹, hatte also zunächst keine negative Bewertungskomponente (entsprechend frz. *faire* ›machen, tun‹). Später trat die (negative) Bewertungskomponente des ›Unangenehmen, Peinlichen oder Skandalösen‹ immer mehr in den Vordergrund (z.B. *Er ist in eine dunkle Affäre verwickelt; in eine Affäre hineingeraten, Liebesaffäre*).

After

›Ausgang des Mastdarms‹

Das Wort gehört der Fachsprache der Medizin an, gilt aber alltagssprachlich heute als anstößig und wird daher gemieden. Es erscheint jedoch bereits im Ahd. (in der Bedeutung ›Hintern, Podex‹) und ist ursprünglich die Substantivierung einer Präposition bzw. eines Adverbs (vgl. noch heute engl. *after*) mit der Bedeutung ›nach, hinter‹ bzw. ›danach, hinten‹.

Agent

›wer im Auftrage eines anderen handelt‹

Das Wort ist im 16. Jh. aus dem Ital. entlehnt worden und geht auf das lat. *Agens* zurück (›der Handelnde, Tätige‹). Zunächst bezeichnet es einen ›Geschäftsträger, den Bevollmächtigten eines Regenten‹, im 16.–18. Jh. auch einen ›Schauspieler‹. Seit dem 17. Jh. ist das Wort auch als ›kaufmännischer Vertreter, Geschäftsvermittler‹ belegt (in diesem Sinne in *Versicherungsagent* oder *Agentur* bis heute gebräuchlich). Später begegnet es dann – dies heute auch häufig – als ›gedungene Person zur Ausführung von politischen Geheimaufträgen‹ – im Sinne von ›Spion‹ oder ›Spitzel‹ (vgl. z. B. *ein Agent der feindlichen Mächte, als Agent enttarnt werden*).

Agitator

›Aufklärer, der auf das politische Denken und die Stimmung der Volksmassen aktiv einwirkt‹

Das Wort ist zunächst eine Entlehnung aus dem Frz. vom Ende des 18. Jhs. in der Bedeutung ›Aufwiegler‹. Es blieb vorerst ohne große Verbreitung, wurde aber im 19. Jh. aus dem Engl. ein zweites Mal entlehnt, diesmal anfangs mit einer ausdrücklichen Beziehung auf *the great agitator*, den Iren O'Connell. Zu unterschiedlichen Zeiten waren dem Wort also unterschiedliche – negative oder positive – Wertungskomponenten eigen. In jüngerer Zeit dominiert die engere (und zumeist positive) Verwendung im Bereich der politischen Agitation (*Agitator* gar als Funktionär der Parteien).

Akademiker

›an einer Hochschule ausgebildete Person‹; ›Mitglied einer Akademie‹

Das Wort erscheint im Dt. in beiden Bedeutungen im 18. Jh. Allerdings dominiert in der Gegenwartssprache (zumal in der Alltagssprache, aber nicht nur dort) die erste Bedeutung (für ›jeden, der einen Hochschulabschluß erworben hat‹). Die zweite Bedeutung (als ›gewähltes Mitglied einer Gelehrtengesellschaft‹) ist weit weniger verbreitet (und ist im Osten des dt. Sprachraums – wohl unter dem Einfluß des entsprechenden russ. Wortes *akademik* – manchmal verwendet worden).

Akkord

›Stücklohn, Akkordarbeit‹

In dieser heutigen Bedeutung ist das Wort nur im Dt. üblich, und zwar seit Anfang des 19. Jhs., als sich *Akkord(lohn)* gegenüber der älteren Bezeichnung *Stückarbeit* durchsetzte (in der kapitalistischen Wirtschaft). Bei *Akkord(lohn)* handelt es sich eigentlich um eine ›Vereinbarung des Entgelts bei Arbeit im Stücklohn‹ – im Unterschied zum Tages- oder Stundenlohn. Die Bedeutungskomponente ›Vereinbarung‹ entspricht der Herkunft des Wortes aus dem Ital. und Frz. *(accordo/accord)*, dort ›Übereinstimmung, Vertrag, Abkommen‹. Von dort drang das Wort allmählich in die Kaufmannssprache und in das Wirtschaftsleben ein.

akkreditieren

›beglaubigen, bevollmächtigen‹, besonders für ausländische Diplomaten oder Journalisten bei der Regierung eines Landes

Das Wort ist aus dem Frz. entlehnt und bedeutete ursprünglich soviel wie ›Ansehen verschaffen, empfehlen‹, ehe sich aus dieser allgemeinen Bedeutung die heutige spezielle Bedeutung im diplomatischen Verkehr entwickelt hat. Das frz. Verb ist eine denominale Präfixbildung zu *crédit* (›Ansehen, Vertrauen‹; vgl. auch dt. *Kredit*).

Akkusativ

›4. Kasus in der Deklination, Kasus zur Bezeichnung des direkten Objekts, Wenfall‹

Diese grammatische Bezeichnung geht zurück auf das gleichlautende und gleichbedeutende lat. Wort (›die Anklage betreffender Kasus‹). Dabei liegt jedoch eine Fehlübersetzung eines mißverstandenen griech. Wortes vor (das eigentlich ›Ursache und Wirkung betreffender Kasus‹ bedeutet). Dementsprechend sollte *Akkusativ* ursprünglich den Kasus des ›Verursachten oder Bewirkten‹ bezeichnen. Aber auch diese Umschreibung für den *Akkusativ* ist zu eng. Deshalb scheiterten auch alle Verdeutschungsversuche; sie mußten scheitern, weil der Akkusativ (wie auch die anderen Kasus) vor allem eine syntaktische Erscheinung ist, deren Bedeutung nicht so einfach festzulegen ist. Der Akkusativ kann zwar (in einigen wenigen Fällen) ›das Bewirkte‹ bezeichnen (z.B. *Sie bäckt das Brot*), muß es aber nicht (z.B. *Sie verkauft das Brot* – in diesem Falle ist das *Brot* keinesfalls von der im Verb ausgedrückten Handlung bewirkt, es existiert vielmehr bereits vor dieser Handlung).

Aktie

›Anteil am Grundkapital einer Aktiengesellschaft, Anteilsschein, Wertpapier‹

Das Wort ist im 17. und 18. Jh. aus dem Nl. und Frz. übernommen worden und geht auf ein lat. Wort zurück (*actio* ›Handlung, Tätigkeit, Gerichtsverhandlung, Klage, Rechtsanspruch‹). Diese viel allgemeinere Bedeutung (die heute noch in *agieren, Aktion* u.a. nachlebt) wurde nach 1700 zugunsten der heutigen Bedeutung spezifiziert – wohl über die Bedeutungskomponente ›einklagbarer Anspruch, Anrecht‹.

aktuell

›zeitgemäß, für die Gegenwart bedeutsam, zeitnah, vordringlich‹

Das Adjektiv wurde im 18. Jh. aus einem frz. Wort entlehnt, das die Bedeutung von ›wirklich, gegenwärtig, wahrhaftig, wirksam‹ hatte. Nach frz. Vorbild wurde das Wort im Dt. zunächst auch in dieser Bedeutung gebraucht. Im 19. Jh. fand jedoch im Dt. eine Bedeutungsverschiebung von ›wirklich‹ zu ›neu, zeitgemäß‹ statt. Vor allem in der Publizistik wurde das Wort in dieser neuen Bedeutung zu einem bevorzugten Modewort und verbreitete sich rasch (auch über die Werbung).

Alarm

›Warnsignal bei Gefahr, verbunden mit der Aufforderung zur Bereitschaft zum Einsatz‹

Das Wort wurde im 15. Jh. aus dem ital. *all'arme* entlehnt (›zur Waffe, zu den Waffen‹), das als Weck- und Waffenruf im militärischen Bereich diente. Erst später wurde die Bedeutung verallgemeinert zu einem ›Warnsignal‹ weit über den militärischen Bereich hinaus (vgl. *Feuer-, Hochwasser-, Probealarm*), wohl z.T. vermittelt über das Frz. (dort ›Notruf, Beunruhigung, Schrecken‹).

albern

›kindlich, töricht, unseriös‹

Das Wort geht auf das Ahd. zurück, bedeutete dort allerdings ›freundlich, wohlwollend‹. Im Mhd. nahm es die Bedeutung ›schlicht, einfältig‹ an, die sich erst später zu unserer heutigen Bedeutung entwickelte (mit deutlich negativer Bewertung, die dem Wort früher nicht anhaftete).

Album

›repräsentatives unbedrucktes Buch, in dem etwas eingetragen oder gesammelt werden kann‹

Das Substantiv geht auf ein gleichlautendes lat. Wort zurück, das ›das Weiß, weiße Farbe‹, speziell ›weiße Tafel zum Eintragen öffentlicher Verordnungen und Namenlisten‹ bedeutete. In dieser Bedeutung ist es im 16. Jh. zuerst im Dt. belegt, im 17. Jh. wurde es schattiert zu ›Buch für Aufzeichnungen‹ (Matrikel, Stammbuch, Protokollbuch u. a.). In der Gegenwartssprache steht *Album* schließlich für jede Art eines (mitunter auch bedruckten) Sammel- oder Gedenkbuches. Vielfach steht es in Zusammensetzungen, deren erstes Glied den speziellen Verwendungszweck angibt (z. B. *Poesie-, Foto-, Briefmarkenalbum*).

Alimente

›Lebensunterhaltskosten, pflichtgemäße Unterhaltszahlung, besonders für außerhalb der Ehe geborene Kinder‹

Das (fast nur im Plural gebrauchte) Substantiv ist im 16. Jh. entlehnt worden aus einem gleichlautenden lat. Wort, das soviel wie ›Nahrungsmittel, Nahrung, Unterhalt, Unterhaltskosten‹ bedeutete (nach *alere* ›unterhalten, ernähren, großziehen‹). Im Dt. wurde es zuerst im Sinne von ›Nahrung, Kost, Kleider‹, dann im Sinne von ›Betrag, Kosten zum Lebensunterhalt‹ verwendet (seit dem 17. Jh.). Die heutige Bedeutung ›Unterhaltsgelder‹ gewinnt das Wort in der Rechtssprache des 18. Jhs.

Alkohol

›Spiritus, Weingeist, zur Herstellung alkoholischer Getränke verwendete Flüssigkeit‹ (= reiner Alkohol); ›aus Alkohol (in bestimmten Prozenten) hergestellte Getränke‹

Das Substantiv geht zurück auf ein gleichlautendes hispano-arab. Wort, das in die Sprache der Alchimisten übernommen worden ist. Paracelsus verwendet es erstmalig (1526/27) im Sinne von ›Essenz des Weins‹, speziell bezogen auf Weingeist (Äthylalkohol). Daraus resultiert die heutige Bedeutung ›alkoholische Getränke‹.

Allee

›beidseitig von Bäumen gesäumte (breite) Straße‹

Das Wort geht zurück auf ein gleichlautendes frz. Wort mit der Bedeutung ›Gehen, Gang, Korridor, Weg, Gartenweg, seitlich von Rasen, Steinen oder Bäumen begrenzter Spazierweg‹ – in Anlehnung an frz. *aller* (›gehen‹). Es wird vereinzelt im 16. Jh. am Oberrhein, dann im 17. Jh. unter dem Einfluß der frz.

Gartenkunst in stärkerem Maße ins Dt. übernommen. Zuerst bezeichnete es im Dt. ›schattige Gänge in Gartenanlagen‹, danach allgemein ›baumbestandene Wege‹ (am Anfang zum ›Gehen‹). Heute ist die Verbindung zum ›Gehen‹ nahezu gelöscht, mit *Allee* werden eher ›breite Straßen‹ als ›kleine Wege‹ bezeichnet.

Allergie

›krankhafte Überempfindlichkeit, Reizbarkeit als Reaktion des Organismus auf bestimmte körperfremde Stoffe‹

Das Wort ist eine fachsprachliche Bildung des österr. Mediziners V. Pirquet im Anschluß an das Griech. (*állos* ›ein anderer‹ + *érgon* ›Werk, Tätigkeit‹). Deshalb muß als ursprüngliche Bedeutung angesehen werden etwa ›Tätigkeit fremder Stoffe, Fremdeinwirkung‹. Verwendet wurde das Wort entsprechend am Anfang für die durch eine Injektion veränderte Reaktionsfähigkeit des Organismus auf einen Reiz.

Allotria

›ausgelassenes (meist mit Lärm verbundenes) Treiben, vergnüglicher Unfug‹

Das Substantiv geht zurück auf ein gleichlautendes griech. Wort mit der Bedeutung ›fremdartige, nicht zur Sache gehörige Dinge‹ – entsprechend dem griech. *állos* (›ein anderer, fremd‹). Es geht im 17. Jh. zunächst in die dt. Gelehrtensprache ein und gewinnt dann im 18. Jh. weitere Verbreitung. Dabei verschiebt sich die Bedeutung, indem die Komponente des ›(Sach-)Fremden‹ zurücktritt gegenüber der Komponente des ›Vergnüglichen‹, des ›Unfugs‹, mindestens durch diese überlagert wird. Das ›Fremde‹ wird zugleich als das empfunden, was ›Vergnügen‹ bereitet, aber im Grunde ›Unfug‹ ist.

Alphabet

›Gesamtheit der in Buchstaben fixierten und in einer festgelegten Reihenfolge geordneten Laute einer Sprache, Abc‹

Das Substantiv geht zurück über das gleichlautende lat. auf ein gleichlautendes griech. Wort. Es ist gebildet nach den ersten beiden Buchstaben des griech. Alphabets *(álpha + béta)*. Das davon abgleitete Verb *alphabetisieren* erscheint heute in doppelter Bedeutung: als ›nach dem Alphabet ordnen‹ (z. B. *Stichwörter, Karteikarten alphabetisieren*) und als ›Analphabeten lesen und schreiben lehren‹.

Almanach

›Jahrbuch‹, meist mit poetischen Beigaben und Bildern versehen, ›Querschnitt aus der Jahresproduktion eines Verlages‹

Das Wort stammt wahrscheinlich aus dem Ibero-Arab. (dort in der Bedeutung ›Kalender‹) und taucht seit dem 16. Jh. im Dt. auf. Ursprünglich bezeichnete *Almanach* einen ›Kalender mit astronomischen und meteorologischen Angaben‹ (bei den der Astronomie kundigen Arabern Spaniens).

Alt

›tiefe Frauenstimme‹

Das Wort findet sich als musikalischer Terminus seit dem 15. Jh. im Dt. und geht zurück auf lat. *vōx alta* (›hohe Stimme‹). In der Tat bezeichnete *Alt* vor der Einführung des Soprans nicht die tiefe, sondern die höhere, über den Tenor hinausgehende Stimmlage und galt zunächst für die ›hohe Männerstimme‹. Später, als auch Frauen als Solistinnen auftraten, bezeichnet *Alt* nach dem Vorbild des Ital. die ›tiefe Frauen- (bzw. Knaben-)stimme‹. Es läßt sich also eine doppelte Verschiebung in der Bedeutung erkennen: von ›hoch‹ zu ›tief‹ (nach je anderen Maßstäben), von ›Männern‹ zu ›Frauen‹.

Altruismus

›Selbstlosigkeit, Uneigennützigkeit‹

Das Wort wurde 1830 geprägt von A. Comte im Frz. zur Bezeichnung einer dem *Egoismus* entgegengesetzten ethischen Grundhaltung, offenbar in Anlehnung an das frz. Wort *autrui* (›jmd. anderes, ein anderer‹). In diesem Sinne wäre *Altruismus* zu verstehen als eine Denk- und Handlungsweise, in der ein Mensch in erster Linie an andere, nicht an sich selbst denkt. Im 19. Jh. (im Rahmen der Beschäftigung mit der Lehre Comtes) wird der Begriff und das Wort ins Dt. (und auch in andere Sprachen) entlehnt.

Amateur

›wer eine Tätigkeit nicht berufsmäßig, sondern eher als Liebhaberei ausübt‹

Das Substantiv wurde im 18. Jh. aus einem gleichlautenden frz. Wort entlehnt, das soviel wie ›(Kunst-)Liebhaber, -Freund‹ bedeutete und auf das lat. *amāre* (›lieben‹) zurückgeht. Es entwikkelte sich im Dt. bald ein abschätziger Nebensinn ›Dilettant‹, der dem Wort ursprünglich nicht eigen war. Weite Verbreitung fand das Wort *Amateur* dann in der 2. Hälfte des 19. Jhs. mit Bezug auf einen Menschen, der sich intensiv, aber nicht beruflich einer Sache widmet – im Gegensatz zum *Profi* –, auch weit über den Bereich der Kunst hinaus (vgl. z. B. den Unterschied zwischen *Profis* und *Amateuren* im heutigen Fußballbereich – die letzteren erhalten normalerweise keine vertraglich festgelegte materielle Vergütung).

Ambivalenz

›Doppelwertigkeit (von Gefühlen), Zwiespältigkeit‹

Das Wort ist 1910/11 durch den Psychiater E. Bleuler neu gebildet worden: Er hat unter affektiver Ambivalenz ›das Nebeneinanderbestehen von entgegengesetzten Gefühlen‹ verstanden, z. B. von Zu- und Abneigung zugleich. Wahrscheinlich ist das Wort nach dem Vorbild von *Äquivalenz* aus *Valenz* in Verbindung mit griech. *ambi* (vgl. auch *Ambiguität*) gebildet worden. In einem allgemeinen Sinne wird *Ambivalenz* heute nicht nur auf Gefühle bezogen, sondern meint ›das Vorhandensein von zwei Eigenschaften‹, deshalb auch ›in sich widersprüchlich, zwiespältig‹ (vgl. z. B. *eine ambivalente Einstellung, Stellungnahme*).

amen

Die bekräftigende Schlußformel nach Gebet und Predigt geht zurück auf das gleichlautende hebr. Wort (mit der Bedeutung ›so sei es, wahrlich, gewiß‹) und diente schon im Altertum als Ausdruck der Anerkennung und Bestätigung eines vorgelesenen Textes oder Gebets. Die Formel kam über das griech. (Neues Testament) und kirchenlat. *āmēn* um 800 in das Ahd.

Amnestie

›Begnadigung, Straferlaß auf gesetzlicher Grundlage für bestimmte Gruppen von verurteilten Straftätern‹
Das Substantiv ist im 17. Jh. aus einem gleichlautenden lat. Wort entlehnt worden und bedeutete dort eigentlich ›das Vergessen‹ (besonders des vergangenen Unrechts), damit auch ›die Vergebung‹. Aus dem Bereich des Psychischen wurde es dann (um 1700) in den juristischen Bereich übertragen (›allgemeiner Straferlaß‹).

Ampel

›Lichtanlage zur Regelung des Straßenverkehrs‹
Das Wort kommt aus dem Ahd. und bezeichnete dort zunächst ›ein kleines Gefäß für Öl und andere Flüssigkeiten‹, das meist zu geweihtem Gebrauch bestimmt war, im Mittelalter vor allem die ›Ewige Lampe‹ in der Kirche (ein von der Decke herabhängendes, fortwährend brennendes Öllämpchen). Im 16. Jh. meinte es dann auch die Lichtquelle im Hause (neben der Bezeichnung *Lampe*, mit der *Ampel* auch konkurrierte). Erst zu Beginn des 20. Jhs. lebte das Wort neu auf als Kurzbezeichnung für ›Verkehrsampel‹ (in der heutigen Bedeutung).

Ampere

›Maßeinheit der elektrischen Stromstärke‹
Das Wort geht zurück auf den Namen des frz. Physikers André Marie *Ampère* (1775–1836), der durch zahlreiche Entdeckungen zu elektrischen Strömen bekannt geworden ist.

Ampulle

›bauchiges Gefäß, bauchige Flasche‹
Das Substantiv geht auf das Ahd. und Mhd. zurück und bezeichnete ursprünglich einen Wein-, Öl- oder Wasserbehälter für liturgische Zwecke. Eine Neubelebung hat *Ampulle* Anfang des 20. Jhs. in der Fachsprache der Medizin erfahren, in der darunter speziell ein ›keimfrei zugeschmolzener zylindrischer Glasbehälter‹ verstanden wird, in dem flüssige Arzneimittel für Injektionen aufbewahrt werden.

(sich) amüsieren

›(sich) unterhalten, auf angenehme Weise die Zeit vertreiben, vergnügen‹
Das Verb geht zurück auf frz. *amuser* (›mit leeren Versprechungen hinhalten, foppen‹). Es ist seit dem 17. Jh. im Dt. belegt, zunächst in der Bedeutung von ›aufhalten, hinhalten, zum Nichtstun veranlassen‹ (noch in unmittelbarer Nähe zum frz. Ursprung). Im 18. Jh. setzte sich dann die heute übliche Bedeutung durch, die anfangs allerdings als ugs. empfunden wurde.

anbandeln

›eine (nicht ernsthafte) Liebesbeziehung anknüpfen‹

Das ugs. Verb ist abgeleitet von *Band* (d.h. ›ein Band knüpfen‹). Im süddt. und österr. Sprachgebrauch erscheint es häufig in der Form *anbändeln* (z. B. *Er wollte mit ihr anbandeln/anbändeln*).

sich anbiedern

›sich jmdm. auf plump-vertrauliche Weise nähern und auf diese Weise um Sympathie werben‹

Das Verb ist im 18. Jh. zu dem Adjektiv *bieder* gebildet worden, das nur im Dt. bezeugt ist, aber auf das Ahd. zurückgeht (*bitherbi* ›nützlich, brauchbar‹), etymologisch mit *dürfen* zusammenhängt und wohl eine ursprüngliche Bedeutung hat von ›dem Bedürfnis entsprechend‹. Das Adjektiv findet sich durchgehend bis zum 16. Jh., wird im 17. Jh. selten, dann aber im 18. Jh. (durch Klopstock, Lessing, Bürger u. a.) wieder neu belebt und gebräuchlich.

Andacht

›religiöse Versenkung‹, ›kurzer Gebetsgottesdienst‹, ›große Aufmerksamkeit‹

Andacht geht zurück auf das Ahd., gehört zu dem Verb *denken*, hatte also die ursprüngliche Bedeutung ›Denken an etwas, Aufmerksamkeit, Hingabe‹. Seit dem 12. Jh. wird das Wort im Sinne des Christentums umgedeutet (›Hingabe an Gott‹). Diese religiöse Bedeutungskomponente trat im Verlaufe des Säkularisierungsprozesses der letzten Jahrhunderte wieder zurück: Auf Grund des Rückgangs der religiösen Bindungen bei einer Vielzahl von Sprechern trat erneut die allgemeine, erweiterte Bedeutung ›Hingabe, innere Sammlung‹ hervor (z. B. *voller Andacht zuhören*).

Angina

›infektiöse Entzündung des Rachens (besonders der Mandeln), Mandelentzündung‹

Das Wort ist im 16. Jh. aus einem gleichlautenden und gleichbedeutenden lat. Wort entlehnt worden, das seinerseits mit griech. Wortstämmen (mit Bedeutungen wie ›Erdrosseln, Erwürgen, Zuschnüren, Angst‹) und auch mit nhd. *eng* im Zusammenhang steht. Die Bezeichnung für die infektiöse Halsentzündung ist offensichtlich durch die für diese Krankheit charakteristische ›Enge‹ des Halses motiviert: Weil dabei der Hals *eng* ist und *zugeschnürt* wird, entsteht *Angst*, als ob man *erwürgt* würde. Vgl. auch *Angina pectoris* als medizinischer Terminus des 19. Jhs. für die anfallartig auftretenden Schmerzen um die Brust (lat. *pectus*) als Folge von Erkrankungen der Herzkranzgefäße, d.h. eigentlich ›Enge der Brust‹.

Angst

›emotionaler Zustand des Bedrohtseins, Furcht‹

Das Wort geht zurück auf das Ahd. und Mhd. Die entsprechenden Abstraktbildungen zu *eng* weisen dort auf das, ›was mit der Eigenschaft ›eng‹ verbunden ist‹, auf das ›Eng-Sein‹, einen ›Zustand der Enge und Beklemmung‹.

Anker

›mehrarmig gekrümmter Eisenhaken zum Festmachen von Schiffen an ihren Plätzen im Wasser‹

Vermutlich ist der *Anker* eine Erfindung der Griechen (das gleichlautende griech. Wort bedeutete eigentlich ›Gerät mit gekrümmten Enden‹). Mit dem Gerät übernahmen die Germanen, zunächst an Niederrhein und Nordsee, später auch die Nordgermanen die Bezeichnung dieses Geräts. Vorher benutzten die Germanen schwere Steine zum Festmachen der Schiffe. Neben dieser Bedeutung (›Schiffsanker‹) wird *Anker* auch in übertragen-bildlichem Sinne als Symbol des Glaubens und der Hoffnung verwendet (schon im Mhd.), hat es neuerdings auch in mehrere Fachsprachen Eingang gefunden (z. B. beim Bau, in Uhrwerken und in der Physik).

Annexion

›Aneignung, gewaltsame und völkerrechtswidrige Einverleibung fremden Staatsgebiets‹

Das Wort ist beeinflußt durch amerik.-engl. *annexation of Texas* (1845). Als Napoleon III. 1860 Savoyen *annektiert* und in Anlehnung an das amerik. Vorbild als *Annexion* bezeichnet hatte, wurde das Wort allgemein in Europa bekannt. Es fand dann rasche Verbreitung nach Preußens Annexion einzelner norddeutscher Staaten (seit 1864).

annoncieren

›ankündigen, bekanntmachen, eine Zeitungsanzeige aufgeben‹

Das Verb wurde im 18. Jh. aus dem Frz. entlehnt und hatte dort die Bedeutung von ›bekanntmachen, verkünden, ankündigen, voraussagen‹. Die neuere (und speziellere) Bedeutung ›eine Anzeige (in der Zeitung) aufgeben, inserieren‹ entwickelt *annoncieren* erst um 1900 im Anschluß an das Substantiv *Annonce* (›Ankündigung, Zeitungsanzeige, Inserat‹).

Anstalt

›bestimmten öffentlichen Zwecken dienende Einrichtung‹

Das Wort ist seit dem Mhd. belegt und als Verbalabstraktum zu dem Verb *anstellen* gebildet. Das Verb hatte zwar mehrere Bedeutungsvarianten, für *Anstalt* vorherrschend wurde – spätestens im 17. Jh. – die Bedeutung von ›Anordnung, Unternehmung, Bemühung‹, speziell ›Vorbereitung, Vorkehrung‹. Diese älteren Bedeutungen liegen auch noch der bis heute üblichen Wendung *Anstalten machen* zugrunde (›an etwas gehen, Vorkehrungen treffen, etwas zu tun‹). In der 2. Hälfte des 18. Jhs. erfolgte eine Übertragung des Wortes *Anstalt* auf ›institutionalisierte, räumlich und rechtlich faßbare Erscheinungen‹. Diese (neue) Bedeutung kommt heute vielfach in Zusammensetzungen für Einrichtungen des öffentlichen Lebens vor (z. B. *Heil-, Bade-, Pflege-, Straf-, Verlagsanstalt*). Wird *Anstalt* allein (außerhalb von Zusammensetzungen) gebraucht, dann vielfach (wenn auch veraltend) als Bezeichnung für eine Einrichtung für psychisch Kranke, die lange behandelt werden müssen (z. B. *in eine [geschlossene] Anstalt einweisen*).

Anstand

›ein den in einer Gesellschaft geltenden Umgangsformen entsprechendes Verhalten‹; ›(verdeckter) Hochsitz des Jägers, von dem aus dieser dem Wild auflauert‹

Das Substantiv folgt dem Verb *anstehen* in seinen verschiedenen Verwendungsweisen. Am Anfang (im Mhd.) bedeutete es ›das Anstehen-Lassen‹, besonders ›den Aufschub der Kampfhandlungen, Waffenstillstand, Frieden‹, in diesem allgemeinen Sinne ›Aufschub, Einwand‹ noch im 19. Jh. Daraus entwickelte sich die (noch heute übliche) Wendung *keinen Anstand nehmen* (für ›keine Bedenken tragen‹). Aus dem ›Anstehen‹, um zum Schluß zu kommen, resultierte schließlich die Bedeutungsvariante ›Hochsitz des Jägers‹. Der anderen Bedeutungsvariante (›Verhalten‹) liegt offensichtlich die Vorstellung zugrunde, daß dieses Verhalten wohl ›ansteht‹, im Sinne von ›wohlgefällig‹ ist.

anstiften

›(bewußt) den Anstoß geben, daß etwas (Unheilvolles) geschieht, daß jmd. zu etwas (Unheilvollem) verleitet wird‹

Das Verb ist im 16. Jh. zu *stiften* gebildet worden (vgl. dort), im Unterschied zu diesem ist bei *anstiften* dasjenige, was ins Werk gesetzt wird, aber etwas Schlechtes oder Unheilvolles. Das betrifft beide Verwendungen von *anstiften* (mit unterschiedlicher syntaktischer Umgebung): bezogen entweder auf ein Geschehen (z. B. *einen Krieg, Verwirrung anstiften*) oder auf eine Person (z. B. *jmdn. zum Diebstahl, zu bösen Streichen anstiften*).

Antenne

›Vorrichtung zum Senden und Empfangen elektromagnetischer Wellen‹

Die Wortform ist dem Lat. entnommen und bedeutete dort ursprünglich soviel wie ›Segelstange‹. In der lat. Wissenschaftssprache des 15. Jhs. nahm sie dann die Bedeutung ›Fühler, Fühlhorn‹ an. In beiden Bedeutungen ist *Antenne* auch im Dt. des 18./19. Jhs. nachweisbar. Erst Ende des 19. Jhs. gibt der Italiener Marconi, der als Erfinder der drahtlosen Telegraphie gilt, dem ital. Wort *antenna* (›Segelstange‹; ›Fühlhorn‹) seine heutige funktechnische Bedeutung, mit der das Wort schließlich um 1900 zum zweiten Mal ins Deutsche entlehnt und nun zum Bestandteil der Allgemeinsprache wird.

Anthologie

›Sammlung ausgewählter Gedichte, Sprüche, Prosastücke‹

Das Wort geht auf eine Zusammensetzung im Griech. zurück und bedeutet danach eigentlich soviel wie ›Blüten sammelnd‹. Das Substantiv *Blütenlese* ist als literarischer Titel (einer Sammlung von Epigrammen) zuerst in byzantinischer Zeit (um 1300) bezeugt. Im Dt. erscheint *Anthologie* seit der Mitte des 18. Jhs.

Antipode

›Mensch mit entgegengesetztem Standpunkt, Widersacher‹

Das Wort ist im 16. Jh. als geographischer Begriff aus dem Lat. entlehnt worden (›Gegenfüßler, mit entgegengekehrten Füßen‹). Dieser ursprünglichen Bedeutung liegt die Vorstellung zugrunde, daß die Erde eine Kugel ist und folglich die Bewohner des gegenüberliegenden Punktes ›mit den Füßen entgegen‹ stehen. Seit dem 18. Jh. wird *Antipode* zunehmend im (heutigen) übertragenen Sinne gebraucht.

Anwalt

›Rechtsberater, bevollmächtigter Rechtsvertreter, Fürsprecher‹

Anwalt geht auf ein ahd. Wort zurück: Das Wort bezeichnet zunächst den, der ›über etwas Macht und Gewalt hat‹ (den aus eigener Kraft ›Waltenden‹), dann den Beauftragten, der Gewalt von einem anderen hat, also den ›Bevollmächtigten, Abgeordneten, Gesandten, Stellvertreter‹, schließlich (seit dem 15. Jh.) den ›Vertreter einer Partei vor Gericht‹, den ›Rechtsanwalt‹.

In dem zuletzt genannten Sinne hat *Anwalt* ältere Ausdrücke wie z. B. *Advokat, Konsulent, Prokurator* verdrängt. Im übertragenen Sinne (außerhalb des Gerichtswesens) wird *Anwalt* heute auch oft für ›Fürsprecher, Verfechter einer Sache‹ verwendet (z. B. *sich zum Anwalt einer Idee, einer guten Sache, der Kranken, der armen Leute machen*).

anzetteln

›anstiften‹

Die heute vor allem übliche übertragene Bedeutung mit negativer Bewertungskomponente (vgl. z.B. *eine Verschwörung, einen Streit anzetteln*) geht zurück auf eine ursprüngliche Bedeutung ›den Aufzug eines Gewebes auf dem Webstuhl einrichten‹ – im 15. Jh. abgeleitet von dem Substantiv *Zettel* (›bei einem Gewebe in Längsrichtung verlaufender Garnfaden‹, ›Kette, Aufzug‹).

apart

›reizvoll durch seine besondere Art‹

Das Wort geht zurück auf frz. *à part* (›beiseite, abgesondert‹) und wurde im 16./17. Jh. ins Dt. übernommen. Im 17. Jh. wurde es dann als Adjektiv in der Bedeutung ›besonder-, gesondert‹ verwendet. Vermittelt über das Bedeutungsmerkmal ›besonders‹ entstand im 18. Jh. die heute allein geltende Bedeutung von ›abgehoben, eine Ausnahme bildend, ungewöhnlich und dadurch reizvoll‹.

Aperitif

›appetitanregendes, vor der Mahlzeit eingenommenes alkoholisches Getränk‹

Das Wort geht zurück auf das Lat. und ist eine Substantivierung von *aperīre* (›öffnen‹). Es war zunächst ein Fachwort der Medizin und wurde in dt. Texten seit Paracelsus (1525/26) für ein ›eröffnendes, Unreinigkeiten abführendes Heilmittel‹ gebraucht. Seine neue Bedeutung (nun in der Alltagssprache) als ›appetitanregendes Getränk‹ erhielt es im 19. Jh. im Frz.; so kommt es dann im 20. Jh. ins Dt. Dabei spielt offensichtlich die Vorstellung eine Rolle, daß ein *Aperitif* vor der folgenden Mahlzeit ›den Magen öffnen‹ soll.

Apfelsine

›Name für eine Sorte der Zitrusfrucht‹
Die süße Sorte der Zitrusfrucht kam im 16. Jh. durch die Portugiesen aus China nach Europa, die aus Indien stammende bittere Sorte war dagegen bereits seit dem Mittelalter in Europa bekannt. Zur Unterscheidung beider Sorten nannte man die über die Nordseehäfen ins dt. Sprachgebiet kommende neue Orangensorte zu Anfang des 18. Jh. *Apfelsine* (entsprechend frz. *pomme de Sine/Chine*, engl. *China orange*). Daneben kamen Bezeichnungen vor wie *Apfel von Sina, Chinaapfel, Sineser Apfel. Sina* war um 1700 der übliche dt. Name für China. Seit der 2. Hälfte des 18. Jhs. setzte sich dann die hd. Form *Apfelsine* zunächst im Norddt., dann auch im Md. durch (im Süden bleibt *Orange* vorherrschend).

Aphorismus

›geistreiche, in sich geschlossene und prägnant formulierte Äußerung eines Gedankens, Sinnspruch‹
Das Wort wurde im 15. Jh. aus dem Griech. und Lat. übernommen und bedeutete dort soviel wie ›Festsetzung, Definition, einen Hauptgedanken zusammenfassender kurzer Satz‹. Es bezeichnete zunächst die medizinischen Lehrsätze einer unter dem Namen des Hippokrates überlieferten Sammlung, dann aber auch andere medizinisch-naturwissenschaftliche Thesen. Entsprechend der in Frankreich entwickelten literarischen Gattung, die im Dt. besonders von Lichtenberg weitergeführt wurde, wird das Wort in seiner neuen Bedeutung ins Dt. übernommen.

apodiktisch

›keinen Widerspruch duldend, nicht widerlegbar, unumstößlich‹
Das Wort geht zurück auf das Griech. und Lat. (dort ›schlüssig beweisen, nachweisen‹) und hat sich im Dt. seit dem 18. Jh. vornehmlich über die Sprache der Philosophie verbreitet. Wenn etwas ›schlüssig bewiesen‹ ist, ist es auch ›nicht widerlegbar‹ und damit ›unumstößlich‹ (so erklärt sich die gegenwärtige Bedeutung).

Apostel

›Sendbote, Verkünder einer Lehre‹
Das Wort stammt aus dem Lat., wurde mit der Ausbreitung des Christentums in der Bedeutung ›Jünger Jesu, Glaubensbote‹ ins Dt. übernommen und setzt sich mit Luthers Bibelübersetzung durch. Allerdings wird es in der reformatorischen Polemik auch schon in Wendungen wie z. B. *Apostel des Teufels, des Antichrists* gebraucht. Seit dem 17. Jh. wird es dann generalisiert und übertragen auf ›eifrige Verfechter und Verkünder einer Lehre oder Ansicht‹ (vgl. z. B. *ein Apostel der Enthaltsamkeit, Moral, Friedensapostel*).

Apparat

›für einen bestimmten Zweck entwickeltes Gerät‹
Das Substantiv geht zurück auf ein entsprechendes lat. Wort (›Zubereitung, Zurüstung, Zubehör, Vorrat, Aufwand‹), das ins Dt. übernommen worden ist und verschiedene Bedeutungsvarianten ausgebildet hat: Schon im 14. Jh. steht es

(bis heute) in der Wissenschaft (anfangs mit Bezug auf Rechtsglossen) für ›Kommentar, Lesartenverzeichnis‹, als ›Hilfsmittel für die wissenschaftliche Arbeit‹ (z. B. *der Apparat der Leibniz-Ausgabe*), verbreitet dann seit dem 18. Jh. für eine ›Gerätesammlung für naturwissenschaftliche Experimente oder medizinische Behandlung‹ und schließlich für das ›einzelne Gerät‹ (z. B. *Radio-, Telefon-, Foto-, Rasierapparat*). Als Übertragung anzusehen ist die Bedeutung ›Gesamtheit von Personen und Einrichtungen zur Erfüllung bestimmter Aufgaben‹ (z. B. *Verwaltungs-, Staats-, Parteiapparat*).

Appartemant

›abgeschlossene komfortable Wohnung‹; mehrere miteinander verbundene Hotelzimmer‹

Das Substantiv ist übernommen worden um 1700 aus laut- und bedeutungsgleichen Wörtern des Frz., Span. und Ital. (›abgeschlossene Wohnung‹). Die jeweils zugrunde liegenden Verben weisen auf den Bedeutungskern ›absondern, trennen‹, der auch für die beiden heutigen Bedeutungsvarianten im Dt. maßgebend ist.

Appetit

›Eßlust‹

Das Wort geht auf das Lat. und Frz. zurück, bedeutete dort ursprünglich ›Verlangen, Begierde‹ und wurde im 15. Jh. ins Dt. entlehnt. Im Dt. herrscht

am Anfang auch noch die allgemeine Bedeutung von ›Verlangen, Begierde‹ vor. Die heutige spezielle Verwendung (›Verlangen nach angenehmer Speise, Eßlust‹) setzte sich erst im 17. Jh. durch. Auch beim Adjektiv *appetitlich* stehen beide Verwendungen nebeneinander (z. B. *ein appetitliches Fleischgericht, ein appetitliches junges Mädchen*), wobei die Beziehung auf Speisen seit dem 18. Jh. immer häufiger wird.

April

›Name für den 4. Monat im Jahr‹

Das Wort ist entlehnt aus lat. *(mēnsis) Aprilis*, das den 2. Monat des ursprünglich (nach dem vorjulianischen Kalender) mit dem März beginnenden Jahres bezeichnete. Die Herkunft des lat. Wortes ist nicht sicher geklärt; am ehesten ist es im Sinne von ›der zweite, folgende (Monat)‹ zu deuten. Erst beim Übergang zum julianischen Kalender (mit Julius Cäsar) wurde es zur Bezeichnung des 4. Monats im Jahr. Im Dt. wurde es allerdings noch lange als fremd empfunden, setzte sich erst seit dem 18. Jh. (gegenüber älterem *Ostermonat*) allmählich und endgültig durch.

Arbeit

›zweckgerichtete körperliche und geistige Tätigkeit des Menschen‹, zugleich ›Produkt dieser Tätigkeit‹

Das Substantiv geht auf ein ahd. Wort zurück, das ›Mühsal, Plage, schwere körperliche Anstrengung‹ bedeutete. Nach dem Mhd. tritt die Bedeutung von ›mühseliger, qualvoller Tätigkeit‹ zurück, danach bezieht sich *Arbeit* auf jede zweckgerichtete, zunächst körperliche und später auch geistige Tätigkeit des Menschen. Diese (nunmehr positive) Bewertung der Arbeit (wie sie sich zuerst bei Martin Luther findet) vollzieht sich unter dem Einfluß des aufsteigenden Bürgertums und der zunehmenden Entwicklung der Produktionsverhältnisse. Sie führte zur wachsenden Erkenntnis von der Rolle und der Bedeutung der menschlichen Arbeit für die Gesellschaft. Neben dieser allgemeinen (und ökonomischen) Bedeutung von *Arbeit* – bezogen nicht nur auf den Prozeß, sondern auch auf das Produkt dieses Prozesses (z.B. *er hat eine gute Arbeit abgeliefert/geschrieben*) – gibt es in der Fachsprache der Physik eine spezielle Bedeutung von *Arbeit* (als ›Produkt aus der an einem Körper wirkenden Kraft und dem dadurch von ihm zurückgelegten Weg‹).

Ärger

›Unwille, Entrüstung, Verdruß‹

Das Substantiv ist im 18. Jh. aus dem Verb *(sich) ärgern* gebildet worden (das sich seinerseits schon im Ahd. und Mhd. findet). Beide erklären sich als Komparativ zu dem Adjektiv *arg*; das Verb bedeutet also eigentlich ›ärger machen, schlechter machen‹, danach erst (im 15. und 16. Jh.) ›Anstoß erregen‹ (= *›jmdn. ärgern‹*) und ›Anstoß nehmen‹ (= *›sich ärgern‹*). Daraus entwickeln sich die gegenwärtigen Bedeutungen.

Aristokratie

›Herrschaft einer durch Besitz und (adlige) Herkunft privilegierten Oberschicht‹

Das Wort geht zurück auf eine griech. Zusammensetzung in der ursprünglichen Bedeutung ›Herrschaft der Besten, der Edelsten‹ (nach *áristos* ›die Besten‹). Die regierende Schicht wurde damit als besonders befähigt dargestellt. *Aristokratie* ist nach dem Vorbild von *Demokratie* (›Volksherrschaft‹) gebildet worden und war Ausdruck einer für das antike Griechenland typischen Staatsform, in der die Staatsmacht durch Angehörige einiger weniger privilegierter Familien (als Minderheit) ausgeübt wurde. Im 16. Jh. gelangt das Wort ins Dt. und erscheint in theoretischen Erörterungen über Staatsformen als eine im Gegensatz zur *Demokratie* stehende Staatsform. Mit der Demokratisierung der Gesellschaft (in der Epoche des Bürgertums) erhielt das Wort eine negative Bewertung (etwa als Herrschaft einer Minderheit über eine Mehrheit), erst recht unter dem Aspekt sozialistischer Theorien (etwas als ›Herrschaft der privilegierten Ausbeuterklasse in der Sklavenhaltergesellschaft und im Feudalismus‹).

Arkade

›auf Säulen oder Pfeilern ruhender Bogen‹; ›Bogengang‹

Das Substantiv geht auf ein gleichlautendes und gleichbedeutendes frz. Wort zurück (entsprechend dem lat. Adjektiv *arcuātus* ›bogenförmig, gekrümmt, gewölbt‹) und ist im 17. Jh. ins Dt. übernommen worden. *Arkade* erscheint zunächst als Fachterminus der Gartenbaukunst im Sinne von ›Laubengang‹ (2. Bedeutungsvariante), wurde im 18. Jh. dann auch zu einem Fachterminus der Architektur (1. Bedeutungsvariante).

Armatur

›Ausrüstungs- und Bedienungsteil technischer Geräte‹

Das Wort wurde im 16. Jh. aus dem Lat. ins Dt. entlehnt und ist – wie im Lat. (dort von *armāre* ›ausrüsten, bewaffnen‹ abgeleitet) – auch im Dt. ursprünglich ein militärsprachliches Fachwort und steht für ›militärische Ausrüstung und Bewaffnung‹. Erst später wurde es auf technische Ausrüstungen verschiedener Art übertragen (vgl. z. B. heute *Fahrzeugarmaturen, sanitäre Armaturen* im Badezimmer und in der Küche, *Armaturenbrett*).

Ärmelkanal

›Kanal zwischen der frz. Nord- und der engl. Südküste, der Nordsee und Atlantik miteinander verbindet‹

Die dt. Bezeichnung des Kanals ist eine Übersetzung aus dem Frz. (dort *La Manche* ›der Ärmel‹). Die Franzosen haben diese Bezeichnung wohl auf Grund der geographischen Form gewählt: Der Ärmelkanal liegt wie ein Arm des Atlantiks zwischen Frankreich und Großbritannien. Die Bezeichnung wird im Dt. auch oft (ungenau) verkürzt zu *Kanal* (so auch in der engl. Bezeichnung *chanel* für diese Wasserstraße).

Arrak

›Branntwein, hergestellt aus gegorenem Reis, Zuckerrohrmelasse und Palmwein‹

Dieser Branntwein stammt aus Ostindien und ist über das Port. im 16. Jh. nach Europa und im 17. Jh. mit dem Ostindienhandel ins Dt. gelangt. Die Bezeichnung *Arrak* stammt von den Arabern; ihre ursprüngliche Bedeutung ist dort ›aus Dattelsaft (aus dem Schweiß der Dattelpalme) bereitetes alkoholisches Getränk‹. Sie ist über das Arab. mit dem Branntwein selbst ins Dt. gekommen.

arrestieren

›festhalten, festnehmen, festsetzen‹

Das Verb wurde im 14. Jh. aus dem Lat. entlehnt (dort ›zurück-, festhalten, beschlagnahmen‹). Im Dt. bezeichnete es zunächst – in Entsprechung zum Lat. – (bis ins 19. Jh.) die Beschlagnahme und Pfändung von Waren und Gütern. Die Übertragung auf Personen (im Sinne von ›festnehmen, festsetzen‹) beginnt auch bereits im 15. Jh. Später wird es bei diesem Bezug auf Personen durch *arretieren* ersetzt, das heute auch schon wieder veraltend wirkt. Erhalten geblieben ist das dazugehörige Substantiv *Arrest* (Strafe mit Freiheitsentzug, besonders für Militärangehörige, aber auch in Verbindungen wie z. B. *Jugendarrest, Stubenarrest*).

Artist

›ein im Zirkus, Varieté, Kabarett auftretender Schaukünstler, der auf (körperlicher Kraft und) Geschicklichkeit beruhende Übungen vorführt‹

Das Wort ist eine Entlehnung aus dem Lat. (15. Jh.) und bezeichnete dort (gebildet zu *ars* ›Geschicklichkeit, Kunst, Wissenschaft‹) ursprünglich den Angehörigen der facultas artium (der Vorläuferin der späteren philosophischen Fakultät), also den Kenner der freien Künste und dann auch den Gelehrten dieser Fächer. Im 19. Jh. wird dann auch derjenige *Artist* genannt, der die Kunst fördert und sie ausübt, also selbst Künstler ist. Schließlich entwickelte sich – erst in der Mitte des 19. Jhs. – im Anschluß an das Frz. die heutige Bedeutung ›Schaukünstler‹, die alle früheren Verwendungsweisen zurückgedrängt hat. Historisch läßt sich also eine deutliche Bedeutungsverschiebung beobachten: vom ›Kunstkenner und Gelehrten‹ über den ›Künstler‹ bis hin zum ›Schausteller‹ (mit einer damit verbundenen gewissen Wertminderung).

Aspekt

›Ansicht, Gesichtspunkt, Betrachtungsweise‹
Das Wort geht auf das Lat. zurück (dort ›Anblick, Aussehen, Aussicht, Gesichtskreis‹, eigentlich ›das Hinsehen‹) und wurde zunächst als Fachwort der mittelalterlichen Astronomie verwendet: Es bezeichnete damals das ›Aussehen‹, d. h. den Stand von Sonne, Mond und Planeten, deren Konstellation, der man einen Einfluß auf das irdische Geschehen zugeschrieben hat. In dieser Bedeutung wird *Aspekt* im 15. Jh. ins Dt. übernommen, bildet dann (im 16. Jh.) den übertragenen Gebrauch im Sinne von ›An-, Vorzeichen, Aussicht‹, bald aber (in Anlehnung an das lat. Vorbild) allgemeiner auch von ›Anblick, Aussehen‹ heraus. Im 18. Jh. entwickelt sich allmählich der heutige Wortinhalt (durch Übertragung von der konkreten Ebene des ›Sehens‹ auf die abstraktere Ebene des ›Betrachtens/Bewertens‹), ohne die vorausgehenden Bedeutungen jedoch völlig zu verdrängen.

Aspirant

›Anwärter, Kandidat, Bewerber‹
Das Wort ist im 18. Jh. aus dem lat. *aspīrāre* übernommen worden, und zwar mit der Bedeutung ›hinhauchen, anstreben, erstreben, sich zu nähern versuchen‹. Neben dieser allgemeinen Bedeutung entwickelte sich in den 30er Jahren des 20. Jhs. in der (ehemaligen) Sowjetunion eine neue und engere Bedeutung: Ein *Aspirant* bezeichnete einen Nachwuchswissenschaftler, der sich auf der Basis von Fördermaßnahmen (z. B. Stipendium) auf den Erwerb eines höheren akademischen Grades (Promotion oder Habilitation) vorbereitet, also einen ›Anwärter auf diesen Grad‹. Das Wort in dieser Bedeutung fand nach 1945 auch in die Sprache der (ehemaligen) DDR Eingang; die *Aspirantur* (als entsprechende Ausbildungsphase) wurde 1951 offiziell durch Gesetz eingeführt. *Aspirant* kommt auch heute noch zuweilen in der älteren, weiten Bedeutung (wenn auch manchmal eher ironisierend) vor (z. B. *Titelaspirant, Chefaspirant* – als ›Bewerber, möglicher Anwärter‹ für ein öffentliches Amt, einen Preis, einen Posten o. ä.).

Assessor

›Titel innerhalb der Beamtenlaufbahn‹
Das Wort wurde im 16. Jh. aus dem Lat. übernommen und bedeutete soviel wie ›Beisitzer, Gehilfe im Amt‹ (nach lat. *ad* ›bei, zu‹ + *sedēre* ›sitzen‹). Es bezeichnete zunächst den ›Beisitzer bei Gerichtsverhandlungen‹, entwickelte sich im 18. Jh. zum Titel und wird schließlich in der 2. Hälfte des 19. Jhs. zur Rangbezeichnung für Anwärter auf feste Anstellung im höheren Staatsdienst (z. B. *Gerichts-, Regierungs-, Studienassessor*).

Ästhetik

›Lehre von den angewandten Gesetzen der Schönheit‹; ›Wissenschaft von der Kunst, ihrem Wesen, ihren Prinzipien und Gattungen‹

Das Wort ist geprägt worden von dem Philosophen A.G. Baumgarten; es verbreitete sich durch sein Werk »Aesthetica« (1750). Gebildet wurde es in Anlehnung an ein griech. Wort (etwa in der Bedeutung ›durch Sinne wahrnehmen, empfinden‹). Der neue Begriff umfaßte nach Baumgarten ›die Gesetze der sinnlichen und lebhaften Erkenntnis‹ (1741), bürgerte sich rasch ein und wurde schon im 18. Jh. Bestandteil der philosophischen Terminologie, allerdings in recht unterschiedlicher Interpretation (teils auch bezogen auf das Objekt, teils auf die Disziplin, die dieses Objekt abbildet – vgl. auch die oben genannten Bedeutungsvarianten). Schließlich findet sich das Wort in der Alltagssprache der Gegenwart auch in ganz allgemeinem Sinne (z. B. die *Ästhetik der Bewegung*); besonders gilt das für das von ihm abgeleitete Adjektiv *ästhetisch* (›dem allgemeinen Schönheitssinn entsprechend‹; etwa *ästhetische Eßkultur*).

Astronautik

›Raumfahrt‹; ›Wissenschaft von der Raumfahrt‹

Das Substantiv geht zurück auf ein gleichbedeutendes frz. Wort (1910 bei Rosny, 1917 bei Esnauld-Pelterie belegt), ist eine künstliche Bildung aus griech. Elementen (vgl. auch *Astrologe* und *Nautik*). Voraufgegangen waren und als Beispiel dienten schon ein entsprechendes frz. Wort *aéronaute* (für ›Ballonfahrer, Luftschiffer‹) bzw. *aéronautique* (›Luft[schiff]fahrt‹). Das Substantiv *Astronaut* wurde auf Personen bezogen, bezeichnete zuerst (und einerseits) denjenigen, ›der sich mit *Astronautik* beschäftigt‹, dann (und andererseits) den ›Weltraumfahrer‹ (wörtlich ›Sternschiffer‹) selbst. *Astronaut* wird vor allem auf den amerik. Weltraumfahrer bezogen (Mitte des 20. Jhs. dann aus dem Amerik.-Engl. ins Dt. übernommen), während die sowjetischen Astronauten zumeist als *Kosmonauten* bezeichnet worden sind.

Asyl

›Zufluchtsort für Verfolgte und Bedrängte‹

Das Wort stammt aus dem Griech. und Lat., bezeichnete ursprünglich den unverletzlichen Ort, in dessen Schutz der Zufluchtsuchende vor jedem Zugriff sicher ist (z. B. *politisches Asyl finden*), und gelangt im 16. Jh. ins Dt. Unter den sozialen Bedingungen des Kapitalismus werden seit der 2. Hälfte des 19. Jhs. unter *Asyl* auch die öffentlichen Einrichtungen verstanden, in denen Obdachlose (vorübergehend) Unterkunft finden, wird also die allgemeine Bedeutung (Ort) auf die (konkrete) Behausung übertragen (z. B. *in einem Asyl unterkommen*).

Atelier

›Arbeitsraum/Werkstatt eines bildenden Künstlers‹

Das Wort wurde im 18. Jh. aus einem gleichlautenden frz. Wort übernommen, bedeutete dort ursprünglich ›Haufen Späne‹, den Ort, wo viele Späne sind. Später bezeichnete *Atelier* den ›Arbeitsplatz der Zimmerleute und Maurer‹, schließlich allgemein die ›Werkstatt‹. Diese umfassende Bedeutung findet sich gelegentlich auch im Dt. des 19. Jhs. In der Regel wird *Atelier* aber im Dt. speziell auf Künstler-, Foto-, Mode- und Filmwerkstätten bezogen und damit eingeschränkt.

Atlas

›Kartenwerk, besonders der Erd- und Himmelskunde‹

Das Wort wird so zum ersten Mal verwendet im Titel eines großen kartographischen Werks (1595) des Geographen G. Kremer (gen. Mercator). *Atlas* ist ursprünglich der Name einer Gestalt aus der griech. Mythologie, des Titanen *Atlas*, der das Himmelsgewölbe auf seinen Schultern trägt und später zu einem mythischen König von Mauretanien umgedeutet wird. Die Figur des Himmelsträgers ist auf dem Titelblatt von Mercators Kartensammlung abgebildet.

Atom

›kleinstes Teilchen eines chemischen Elements‹

Das Wort stammt aus der antiken Naturphilosophie und bedeutet dort ›das Unteilbare‹. So findet es sich seit dem 16. Jh. auch in dt. Texten. Zu Beginn des 19. Jhs. wird der philosophische Terminus in die Sprache der Chemie übernommen und erhält dort einen neuen Inhalt: Das *Molekül* kann in seine *Atome* zerfallen, das *Atom* ist das *kleinste* Teilchen eines chemischen Elements, das noch dessen charakteristische Eigenschaften besitzt und chemisch *nicht* weiter *teilbar* ist. Ende des 19. Jhs. wurde jedoch in der Physik die weitere Spalt- (und damit Teil-)barkeit des Atoms nachgewiesen. Dennoch wird die Bezeichnung *Atom* als Fachwort bis heute beibehalten, obwohl sie nicht mehr motiviert ist, d. h. seine Verbindung zum Merkmal der ›Unteilbarkeit‹ verloren hat.

Attraktion

›Darbietung oder Sache von großer Anziehungskraft‹

Das Wort kommt aus dem Lat. (›das Ansich-Ziehen‹), erscheint im 16. Jh. (z. B. bei Paracelsus) im Dt. zunächst als medizinisches Fachwort. Im 18. und 19. Jh. wird es dann terminologisch in mehreren Wissenschaften gebräuchlich und zur Bezeichnung von Erscheinungen verwendet, die als ›Anziehung‹ aufgefaßt werden (z. B. Gravitation, Magnetismus, Kohäsion, Affinität, Lautassimilation). Die heute übliche Bedeutung in der Alltagssprache dagegen entwickelte sich im 19. Jh. aus dem Engl.: *Attraktionen* sind zirzensische Glanznummern (vor allem Zirkus, aber z. B. auch Zoo oder Fußballspiel). In ähnlichem Sinne wird auch das dazugehörige Adjektiv *attraktiv* verwendet (z. B. *eine attraktive Frau, ein attraktives Spiel, eine attraktive Ausstellung, eine attraktive Aufmachung*).

Audienz

›Empfang durch eine hochgestellte (meist: politische) Persönlichkeit zum Zwecke einer Unterredung‹

Das Wort geht zurück auf das Lat. (›Gehör, aufmerksames Anhören‹ – nach *audīre* ›hören‹) und wurde im 15. Jh. ins Dt. entlehnt. Zunächst wurde es verwendet im Bereich der Rechtspflege (in der Bedeutung ›richterliche Untersuchung, Vernehmung‹), aber daneben auch im Sinne von ›Empfang bei einem Fürsten‹. Aus diesem zuletzt genannten Sinn entwickelte sich unsere heutige Bedeutung (z. B. *Audienz beim Präsidenten, beim Papst*).

Auditorium

›Hörsaal‹; ›Gesamtheit der Zuhörer‹

Das Wort kommt aus dem Lat. (dort ›Ort, wo Zuhörer zusammenkommen, Hörsaal‹) und ist gebildet zu dem Verb *audīre* ›hören‹. Das ins Dt. übergegangene Wort wurde vereinzelt seit Ende des 15. Jhs., allgemein dann seit dem 17. Jh. an Schulen und Universitäten als Bezeichnung des ›Raums für die Lehrveranstaltungen‹ gebraucht. Heute ist *Auditorium* in diesem Sinne fast ausschließlich auf den Hochschulbereich beschränkt und tritt auch dort zunehmend hinter *Hörsaal* zurück. In der zweiten Bedeutung dagegen (als ›Zuhörerschaft‹), die eine metonymische Übertragung vom Ort auf die Personen darstellt (auch schon im Lat., seit dem 17. Jh. im Dt. nachweisbar), ist die Verwendung durchaus nicht auf den akademischen Bereich beschränkt (vgl. z. B. *das Auditorium des Schriftstellers, des Politikers*).

Aufklärer

›Kundschafter‹; ›Erkundungsflugzeug‹

Im Sprachgebrauch des 19. Jhs. hat *Aufklärer* zunächst die Bedeutung ›Vertreter der Aufklärungsbewegung in den 70er Jahren des 18. Jhs.‹ (vgl. unter *Aufklärung*). Es nahm im 19. Jh. zunehmend die Bedeutung eines militärischen Terminus (für ›Kundschafter‹) und schließlich – seit Anfang des 20. Jhs. – auch die Bedeutung ›Aufklärungsflugzeug‹ an.

Aufklärung

›Belehrung, Wissensvermittlung, Erkundung‹

Das Substantiv bekam um 1770 eine spezielle Bedeutung: *Aufklärung* wurde ein zentraler Begriff in der geistig-philosophischen Auseinandersetzung als zusammenfassende Bezeichnung für eine geistig-literarische (humanistische) Richtung des Bürgertums, die sich gegen den Feudalabsolutismus und dessen wesentlich christliche Weltanschauung richtete. Sie machte statt dessen die menschliche Vernunft zum Maßstab aller Dinge und stand im Kontext der europäischen Entwicklung: Sie setzte in England und Frankreich bereits im 17. Jh., in Deutschland um die Wende zum 18. Jh. ein. –

Das Wort *Aufklärung* erscheint auch im Zusammenhang mit noch weit spezielleren Anwendungsweisen in jüngerer Zeit: als politische *Aufklärung* (›politisches Wissen vermitteln‹, z. B. in der Arbeiterbewegung), als militärische *Aufklärung* (›Erkundung‹) und als sexuelle *Aufklärung* (›mit Fragen der Sexualität vertraut machen‹).

August

›Name für den 8. Monat im Jahr‹

Das Wort ist entlehnt worden aus dem lat. *(mēnsis) Augustus*. Der Monat *August* ist also nach dem Beinamen Kaiser Oktavians (*Augustus* ›der Heilige, Erhabene, Erlauchte‹) bezeichnet worden. Dazu gibt es mehrere Formvarianten (z.T. auch mit der Bedeutung ›Ernte‹). *August* als Monatsname setzt sich im Dt. erst im 18. Jh. literatursprachlich allgemein durch. Vorher war von Karl dem Großen und später von Zesen das damalige Wort für ›Erntemonat‹ als Bezeichnung für diesen Monat empfohlen worden, konnte sich aber nicht behaupten.

Auktion

›Versteigerung‹

Das Wort ist im 16. Jh. aus dem Lat. entlehnt worden (dort ›Vermehrung, Versteigerung‹). Ihm liegt die Vorstellung zugrunde, daß bei einer *Auktion* der Preis durch das Bieten immer höherer Summen ›vermehrt‹ und ›vergrößert‹ wird (entsprechend dem lat. *augēre* ›vermehren, vergrößern‹).

Aula

›Fest- und Versammlungsraum in Schulen und Hochschulen‹

Das Wort ist aus dem Griech. und Lat. entlehnt worden und bedeutete dort zunächst ›Platz vor der Wohnung, Vorhof, Innenhof des Hauses, Halle‹, auch ›Palast, Schloß, Residenz‹. Erst im 17. Jh. erscheint es im Dt., dann in unserer heutigen Bedeutung.

ausbaden

›die Folgen für etwas tragen, was ein anderer (oder auch man selbst) verschuldet hat‹

Das Verb hatte ursprünglich die Bedeutung von ›zu Ende baden‹ (im 15. Jh.), die heute verlorengegangen ist. Seit dem 16. Jh. verbreitete sich die heutige (übertragene) Bedeutung, meist in Verbindung mit dem Modalverb *müssen* (vgl. z. B. *Er muß diesen Fehler jetzt ausbaden.*).

Auspizien

›Vorzeichen, Aussicht, Obhut‹

Das Wort stammt aus dem Lat., bedeutete aber dort ›Beobachtung und weissagende Deutung des Vogelflugs‹, auch ›Recht der Vogelschau‹ (Zusammensetzung aus *avis* ›Vogel‹ + *specere* ›sehen‹). Die Bedeutungsmerkmale ›Vorzeichen‹ und ›Oberbefehl‹ sind es, die im 18. Jh. zur Übernahme und Eindeutschung des Wortes (in der Pluralform) und zu der neuen Bedeutung geführt haben, die Verbindung zu Vögeln ist dabei gelöscht worden.

auspowern

›ausbeuten, aussaugen‹

Das Wort geht zurück auf ein älteres Adjektiv in der Bedeutung ›ärmlich, arm, dürftig, elend‹ (vgl. noch heute frz. *pauvre*), zu dem im 19. Jh. ein Verb hinzugebildet worden ist (also eigentlich: ›arm machen‹) (z. B. *ein Volk, eine Kolonie auspowern*).

ausrotten

›vertilgen, vernichten‹

Das Verb erscheint in älterer (mhd.) Zeit als Nebenform zu *ausreuten/ausroden* in der Bedeutung von ›Bäume, Wurzelstöcke ausreißen, (Land) urbar machen‹. In der heutigen Lautform begegnet es im 15. und 16. Jh. (z. B. bei Martin Luther) sowohl in der konkreten Bedeutung von ›ausreißen‹ als auch in der metaphorischen Bedeutung von ›vernichten‹. Später verliert sich die konkrete Bedeutung (sie ist heute nur noch mit *[aus]roden* verbunden) und findet sich fast nur noch in metaphorischer Verwendung (z. B. *Tiere, Pflanzen, Unkraut, Ungeziefer ausrotten*).

ausspannen

›zeitweise mit der Arbeit aufhören, um sich auszuruhen‹

Das Verb bedeutete ursprünglich ›ein Pferd aus dem Geschirr nehmen, von einem Wagen losmachen‹. Es erfolgte eine Bedeutungsübertragung vom Konkreten zum Abstrakten auf Grund des gemeinsamen Merkmals ›lockern‹. Was früher sekundäre Bedeutung war, ist heute Hauptbedeutung (z. B. *An der See kann man am besten ausspannen.*).

authentisch

›von der maßgeblichen Instanz ausgehend, mitgeteilt; im Wortlaut verbürgt, glaubwürdig‹

Das Adjektiv geht auf das griech. Wort *authéntes* zurück und bezeichnete dort in ältester Zeit den ›Mörder‹ (genauer: den Selbst- oder Verwandtenmörder), später den ›Herrn und Gebieter‹, aber auch den, der selbst eine Tat verübt, den ›Urheber einer Tat‹ (im ersten Glied der Zusammensetzung ist *auto* ›selbst, eigen‹ enthalten). Seiner Bildung nach bedeutete das griech. Zugehörigkeitsadjektiv daher ›zum Urheber (einer Tat) in Beziehung stehend‹, deshalb auch – besonders auf Schriften und Äußerungen bezogen – ›original, zuverlässig, maßgebend‹. Das ist die Quelle für die heutige Bedeutung des Wortes seit dem 16. Jh. im Dt.

Auto

›Personenkraftwagen, mit Motorkraft betrieben und meist zur individuellen Personenbeförderung‹

Das Wort geht in seinen ursprünglichen Bestandteilen zurück auf das Griech. (*auto-* ›selbst‹) und das Lat. (*mōbilis* ›beweglich‹). In den 60er Jahren des 19. Jhs. erscheint das frz. Adjektiv *automobile* (vorher in gleicher Bedeutung *locomobile*). Beide dienten zunächst zur Bezeichnung von Fahrzeugen, die nicht von Pferden gezogen werden, sondern sich ›von selbst‹ bewegen. Darin war z. B. auch eine mit Preßluft betriebene Straßenbahn eingeschlossen. Die Aufnahme von *Automobil* ins Dt. erfolgte erst Ende der 90er Jahre des 19. Jhs., und zwar sowohl als Adjektiv als auch als Substantiv (mit Bezug speziell auf das Auto). Zu Beginn des 20. Jhs. taucht dann die Kurzform *Auto* auf, die die Zusammensetzung schließlich nahezu verdrängt hat (heute nur noch selten in Zusammensetzungen, z. B. *Automobilindustrie*).

autogen

›aus eigenen Kräften, selbst hervorgebracht, selbsttätig‹

Das Adjektiv geht auf ein gleichbedeutendes griech. Wort zurück, das aus *génos* (›Geschlecht, Herkunft, Ursprung‹) +

auto- (›selbst‹) zusammengesetzt ist, folglich soviel bedeutete wie ›seinen Ursprung in sich selbst, eigenen Ursprung habend‹. Im Dt. erscheint *autogen* zu Beginn des 20. Jhs. in fachsprachlichen Verwendungen (z. B. *autogenes Schweißen* – es werden Werkstoffe zusammengefügt mit der Stichflamme eines Schweißbrenners ohne zusätzliche mechanische Einwirkung, also ›von selbst‹). 1928 nennt der Arzt J. H. Schultz die von ihm entwickelte konzentrative Selbstentspannung *autogenes Training* (ein »aus dem ›Selbst‹ entstehendes Üben« – im Gegensatz zur Hypnose) zum Zwecke der Regelung physiologischer Funktionen (z. B. bei Schlafstörungen).

Avantgarde

›Vorhut einer Armee‹; ›Gruppe von Vorkämpfern und Wegbereitern einer geistigen, künstlerischen oder politischen Bewegung‹

Avantgarde wurde aus einem gleichlautenden frz. Wort (›Vortrupp‹) im 16. Jh. in die militärische Terminologie des Dt. übernommen, wurde aber als militärischer Fachausdruck in der 2. Hälfte des 19. Jhs. durch *Vorhut* abgelöst. Dafür setzte sich der (seit dem 18. Jh. aufkommende) übertragene Gebrauch ›Verfechter einer progressiven Richtung‹ (besonders in der Kunst und Literatur, dann aber auch – seit Marx – in der marxistischen Politik) durch (die oben genannte 2. Bedeutungsvariante).

Bagage

›üble Gesellschaft, Gesindel, Pack‹

Das Substantiv wurde im 16. Jh. aus einem gleichlautenden frz. Wort übernommen (›Reisegepäck‹), und zwar zunächst als militärischer Ausdruck für ›Heeresgepäck‹. Ende des 17. Jhs. wird die Bezeichnung vom Gepäck auf die Mannschaft ausgedehnt und übertragen, die das Gepäck begleitet hat und – als Troß – wenig geachtet war. Auf diese Weise trat allmählich die alte Bedeutung (›Heeresgepäck‹) zurück, es entwickelt sich (allerdings nur im Dt.) die heute übliche (eher ugs. und abwertende) Bedeutung (von ›Gesindel‹).

Baiser

›Schaumgebäck aus geschlagenem Eiweiß und Zucker‹

Das Wort ist aus dem Frz. übernommen, das dort vorhandene gleichlautende

Wort hat allerdings die Bedeutung ›Kuß‹. Seit der Mitte des 19. Jhs. wird im Dt. *Baiser* als Bezeichnung für das süße Backwerk üblich (das im Frz. eine ganz andere Bezeichnung *(meringue)* hat).

Bajonett

›*auf den Gewehrlauf aufzusetzende Stichwaffe*‹

Die Waffe ist nach *Bayonne*, dem ersten Herstellungsort in Südwestfrankreich, benannt worden (im 16. Jh.). Im 18. Jh. kommt die Bezeichnung auch im Dt. auf.

Balustrade

›*Gelände, Brüstung, bestehend aus oben miteinander verbundenen Säulen*‹

Der Ausdruck ist im 18. Jh. aus einem gleichlautenden und gleichbedeutenden franz. Wort ins Dt. übernommen worden, geht aber weiter zurück auf ein ital. Wort, das – in Anlehnung an einen bereits älteren griech. und lat. Ausdruck – soviel wie ›Granatapfelblüte‹ bedeutete. Man nimmt an, daß die Bezeichnung deshalb übertragen worden ist, weil die Geländesäulen auf Grund der länglichen, sich verdickenden Form mit der Blüte des Granatapfels verglichen worden sind.

Banause

›*Mensch ohne geistige oder künstlerische Interessen, ohne feinen Lebensstil*‹

Das Wort ist 1796 aus dem Griech. entlehnt worden, und zwar (zusammen mit dem Adjektiv *banausisch*) von F. L. zu Stolberg in einer Übersetzung von Platons »Symposion«. Das griech. Wort bedeutete ›Handwerker, Spießbürger‹, als Adjektiv ›gemein, niedrig‹. Adjektiv und Substantiv sind in der heutigen Bedeutung seit Anfang des 19. Jhs. im Dt. gebräuchlich.

Bankrott

›*Zahlungsunfähigkeit, finanzieller Zusammenbruch*‹

Das Wort ist um 1500 aus dem ital. *banca rotta* ins Dt. übernommen worden, bedeutete im Ital. aber ursprünglich ›zerbrochener (Wechsel-)Tisch‹. Bei Zahlungsunfähigkeit wurde der Tisch des Händlers zerschlagen. Es erfolgte also eine Übertragung aus dem konkreten Bereich in das Abstrakte und Allgemeine.

Bar

›*intimes Nachtlokal*‹; ›*in diesem Lokal befindlicher hoher Schanktisch*‹

Das Wort ist im 19. Jh. aus dem Engl. bzw. Amerik.-Engl. entlehnt worden: *bar* bedeutete dort ›Schranke‹, speziell ›Schranke vor dem Schanktisch‹. Diese Schranke sollte offenbar den Schanktisch vor dem Zugriff der Gäste schützen. Im 15. Jh. hat sich die Bedeutung auf ›Schanktisch‹ ausgeweitet. In den USA bildete sich unter der Bezeichnung *bar-room* (verkürzt dann *bar*) der Typ eines Wirtshauses heraus, in dem man am Schanktisch stehend rasch eine Erfrischung zu sich nehmen konnte. Das Wort *Bar* wird um 1900 im Dt. geläufig und in der Mitte des 20. Jh. dann auf andere Einrichtungen übertragen, die eine bar-ähnliche Theke haben, an der die Gäste Platz nehmen können (z. B. *Milchbar, Mokkabar, Plattenbar*).

Bär

›Raubtier mit gedrungenem Körper und dickem Pelz‹

Die in idg. Sprachen vorhandene Bezeichnung für das Tier (z. B. lat. *ursus*) wurde im Germ. (ebenso wie im Slaw. und im Baltischen) aus Tabugründen gemieden und nicht übernommen. Man wollte das gefährliche Tier nicht durch die Nennung seines wahren Namens herbeirufen. Statt dessen wurde im Germ. eine andere Bezeichnung gebräuchlich, und zwar durch Rückgriff auf eine sprachliche Wurzel mit der Bedeutung ›braun‹: Für die Germanen ist der Bär also eigentlich ›der Braune‹.

Barbar

›roher, grausamer, inhumaner, ungebildeter Mensch‹

Das Wort geht auf ein griech. und lat. Adjektiv zurück, das die Bedeutung von ›ausländisch, fremd, unkultiviert, ungebildet, roh‹ hatte. Als Substantiv bedeutete es soviel wie ›Fremder, Ausländer, der heimischen Sprache Unkundiger‹. In dieser Verwendung wurde *barbarus* um 1400 ins Dt. entlehnt, stand zunächst auch häufig für den ›Fremden‹ (im Gegensatz zum Griechen oder Römer), später auch für den ›Heiden‹ (als Angehörigen einer fremden Religionsgemeinschaft, besonders der Türken). Die heutige Bedeutung (›ungebildeter, grausamer Mensch‹) setzt sich erst seit dem 16./17. Jh. durch.

barmherzig

›mitfühlend, mitleidsvoll, mildtätig gegenüber Bedürftigen‹

barmherzig geht zurück auf das Ahd. (›voll Erbarmen, ein barmandes Herz habend‹), füllt sich unter christlichem Einfluß mit christlichem Inhalt: *barmherzig* wird als Eigenschaft Gottes und der nach seinem Willen handelnden Menschen verstanden (vgl. z. B. *barmherziger Samariter*). Diese religiöse Bedeutungskomponente tritt im Laufe des Säkularisierungsprozesses der letzten Jahrhunderte zurück.

barock

›sonderbar, seltsam, überladen, schwülstig‹

Das Adjektiv wurde aus einem gleichbedeutenden frz. Wort (in der 2. Hälfte des 19. Jhs.) entlehnt, das dort vorher (schon im 16. Jh.) auf Perlen bezogen wurde und dessen Sinn etwa ›schiefrund, unregelmäßig‹ war (›Perlen mit ungleichmäßiger Oberfläche‹). Um 1700 entwikkelt das frz. Wort den metaphorischen Gebrauch von ›verschroben, sonderbar, bizarr, überladen‹. In der 2. Hälfte des 19. Jh. diente es dazu, einen veralteten Geschmack und überholte (als schwülstig empfundene) künstlerische Gestaltungsmittel in tadelnder Weise zu kennzeichnen. In dieser Bedeutung und in dieser Zeit wurde es ins Dt. übernommen. Im Zusammenhang mit dieser Bedeutung (auf deren Grundlage) haben dt. Kunsthistoriker den – allerdings von negativer Wertung freien – Terminus *Barock* (›Stil des Barock‹) geprägt, der auf die der Renaissance folgende Stilepoche (etwa 1700–1750) bezogen wird und auch in andere Sprachen übernommen worden ist.

Barometer

›Gerät zur Bestimmung des Luftdrucks in der Atmosphäre‹

Dieses Gerät wurde 1643 von Toricelli erfunden, aber zunächst als *Torricellinische Röhre* bekannt. Der engl. Physiker Boyle nannte es dann (1665) *Barometer*. Diese Bezeichnung schließt an eine griech. Zusammensetzung an (*báros* ›Schwere, Druck‹ + *métron* ›Meßgerät‹).

Batist

›durchscheinendes Gewebe aus sehr feinen Fäden‹

Die Bezeichnung geht auf ein gleichlautendes frz. Wort zurück, das im 18. Jh. ins Dt. entlehnt worden ist. Sie wird hergeleitet aus dem Namen des flandrischen Herstellers, des Leinwebers *Baptiste*, der im 13. Jh. in Cambrai gelebt haben soll.

Beckmesser

›kleinlicher, pedantischer Kritiker‹

Die Bezeichnung ist gebildet worden nach dem Nürnberger Meistersinger und Schreiber *Sixtus Beckmesser* in Richard Wagners Oper »Die Meistersinger von Nürnberg« (1867). Am Anfang des 20. Jhs. werden dann auch das Substantiv *Beckmesserei* und das Verb *beckmessern* üblich.

Beet

›zur gärtnerischen Nutzung abgegrenztes kleineres Stück Land‹

Das Wort ist seiner Herkunft nach ursprünglich identisch mit *Bett*. Die entsprechenden ahd. und mhd. Wörter bedeuten sowohl ›Bett, Lagerstatt‹ als auch ›erhöhtes, gelockertes, gleichsam ›aufgepolstertes‹ Stück Land, Gartenbeet‹. Noch heute vereinigt *bed* im Nl. und im Engl. beide Bedeutungen. Im Dt. wird erst im 17. Jh. eine orthographische Unterscheidung vorgenommen, in einigen (obd.) Mundarten ist noch heute *Bett* für *Beet* gebräuchlich.

(sich) befassen

›(sich) beschäftigen‹

Das Verb kommt bereits im Mhd. vor, bedeutete dort zunächst soviel wie ›besetzen, befestigen‹, später dann (bis zum 17. Jh.) ›mit den Händen begreifen, umfassen, einschließen, erfassen‹ (in ganz konkreter Bedeutung). Seit dem 18. Jh. wird es zumeist reflexiv verwendet (mit *sich*), und zwar nun nicht mehr in der ursprünglichen konkreten Bedeutung (jetzt: ›sich beschäftigen‹), wohl aber bezogen sowohl auf manuelle als auch auf geistige Handlungen (z. B.: *sich mit dem Fensterputzen/der Sternenkunde befassen*). Eine ähnliche Bedeutungsübertragung aus dem konkreten in den geistigen Bereich findet sich auch bei *erfassen* (zuerst mit den Händen, heute mit dem Kopf [›begreifen‹]).

befehlen

›anordnen‹

Das Verb geht auf das Ahd. und Mhd. zurück, weist dort aber auf eine ältere Bedeutung ›eindringen, verbergen, vergraben, der Erde anvertrauen‹. Diese Bedeutung hat sich verallgemeinert zu ›anvertrauen‹. Erst über eine Spezifizierung zu ›ein Amt, einen Auftrag anvertrauen, geben‹ hat das Verb schließlich die heutige Bedeutung von ›anordnen, gebieten‹ angenommen. Nur im religiösen Bereich (z. B. *Gott befohlen*) hat sich die alte Bedeutung von ›anvertrauen‹ bis heute erhalten.

begreifen

›verstehen, geistig voll erfassen‹

Das Verb geht auf das Ahd. zurück und bedeutete dort ›ergreifen, ertasten‹, aber auch ›umfassen, enthalten‹). Schon im Ahd. (als Übersetzung des lat. *comprehendere* – ›begreifen‹), später vor allem bei den Mystikern wird das Wort in seiner Bedeutung erweitert: Das körperliche ›Greifen, Fassen‹ wird auf die geistige Aneignung (›mit dem Verstande erfassen, verstehen‹) ausgedehnt, das Wort wird im Nhd. ausschließlich so gebraucht.

behäbig

›wohlbeleibt und phlegmatisch, langsam und geruhsam wirkend‹

Das Adjektiv wird vermutlich zuerst von Goethe (Anfang des 19. Jhs.) gebraucht, allerdings in einer (heute veralteten) Bedeutung von ›wohlhabend‹. Diese ältere Bedeutung erklärt sich aus dem zugrunde liegenden Stamm *Habe* (*behäbig* ersetzte älteres *[ge]häbig*). Sie findet sich heute nur noch im Schweiz.

behaupten

›ohne Beweis mit Bestimmtheit für wahr erklären‹

Das Verb geht zurück auf ein mhd. Wort mit dem Stamm *Haupt* (›als Haupt anerkennen‹). Dazu wurde eine Ableitung gebildet *(behaupten)* mit der Bedeutung ›feststellen, bekräftigen‹, die zunächst in die Rechtssprache Eingang fand (*eine Sache behaupten* – eigentlich: ›sich als Haupt einer Sache erweisen‹), im 16. Jh. auch in die Fachsprache des Militärs (›mit Erfolg verteidigen‹). In ähnlicher Bedeutung ist es noch heute in allgemeinerer Verwendung anzutreffen (z. B. *sich als Frau in einem Männerberuf/in einer Führungsposition behaupten*). Die im heutigen Dt. geläufigere Bedeutung ›erklären, seine Meinung sagen‹ schließt unmittelbar an den Gebrauch in der Rechtssprache an, erscheint seit dem 17. Jh. und ist vermittelt durch Wendungen wie z. B. *seine Meinung/Aussage behaupten* (›verteidigen‹).

bekennen

›gestehen, offen seine Überzeugung kundtun‹

Das Verb kommt aus dem Ahd. und Mhd., hat aber dort zunächst die Bedeutung von ›kennen, erkennen‹; davon rührt auch das heutige Adjektiv *bekannt*, das ursprünglich aus dem Partizip Perfekt von *bekennen* hervorgegangen ist. Erst in der mhd. Rechtssprache entwickelte sich die Bedeutung ›etwas bekanntmachen‹, ›die eigene Schuld eingestehen‹, ›etwas als Zeuge zur Sache aussagen‹. Diese Bedeutung sowie die speziell bei den Mystikern des 14. Jhs. auftretende Variante ›aus innerster Überzeugung für etwas eintreten‹ hat zu der heutigen Bedeutung hingeführt.

bellen

›typische Laute von sich geben‹ (von Hunden)

Das heute nur noch für die typischen Lautäußerungen des Hundes gebrauchte Verb wurde ursprünglich wohl auch auf andere Tierstimmen bezogen: Davon zeugen nicht nur verwandte Bildungen in anderen germ. Sprachen (z. B. im Engl. und Nord.), sondern auch die Verwendungen von *bellen* im Mhd. für Hund, Löwe, Kalb und Hirsch. Relativ früh (in Allegorien schon im Ahd.) wurde das Verb vom Hund auf das Schimpfen und Keifen von Menschen übertragen (etwa im Sinne von ›in lautem, abgehacktem Befehlston sprechen‹, z. B. *die bellende Stimme des Offiziers*), jünger ist (Ende des 19. Jhs.) die ugs. übliche Übertragung auf ›stark husten‹.

Bemme

›bestrichene Brotschnitte‹

Das Wort stammt aus dem Ostmd., hat sich aber in der Ugs. weiter verbreitet. Es ist zuerst bei Martin Luther (im 16. Jh.) belegt, ist wahrscheinlich herzuleiten aus einem sorb. Verb (in der Bedeutung ›beschmieren, bestreichen‹), dem auch Wörter im Griech. und in anderen Sprachen entsprechen. An Stelle von *Bemme* wird besonders in Berlin und in Norddeutschland (seit dem 17. Jh.) zumeist *Stulle* verwendet (aus dem Nl. kommend).

Bengel

›junger Bursche, frecher kleiner Junge‹

Das Wort findet sich schon im Mhd., dort allerdings in der Bedeutung von ›Stock zum Schlagen, Prügel‹ (zurückgehend auf einen alten germ. Verbalstamm mit der Bedeutung ›schlagen‹). In diesem ursprünglichen Sinne von ›Stock‹ kommt *Bengel* noch bis ins 19. Jh. vor. Ähnlich wie *Flegel* wird *Bengel* daneben seit dem 16. Jh. vom Gerät auf den Menschen übertragen: Zuerst galt es – mit negativer Bewertung – als derbes Schimpfwort (›roher, rüpelhafter Mensch‹), in jüngerer Zeit wird es mehr und heute zumeist eher gutmütig und scherzhaft gebraucht (z. B. *ein niedlicher kleiner Bengel*) – ohne abwertende Bedeutungskomponente.

bequem

›angenehm, behaglich‹; ›träge, faul‹

In älterer Zeit wurde das Adjektiv überwiegend in der 1. Bedeutungsvariante gebraucht – im Anschluß an das lautgleiche mhd. Wort (›angenehm, passend, tauglich‹). In diesem Sinne wird es auch heute noch verwendet z. B. in *bequemer Sessel, bequeme Schuhe*. Die 2. Bedeutungsvariante (›träge, faul‹) – bezogen auf Menschen – wird erst seit dem 18. Jh. gebräuchlich (und enthält eine negativ wertende Bedeutungskomponente), z. B. in *Er ist einfach zu bequem. Er antwortet mit einer bequemen Ausrede.*

berichten

›eine sachliche Mitteilung machen‹

Das Verb geht auf das Ahd. und das Mhd. zurück, dort allerdings in der Bedeutung von ›recht, besser machen; in Ordnung bringen‹. In dieser alten Bedeutung ›in Ordnung bringen, korrigieren‹ ist *berichten* bis ins 18. Jh. hinein erhalten, wird dann aber in dieser Bedeutung abgelöst durch *berichtigen* (vgl. auch *richtig*). Es ist heute nur noch erhalten in der Bedeutung ›in Kenntnis setzen, mitteilen‹, die alte Komponente des Belehrens, Unterweisens und Korrigierens ist verlorengegangen.

Beruf

›erlernte bzw. ausgeübte Tätigkeit, mit der jmd. seinen Lebensunterhalt verdient‹

Das Wort kommt seit dem 17. Jh. auf, geht aus von älteren Verwendungen wie ›Berufung (in ein Amt), Bestimmung (für eine Tätigkeit), Amtausübung‹. Die heutige Bedeutung wird durch Martin Luther verbreitet, der *Beruf* im Sinne von ›göttlicher Berufung, christliche Bestimmung‹ gebraucht (für die entsprechenden griech. und kirchenlat. Vorlagen). Dennoch bleibt im heutigen Sprachbewußtsein ein Unterschied zwischen *Beruf* und *Berufung* (vgl. *etwas als seinen Beruf, nicht als seine Berufung empfinden*).

bescheiden

›unscheinbar, gering‹; ›genügsam, schlicht‹

Das Adjektiv geht auf ein älteres gleichlautendes Verb *bescheiden* zurück, als dessen Partizip Perfekt es gebildet worden ist. Das Verb läßt schon im Mhd. mehrere Bedeutungsvarianten erkennen, vor allem ›eine Nachricht geben, eine Entscheidung festsetzen‹ (z. B. in älterer Rechtssprache *abschlägig bescheiden*), ›etwas zuteilen‹ und ›sich einrichten, begnügen‹ (z. B. *Er mußte sich mit wenigem bescheiden.*). Diese verschiedenen Bedeutungsvarianten des Verbs reflektieren sich auch beim Adjektiv: Die Bedeutung von *bescheiden* entwickelt sich einerseits zu ›unscheinbar, gering‹ (16. Jh.) (z. B. *eine bescheidene Wohnung, ein bescheidenes Einkommen*), andererseits (im Anschluß an *sich begnügen*) zu ›genügsam, schlicht, mäßig‹ (z. B. *ein bescheidener Mensch, ein bescheidener Wunsch*), oft auch mit dem (positiven) Nebensinn von ›rücksichtsvoll, höflich‹.

beschweren

›belasten‹

Das Verb kommt aus dem Ahd. (dort in der Bedeutung von ›bedrücken, belasten‹) und gehört zur Wortfamilie von *schwer*. In diesem Sinne wird es heute noch verwendet als ›mit etwas Schwerem belasten‹ (z. B. *die Briefe mit einem Stein beschweren*). Die reflexive Verwendung *sich beschweren* ist erst seit dem 15. Jh. gebräuchlich, enthält eine weit weniger konkrete Bedeutung (etwa: ›Klage führen, sich [wegen einer Sache] beklagen, sich Sorgen / es sich schwer machen‹).

Bikini

›knapper zweiteiliger Badeanzug für Frauen‹

Die Bezeichnung stammt aus dem Amerik.-Engl. und dringt seit Anfang der 50er Jahre des 20. Jhs. ins Dt. ein. Sie ist dem Namen des (zu den Marshallinseln im Pazifischen Ozean gehörenden) Atolls *Bikini* verpflichtet, das 1946 als Schauplatz von Atombombenversuchen bekannt geworden ist. Das Motiv für die Übertragung des Inselnamens auf das Bekleidungsstück ist – trotz unterschiedlicher Deutungsversuche – bisher nicht geklärt.

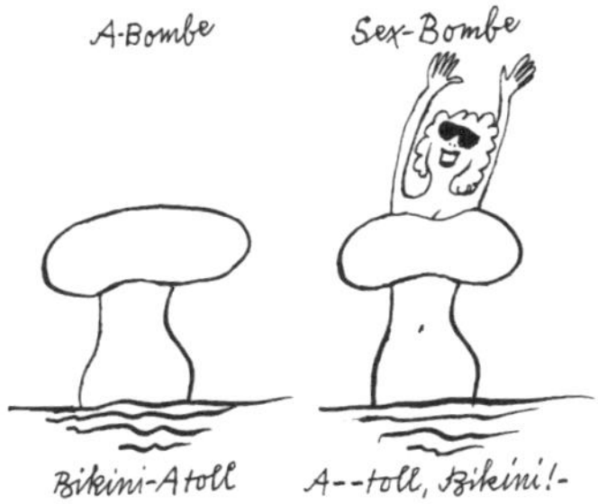

billig

›zu niedrigem Preis erhältlich, angemessen, gerechtfertigt‹ – Gegensatz zu ›teuer‹

Das Adjektiv geht auf das Ahd. und Mhd. zurück, hat dort die Bedeutung von ›angemessen, passend, gerecht‹. Aus dieser älteren Bedeutung, die heute noch in der Formel *recht und billig,* auch in Verben wie *billigen* und *zubilligen* fortlebt, hat sich über die Fügung *billiger Preis* (›angemessener, dem Wert entsprechender Preis‹) vom 18. Jh. an der gegenüber dem bis dahin durch (nun zurücktretendes) *wohlfeil* ausgedrückte Sinn ›preisgünstig‹ durchgesetzt. Aus diesem (neuen) Sinn sind auch (übertragene) Verwendungen wie ›minderwertig‹ (z. B. *billiges Zeug*) oder ›geistlos‹ (z. B. *eine billige Begründung*) erwachsen.

Biskuit

›leichtes und lockeres Gebäck, Dauerbackware‹

Das Wort ist zunächst (13.–16. Jh.) aus dem Ital., später (17. Jh.) aus dem Frz. ins Dt. übernommen worden. Die Formen in den beiden Sprachen gehen auf eine lat. Zusammensetzung zurück (›zweimal‹ + ›kochen, sieden, backen‹), so daß von einer ursprünglichen Bedeutung ›zweimal Gebackenes, Zwieback‹ auszugehen ist.

blanko

›leer, nicht (vollständig) ausgefüllt‹

Das Wort kommt aus der Kaufmannssprache und dem Bankwesen. Es wurde im 17. Jh. aus dem Ital. (*in bianco* ›in nicht (vollständig) ausgefülltem Zustand‹, eigentlich: ›in weiß‹) ins Dt. übernommen, später – unter frz. Einfluß – zu *in blanco* umgebildet und schließlich – in Anlehnung an das dt. Adjektiv *blank* – zu *in blanko* verändert und danach zu *blanko* verkürzt. Es kommt oft auch in Zusammensetzungen vor (z. B. *Blankoscheck* (›ohne Betragsangabe unterschrieben‹), *Blankovollmacht* (›ohne Vorbehalt‹).

Bleistift

›in Holz gefaßter Graphitstab zum Schreiben oder Zeichnen‹

Das Wort ist zuerst 1653 in Nürnberg belegt als *Bleystefft*, als Klammerform gekürzt aus *Bleyweißstefft*. Die Bezeichnung rührt daher, daß Graphit zunächst auch *schwarzes Bleiweiß* oder *Wasserblei* genannt wurde; mit der Bezeichnung waren Zeichenstifte gemeint, die aus Blei hergestellt waren. In der Zwischenzeit haben sich Sache und Begriff geändert, die Bezeichnung (die Lautform) ist aber geblieben. Es liegt insofern eine Bezeichnungsübertragung vor, als ein neues Gerät (ein Schreibstift) mit Hilfe der (alten) Wortform *Bleistift* bezeichnet wurde.

bleuen/bläuen

›schlagen‹

Das Verb geht zurück auf das Ahd. *(bliuwan)* und bedeutet dort schon ›schlagen‹. Häufiger als das einfache Verb sind heute die Bildungen *verbleuen* (verprügeln) und *einbleuen* (›durch Prügel beibringen‹, übertragen auch ›nachdrücklich einschärfen‹). Alle drei Verben haben folglich in der Herkunft nichts mit *blau* zu tun. Der Zusammenhang ist nur (sekundär) über Volksetymologie hergestellt worden und hat zur gelegentlichen Schreibung *(-)bläuen* geführt. Mit *bleuen* hängt auch das heute noch in der Technik gebrauchte Wort *Pleuelstange* (für ›Kolbenstange‹) zusammen.

blöde

›dumm, schwachsinnig‹

Das Adjektiv kommt schon im Mhd. und Ahd. vor, dort allerdings in der Bedeutung ›träge, körperlich schwach, gebrechlich, zart, zaghaft‹. Erst später ist es von der körperlichen auf die geistige Verfassung übertragen worden.

Bockbier

›Starkbier mit nur geringem Zusatz an Hopfen‹

Dieses Bier hat seine Bezeichnung von der niedersächsischen Stadt *Einbeck* (früher: *Eimbeck*). Es hieß zunächst *Eimbeckisch/Einbeckisch Bier* (im 16. Jh.). Die Stadt war schon im Spätmittelalter berühmt durch die Herstellung und Ausfuhr dieses anerkannten Bieres, das seit Anfang des 17. Jhs. auch in Bayern gebraut wurde. In München wurde es – mit Vokalwechsel in der zweiten Silbe von *e* zu *o* – *Aimbock* oder *Oambock* genannt. Durch Verkürzung kommt im 19. Jh. die Kurzform *Bock* auf, die seinerseits dann ins Frz. entlehnt wurde (*un bock* ›ein Glas Bier‹). Wenn Ziegenböcke auf Verkaufsanzeigen oder Etiketts erscheinen, handelt es sich um eine spätere volkstümliche Umdeutung, indem der Name des Bieres (der ganz anders entstanden ist) mit dem Ziegenbock in Verbindung gebracht wird.

Bockwurst

›aus magerem Fleisch hergestellte Wurst‹
Die Bezeichnung hat ihren Ursprung in der im 19. Jh. in München zur Bockbierzeit verzehrten Wurst, steht also im Zusammenhang mit dem *Bockbier* (vgl. dort).

Bodden

›seichte Meeresbucht‹, besonders an der Ostsee
Das Wort ist die im 19. Jh. in die Literatursprache aufgenommene nd. Form des Wortes *Boden* (›Grund‹). Deshalb bedeutet *Bodden* eigentlich nichts anderes als ›Grund eines Gewässers‹.

Boheme

›Kreis, Milieu ungebunden und unkonventionell lebender Künstler‹
Das Wort geht zurück auf frz. *bohème*, in dem mlat. *Bohemia* (›Böhmen‹) weiterlebt. *Bohemus* meinte also ursprünglich den ›Einwohner Böhmens‹. Weil man Böhmen damals für die Heimat der durch Westeuropa ziehenden Zigeuner hielt, gewann das frz. Wort zugleich die Bedeutung ›Zigeuner‹. Als Großstadtwort bezeichnet es seit Ende des 17. Jhs. auch den, ›der ein ungeregeltes, unbürgerliches Leben führt‹. In der Mitte des 19. Jhs. wurde es dann speziell auf die Studenten und Künstler des Quartier latin in Paris bezogen. In dieser Zeit wurde *Boheme* auch in das Dt. übernommen; weitere Verbreitung erfuhr das Wort aber erst durch Puccinis Oper »La Bohème« (1895).

Bolschewik/Bolschewist

›Mitglied oder Anhänger der Kommunistischen Partei der (ehemaligen) Sowjetunion‹
Das russ. Wort – gebildet zu *bol'še* (›größer als, mehr‹) – bedeutet eigentlich ›Angehöriger der Mehrheit‹. Diese Bezeichnung entstand 1903 bei der Spaltung der Russischen Sozialdemokratischen Arbeiterpartei in zwei Flügel: die *Bolschewiki* (›Mehrheit‹ mit revolutionärem Programm) und die *Menschewiki* (›Minderheit‹). Seit der Sozialistischen Oktoberrevolution in Rußland (1917) wurde diese Bezeichnung international bekannt und auch ins Dt. übernommen. Von den politischen Gegnern wird diese Bezeichnung bis heute eher in diffamierendem Sinne gebraucht (ebenso *bolschewistisch, bolschewisieren*).

Bonbon

›Zuckerplätzchen, geformtes Stück einer Süßigkeit‹
Das Wort wurde im 18. Jh. aus einem gleichlautenden und gleichbedeutenden frz. Wort übernommen, das offenbar als eine aus der Kindersprache stammende Wiederholung der Substantivierung von *bon* (›gut‹) entstanden ist.

Bonze

›auf eigene Vorteile bedachter Funktionär von politischen Parteien und Organisationen‹
Das Substantiv kam um 1600 über das gleichbedeutende engl. und frz. Wort ins Dt. und bezeichnete ursprünglich den ›buddhistischen Mönch oder Priester‹. In der Aufklärung (z. B. bei Wieland) steht *Bonze* dann als spöttische Bezeichnung für den bigotten Priester unterschiedlichen Glaubensbekenntnisses, im 19. Jh. in respektloser Sprache für ›Vorgesetzter, Würdenträger‹. Erst Ende des 19. Jhs. gewann es die heutige Bedeutung (im negativen, abschätzigen Sinne). Im 20. Jh. sind dann dazu mehrere Zusammensetzungen üblich gewor-

den, z. B. *Bonzenwirtschaft* (für ›Gesellschaft, die von *Bonzen* dominiert wird‹), *Bonzenvilla, Bonzenviertel, Bonzenschleuder* (ugs. in der ehemaligen DDR für Expreßzüge von verschiedenen Städten nach [Ost-]Berlin, die speziell für *Bonzen* gedacht waren).

Bordeaux

Das Wort ist ein Name für Weinsorten, benannt nach der frz. Stadt *Bordeaux*. Es handelt sich um rote und weiße Weine, die im Médoc sowie oberhalb von Bordeaux an der Garonne und im Inneren des Departements Gironde wachsen.

Bordell

›Freudenhaus, zur Prostitution vorgesehenes Haus, Puff (vulgär)‹

Das Wort wird um 1500 aus dem Frz. entlehnt, bedeutet aber eigentlich ›Bretterhüttchen, kleiner Bauernhof‹ (ist eine Verkleinerungsform von einem frz. Wort für ›Hütte‹). Das Wort verdrängt im Dt. älteres *vrouwenhūs*. Dessen nhd. (lautliche) Entsprechung *Frauenhaus* taucht in jüngster Zeit wieder auf, aber mit ganz anderer Bedeutung (als ›Haus für Frauen, die vor Gewalt Zuflucht suchen‹).

Börse

›Geldbeutel‹; ›organisierter Markt für Waren und Wertpapiere‹

Das Substantiv geht auf ein lat., ahd. und mhd. Wort (›Beutel, Geldtasche, Geldsäckchen‹) zurück. Eine Kaufmannsfamilie in Brügge, die in ihrem Wappen drei Geldbeutel führt, hat den Beinamen *van de Borse* erhalten. Danach haben der Platz vor dem Haus und die in ihm stattfindenden Zusammenkünfte den Namen *borse* bekommen. 1531 geht die Bezeichnung auf ein Handelshaus in Antwerpen über, im gleichen Jh. wird es für ›Handelszusammenkünfte‹ und ›Gebäude dafür‹ ins Dt. übernommen. Im 18. Jh. wird *Börse* (auch: *Geldbörse*) erneut im Sinne von ›Geldbeutel‹ – diesmal aus dem Nl. – ins Dt. entlehnt (für ›Portemonnaie‹), wirkt allerdings heute schon wieder veraltend.

Boulevard

›breite repräsentative Straße‹

Das Substantiv ist aus dem Frz. übernommen worden (dort ursprünglich ›Festungswerk, Stadtwall‹) und geht zurück auf ein formal dem dt. *Bollwerk* entsprechendes gleichlautendes und gleichbedeutendes mnl. Wort. Es kam in seiner jüngeren Bedeutung ›ringförmig verlaufende Prachtstraße an der Stelle früherer Festungswälle‹ (vor allem in Paris) im 18. Jh. ins Dt. Hier wurde es im 19. Jh. noch vorwiegend auf Pariser, dann aber (im 20. Jh.) auch auf andernorts vorhandene Straßen ähnlichen Typs bezogen. Neuerdings versteht man unter einem *Boulevard* – mit abermaliger Modifizierung der Bedeutung – besonders auch eine ›breite Geschäftsstraße in der Innenstadt mit starkem Fußgängerverkehr‹ (in völliger Abkoppelung von ›Bollwerk‹ und ›Wall‹). Von *Boulevard* gebildet sind einige Zusammensetzungen (mit pejorativer Nebenbedeutung), z. B. *Boulevardblatt, Boulevardpresse* (für ›reißerisch aufgemachte und auf Sensationen ausgerichtete Zeitung‹), *Boulevardtheater* (vornehmlich auf bloße Unterhaltung abzielend).

Bourgeoisie
›Bürgertum‹; ›bürgerliche Klasse‹
Das Wort ist im 18. Jh. aus dem Frz. übernommen worden und entspricht dem gleichlautenden frz. Wort, das ursprünglich jedoch ›Bürgertum, Bürgerstand‹ bedeutete und in seinem Inhalt (im Hinblick auf die soziale Geltung) nicht genau festgelegt war. Im Frz. wurde erst durch die Saint-Simonisten der Gebrauch im Sinne von ›kapitalistische Ausbeuterklasse‹ eingeführt, der sich dann in der frühen sozialistischen Bewegung eingebürgert hat und durch Marx und Engels (seit Mitte des 19. Jhs.) als politischer und gesellschaftswissenschaftlicher Terminus verwendet wird (als ›die in der kapitalistischen Gesellschaft die wichtigsten Produktionsmittel besitzende und deshalb herrschende bürgerliche Klasse‹). In der älteren Bedeutung steht *Bourgeoisie* (als ›Bewohner der Stadt‹) im Gegensatz zu Adel und Landbevölkerung, in der jüngeren (terminologisierten) Bedeutung im Gegensatz zu ›Arbeiterklasse‹.

Bowle
›Mischgetränk aus Wein, Früchten und Zucker‹; ›Gefäß für dieses Getränk‹
Das Wort ist in der 2. Hälfte des 18. Jh. aus engl. *bowl* übernommen worden, das soviel wie ›Schüssel, Napf, rundes Gefäß‹ bedeutete und entsprechend auch im Dt. zunächst ein ›gewölbtes Gefäß‹, vor allem ein ›Punschgefäß‹ bezeichnete. Im Dt. wurde es dann – in Abweichung zum Engl. – in der Mitte des 19. Jhs. auch auf den Inhalt des Gefäßes übertragen.

boykottieren/Boykott
›durch wirtschaftliche, politische und soziale Isolierung ächten‹
Ein *Boykott* wurde zuerst von irischen Bauern als Kampfmaßnahme gegen den engl. Gutsverwalter *Charles Boycott* angewandt. Dessen Name wurde rasch zum engl. Verb *boycott* umgebildet, daran schließt sich das engl. Substantiv (in der Bedeutung ›Verruf‹) an, das dann Ende des 19. Jh. auch im Dt. erscheint.

Brachialgewalt
›rohe körperliche Gewalt‹
Das Adjektiv *brachial* geht zurück auf ein lat. Wort, das eine Ableitung ist von ›Arm, Unterarm‹. In dieser Bedeutung ›zum Arm gehörig‹ ist es noch bis heute in der Wissenschaftssprache, vor allem der Anatomie, gebräuchlich. Im 19. Jh. wird es erstes Glied der dt. Zusammensetzung *Brachialgewalt*, im 20. Jh. erscheint es dann auch als Adjektiv *brachial* (in der Bedeutung von ›körperlich roh, handgreiflich‹), besonders in Fügungen wie *brachiale Gewalt, Rache, Auseinandersetzung* u.a.)

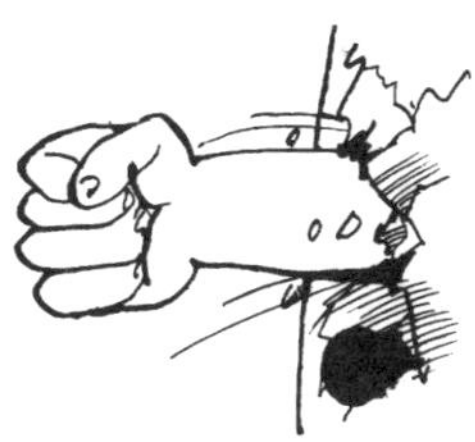

Branche

›Fachgebiet, Zweig‹, besonders in Industrie und Handel

Das Wort geht auf frz. Ursprung zurück (dort ›Zweig, Ast‹) und wurde im 18. Jh. ins Dt. übernommen, zunächst als genealogischer Ausdruck im Sinne von ›Abstammungslinie‹, dann auch allgemein als ›Teilgebiet, Untergruppe‹. Die spezielle Verwendung in unserem heutigen Sinne für einen durch gleichartige Erzeugnisse/Waren gekennzeichneten Bereich des Wirtschaftslebens findet sich seit Ende des 18. Jhs. und setzte sich erst im 19. Jh. durch.

brav

›gehorsam, folgsam, redlich‹

Das Wort kommt im 16. Jh. aus dem Frz. ins Dt., zunächst in der Bedeutung ›geeignet, brauchbar, tüchtig‹. Während des 30jährigen Krieges wird es – wohl unter abermaligem rom. Einfluß – im Sinne von ›tapfer‹ gebräuchlich. Aber im 19./20. Jh. tritt diese Bedeutung zurück zugunsten von ›gehorsam, folgsam, redlich‹. Allerdings fehlt dabei oft nicht eine einschränkende Nebenbedeutung von ›nicht über den Durchschnitt hinausgehend, hausbacken‹ (z. B. *ein braver Schüler, ein braves Spiel*).

Brevier

›Sammlung der für katholische Geistliche vorgeschriebenen Stundengebete‹

Das Substantiv geht zurück auf kirchenlat. *breviārum* (›kurzes Verzeichnis, kurzer Auszug aus größeren Werken‹) und enthält lat. *brevis* (›kurz‹). Die wesentliche Bedeutungskomponente ›kurz‹ ist dadurch zu erklären, daß die einzelnen Teile der Stundengebete im Mittelalter auszugsweise und erheblich verkürzt aus verschiedenen Büchern zusammengestellt worden sind. Sie ist auch heute noch erhalten, wenn die Bezeichnung *Brevier* auch auf andere Sammlungen übertragen wird, z. B. auf Sammlungen wesentlicher Passagen aus dichterischen oder philosophischen Werken (z.B. Goethe-, Nietzsche-Brevier) oder auf thematisch zusammengestellte Anthologien (z. B. Jagd-Brevier).

Brief

›persönliches, adressiertes Schriftstück‹

Das Substantiv geht auf das Lat. zurück (dort *brevis* ›kurz‹ und *breve* ›kurzes Schreiben, Urkunde‹), aus dem es ins Ahd. übernommen worden ist. Die älteste Bedeutung von ›Schreiben, Urkunde‹ (9. Jh.) ist in den späteren Jahrhunderten in vielen Verbindungen erhalten geblieben: *Brief und Siegel, Bannbrief, Frachtbrief, Freibrief* (für ›Privileg‹), *Kaufbrief, Schuldbrief, Steckbrief* (für ›öffentlich bekanntgemachte Personenbeschreibung eines Flüchtigen‹). In anderen Wendungen und Zusammensetzungen wurde die ältere Bedeutung von ›Urkunde‹ durch die heute allein übliche Bedeutung von *Brief* abgelöst: *offener Brief* (zuerst ›öffentliche Urkunde und Bekanntmachung‹, später ›in einer Zeitung abgedrucktes oder als Vervielfältigung versandtes Schriftstück‹), *Briefkasten* (zuerst ›Urkundentruhe‹, später – seit 1824 – ›Postbriefkasten‹), *Briefträger* (zuerst ›Gerichtsbote, der amtliche Schreiben austrägt‹, später – seit dem 18. Jh. – ›Postbriefzusteller‹).

Brille

›Sehhilfe mit optischen Linsen, Augenschutz‹
Das Wort erscheint bereits im Spätmhd. und geht zurück auf den Namen des optisch vergrößernden Halbedelsteins *Beryll*. Aus diesem Halbedelstein stellte man um 1300 in Oberitalien die ersten Augengläser her. Der Stein und sein Name kommen aus Indien, die Bezeichnung ist drawidischen Ursprungs und wohl von der südindischen Stadt *Vēlūr/Bēlūr* abgeleitet.

Brockhaus

Name des bekannten, in vielen Bänden (und Auflagen) erschienenen Konversationslexikons *(der Brockhaus)*, geht zurück auf den Buchhändler Friedrich Arnold Brockhaus (1772–1823), der den Verlag Brockhaus in Leipzig gegründet hat, zu dessen Hauptwerken das Lexikon gehört.

Broiler

›Brathähnchen‹
Das Wort wird seit der 2. Hälfte des 20. Jhs. (besonders in der ehemaligen DDR) gebraucht im Anschluß an engl. *broiler* (›Bratrost, Brathühnchen‹), das auf das Verb *broil* zurückgeht (›auf dem Rost braten‹).

Brücke

›über ein Hindernis im Gelände (Wasserläufe, Täler, Straßen, Bahnanlagen) führendes Bauwerk‹
Das Wort geht auf das Ahd. zurück, seine älteste nachweisbare Verwendung ›Knüppeldamm als Uferbefestigung‹ basierte auf der Ausgangsbedeutung ›Balkenwerk aus Holz‹. Diese Ausgangsbedeutung ist im Dt. in den älteren Sprachstufen und später auch vereinzelt in einigen Mundarten (z. B. im Bair. und im Schwäb.) lebendig. Neben der heute eindeutig dominierenden Bedeutung als ›Bauwerk‹ haben sich einige speziellere Verwendungsweisen herausgebildet, z. B. als *Kommandobrücke* (auf Schiffen), als ›Zahnersatz‹ (zur Füllung einer Lücke zwischen noch vorhandenen Zähnen) und als ›kleiner, schmaler Teppich‹.

Brunch

ausgiebiges (späteres) Frühstück, das gleichzeitig das Mittagessen ersetzt‹
Das Wort ist erst (zusammen mit dem Geschehen selbst) in den letzten Jahrzehnten aus dem Engl. in das Dt. übernommen worden. Es ist erklärbar als eine Verknüpfung von engl. *breakfast* + *lunch*, was auch der Bedeutung entspricht. Zum Substantiv *Brunch* ist das Verb *brunchen* gebildet worden (›reichhaltig [und spät] frühstücken und damit gleichzeitig das Mittagessen ersetzen‹).

brutal

›roh, gewalttätig, rücksichtslos‹
Das Wort geht zurück auf lat. *brūtus*/mlat. *brutalis* (›unvernünftig, tierisch‹) und wurde im 17. Jh. ins Dt. entlehnt. Zuerst wurde es noch in der alten Bedeutung ›unvernünftig‹, dann zunehmend in der heutigen Bedeutung ›ge-

walttätig‹ verwendet. Dieselbe Form liegt dem Beinamen *Brutus* (für mehrere römische Feldherrn) zugrunde, z. B. für *Marcus Junius Brutus* (85 v. Chr. – 42 n. Chr.), der als Vorkämpfer der alten römischen Republik galt, sich durch rücksichtslosen Zinswucher bereichert haben soll, zuerst Pompejaner war, dann zu Cäsar übergetreten ist, danach an einer Verschwörung gegen Cäsar teilgenommen hat, schließlich sich mit Cassius in Kleinasien gegen die Triumvirn vereinigt hat und am Ende von Oktavian und Antonius besiegt wurde.

Büchse

›*verschließbares zylindrisches Gefäß*‹; *auch* ›*Feuerwaffe, Jagdgewehr*‹

Das Wort ist aus dem Lat. entlehnt worden und geht zurück auf das entsprechende griech. Wort (›Buchsbaum‹, ›Büchse aus Buchsbaumholz‹). Es wurde dann verwendet (im heutigen Sinne) für alle verschließbaren zylindrischen Gefäße bzw. Behälter (unabhängig von dem verwendeten Material – vgl. z. B. *Holz-, Blechbüchse*), auch in anderen (westgerm. und rom.) Sprachen (vgl. z. B. engl. *box*).

Buchstabe

›*Schriftzeichen (für Sprachlaute)*‹

Die früheren (in Holz oder Stein geritzten) Runen hatten durchweg einen senkrechten kräftigen Strich, den sogenannten *Stab*. Nach ihm wurde das gesamte Runenzeichen benannt. Im Unterschied dazu bezeichnen die seit dem Ahd. (und anderen germ. Einzelsprachen) auftretenden Formen (z. B. ahd. *buchstab* im 8. Jh.) die zum Schreiben im Buch verwendeten lat. Schriftzeichen.

Bulletin

›*offizieller, meist kurzer Bericht*‹

Das ursprünglich frz. Wort tritt im 18. Jh. im Dt. auf, zunächst in der Bedeutung ›Tageszeitung, Nachrichtenblatt‹, dann – Anfang des 19. Jhs. – als Schlagwort für einen aufgebauschten Heeresbericht (in der Nachfolge der napoleonischen *Bulletins* von 1800). Erst später setzte sich die heutige Bedeutung durch.

bumsen

›*dröhnen, klingen, an-/aufschlagen*‹

Das Wort erscheint schon im 16. Jh. in dieser Bedeutung, seit den 60er Jahren des 20. Jh. dann auch (in derber Alltagssprache) für ›miteinander schlafen, koitieren‹, offenbar nach einem älteren mundartlichen (schwäb., schweiz.) Wort (vgl. auch *bumsig* im Schwäb. ›lüstern auf ein Mädchen‹).

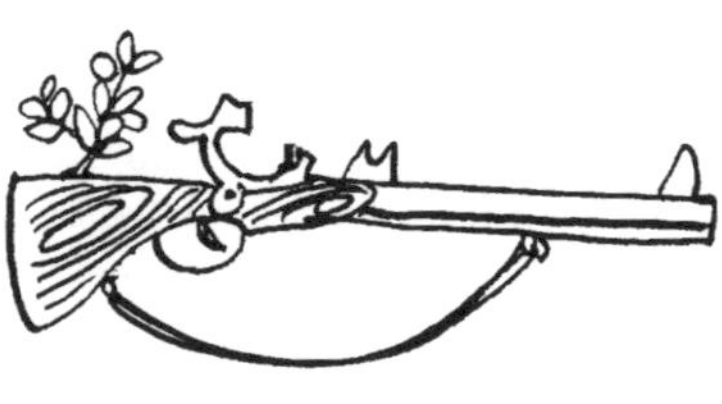

Bungalow

›eingeschossiges Wohnhaus oder Wochenendhaus im Freien‹

Das Substantiv ist die Anglisierung eines hindustanischen Wortes (›bengalisch‹) und bezeichnete zunächst ein ›eingeschossiges Wohnhaus‹ für Europäer in Bengalen (17. Jh.), dann allgemein in Indien und schließlich in tropischen und subtropischen Gebieten Ostasiens. Im Dt. taucht das Wort im 19. Jh. auf. Etwa zur gleichen Zeit entwickelt sich im engl. Mutterland die Bedeutung ›Landhaus, Sommerhaus‹. Mitte des 20. Jhs. wird die Bezeichnung dann erneut ins Dt. übernommen und verbreitet sich danach rasch.

Bürger

›Bewohner einer Stadt, Angehöriger eines Staates‹

Das Wort geht auf das Ahd. zurück und bezeichnete ursprünglich den ›Burgverteidiger‹. Später erweiterte sich die Bedeutung zu ›Bewohner einer Burg‹, dann einer Stadt und eines Staates. Im Zusammenhang mit der Herausbildung der Städteverfassungen im 11./12. Jh. meinte *Bürger* das freie, vollberechtigte Mitglied einer Stadtgemeinde. Mit der weiteren Entwicklung des Bürgertums wird *Bürger* dann zum *Staatsbürger. Bürger* wird jedoch in der kapitalistischen Gesellschaft auch zur Bezeichnung des ›Besitzbürgers‹ (vor allem des Besitzers von Produktionsmitteln); in diesem Sinne wird es jedoch weitgehend durch *Bourgeois* verdrängt.

Bursche

›junger Mann, Junge‹

Das Substantiv geht zurück auf ein frühnhd. Wort (*borse* oder *bursche*), das einerseits den ›Geldbeutel‹ bezeichnete, andererseits aber auch das Gemeinschaftshaus für Studenten und Handwerksgesellen sowie die dort – aus gemeinschaftlicher Kasse – lebende Gemeinschaft. *Burschenschaft* ist zuerst (im 18. Jh). ein Ausdruck für die Gesamtheit der Studentenschaft einer Universität, dann (im 19. Jh.) für eine bestimmte Richtung innerhalb des studentischen Verbindungswesens.

Camembert

›Weichkäse mit leicht schimmligem Belag und feinem, aromatischem Geschmack‹

Die Käsesorte ist benannt nach dem Dorf *Camembert* im frz. Departement Orne.

Camping

›Leben im Zelt, auf Zeltplätzen‹

Das Substantiv kommt im 20. Jh. aus dem Engl. (*camp* ›Feld, Lager‹, als Verb ›[im Freien] kampieren, lagern‹) ins Dt., geht letztlich auf lat. *campus* ›flaches Feld, Ebene‹ zurück. Parallel zum Substantiv hat sich auch das Verb *campen* (›zelten‹) im Dt. herausgebildet.

Celsius

›Maßeinheit der Temperatur‹

Die Maßeinheit ist benannt nach dem schwedischen Astronomen Anders *Celsius* (1701–1744), der Professor und Leiter der von ihm erbauten Sternwarte in Uppsala war. In einer Arbeit »Über die Wärmemessung« (1742) schlug er eine hundertteilige Thermometerskala vor, bei der der Siedepunkt nach dem Gefrierpunkt gezählt wurde.

Chaiselongue

›Liege‹

Das Wort wurde in der 1. Hälfte des 19. Jhs. aus dem frz. *chaise longue* übernommen, dessen eigentliche Bedeutung ›langer Stuhl‹ war.

Champagner

›Schaumwein‹

Der Wein ist nach der frz. Landschaft *Champagne* benannt, aus der er stammt. Als Bezeichnungen sind im Dt. schon im 18. Jh. *Champagner-Wein* und *Champagner* belegt. Die Verkürzung findet sich seit dem 17. Jh. im Engl., seit dem 18. Jh. im Frz., seit dem 19. Jh. dominiert sie im Dt.

Champignon

›eßbarer Blätterpilz, Egerling‹

Das Substantiv geht zurück auf ein gleichlautendes und gleichbedeutendes frz. Wort (im Stamm auf lat. *campus* ›Feld‹ zurückgreifend) und bedeutet eigentlich ›der auf dem Felde Wachsende‹, d. h. wildwachsender, nicht angebauter Speisepilz. Die Bezeichnung wurde im 16. Jh. aus dem Frz. entlehnt, wird heute auch für gezüchtete Pilze dieser Gattung gebraucht.

Chance

›günstige Gelegenheit, Möglichkeit, Glücksfall‹

Das Substantiv wurde aus einem gleichlautenden und gleichbedeutenden frz. Wort übernommen, das ursprünglich auch ›Fall der Würfel beim Spiel‹ bedeutete (entsprechend lat. *cadere* ›fallen‹). Die ursprünglich nur auf das Fallen der Würfel beim Spiel (der Gewinn oder Verlust bringt) beschränkte Verwendung wurde später auf alle Wechselfälle des Lebens generell übertragen, so daß sich (seit dem 15. Jh.) die heutige Bedeutung ergab. Im Dt. gab es in früherer Zeit (bis ins 18. Jh.) noch die Nebenform *Schanze*, die heute nur noch in wenigen Wendungen bewahrt ist (z. B. *sein Leben in die Schanze schlagen* ›alles aufs Spiel setzen‹, *jmdm. etwas zuschanzen* ›jmdn. etwas zukommen lassen (anfangs beim Kartenspiel)‹).

Chaos

›ungeordneter Urzustand der Welt‹; ›völliges Durcheinander‹

Das Substantiv (im Dt. seit dem 16. Jh. belegt) geht zurück auf ein gleichlautendes griech. und lat. Wort mit der Bedeutung ›leerer Raum, Luftraum, Kluft‹. Daß daraus die heute übliche Bedeutung von ›Durcheinander‹ entstehen konnte, beruht auf Vorstellungen der griech. Kosmogonie, die *Chaos* im Sinne einer ›vor allen Dingen vorhandenen klaffenden Leere des Weltraums‹ (Hesiod) oder als ›ungeordnete Urmasse der Welt‹ (Platon) verstanden hat. Diese Vorstellung liegt der 1. Bedeutungsvariante von *Chaos* im Dt. zugrunde (16. Jh.), aus der sich dann – im 17. Jh. – die 2. (allgemeinere) Bedeutungsvariante (von ›Durcheinander‹) entwickelt hat.

Charakter

›Gesamtheit der Wesenszüge, Eigenart eines Menschen (z. T. auch einer Sache)‹

Das Substantiv geht auf ein gleichlautendes griech. und lat. Wort zurück, das soviel wie ›Werkzeug zum Graben, eingeritzter Buchstabe, körperliche und sprachliche Eigenart, Merkmal, (eingebranntes Erkennungs-)Zeichen‹ bedeutete. Diese anfängliche Bedeutung (›Buchstabe, Zauberzeichen‹) findet sich noch bis ins 18. Jh., die von ›Merkmal, Zeichen‹ bis ins 19. Jh. Aber schon seit Ende des 17. Jhs. wurde *Charakter* auch auf Stand und Rang einer Person übertragen und schließlich – seit dem 18. Jh. – auf die Gesamtheit der Wesenszüge, auf die Eigenart des Menschen bezogen. *Charakter* wird nun als das verstanden, was dem Menschen an wesentlichen psychischen und geistigen Eigenschaften ›eingeritzt, eingeprägt‹ ist. Daneben wird das Wort auch auf Sachobjekte angewandt (z. B. *der Charakter der Fabrik, eines Wohngebiets, einer Krankheit*).

Chauffeur

›jmd., der berufsmäßig Personen im Auto befördert‹

Das Substantiv ist eine Übernahme des gleichlautenden frz. Wortes (im 20. Jh.),

das aber früher – seit dem 17. Jh. – ›Heizer‹ bedeutete (als Verb frz. *chauffer* ›heizen, warm machen‹). Im 19. Jh. entwickelte sich dann daraus – über den *Chauffeur* der Lokomotive und des Autos – die (neue) Bedeutung ›Kraftfahrer‹. Im Dt. wirkt das Wort heute bereits veraltend und wird zumeist durch *Fahrer* ersetzt.

Chauvinismus

›übersteigerter, fanatischer Nationalismus‹

Das Wort geht zurück auf *Chauvin*, den Namen eines jungen (auf Lithographien von Charlet dargestellten) Soldaten der Armee Napoleons I., der von blinder Begeisterung für den Kaiser erfüllt ist. Noch bekannter wird der sich durch nationale Überheblichkeit auszeichnende Soldat (der denselben Namen trägt) in einem Lustspiel der Brüder Cogniard (»La cocarde tricolore« 1831). Das dazu gebildete frz. Wort wird im Dt. zu *Chauvinismus* latinisiert, im 19. Jh. zunächst auf frz. und dann auch auf dt. Verhältnisse bezogen.

Chirurg

›Facharzt für Chirurgie‹, der sich mit der operativen Heilbehandlung befaßt, ›Operateur‹

Das Wort geht zurück auf lat. *chīrūrgus* (›Wundarzt‹) und auf das Griech., wo es ein zusammengesetztes Substantiv ist (*cheīr* ›Hand‹ + *ūrgós* ›machen, schaffen‹). *Chirurg* bezeichnet deshalb zunächst den ›mit der Hand Arbeitenden, den ein Handwerk, eine Kunst Ausübenden‹, später dann ›den mit der Hand arbeitenden Arzt, den Operateur‹. Eine ältere Bezeichnung im Dt. dafür war *Wundarzt* (14. Jh.), die jedoch seit dem Ende des 15. Jhs. nur noch für den ungelehrten Vertreter der Wundarznei stand. Es trat also eine Differenzierung ein zwischen dem (akademisch ausgebildeten) *Chirurgen* und dem *Wundarzt* (als Laien).

Chronik

›Aufzeichnung historischer Ereignisse in ihrer zeitlichen Abfolge‹

Das Wort geht auf das Griech. und Lat. zurück (griech. *chrónos* ›Zeit‹). Diese Bedeutungskomponente ›Zeit‹ ist maßgeblich auch für die Bedeutung im Dt., sie spiegelt sich auch in mehreren Ableitungen (z. B. *Chronologie* (für den ›Ablauf‹ selbst), *Chronist* (für den ›Berichterstatter‹ bzw. ›Aufzeichner‹) und *chronologisch* (für die ›zeitliche Abfolge‹).

Clique

›Gruppe, Klüngel, Sippschaft‹

Das Wort geht zurück auf ein lautnachahmendes (onomatopoetisches) frz. Verb mit der Bedeutung ›klappern, ein Geräusch machen‹. Deshalb bezeichnet es ursprünglich ›eine Gruppe, die ihre Zustimmung durch Klappern (Klatschen) kundtut‹. Im Dt. findet sich *Clique* seit dem 18. Jh.; es wurde von Anfang an pejorativ (abwertend) vor allem auf literarische und politische Gruppierungen bezogen. Diese negative Bewertung ist auch in zahlreichen Zusammensetzungen enthalten (z. B. *Cliquenbildung, Cliquenwirtschaft*).

Clou

›frappierender Höhepunkt, Glanzpunkt, Knüller‹

Das Wort kommt im 20. Jh. aus dem Frz. (dort ›Nagel, Glanzpunkt, Schlager‹) ins Dt. und geht auf einen lat. Stamm (*clāvus* ›Nagel, Pflock‹) zurück. *Clou* wäre demnach eigentlich der ›Nagel, der alles zusammenhält oder krönt‹.

Cockpit

›Kabine, Sitz des Flugzeugführers (Piloten)‹, auch auf Boote und Rennwagen bezogen

Das Substantiv wird im 20. Jh. aus einem gleichlautenden und gleichbedeutenden engl. Wort übernommen, das ursprünglich eine Zusammensetzung war (*cock* ›Hahn‹ + *pit* ›Grube‹) und (im 16. Jh.) soviel wie ›Grube für einen Hahnenkampf‹ bedeutete. Im 18. Jh. wurde *cockpit* in der engl. Seemannssprache, im 20. Jh. im Flugwesen üblich.

Cocktail

›alkoholisches Mischgetränk‹

Das Wort ist seit dem 20. Jh. im Dt. gebräuchlich, kommt aus dem Amerik.-Engl. und geht dort auf eine Zusammensetzung zurück (*cock* ›Hahn‹ + *tail* ›Schwanz‹). Es wird erklärt als Verkürzung von engl. *cocktail(ed) horse* ›halbblütiges Pferd mit gestutztem Schweif, der wie ein Hahnenschwanz nach oben steht‹. Weil nur Bastardpferde, nicht aber reinrassige Pferde gestutzt wurden, entwickelte sich zunächst die Bedeutung ›minderwertiges Pferd‹, daraus übertragen schließlich ›moralisch minderwertiger Mann‹. Bei der heutigen Bedeutung als ›Getränk‹ ist besonders relevant (und dies entspricht der Herkunft in bestimmter Weise), daß es sich um ein gemixtes, nicht um ein reines (›reinrassiges‹) Getränk handelt.

Code, Kode

›System verabredeter Zeichen‹, ›Schlüssel zum Dechiffrieren‹

Das Wort – zurückgehend auf lat. *cōdex* ›Gesetzbuch‹ – ist aus dem Frz. entlehnt worden und bezeichnete ursprünglich den *Code civil,* d. h. das bürgerliche Gesetzbuch in Frankreich (1. und 2. Kaiserreich). Erst seit Ende des 19. Jhs. kommt es mit den heute im Frz. und Engl. entwickelten Bedeutungen (›Signalsystem‹ zur Nachrichtenübermittlung, ›vereinbarte Wörtersammlung‹ zur Abkürzung und Chiffrierung von Telegrammen, ›Schlüssel‹ zur Umsetzung von Signalsystemen) ins Dt. Davon ist auch das Verb *kodieren/codieren* abgeleitet.

Cognac → vgl. *Kognac*

College

Das Wort kommt aus dem Engl. Es bezeichnet in England die höhere Schule (ähnlich wie das frz. Äquivalent in Frankreich, Belgien und in der Westschweiz), in den USA dagegen die Eingangsstufe der Universität.

Colt

›Revolver‹

Das Wort geht zurück auf den amerikanischen Erfinder *Samuel Colt* (im 19. Jh.). Im Dt. wird es im 20. Jh. unter dem Einfluß der Westernfilme geläufig.

cool

›kühl‹; ›ruhig, überlegen, kaltschnäuzig‹; ›toll, klasse, prima‹

Das Adjektiv ist in den letzten Jahrzehnten aus dem amerik. Engl. übernommen worden, bedeutete dort ursprünglich ›kühl‹ (d. h. ›mit niedriger Temperatur‹), ist aber auch in übertragener Bedeutung gebräuchlich im Sinne von ›ruhig, überlegen, kaltschnäuzig‹ (z. B. *ein kühler Charakter, mit kühlem Kopf*). Es verbreitet sich im Dt. – vor allem ugs. und in der Jugendsprache nahezu sinnentleert – in weiter verblaßter Bedeutung von ›toll, prima‹. Nahezu alles kann *cool* sein (z. B. ein Auto, eine gute Zensur, ein bestimmtes Verhalten).

Cowboy

›berittener amerikanischer Rinderhirt‹

Das Wort ist in der 2. Hälfte des 20. Jhs. aus dem amerik. Engl. übernommen worden, bedeutet wörtlich dort eigentlich ›Kuhjunge‹ (obwohl ein *Cowboy* eigentlich Pferde und keine Kühe reitet). Die *Cowboys* kommen in Spielen von Jungen vor und stehen als Symbole für Stärke und Freiheit, zücken dabei oft ihre Revolver (so wird es wenigstens in amerikanischen Filmen vorgeführt, durch die das Wort wohl seine Symbolkraft im Dt. gewonnen hat).

Credo, Kredo

›(christliches) Glaubensbekenntnis‹

Das Wort erscheint lautgleich bereits im Mhd. und ist eine Substantivierung des lat. *crēdō* ›ich glaube‹. Es entspricht dem Wort des apostolischen sowie des in der Messe gebeteten konstantinopolitanischen Glaubensbekenntnisses. In der neueren Zeit wird es vor allem auch im allgemeineren Sinne für ›Glaubenssatz, Glaube(nsbekenntnis), Überzeugung‹ verwendet – auch ohne religiösen Hintergrund (z. B. *sein Credo, das er aber noch nicht beweisen kann; politisches, wissenschaftliches Credo*).

Spielkarte und als Figur des Schachspiels direkt davon abhängt (oder gesondert aus dem Frz. übernommen worden ist), ist nicht sicher.

Damast

›feinfädiges einfarbiges Gewebe mit eingewebten glänzenden Mustern‹

Diese Gewebeart gelangte im Mittelalter aus *Damaskus* nach Europa und verdankt ihren Namen dieser syrischen Stadt. Als älteste Entlehnung erscheint die Bezeichnung im 14. Jh., ehe im 15. Jh. die heutige Form *Damast* auftaucht, die sich seit dem 18. Jh. durchsetzt.

Dame

›höfliche Bezeichnung für eine erwachsene weibliche Person‹

Das Substantiv geht zurück auf lat. *domina* (›Herrin, Gebieterin, Hausfrau‹), das – vermittelt über die frz. Form – im 16. Jh. ins Dt. entlehnt worden ist. Im Dt. ist *Dame* in der Bedeutung ›geliebte Frau, Herrin‹ zunächst Modewort der höfischen Dichtung, seit dem 17. Jh. dann die übliche Benennung für Frauen des Adels. Auf bürgerliche Frauen wird die Bezeichnung erst gegen Ende des 18. Jhs. übertragen. Heute wird mit *Dame* eine ›Frau von Bildung und kultiviertem, gepflegtem Äußeren‹ bezeichnet. Das Wort dient auch als höfliche Anrede für weibliche Personen (z. B. *sehr geehrte Damen und Herren!*). Ob die übertragene Verwendung von *Dame* als

dämlich

›dumm, beschränkt‹

Das Adjektiv ist seit dem 18. Jh. belegt, ist aber – ausgehend vom Nd. – erst nach 1900 im größten Teil des dt. Sprachgebiets ugs. als derbes Scheltwort verbreitet. Im Bair.-Österr. steht dafür (mit anderem Suffix) heute noch vielfach *damisch*. Die Wortform geht auf eine germ., sogar eine idg. Wurzel zurück (›geistig benommen, betäubt‹) und steht in keinem etymologischen Verhältnis zu dem Substantiv *Dame* (vgl. dort).

Dativ

›dritter Fall der dt. Deklination, Kasus zum Ausdruck des indirekten Objekts im Satz‹

Die Bezeichnung geht auf das Lat. zurück (vgl. *dare* ›geben‹) und meint eigentlich den ›zum Geben gehörenden Fall‹. In der Tat werden die meisten Verben des Gebens im Dt. (und in manchen anderen Sprachen) mit dem Dativ verbunden (z. B. *dem Freund das Buch geben/schenken/leihen/schicken*). Allerdings ist die Verwendung des Dativs keineswegs auf die Verben des Gebens beschränkt (vgl. z. B. *dem Freund die Wahrheit sagen/erzählen/verheimlichen; ihm begegnen/schaden/mißtrauen*).

Datsche

›Wochenendhaus mit Grundstück‹

Das Wort stammt aus dem Russ. (russ. *dat'* ›geben, schenken‹), bezeichnete ursprünglich eine Schenkung und wurde im 19. Jh. ins Dt. entlehnt. Seit den 20er

Jahren des 20. Jhs. wurde es zumeist im Sinne von ›Landsitz, Sommerhaus‹ gebraucht und auf russ. Verhältnisse (zunächst vor der Oktoberrevolution) bezogen. Seit etwa 1970 fand es auch Eingang in die (ehemalige) DDR und stand für ›Wochenendhaus, Bungalow‹.

Debatte

›Diskussion, themengebundene Auseinandersetzung, Meinungsstreit‹

Das Verb *debattieren* ist im 17. Jh., das Substantiv *Debatte* im 18. Jh. aus dem Frz. entlehnt worden. In ihnen steckt eine Wurzel (vgl. lat. *battere*, frz. *débattre*) mit der Bedeutung ›schlagen, sich streiten‹. Am Anfang stand somit die Kontroversität der Meinungen als wesentliche Bedeutungskomponente von *Debatte* im Mittelpunkt. Deshalb wurde *Debatte* auch vornehmlich auf den politischen und juristischen Bereich angewandt (z. B. bei Verhandlungen in Ständevertretungen, Parlamenten u. a.). Heute wird *Debatte* auch im allgemeineren Sinne (als ›Diskussion, Erörterung‹) gebraucht.

Dekan

›Vorsitzender einer Fakultät an Hochschulen bzw. (im kirchlichen Bereich) eines geistlichen Kollegiums‹

Das Wort stammt aus dem Lat. (dort *decānus* ›Vorgesetzter von 10 Mann‹ – entsprechend *decem* ›zehn‹). Es wurde im 10. Jh. ins Dt. entlehnt, bezeichnete zunächst – der lat. Verwendungsweise entsprechend – den militärischen ›Unterführer‹, dann (im 12. Jh.) den geistlichen und schließlich (seit dem 13. Jh.) auch den (niederen) weltlichen Amts- und Würdenträger. Erst seit dem 15./16. Jh. bekommt das Wort seine heutigen (beiden) Bedeutungen.

Delta

›Name des 4. Buchstabens im griech. Alphabet‹; ›Mündungsgebiet eines Flusses, das von Flußarmen und Meeresküste dreiecksförmig umschlossen ist‹

Die Übertragung der 1. Bedeutung (›Buchstabe‹) auf die 2. Bedeutung (›Mündungsgebiet‹) ist zu erklären aus dem Schriftbild des griech. Buchstabens (als eine Art Dreieck: Δ). Im 16. Jh. wird das gleichlautende griech. Wort *Delta* (›Flußmündung in der Gestalt eines Deltas‹) übernommen, zunächst um das Mündungsgebiet des Nils zu bezeichnen. Erst im 19. Jh. wird die Bedeutung verallgemeinert und gilt nun für alle dreiecksförmigen Flußmündungen.

Demagoge

›Volksverführer, Aufwiegler‹

Das Wort wurde Mitte des 18. Jhs. aus dem Griech. entlehnt (*dēmagōgós*, eine Zusammensetzung mit der Bedeutung ›Volk‹ + ›Leiter, Führer‹). Entsprechend bezeichnete es zunächst – positiv – einen angesehenen Leiter und Ratgeber des Volkes. In dieser Verwendung setzte sich das Wort zunächst auch in mehreren Sprachen (z. B. im Engl., Frz. und Dt.) durch. In diesem Sinne wurde es auch auf Volksführer wie Arndt und Stein angewandt. 1819 geben die Karlsbader Beschlüsse das Signal zur »Demagogenverfolgung« (auch hier noch in der positiven Bedeutung von ›Volksführer‹). Im Zusammenhang damit wird die geläufige Verbindung *demagogische Umtriebe* zum Schlagwort (der Reaktion). In Fortsetzung dieser negativen Bewertung bedeutet *Demagoge* heute ›Volksverführer‹, *demagogisch* ›mit trügerischen Versprechungen und geschickter Entstellung der Wahrheit zu täuschen versuchend‹.

Demut

›Bescheidenheit, Bereitschaft zum Dienen‹

Das Wort geht auf das Ahd. zurück (*thiomuoti* ›dienstwillig‹), ist dort eine Zusammensetzung (›Sklave, Knecht‹ + ›gesinnt‹). Grundlegend ist die Bedeutung von ›dienen‹ und ›Dienst‹, was sich zunächst auf die Treue zum Gefolgsherrn bezieht. *Demut* dürfte also ursprünglich die ›ergebene Gesinnung des Gefolgsmannes‹ bezeichnet haben. Erst später wird aus diesem (vorchristlichen) Verständnis ein christlicher Begriff der ältesten Kirchensprache (›Niedrigkeit und Bescheidenheit‹), der den Inhalt des Wortes bis in die Gegenwart hinein geprägt hat.

Depp

›einfältiger, ungeschickter Mensch, Tölpel, Dummkopf‹

Das Wort ist aus dem Obd. und angrenzenden westmd. Gebieten in die Umgangssprache (und gelegentlich auch in die Standardsprache) gelangt und wird dort oft als Schimpfwort verwendet. Es gehört zu *täppisch* (bair.-österr.) und ist durch Vokalwechsel (*ä>e*) rückgebildet worden. Daraus erklärt sich die ursprüngliche Bedeutung von ›täppischer, unbeholfener Mensch‹.

Derby

›Pferderennen, jährliche Zuchtprüfung der besten dreijährigen Vollblüter eines Landes‹

Das Wort ist im 19. Jh. aus dem Engl. übernommen worden und geht zurück auf den 12. *Earl of Derby, E. Stanley*, der 1780 das erste Pferderennen als Zuchtprüfung veranstaltet hat. Heute wird *Derby* vereinzelt auch in anderen Zusammenhängen außerhalb der Pferdezucht verwendet (z. B. *(Orts-)Derby* zwischen zwei Fußballmannschaften derselben Stadt).

Design

›zeichnerischer oder gestalteter Entwurf, gestalterische Ausführung‹

Das Wort wurde im 20. Jh. aus dem Engl. übernommen und hat dort die Bedeutung ›Plan, Absicht, Entwurf, Muster, Anlage, Anordnung‹. Im Dt. wurde es zunächst vor allem auf Industrieprodukte und Gebrauchsgegenstände bezogen, in jüngerer Zeit wird es dagegen zuweilen auch auf andere Bereiche übertragen (z. B. *Forschungsdesign*), wohl im Anklang an die (weitere) Bedeutung im Engl.

desolat

›trostlos, traurig‹

Das Adjektiv ist im 16. Jh. aus dem entsprechenden lat. Wort *dēsōlātus* entlehnt worden, das ursprünglich soviel wie ›vereinsamt, verödet, öde, wüst‹ bedeutete (gebildet zu lat. *sōlus* ›allein, einsam, öde‹).

Despot

›Gewalt-, Willkürherrscher, Tyrann‹

Das Wort geht zurück auf das Griech., hatte dort aber die Bedeutung ›Herr‹ (im Gegensatz zum Sklaven), ›unumschränkter Herrscher‹. Im byzantischen Reich wurde *Despot* zum höfischen Titel, der ursprünglich nur für den Kaiser galt, später aber auch übergeht auf die Angehörigen des Kaiserhauses und auf Herrscher, die ein Fürstentum an den Grenzen des Reiches ererben oder besitzen. Mit dieser Bedeutung (vor allem als Titel bestimmter Balkanfürsten) kam das Wort in verschiedene Sprachen Südosteuropas und im 15. Jh. auch ins Dt. Erst Mitte des 18. Jhs. entwickelte sich die (neue, mit deutlich negativer Bewertung verbundene) Bedeutung als ›Herrscher, der nur das Gesetz seiner Willkür anerkennt‹, als ›Tyrann‹ oder auch schließlich – in noch weiter übertragenem Sinne – als ›herrischer Mensch‹ (z. B. als Lehrer, in der Familie).

Deut

›geringer Geldbetrag, Kleinigkeit‹

Deut ist ursprünglich die Bezeichnung für eine kleine Kupfermünze in Holland und am Niederrhein, die bis ins 19. Jh. im Umlauf war. Seit dem 18. Jh. steht *Deut* für einen ›geringen Geldbetrag‹. Es kommt heute allerdings (und dies veraltend) nur noch in festen Verbindungen vor wie *nicht einen/keinen Deut abweichen/besser sein* (›gar nicht‹).

deutsch

Das Adjektiv geht auf das Ahd. und andere westgerm. Sprachen zurück. Es bezeichnete zunächst in latinisierter Form *(theodiscus)* zur Zeit Karls des Großen (seit 786) ›zum eigenen Volk gehörig‹ (im Gegensatz zu *welsch* ›zum fremden Volk gehörig‹). Es wurde also zuerst auf sprachliche Verhältnisse bezogen: Es meinte den Gebrauch der germ. Volkssprache im Gegensatz zum Lat. und zu anderen rom. Sprachen, bezeichnete daher auch das Aengl. und dann das Fränkische. Später wurde es von sprachlichen Verhältnissen auch auf politische Verhältnisse angewandt, im 10. Jh. dann auf die sprachlichen und politischen Verhältnisse des Ostfrankenreiches (und damit auf das mittelalterliche deutsche

Reich) eingeschränkt. In der Folgezeit erhielt es seine heutige Bedeutung ›Deutschland und seine Bevölkerung betreffend‹ als Bezeichnung einer ethnischen, territorialen und staatlichen Zugehörigkeit. Es unterscheidet sich heute von *deutschsprachig* (bezogen auf die deutsche Sprache, die außer in Deutschland vor allem in Österreich und einem Teil der Schweiz gesprochen wird).

devot

›unterwürfig, übertrieben demütig‹

Das Adjektiv ist Anfang des 17. Jhs. aus dem lat. *dēvōtus* entlehnt worden (›zu eigen ergeben, gottergeben, fromm‹) und hatte anfangs auch im Dt. die (religiös dominierte) Bedeutung von ›andächtig, fromm, sehr ergeben‹. Ende des 17. Jhs. schon verlor sich dieser religiöse Sinn, *devot* erhielt seine heutige (säkulare und zugleich abwertende) Bedeutung.

dezimieren

›vermindern, große Verluste beibringen‹

Das Wort ist in der 1. Hälfte des 18. Jhs. aus dem Lat. entlehnt worden (*decimus* ›der zehnte‹) und bedeutete ursprünglich ›(zur Bestrafung einer militärischen Gruppe) an jedem zehnten Mann die Todesstrafe vollziehen‹. Ende des 18. Jhs. wurde die Bedeutung stark verallgemeinert (›durch Ausrottung oder Vernichtung stark vermindern‹); das Wort wurde auch auf Tiere bezogen und von der Zahl *zehn* völlig abgelöst.

Dezember

›Name für den 12. Monat im Jahr‹

Das Wort ist entlehnt aus dem lat. *(mēnsis) december* (zu lat. *decem* ›zehn‹). Die Bezeichnung *Dezember* für den 10. Monat erklärt sich aus dem altrömischen Kalenderjahr, das ursprünglich im März begonnen hat. Die Bezeichnung ist dann beibehalten worden auch nach der Kalenderreform Julius Cäsars, nach der das Jahr (wie heute) im Januar beginnt und sich *Dezember* folglich nicht mehr auf den 10., sondern auf den 12. Monat im Jahr bezieht. Das Wort *Dezember* ist im Dt. seit Ende des 13. Jhs. bezeugt, kam zunächst in Urkunden und Chroniken vor und drang seit dem 17. Jh. stärker in die Allgemeinsprache ein; es ersetzte älteres *Christmond*.

Diaspora

›Lebensgebiet einer konfessionellen Minderheit‹

Die Bezeichnung kommt im 19. Jh. auf und greift auf ein gleichlautendes griech. Wort (mit der Bedeutung ›Zerstreuung‹) zurück, das in der Bibel ursprünglich ›die außerhalb Palästinas lebenden Juden bzw. Christen‹ meinte. Später ist die Bedeutung verallgemeinert worden (durch Bezug auf alle konfessionellen Minderheiten).

Diät

›gesunde Lebens-, Ernährungsweise, Schon-, Krankenkost‹

Das Substantiv geht zurück auf griech. *díaita* und lat. *diaeta* (›Lebensweise, Lebensart‹). Es ist im 15. Jh. als medizinischer Ausdruck aus der lat. Wissenschaftssprache ins Dt. übernommen worden und steht für ›ärztlich vorgeschriebene Lebensweise‹. Umstritten ist, ob auch das (nur im Plural vorkommende) Substantiv *Diäten* in Verbindung zu lat. *diaeta* steht (dies auch ›Lebensunterhalt‹). Es erscheint im 18. Jh. als Kürzung aus *Diätengelder*, bezeichnet die ›Aufwandsentschädigung‹, besonders die ›Tagegelder für Abgeordnete‹, und könnte auch im Zusammenhang mit mlat. *dieta ›merces diurna‹* (vgl. *dies* ›Tag‹) stehen.

Dickkopf

›eigensinniger, starrsinniger Mensch‹

Das Substantiv ist im 16. Jh. entstanden als Beiname für Personen oder als Bezeichnung für Tiere mit großem Kopf, nahm dann (im 17. Jh.) die Bedeutung von ›dumme, schwerfällige Person‹ an. Seit dem 19. Jh. wird es im heutigen Sinne verwendet.

Diele

›Fußboden(brett), Vorraum‹

Das Wort erscheint in alter Zeit in mehreren Form- und Bedeutungsvarianten: *Diele* ist ursprünglich der aus Brettern hergestellte oder (in Norddeutschland) der aus Lehm gestampfte Fußboden, dann auch der Raum des niedersächsischen Bauernhauses, der als Tenne und z.T. auch als Herdraum diente, schließlich der ›Vorraum‹. In jüngerer Zeit aufkommende Verwendungen wie *Eisdiele* oder *Tanzdiele*, die eigentlich keine ›Vorräume‹ sind, erklären sich aus der ›großen Fußbodenfläche‹, aus dem ›großen Raum‹. Hier – wie schon beim ›Vorraum‹ – ist die ursprüngliche Beziehung zu Holz und Brettern mit der Technologie und der Bauweise ganz verlorengegangen.

Dienstag

›zweiter Tag der Woche‹

Der Wochentagsname in seiner heutigen Form entwickelt sich am Niederrhein (im 13. Jh.), dringt von dort nach dem Osten vor (14. Jh.) und verdrängt schließlich im Süden ältere obd. Formen. Erst seit der 2. Hälfte des 17. Jh. gilt *Dienstag* in der Schriftsprache allgemein. Über die Deutung der Herkunft besteht keine völlige Sicherheit und Einheitlichkeit: Einerseits wird als Vorbild der Benennung auf den bei den Römern nach dem Kriegsgott *Mars* benannten Wochentag verwiesen (vgl. lat. *Mārtis diēs*, frz. *mardi*), *Mars* wird dabei mit einem germanischen Kriegsgott identifiziert (anzunehmen: *Tīwas*). Andererseits wird – ausgehend von niederrheinischen Belegen – eine Anknüpfung an den germ. Götternamen *Thingsus* (›die Thingversammlung beschützender Gott‹) versucht, der als Beiname des germ. Himmels- und Kriegsgottes *Tīwas* anzusehen ist und auch in anderen germ. Sprachen begegnet (vgl. z.B. engl. *Tuesday*).

Diesel

›Dieselmotor‹, ›Dieselkraftstoff‹

Zunächst wurde der Motor nach dem Namen des Erfinders Rudolf *Diesel* benannt (Dieselmotor). Danach entstand durch Kürzung (und Tilgung des zweiten Bestandteils *Motor*) aus der Zusammensetzung (hier noch in Gestalt des Eigennamens) der Gattungsname *Diesel* sowohl für den Motor als auch für den Kraftstoff.

Dilemma

›Zwangslage, Entscheidungszwang zwischen zwei Übeln‹

Das Substantiv geht zurück auf ein gleichlautendes griech. (und lat.) Wort, das einen Fangschluß in der Logik bezeichnete: Ein Gegner wird zwischen zwei gleich unangenehme Behauptungen gestellt, so daß er sich für eine entscheiden muß. Im Griech. liegt dem eine Zusammensetzung zugrunde (›zweifach‹ + ›Annahme, Prämisse‹). In der heutigen (allgemeineren) Bedeutung erscheint *Dilemma* im Dt. seit dem 17. Jh.

Dilettant

›wer eine Beschäftigung nicht professionell, sondern unvollkommen, aus Liebhaberei betreibt; Laie‹

Das Wort ist im 18. Jh. aus ital. *dilettante* entlehnt worden, bedeutete noch bei Goethe ›der, der die Kunst liebt, der die Kunst als Laie ausübt‹. Dazu ist – aufbauend auf dem ›Laientum‹ – die Bedeutung ›laienhaft unvollendet‹ gekommen, so daß – ebenfalls seit dem 18. Jh. – *Dilettant* oft geringschätzig auf einen ›Stümper‹ bezogen wurde. Diese abwertende Bedeutung ist dann auch Grundlage für das Adjektiv *dilettantisch* (›laienhaft, unsachgemäß, oberflächlich‹) geworden.

Din(n)er

›(festliches) Mittag- oder Abendessen (in größerem Kreise)‹

Im 18. Jh. wird das Substantiv aus dem frz. *dîner* (›Mittagessen‹) ins Dt. übernommen. Entsprechend den andersartigen Eßgewohnheiten (Hauptmahlzeit nicht am Mittag, sondern am Abend) steht *Dinner* im Anschluß an die engl. Tradition vornehmlich für ›Abendessen‹ und ›Festmahlzeit‹.

Ding

›Sache, Gegenstand, Angelegenheit‹

Das Substantiv geht zurück auf ahd. *thing*, das aber ursprünglich die ›Gerichtsverhandlung‹ bedeutet, an der ein bestimmter Personenkreis teilnimmt. Daraus abgeleitet, bezeichnet es dann auch den ›Versammlungs- oder Gerichtstermin und -platz‹, die ›Gerichtsverhandlung‹ selbst und schließlich auch die zu verhandelnde ›Rechtssache‹, den ›Fall‹. Auf diese Weise hat sich *Ding* von der alten Bedeutung ›Volksversammlung‹ gelöst, der Weg zur heutigen Bedeutung (›Sache, Gegenstand‹) war gebahnt.

Diplom

›Prüfungsnachweis, Abschlußzeugnis, Urkunde‹

Das Wort ist im 17. Jh. aus dem Griech. und Lat. übernommen worden (dort ›Geleitbrief, Empfehlungsschreiben, Urkunde‹, eigentlich: ›das Verdoppelte, zusammengefaltetes Schreiben‹). Heute steht *Diplom* sowohl für ›Ehrenurkunde‹ (z.B. für besondere Verdienste oder langjährige Mitgliedschaft) als auch für ›Abschlußzeugnis‹, dies im akademischen Bereich (›Zeugnis über Hochschulabschluß‹) ebenso wie im außerakademischen Bereich (z. B. ›Meisterbrief‹). In der Bedeutung von ›Abschlußzeugnis an Hochschulen‹ erscheint das Wort auch als Titel von Akademikern, meist als Abkürzung (z. B. *Dipl. Med., Dipl. Stom., Dipl. Germ.*).

Dirne

›Prostituierte‹

Das Wort kommt aus dem Ahd., bedeutete dort aber ›Mädchen, Jungfrau, Dienerin‹ (ähnlich auch im Mhd.). Die heutige Bedeutung findet sich seit dem 15. Jh. und dürfte sich aus der älteren Bedeutungsvariante ›Dienerin, Magd, Mädchen aus niederen sozialen Verhältnissen‹ herleiten. Ohne die negative Bedeutung, die dem Wort *Dirne* heute sonst zukommt, ist noch heute die Verkleinerungsform *Dirndl* gebräuchlich (im Bair. ursprünglich ›die jüngste und letzte Dienstmagd auf einem Bauernhof‹, heute ›junges Mädchen‹, auch ›Trachtenkleid‹, verkürzt aus *Dirndlkleid* im 20. Jh.). Ebenso ohne negative Bewertung ist das verwandte nd. *Deern* (für ›Mädchen‹).

diskriminieren

›herabsetzen, herabwürdigen‹

Das Verb ist im 19. Jh. nach dem lat. *discrīmināre* gebildet worden, das die Bedeutung von ›trennen, absondern, unterscheiden‹ hatte (vgl. auch in *diskret*). Die heutige Bedeutung erklärt sich damit als ›jmdn. absondern, ihn durch ausgrenzende, unangemessene, unwürdige Behandlung in den Augen der anderen herabsetzen‹.

dispensieren

›von einer Verpflichtung (zeitweise) befreien, beurlauben‹

Das Wort ist im 13. Jh. aus dem Lat. entlehnt worden (*dispēnsāre*; vgl. auch *Pensum*), war ursprünglich ein Ausdruck der Kirchensprache (›von der Einhaltung eines kirchlichen Gebots befreien‹) und wurde seit dem 17. Jh. auch in der Sprache der Verwaltung und schließlich auch in der Alltagssprache gebräuchlich (z. B. *vom Sportunterricht dispensieren*).

Dissident

›Andersdenkender, der in einer religiösen oder politischen Gemeinschaft im Denken abweicht‹

Die Bezeichnung geht auf ein lat. Verb zurück, das die Bedeutung ›nicht übereinstimmen, anders denken‹ hat. Die Bezeichnung wurde ursprünglich in re-

ligiösem Sinne verwendet (als ›religiös Andersdenkende‹): zunächst im Warschauer Religionsfrieden (1573) für die Angehörigen der katholischen und evangelischen Konfession, später (seit 1632) nur für Nicht-Katholiken. Im 18. Jh. taucht das Wort auch im Dt. auf: am Anfang nur auf polnische Verhältnisse bezogen, danach in der heutigen allgemeinen Bedeutung. Speziell wird *Dissident* in jüngster Zeit verwendet für ›Abweichler von der sozialistischen Ideologie‹ (in der Zeit des Kalten Krieges) – z. B. für die polnische Gewerkschaftsbewegung »Solidarität« oder für regimekritische Schriftsteller in den Ostblockländern.

dito

›desgleichen, ebenso‹

Das Wort geht zurück auf ital. *detto* und lat. *dictum* (›das Gesagte‹) und steht stellvertretend für ›vorher Gesagtes‹. Es kommt im 15. Jh. ins Dt., und zwar zunächst in die kaufmännische Korrespondenz (für einen vorher im Text schon genannten Monatsnamen, aber auch für andere sich wiederholende Substantive). Seit dem 18. Jh. wird es auch außerhalb der Handelssphäre gebräuchlich, wirkt heute aber veraltend (z. B.: A: *Alles Gute!* B: *Danke, dito.*)

Diva

›gefeierte Film-, Bühnenkünstlerin‹

Das Wort ist aus dem Ital. übernommen worden (dort ›die Göttliche, die Göttin‹ – sich anschließend an lat. *deus*), war im 19. Jh. ehrender Beiname berühmter ital. Sängerinnen und wurde Ende des 19. Jh. auch für dt. Künstlerinnen verwendet. *Diva* – vor allem in der Zusammensetzung *Filmdiva* – verbreitete sich in den 20er Jahren des 20. Jh. besonders, wirkt aber heute veraltend und wird seit der Mitte des 20. Jhs. meist durch *Star* ersetzt.

divergieren

›auseinandergehen, abweichen‹

Das Wort geht auf das Lat. zurück (›in verschiedener Richtung auseinanderlaufen, vor allem von Wasserarmen‹) und wird in der lat. Fachsprache der Mathematik für Linien verwendet, die ›auseinanderstreben, sich voneinander entfernen‹ *(lineae divergentes)*. Daraus entspringt im 18. Jh. die Entlehnung *divergieren*, die im 19. Jh. dann in den allgemeinen Sprachgebrauch übergeht – mit der heutigen Bedeutung (›abweichen, anderer Meinung sein‹).

Dividende

›Jahresanteil eines Aktionärs am Profit, Gewinn‹

Das Wort ist wohl im 18. Jh. aus dem Engl. übernommen worden (dort seit A. Smith) und geht zurück auf lat. *dīvidendum* (›das zu [Ver]teilende‹) und *dīvidere* (ein Ganzes in Teile zerlegen, zerteilen‹) – vgl. auch in der Mathematik *dividieren*. Die heutige feminine Form *die Dividende* stammt aus dem Frz. und hat sich Ende des 18. Jh. durchgesetzt.

Diwan

›niedriges Ruhebett‹

Das Wort stammt aus dem Pers. und Türk. (dort in gleicher Form wie im Dt.). Das türk. Wort kam mit der Bedeutung ›Empfangssaal, eingefaßt mit großen Sitzkissen‹ in die rom. Sprachen und bezeichnete deshalb im Frz. zunächst das ›Empfangszimmer vornehmer Türken‹, das vorwiegend mit lehnlosen Sofas möbliert war, später – seit dem 18. Jh. – diese Polstermöbel selbst. In der Bedeutung ›Polstermöbel‹ gelangte *Diwan* um 1800 ins Dt., vermutlich durch frz. Vermittlung. In einer anderen Bedeutungsvariante ›Gedichtsammlung‹ (heute veraltet) ist das Wort durch Goethes »West-östlichen Diwan‹ (1819) bekannt geworden, der nach dem pers. Dichter Hafis (14. Jh.) benannt worden ist. Auch im Sinne von ›Polstermöbel, Ruhebett‹ wirkt *Diwan* heute veraltend.

Dobermann

Name für eine Hunderasse, benannt nach ihrem Züchter aus Apolda. Der Eigenname (Personenname) ist zum Gattungsnamen geworden.

Dogge

›großer, kräftiger Hund mit breiter Schnauze, Hunderasse‹

Das Wort stammt aus dem Engl. (*dog* ›Hund‹) und gilt zuerst für große, starke Hunde. Im 16. Jh. kommen zur Hetzjagd abgerichtete Tiere nach Deutschland und damit auch die Bezeichnung, am Anfang häufig mit adjektivischem Attribut versehen *(englische Dogge)*.

Dogma

›verbindlicher und zu befolgender Glaubenssatz‹

Das Substantiv geht auf ein gleichlautendes griech. Wort zurück, das ins Lat. entlehnt worden ist und in der spätlat. Kirchensprache die Bedeutung ›geoffenbarte, unumstößlich gültige Glaubenslehre‹ angenommen hat. Im 18. Jh. wird *Dogma* ins Dt. übernommen und bezeichnet einerseits (im positiven, religiösen Sinne) die ›gesetzliche und lehrhafte Formulierung einer religiösen Glaubensaussage‹. Andererseits steht das Wort aber auch (im negativen, nichtreligiösen Sinne) für eine ›festgelegte, starre, mit dem Anspruch auf Unumstößlichkeit auftretende Lehrmeinung, die ohne ausreichende wissenschaftliche Begründung ist und unkritisch als gleichsam ewig gültige Wahrheit ausgegeben wird‹. Der ersten Bedeutung entspricht *Dogmatik* (als Teilgebiet der Theologie), der zweiten Bedeutung zumeist *dogmatisch* und *Dogmatiker* (für eine Person, die unkritisch und starr an einem Dogma festhält, z. B. *dogmatischer Vertreter des Marxismus*).

Doktor

›akademischer Grad und Titel‹; ›Arzt‹

Das Wort geht zurück auf lat. *doctor* (›Lehrer, Lehrmeister‹ – vgl. *docēre*) und wird schon seit dem 12. Jh. als akademischer Grad (zuweilen mit Nennung des Faches oder der Fakultät – z. B. *Doktor der Philosophie, der Medizin*) gebraucht.

Von der Erlangung dieses Grades hängt das Recht der Lehrtätigkeit an Universitäten ab (deshalb die Bedeutung ›Universitätslehrer‹ im 14. Jh.). Allmählich wird *Doktor* zur Bezeichnung des akademischen Grades, zum bloßen Titel nach besonderer Prüfung (ohne Bezug auf Lehrtätigkeit). An seiner Stelle gewinnt *Professor* im 16. Jh. die allgemeine Bedeutung von ›Hochschullehrer‹. – Bereits in der 2. Hälfte des 15. Jhs. tritt *Doktor* in der anderen Bedeutungsvariante als Berufsbezeichnung für ›Arzt‹ auf. Der *Doktor der Medizin* scheidet häufig als praktizierender Arzt aus dem Lehrbetrieb der Universität aus. Im außerakademischen Bereich erübrigt sich nun die Nennung der Fakultät. In der heutigen Alltagssprache wird ›Doktor‹ zumeist in dieser Bedeutung als ›Arzt‹ verwendet (auch unabhängig von dem Erwerb des akademischen Grades *Doktor*). Die meisten volkstümlichen Wendungen beziehen sich auch auf die Bedeutung ›Arzt‹ (vgl. *den Doktor holen, zum Doktor gehen, herumdoktern*).

Doktrin

›Lehrsatz, Lehre, Lehrmeinung, programmatischer Komplex von (theoretischen, politischen) Grundsätzen‹

Das Wort wurde im 16. Jh. aus dem Lat. entlehnt (gebildet zu *docēre* ›lehren‹). Während *Doktrin* relativ frei ist von Wertungen (z. B. *Hallstein-Doktrin*), enthalten manche Ableitungen deutlich negative Bewertungen, z. B. *doktrinär* (›auf einer *Doktrin* beruhend, auf diese Weise zugleich engstirnig, fanatisch und dogmatisch‹) oder *Doktrinär* (›jmd., der starr und fanatisch seine Doktrin vertritt, die Urteilsfähigkeit vermissen läßt, die Beziehung zur Wirklichkeit verloren hat‹) – beide seit dem 19. Jh. über das Frz. ins Dt. gelangt (und z. T. zu politischen Schlagwörtern geworden).

Dolch

›kurze Stichwaffe‹

Das Wort taucht zuerst im 15. Jh. im Dt. auf und schließt sich wahrscheinlich an ein griech. Wort mit der Bedeutung ›kleiner Dolch für Meuchelmörder‹ an. In der Tat wurde die als *Dolch* bezeichnete Waffe besonders von Meuchelmördern gebraucht. Das reflektiert sich auch in den Zusammensetzungen *Dolchstoß* (›heimtückischer tödlicher Stoß mit einem Dolch‹) und *Dolchstoßlegende* (um 1920 geprägt mit der – von konservativen Kreisen erhobenen – Behauptung, Deutschland habe den 1. Weltkrieg nicht durch seine militärische Niederlage, sondern in erster Linie durch heimtückischen »Verrat der Heimat« verloren).

Dolmetscher

›mündlich Übersetzender‹

Das Substantiv findet sich schon im Mhd. und geht zurück auf ein türk. Wort mit der Bedeutung ›Vermittler, Mittelsmann zwischen zwei Parteien, die unterschiedliche Sprachen sprechen‹.

Dolomiten

›in Südtirol gelegene Gruppe der Ostalpen‹

Der Name für das Gebirge geht zurück auf den frz. Geologen und Mineralogen

Déodat Guy Tancrède de *Dolomieu* (1750 bis 1801), der als erster den Ursprung des Basalts und des nach ihm benannten Dolomits (eines wesentlich aus Kalzium-Magnesium-Karbonat bestehenden Minerals und Gesteins) beschrieben hat. Der Dolomit verwittert nur schwer und bildet häufig schroff ansteigende, wildzerrissene Felspartien und hinterläßt farblich einen hellen Eindruck (deshalb wurden die Dolomiten ursprünglich von den Einheimischen *bleiche Berge* genannt). Als Hauptort der Südtiroler Dolomiten gilt heute Cortina d'Ampezzo in Italien.

Domäne

›Staatsgut‹; ›Spezialgebiet‹

Das Substantiv wurde im 17. Jh. aus einem gleichlautenden frz. Wort ins Dt. übernommen, und zwar zunächst in der speziellen Bedeutung von ›landesherrlicher Grundbesitz, Kammergut‹, die auf das Lat. zurückgeht (*dominum* ›Herrschaft, Besitz‹; *dominicus* ›zum Herrn gehörig, herrschaftlich‹). Erst seit Ende des 19. Jhs. ist *Domäne* in der übertragenen Bedeutung von ›Spezialgebiet‹ geläufig (z. B.: *Seine Domäne ist die Herzchirurgie.*).

Donnerstag

›vierter Tag der (am Montag beginnenden) Woche‹

Der Wochentagsname geht zurück auf den Namen des germ. Wettergottes *Donar*, der die Stelle des römischen Gottes *Jupiter* (vgl. lat. *Iovis diēs*, franz. *jeudi*) eingenommen hat. Der Name ist eine Übersetzung des lat. Vorbilds und findet sich seit dem Ahd. und Mhd.

Dorf

›ländliche Siedlung‹ (mit relativ wenig Einwohnern)

Das Wort findet sich bereits im Ahd. und anderen germ. Sprachen, hatte aber ursprünglich die Bedeutung von ›Gebäude, Haus‹. Abhängig von der Siedlungsweise hat sich die Bedeutung später zu ›(An-)Siedlung, Dorf‹ in unserem heutigen Sinne weiterentwickelt.

Dorsch

›junger Kabeljau‹

Das Wort erscheint seit dem Mhd., ist aus dem Nord. entlehnt worden. Es gehört zu *dürr* und *dörren*, bedeutet also eigentlich ›der Trockene, der Getrocknete‹.

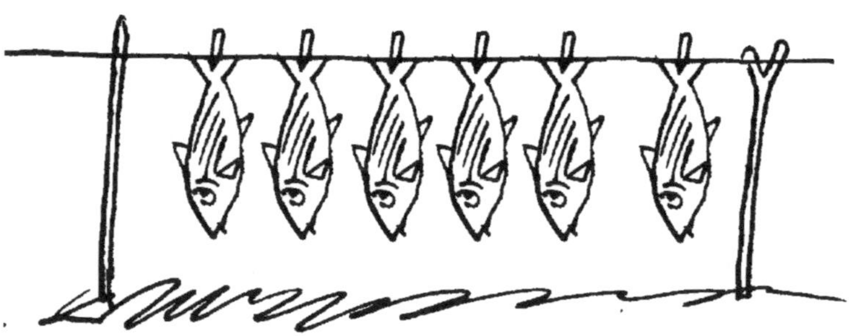

drakonisch
›überaus streng, rücksichtslos‹
Das Wort ist im 18. Jh. abgeleitet worden vom Namen des griech. Gesetzgebers *Drákōn* (eigentlich: *Drache*). *Drakon* war bekannt durch eine auf Grund ihrer Härte und Strenge berüchtigte Gesetzgebung für Athen (621 v. Chr.). Darauf beruhen dem Sinne nach auch unsere heutigen Verwendungen wie z. B. *drakonische Strafen, Gesetze*. Auf *Drakon* geht u. a. die Unterscheidung zwischen Totschlag, Mord und gerechtfertigter Tötung zurück.

Drama
›Bühnenstück, Schauspiel‹
Das Substantiv wurde im 16. Jh. aus dem Lat. entlehnt und geht auf ein gleichlautendes griech. Wort zurück (›künstlerisch behandeltes, auf der Bühne dargestelltes Spiel‹ – eigentlich: ›Tat, Handlung‹). Erst als man die Dichtung im 18. Jh. in Lyrik, Epik und Dramatik einteilte, gewann das Wort *Drama* eine weitere Verbreitung. Es entwickelte in jüngerer Zeit auch eine Nebenbedeutung von ›an Komplikationen reiches, aufregendes und trauriges Geschehen‹ (z. B.: *Die Reise war ein Drama.*) – wohl im Anschluß an ein oft tragisches Geschehen im Drama (Tragödie).

Drang
›Trieb, Streben, Gedränge, Antrieb, Druck‹
Das Wort geht auf ein gleichlautendes mhd. Wort zurück (das ähnlich auch in anderen germ. Sprachen belegt ist). Es bezog sich ursprünglich vor allem auf das wogende Getümmel in der Schlacht, auf das ›Gedränge der Menschen im Kampf‹. Erst im 18. Jh. entstand die neue (und heutige) Bedeutung von ›innerer Trieb, Antrieb, geistiges Streben, Impuls‹. Mit dieser neuen Bedeutung wurde das Wort schnell zum Schlagwort und ging als solches auch in die Bezeichnung der literarischen Strömung des *Sturm und Drang* ein (bei Klinger 1776), zu der auch der junge Goethe und Schiller gehörten.

drastisch
›derb, deutlich, durchgreifend‹
Das Adjektiv ist im 18. Jh. aus dem Griech. entlehnt worden und bedeutete ursprünglich soviel wie ›wirksam‹. Es wurde zunächst nur substantiviert (vgl. lat. *drastica*) zur Bezeichnung von kräftig wirksamen Arzneien (z. B. Abführmitteln) im medizinischen Bereich verwendet. Erst seit dem 19. Jh. gewann *drastisch* seine (heutige) allgemeinere Bedeutung und wird sowohl auf sprachliche Darstellungen (z. B. *sein drastischer Bericht*) als auch auf die bezeichneten Sachverhalte selbst bezogen (z. B. *drastische Sparmaßnahmen/Kürzungen/Strafen*).

Dreck
›Schmutz, wertloses Zeug‹
Das Wort findet sich schon im Ahd. (und entsprechend auch in anderen germ. Sprachen). Es bedeutete ursprünglich (zurückgehend auf das Griech.) soviel wie ›Schmutz, Unrat, Kot, Mist, Auswurf von Menschen und Tieren‹. Diese alte Bedeutung von ›Exkremente, Kot‹ findet sich auch heute noch in einigen Zusammensetzungen (z. B. *Mäusedreck,*

Teufelsdreck). Ansonsten wird *Dreck* aber heute zumeist übertragen gebraucht und auf Sachen (z. B.: *Da wird nur Dreck angeboten.*), manchmal auch auf Menschen bezogen (z. B. *Dreckskerl, der letzte Dreck*).

dreist

›zudringlich, frech, hemmungslos, (ziemlich) unverschämt‹

Das Wort taucht im Dt. im 16. Jh. auf, gehört zum Verb *dringen* und hatte ursprünglich die Bedeutung von ›kühn, andrängend, beherzt, wagemutig‹ (mit deutlich positiver Bewertung). Erst im 19. Jh. setzt sich die heutige Bedeutung ›zudringlich, frech‹ (mit negativer Bewertung) durch.

dreschen

›Getreidekörner durch Schlagen aus ihren Hülsen herauslösen‹

Das Verb findet sich bereits im Ahd. (und auch in anderen germ. Sprachen) und bedeutete – entsprechend der alten Technik des Dreschens – ›mit den Füßen die Körner herausstampfen‹. Als Folge der neueren Technik wurde *dreschen* übertragen (und verallgemeinert) auf mechanische Einwirkungen bei dem Vorgang (z. B. *mit dem Flegel dreschen, Dreschmaschine*). Darüber hinaus wird *dreschen* auch übertragen auf ganz andere Bereiche, wenn auch in salopper Redeweise, z. B. im Sinne von ›prügeln‹ *(jmdn. grün und blau dreschen)*, von ›schlagen‹ *(gegen die Tür dreschen)*, von ›spielen‹ *(Skat dreschen)*, ja sogar auf den Bereich des menschlichen Verhaltens (z. B. *leeres Stroh dreschen* für ›phrasenhaft und inhaltsleer sprechen‹).

Drillich

›festes, dreibindig verflochtenes Gewebe‹

Das Substantiv geht zurück auf ein ahd. Adjektiv (›dreifach‹). Dieses Adjektiv hatte schon im Ahd. die Bedeutung von ›dreifädig, dreifach gewebt‹. Es wird im 15. Jh. zur Stoffbezeichnung substantiviert.

drucken

›Texte, Bilder u. a. maschinell vervielfältigen‹

Das Verb *drucken* ist die (obligatorisch) umlautlose Form von *drücken*. Die Druckverfahren sind im 15. Jh. zuerst in Oberdeutschland entwickelt worden. Zunächst stehen – bis ins 17. Jh. – *drukken* und *drücken* ohne Bedeutungsunterschied nebeneinander (beim *Druck*vorgang wird die Druckvorlage auf ein zu bedruckendes Material *gedrückt* – Muster auf Stoffe, Holzschnitte oder Lettern auf Papier). Erst danach wird zwischen den beiden Verben differenziert: *drucken* wird spezieller Fachausdruck, *drücken* bezeichnet dagegen allgemein ›pressen, belasten, bedrängen‹.

Dschungel

›Urwald, schwer zu durchdringender Wald, Wildnis‹

Das Wort ist im 19. Jh. als engl. Wort entlehnt worden, das seinerseits die Anglisierung eines lautähnlichen Wortes aus dem Hindi mit der Bedeutung ›Wald, wildes Land‹ ist. Im Dt. bezeichnete *Dschungel* anfangs nur den subtropischen Urwald Indiens, später dann verallgemeinert jedes undurchdringliche Dickicht.

dudeln

›fortgesetzt und eintönig Musik erzeugen, vor sich hin singen‹

dudeln ist eine schallnachahmende Bildung (wie z.B. auch *dudeldum, dudeldei*), deshalb wahrscheinlich älter als seine frühesten Belege in Texten. Das Verb meinte zuerst (im 17. Jh.) ›auf dem Dudelsack blasen‹, später ›auf einem Blasinstrument schlecht spielen‹ und ›schlecht, kunstlos, eintönig singen‹ (seit dem 19. Jh.).

Duden

›Rechtschreibwörterbuch der deutschen Sprache‹

Das Buch ist benannt nach Konrad *Duden* (1829–1911), Philologe und Gymnasialdirektor in Schleiz und Hersfeld, hatte wesentlichen Anteil an der Vereinheitlichung und Kodifizierung der deutschen Rechtschreibung: Er vertrat auf der »Orthographischen Konferenz« von 1876 erfolgreich eine maßvolle Regulierung, veröffentlichte 1880 sein »Orthographisches Wörterbuch der deutschen Sprache«, 1883 seine »Rechtschreibung der Buchdruckereien deutscher Länder«, hat diese beiden Bücher schließlich (1901) verschmolzen zur »Rechtschreibung der deutschen Sprache und der Fremdwörter«. Diese als *Duden* bekannte Fassung ist seitdem in vielen Auflagen erschienen und hat die deutsche Orthographie viele Jahrzehnte lang bestimmt – bis zum neubearbeiteten *Duden*, dessen 21. Auflage (1996 erschienen) als Ergebnis der neuesten »Rechtschreibreform« seit 1998 und als gegenwärtiges amtliches Rechtschreib-Regelwerk gilt.

Duell

›Zweikampf‹

Das Substantiv geht zurück auf alat. *duellum* (›Krieg‹), das später zu lat. *bellum* geworden ist, neben diesem aber als seltene Nebenform erhalten geblieben ist. Diese Nebenform wird bald durch Volksetymologie mit lat. *duo* (›zwei‹) verbunden. Im Mlat. wird das altertümliche *duellum* wieder aufgenommen, nun aber in der Bedeutung von ›Zwei-

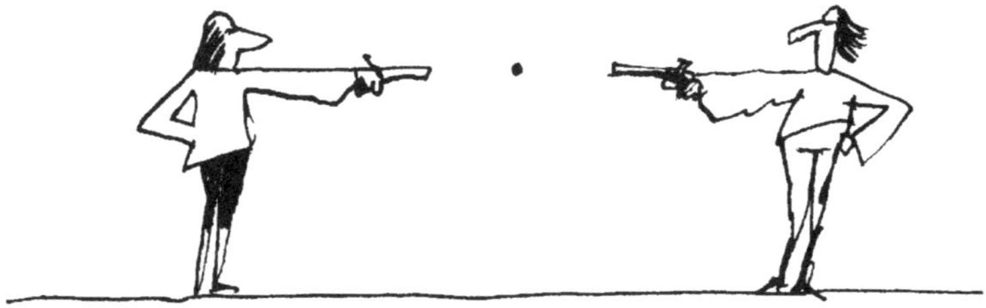

kampf‹ (nicht mehr von ›Krieg‹). Das Wort wird im 17. Jh. ins Dt. entlehnt, ist auch als abgeleitetes Verb *(sich duellieren)* gebräuchlich.

dumm

›unwissend, unbegabt, unvernünftig, unangenehm‹

Das Adjektiv geht auf ein ahd. Wort zurück (mit der Bedeutung ›stumm, taub, töricht, einfältig, unvernünftig, dumm‹), das sich in ähnlicher Form auch in anderen germ. Sprachen findet. Die ältesten Bedeutungen sind ›stumm‹ und ›taub‹ (beide im 17. Jh. noch bekannt). Das entsprechende mhd. Wort *(tump)* bezeichnet dann vielfach ›jugendlich unerfahren, unwissend‹ (gegenwärtig z. B. noch in *der dumme Junge, die dumme Gans*). Seit dem 19. Jh. dominierte dann die Bedeutung ›unwissend, unbegabt‹ – mit stärkerem Bezug auf die intellektuelle Begabung und Leistungsfähigkeit (›unklug, unintelligent‹). Daneben findet sich aber auch eine andere Bedeutungsvariante, die eher mit ›unangenehm, übel, peinlich‹ zu umschreiben ist (z. B. *das ist eine dumme Sache / ein dummes Gefühl; das ist aber dumm gelaufen*).

durchfallen

›durch eine Öffnung fallen‹; ›eine Prüfung nicht bestehen‹

Das Verb geht auf ein gleichlautendes mhd. Wort mit konkreter Bedeutung (›auseinander-, zerfallen‹) zurück. Seit dem 18. Jh. tritt es auf in der Bedeutung von ›eine Prüfung nicht bestehen‹, zuerst in der Studentensprache. Diese Übertragung der Bedeutung geht wohl von einem Erzählmotiv der mittelalterlichen Schwankliteratur aus: Ein Mädchen läßt seinem Liebhaber einen Korb mit so leichtem Boden herab, daß er beim Hinaufwinden *durchfällt.* Bereits im 16. Jh. bezeichnet *durch den Korb fallen* ›die Prüfung nicht bestehen‹. Jünger sind zwei andere Bedeutungsvarianten von *durchfallen,* die jedoch auch die Bedeutungskomponente ›Mißerfolg‹ in sich tragen: *durchfallen* bei einer Wahl meint ›nicht gewählt werden‹, *durchfallen* bei einem Theaterstück meint ›Mißerfolg haben, vom Zuschauer nicht akzeptiert werden‹.

Durchschnitt

›Mittelwert aus mehreren gleichartigen Größen‹; ›Mittelmaß‹

Das Substantiv wurde zum Verb *durchschneiden* gebildet und zuerst im Sinne von ›Zerschneidung‹, dann im Sinne von ›Durchmesser‹ und ›Aufriß, senkrechter Schnitt durch einen Gegenstand, ein Gebäude‹ verwendet, also in konkreter Bedeutung. Die heutige (nicht-konkrete) Bedeutung von ›Mittelwert‹ entwickelte sich im 18. Jh. aus der Arithmetik: Es werden ungleiche Zahlen addiert, und die sich ergebende Summe wird durch die Anzahl der addierten Zahlen dividiert. Besonders häufig ist die Wendung *im Durchschnitt*, d. h. ›einem errechneten Mittelwert entsprechend‹. Diese – auf der Mathematik beruhende – Bedeutung ist ohne Bewertung, ohne pejorativen Nebensinn. Daneben gibt es jedoch eine pejorativ bewertende Bedeutungsvariante (›Mittelmaß‹): Was Durchschnitt ist, ist nichts Besonderes, ist nicht herausragend, ist nicht überdurchschnittlich (z. B. *gerade mal den Durchschnitt erreichen, durchschnittliche Leistungen in der Schule*).

Dynamit

›Sprengstoff‹

Der Name des Sprengstoffs geht auf seinen Erfinder Nobel (1867) zurück. Er hat ihn geprägt im Anschluß an das griech. Wort *dýnamis* (›Kraft‹).

eben

›flach, ohne Erhebung‹

Das Adjektiv findet sich schon im Ahd. und auch in anderen germ. Sprachen – sowohl in der Bedeutung ›glatt, flach‹ als auch in der von ›gleich‹. Die Bedeutung von ›glatt, flach‹ ist bis heute erhalten, die von ›gleich‹ findet sich nur noch resthaft in Zusammensetzungen (z. B. *Ebenbild, ebenbürtig, ebenso, ebenfalls*). Neben dem Adjektiv erscheint *eben* auch in der Funktion als Adverb schon im Mhd. in temporalem Sinne ›im unmittelbar vorangegangenen Augenblick, jetzt gerade‹ – z. B. *Eben ist der Zug angekommen.*) sowie in der Funktion einer Partikel, dies wieder in unterschiedlicher Weise: sowohl als Gradpartikel in der Bedeutung ›gerade, genau‹ (z. B. *Eben dieses Buch haben wir lange gesucht.*) als auch als Modal- bzw. Abtönungspartikel mit recht verblaßter Bedeutung (›nun einmal, halt‹) (vgl. z. B. *Wir haben eben verloren.*).

edel

›vortrefflich, vornehm, hochwertig‹

Das Adjektiv geht auf ein ahd. Wort zurück, ist eine Ableitung von *Adel* und hatte folglich die Anfangsbedeutung ›von adligem Stande, von vornehmer

Herkunft‹. In dieser Bedeutung wurde es aber durch *adlig* verdrängt. Das Adjektiv *edel* dagegen wird bereits im Mhd. und dann zunehmend im Nhd. nicht mehr auf die Herkunft, sondern auf geistige Eigenschaften und sittliche Werte bezogen (z. B. *eine edle Gesinnung, eine edle Tat; edel, hilfreich und gut*), aber auch auf (hochwertige) materielle Produkte (z. B. *ein edles Holz, ein edler Wein, Edelstein*).

Effeff

Das Wort wird umgangssprachlich in Wendungen wie *aus dem Effeff können* verwendet (›sehr gut, gründlich kennen/beherrschen‹). Es läßt sich am ehesten wohl auf die kaufmannssprachliche Abkürzung *ff* für *fein-fein* (›sehr fein‹) zurückführen.

egal

›gleich, gleichartig‹; ›gleichgültig‹

Das Adjektiv wird im 17. Jh. als gleichlautendes und gleichbedeutendes frz. Wort übernommen und mit der Bedeutung ›gleich, gleichartig‹ gebraucht (z. B. *Die beiden Buchauflagen sind nicht ganz egal.).* Im 19. Jh. taucht dann – auch nach frz. Vorbild – die Bedeutung ›gleichgültig‹ auf, die heute im Dt. vorherrschend ist (z. B. *Das Ergebnis ist mir ganz egal.*).

Egoismus

›Selbstsucht, Eigennutz, Eigenliebe‹

Das Wort wurde über das Frz. um 1720 von Wolff (als Ableitung vom lat. Personalpronomen *ego* ›ich‹) mit latinisierender Endung in das Dt. eingeführt. Es diente zunächst im philosophischen Bereich zur Bezeichnung der Richtung eines subjektiven Idealismus (nach dem nur das einzelne Subjekt, das eigene Ich wirklich existent, alles andere aber bloße Empfindung oder Vorstellung sei). Erst gegen Ende des 18. Jhs. ging das Wort in die Alltagssprache ein und nahm seine heutige Bedeutung an (nur diese allein ist heute üblich).

Ehe

›gesetzliche Verbindung von Mann und Frau‹

Das Wort findet sich bereits im Ahd. und in anderen westgerm. Sprachen, dort aber in der Bedeutung von ›Gesetz, Recht, göttliches Gebot, Vertrag‹. Möglicherweise ist dieses germ. Substantiv identisch auch mit dem ahd. *ēwa* (›ewig‹), was dann für eine Grundbedeutung ›immerdar, ewig geltendes Recht‹ spräche (vgl. auch die Formel ... *bis daß der Tod euch scheide* bei der kirchlichen Trauung). Auf jeden Fall ist diese ältere Bedeutung abgelöst worden durch die heute allein erhaltene (spezifizierte) Bedeutung von ›Ehevertrag‹. In jüngster Zeit wird – entgegen aller Tradition – *Ehe* vereinzelt auch bezogen auf gleichgeschlechtliche Partnerschaften (juristisch auf dem Standesamt vollzogen).

Ehre

›äußeres Ansehen, Wertschätzung durch andere Menschen, Selbstachtung‹

Das Substantiv kommt ähnlich lautend bereits im Ahd. (und in anderen germ. Sprachen) vor (›Ansehen, Wertschätzung, Würde, Verehrung‹). In der mittelalterlichen Auffassung verbindet sich *Ehre* vornehmlich mit dem äußeren Ansehen in Gestalt von ›Ruhm, Anerkennung‹ (auch heute noch vorhanden in Wendungen wie *mit Ehren, zu Ehren, ehrenhalber*). Erst später entwickelt sich *Ehre* zum sittlichen Begriff, wird oft auch als ›Selbstachtung‹ verstanden (z.B. *nichts gegen seine Ehre tun, sich ehrenhaft verhalten, auf Ehre und Gewissen*).

Eifer

›ernsthaftes Bemühen, Streben, Verfolgen eines Ziels‹

Das Substantiv gehört zu einer Wortfamilie, die seit dem 14. Jh. im Obd. nachzuweisen ist. Es bedeutet ursprünglich ›Eifersucht‹ (so etwa bei Brant 1494) und findet durch Martin Luthers Bibelübersetzung Eingang in die nhd. Literatursprache. Luther verwendet das Wort mit der Bedeutung ›aus Sorge und liebevoller Anteilnahme erwachsende zornige Erregung‹ – in Anlehnung an die ursprüngliche Bedeutung (›Eifersucht‹), aber zugleich in Vorbereitung unserer heutigen Verwendung (›Bemühen, Streben‹). Die ursprüngliche Bedeutung ist im 18. Jh. zurückgetreten.

eignen

›einer Person zugehörig sein‹; ›passend, tauglich sein‹ (reflexiv)

Das Verb kommt bereits im Ahd. und in anderen germ. Sprachen vor (›sich aneignen, zu eigen machen‹). Diese bis zum Frühnhd. geläufige Bedeutung findet sich noch heute in einigen Präfixbildungen (z. B. *zueignen, enteignen, aneignen*). Daneben entwickelt sich im 16. Jh. eine jüngere Verwendung im Sinne von ›jmdm. zugehörig sein, für jmdn./etwas charakteristisch sein‹ (mit dieser Bedeutung erhalten z. B. in *Eigentum, Schiffseigner*). Daran schließt sich die Bedeutung ›jmdm. zustehen, gebühren, angemessen sein‹ an (auch im 16. Jh.). Erst diese bildet die Grundlage für die – seit dem 18. Jh. auftretende und heute dominante – Bedeutung des nunmehr reflexiven Verbs *sich eignen* als ›passend, tauglich sein‹ (z. B. *sich als Lehrer, als Lagerraum, als Erziehungsmethode eignen*).

Eimer

›an einem Henkel zu tragender Kübel‹

Das Substantiv findet sich ähnlich schon im Ahd. und ist eine Entlehnung aus lat. *ampora* (›Tongefäß mit zwei Henkeln‹). Erst nachdem die Bezeichnung auf einen Kübel mit nur einem Henkel übertragen worden ist, hat man das Wort volksetymologisch angelehnt an ahd. *ein* (›einer‹) + *beran* (›tragen‹).

einfach

›einmalig; schlicht, bescheiden, ohne Mühe‹

Das Adjektiv ist im 15. Jh. gebildet worden in Analogie zu älterem mhd. *zwivach, viervach* usw., bedeutete also ursprünglich soviel wie ›einmalig, nur einmal und nicht doppelt oder mehrfach vorhanden‹ (z. B. heute noch in *in einfacher Ausfertigung, ein einfacher Knoten*). In dieser Bedeutung ersetzt es älteres (und ursprünglich gleichbedeutendes) *einfältig*. Daneben entwickelte *einfach* bereits im 16. Jh. die Bedeutung ›schlicht, bescheiden‹ (z. B. *ein einfaches Holzhaus*), später auch die von ›unkompliziert, wenig differenziert, leicht zu begreifen, mühelos zu machen‹ (z. B. *eine*

einfache Aufgabe, eine einfache Wanderung). Schließlich steht es auch in der Funktion einer semantisch abgeschwächten Modalpartikel (z. B. *Das ist einfach herrlich! Er hat den Fehler einfach übersehen.*).

einfältig

›arglos, (geistig) beschränkt, töricht‹

Dem Adjektiv (ebenso wie dem dazugehörigen Substantiv) lag ursprünglich (im Ahd. und Mhd.) die Bedeutung ›einfach‹ zugrunde (im Gegensatz zu *doppelt* und *vielfältig*). Sie entwickelte sich später zu ›schlicht, arglos‹. In dieser positiven Bewertung findet sich *Einfalt* noch bei Schiller *(sich in Einfalt üben)*, bei Goethe *(so viel Einfalt bei so viel Verstand)* und bei Winckelmann (der der griech. Kunst *edle Einfalt und stille Größe* zugeschrieben hat).

Einfluß

›Einwirkung, Geltung‹

Das Wort kommt in der Mystik auf und geht auf das lat. Verb *influere* zurück (›hineinfließen, -strömen‹). *Einfluß* bezeichnet nach der Mystik Bernhards von Clairvaux ›das durch göttliche Gnade bewirkte Einströmen des Heiligen Geistes in eine sich ihm bereitwillig öffnende Seele‹. Diese religiöse Bedeutung wird zwar später aufgegeben, es bleibt aber der vorwiegend übertragene Sinn erhalten. Nur gelegentlich wird *Einfluß* (in neuerer Zeit) konkret gebraucht im Sinne von ›das Hineinfließen, Einmünden‹ (z. B. *der Einfluß der Mulde in die Elbe*).

einig

›eines Sinnes seiend, einmütig‹

Das Adjektiv ist eine Ableitung zu dem Zahlwort *ein* und kommt schon im Ahd. vor. Es hatte ursprünglich die Bedeutung von ›nur einmal vorhanden, einzig‹, die aber im 16. Jh. auf *einzig* übergeht. *Einig* wird seitdem (das gilt bis heute) für ›einmütig, übereinstimmend, eines Sinnes‹ gebraucht (z. B. *ein einig Volk von Brüdern; sich über den Preis einig sein*).

einsehen

›in etwas (hinein-)sehen; Einblick nehmen; erkennen, verstehen‹

Das Verb ist die mhd. Übersetzung von lat. *inspicere* (um 1300), damals im geistlichen Sinne ›in etwas (Verborgenes) hineinschauen‹. Seit dem 18. Jh. verliert sich die religiöse Bedeutung, es entwickeln sich mehrere – allgemeinere – Bedeutungsvarianten: *einsehen* steht für konkrete Sinneswahrnehmungen (z. B.: *Das Gebäude ist von hier nicht einzusehen.*), z. T. auch mit der zusätzlichen Bedeutung des ›orientierenden und prüfenden Lesens‹ (z. B. *die Unterlagen/das Buch einsehen*), steht aber auch für geistiges ›erkennen, anerkennen, zugeben‹ (z. B. *den Fehler, die Notwendigkeit einsehen*).

einseifen

›mit Seife einschmieren‹; ›übervorteilen, betrügen‹

Die ursprüngliche Bedeutung – als Ableitung von *Seife* (Wasch-, Reinigungsmittel) – findet sich seit dem 19. Jh. Die übertragene Bedeutung von ›betrügen‹ stellt eine volksetymologische Umbildung von rotwelsch *beseibeln* , *besefeln* dar (gebildet zu jidd. *sewel* ›Mist, Kot, Dreck‹) und gehört dem ugs.-saloppen Sprachgebrauch an.

einwickeln

›in Papier o. ä. verpacken‹; ›jmdn. betören‹

Die ursprüngliche Bedeutung (in deutlich erkennbarem Zusammenhang mit *wickeln*) ist allgemeinsprachlich (vgl. *ein Geschenk in Papier, Wäsche in ein Tuch einwickeln*). Die übertragene Bedeutung ›jmdn. durch geschickte Reden (und unlautere Machenschaften) für seine Absichten gewinnen (ohne daß er es bemerkt)‹ findet sich seit dem 16. Jh. und ist auf die Umgangssprache beschränkt (z. B.: *Er hat sich von ihr einwickeln lassen.*).

Eisbein

›(gepökeltes) Schweinebein mit dem daransitzenden Fleisch‹

Da zu germ. Zeit (in Skandinavien auch noch später) aus Röhrenknochen Schlittschuhkufen hergestellt worden sind, geht man davon aus, daß *Eisbein* ursprünglich der für die Herstellung von Schlittschuhkufen verwendbare Röhren- oder Schienbeinknochen größerer Tiere gewesen ist. In der Bedeutung ›Gericht aus Schweinebein‹ (*Bein* steht dabei für *Knochen*) erscheint *Eisbein* erst im 19. Jh., allerdings mit Bezug auf besondere Knochen und Körperteile, vor allem den ›Hüftknochen‹ und den ›Oberschenkelknochen‹.

eitel

›von seinen (vermeintlichen) Vorzügen überzeugt, gefallsüchtig, nichtig, leer‹

Die Ausgangsbedeutung ›leer‹ findet sich bereits im Ahd. Daraus entwickelte sich im Mhd. die Bedeutung ›bloß, nichts als‹ (vgl. z. B. *eitel Gold, eitel Freude*). Aus dem Gebrauch in der Bibelsprache entstand die nhd. Hauptbedeutung ›auf Wirkung bedacht, selbstgefällig‹, bei der das Wort mit Bezug auf Menschen verwendet wird.

Eklektizismus

›Zusammensetzung eines gedanklichen Systems aus vereinzelt und zusammenhanglos aus anderen Systemen herausgelösten Elementen und Lehrsätzen zu einer scheinbar eigenen Theorie‹

Die Bezeichnung ist im 18. Jh. der antiken Philosophie entlehnt worden und geht auf das griech. Verb *eklégein* zurück (›auswählen, auslesen, aussuchen‹). Entsprechend sind in der antiken Philosophie *Eklektiker* solche ›Philosophen, die aus den Lehrsätzen anderer Schulen einzelne auswählen‹. In jüngerer Zeit wird das Wort zunehmend mit negativer Bewertung verbunden und im Sinne eines ›unschöpferischen Denkens‹ verwendet.

Ekstase

›Zustand rauschhaften Glücksgefühls, übermäßige Begeisterung und Verzückung‹

Das Substantiv ist im 16. Jh. aus dem Lat. und Griech. (dort: ›Außersichsein in religiöser Verzückung oder vor Staunen bzw. Schrecken‹) ins Dt. übernommen worden. Auch im Dt. gehörte es ursprünglich dem religiösen Sprachgebrauch an und bezeichnete einen Ausnahmezustand des Seelenlebens, der auf übernatürliche Ursachen zurückgeführt wird. Im 17. Jh. verliert die Bezeichnung ihren religiösen Hintergrund und gewinnt (unter dem Einfluß des Frz.) ihre heutige – allgemeinere – Bedeutung, wird aber erst seit Ende des 18. Jh. geläufig (z. B. *das Theaterpublikum geriet in Ekstase.*).

Eldorado/Dorado

›Wunsch-, Traumland‹

Das Substantiv ist im 18. Jh. aus dem Span. übernommen worden (als *Dorado* oder – mit hinzugefügtem Artikel – *Eldorado*), hatte dort die Bedeutung ›vergoldetes Land‹. Es ist ursprünglich der Name eines sagenhaften, reichen Goldlandes in Südamerika gewesen (von dem im 16. Jh. berichtet wird). Nach der Legende soll bei religiösen Festen der Körper mit Goldstaub gepudert worden sein. Im Dt. findet sich das Wort seit dem 16. Jh. als Ländername, seit dem 18. Jh. dann im allgemeinen Sinne als ›Wunderland, Paradies‹, als Gegend, in der man ausgezeichnete Möglichkeiten hat, seinen Wünschen oder Neigungen nachzugehen (z. B. *ein Eldorado für Bergsteiger, für Vogelfreunde*).

Element

›Grundstoff, Grundbestandteil‹

Das Substantiv ist im 13. Jh. aus einem lautähnlichen lat. Wort übernommen worden (›Grund-, Urstoff‹). Wahrscheinlich bezeichnete es im Lat. zunächst die ›Buchstaben‹ als Grundbestandteile der Rede, als gesprochene Laute. Im Dt. begegnet *Element* für ›chemischer Grundstoff, der mit chemischen Mitteln nicht weiter zerlegbar ist‹, zuerst im 17. Jh., Elemente für ›Grundbegriffe, Anfangsgründe‹ (in den Wissenschaften) seit dem 18. Jh. (erhalten z. B. in *Naturelemente, elementar, Elementargewalten*).

elend

›bedrückt durch Not, Armut und/oder Unglück; ärmlich, leidend‹

Das Adjektiv geht auf ein entsprechendes ahd. Wort zurück (›aus der Fremde kommend, nicht einheimisch‹). Deshalb bezeichnet *elend* eigentlich ›den, dessen (Heimat-)Land ein anderes ist‹ als das, in dem er sich (schutzlos) aufhält. Noch im 18. Jh. gibt es Verwendungen, die die alte Bedeutung von der ›Fremde‹ resthaft bewahren (z. B *ins Elend schicken*). Die Veränderung in der Bedeutung (von ›fremd, ausgewiesen‹ zu ›leidend, unglücklich‹) ist dadurch zu erklären, daß das Dasein in der Fremde, das Ausgewiesen-Sein als schweres Unglück empfunden wurde.

Elite

›Auswahl, Auslese, die Besten einer Personengruppe‹

Das Substantiv kommt im 18. Jh. aus einem gleichlautenden und gleichbedeutenden frz. Wort ins Dt., das eigentlich Partizip Perfekt eines Verbs ist (vgl. auch lat. *ēligere* ›auslesen, auswählen‹). Ursprünglich mit uneingeschränkt positiver Bewertung, bekommt das Wort (zumal im Adjektiv *elitär*) heute manchmal einen kritisch-negativen Nebensinn (im Sinne von ›privilegiert‹, ›den Grundsatz der Gleichheit und Demokratie verletzend‹).

Elixier

›Heiltrank, Lebenssaft, Zaubertrank‹
Das Wort stammt ursprünglich aus dem Arab. (›Stein der Weisen, Droge‹, eigentlich ›trockene Substanz mit magischen Eigenschaften‹) und ist – über das Lat. – ins Dt. gekommen. Im 16. Jh. war *Elixier* zunächst ein Wort der Alchimisten für einen gesuchten Stoff mit der Eigenschaft, das Leben zu verlängern und alle Krankheiten zu heilen (deshalb auch heute noch *Lebenselixier*).

Ellipse

›geschlossene ebene Kurve, für deren sämtliche Punkte die Summe der Abstände von zwei festen Brennpunkten konstant ist‹ (Geometrie); ›Auslassung von Redeteilen, die aus dem kontextuellen Zusammenhang zu erschließen sind‹ (Sprachwissenschaft)
Das Substantiv geht auf das Griech. und Lat. zurück, bedeutet dort soviel wie ›Mangel, Fehlen, Auslassen‹. Diese Ursprungsbedeutung spiegelt sich noch in den beiden heutigen Bedeutungsvarianten: In mathematischen und geometrischen Schriften bezeichnet *Ellipse* im Dt. seit dem 16. Jh. (nach dem Gebrauch von Kepler u. a.) den ›unvollkommenen Kreis‹, dem die gleichmäßige Rundung ›fehlt‹, in sprachwissenschaftlichen, speziell grammatischen Schriften (nach antikem Vorbild) die ›Aussparung von Redeteilen, die aber aus dem Kontext erschließbar sind (z. B. *Der Verbrecher sitzt (im Gefängnis). (Bringen Sie mir) ein Glas Bier, bitte!*).

Eltern

›Vater und Mutter (gemeinsamer Kinder)‹
Das pluralische Substantiv geht auf das Ahd. und Mhd. zurück und ist ursprünglich der substantivierte Komparativ zum Adjektiv *alt* (›die Älteren‹). Nachdem der Zusammenhang mit *alt* im Bewußtsein der Sprecher verlorengegangen ist, setzt sich die neue Schreibung mit *e* durch (im 18./19. Jh.).

emeritieren/Emeritus

›in den Ruhestand versetzen‹
Das Verb *emeritieren* ist im 19. Jh. aus dem Lat. übernommen und abgeleitet worden von dem Substantiv *Emeritus* (bereits im 18. Jh.). Im Lat. bedeutete

Emeritus ›ausgedient, zu Ende gedient habend‹, im Dt. meint es einen ›im Ruhestand befindlichen ordentlichen Professor‹ (also in weit speziellerer Verwendung).

Emmentaler Käse

›fetter Hartkäse in Mühlsteinform‹

Die Bezeichnung leitet sich her aus dem Fluß *Emme*, einem Zufluß der Aare in der Schweiz. Der Ort Langnau im *Emmental* (in den *Emmentaler* oder Luzerner *Alpen*) war ursprünglich der Stapelplatz für den *Emmentaler Käse*.

Empfängnis

›Schwanger-Werden‹

Das Wort geht zurück auf das Ahd. (dort ›Annahme‹), die heutige Bedeutung findet sich erst im 14. Jh. und wurde von Martin Luther verbreitet. Im Nhd. wird die Bezeichnung nur noch in dieser spezifizierten und eingeschränkten Bedeutung gebraucht.

empfehlen

›etwas/jmdn. als geeignet erachten und deshalb dazu raten, sich für ihn/etwas zu entscheiden‹; ›sich verabschieden‹

Das Verb geht auf das Mhd. zurück und bedeutete dort ›etwas zur Bewahrung, zur Besorgung oder zum Besitz übergeben, anempfehlen‹. Daraus entwickelte sich die spätere (heutige) Bedeutung ›auf etwas/jmdn. empfehlend hinweisen‹ (z. B. *ein Buch, ein Restaurant, einen Praktikanten empfehlen*). Aus der Abschiedsformel *sich jmdm. empfehlen, empfehlen lassen* entwickelte sich die zweite (reflexive) Bedeutungsvariante ›sich verabschieden‹ (vor allem in gehobener Sprache, z. B. *Ich darf mich jetzt empfehlen.*).

engagieren

›in ein Arbeitsverhältnis nehmen‹; ›sich für eine Sache voll einsetzen‹

Das Verb wird im 17. Jh. aus dem Frz. (vgl. dort auch *gage* ›Pfand, Bürgschaft‹) ins Dt. übernommen, und zwar in unterschiedlichen Verwendungen: Zunächst (heute aber nicht mehr üblich) wurde es gebraucht im Sinne von ›in Kampfhandlungen verwickeln, verpflichten‹ (17. Jh.), dann in den bis heute geltenden Bedeutungsvarianten ›in den Dienst nehmen‹ (z. B. *einen Künstler engagieren*) und ›zum Tanz auffordern‹ (im 18. bzw. 19. Jh.). Seit Mitte des 19. Jhs. steht *engagieren* für ›berührt, betroffen sein‹ (z. B. *persönlich engagiert sein*). Daraus entwickelt sich – Anfang des 20. Jhs. – die (heute wohl dominante) reflexive Bedeutungsvariante ›sich mit innerer Anteilnahme für etwas/jmdn. einsetzen‹ (z. B. *sich für den Verein, für seine Mitarbeiter engagieren*).

enorm

›sehr groß, in ungewöhnlichem Ausmaß‹

Das Adjektiv ist aus dem Lat. übernommen worden, ist dort eine Zusammensetzung (*ex* ›aus‹ + *nōrma* ›Regel, Vorschrift, Norm‹). Es kommt mit der Terminologie des römischen Rechts im 16./17. Jh. in die dt. Juristensprache und bezeichnete ursprünglich die besondere Schwere eines Verbrechens (das außerhalb der Regel/Vorschrift liegt). Später – im 18. Jh. – findet *enorm* unter dem Einfluß des gleichlautenden frz.

Wortes in der Bedeutung ›unermeßlich, ungeheuer‹ Verbreitung – in diesem weiteren allgemeinen Sinne über den juristischen Bereich hinaus, so daß die ältere Bedeutung weitgehend verdrängt worden ist.

entdecken

›Unbekanntes, Verborgenes wahrnehmen bzw. erkennen‹

Das Verb findet sich schon im Ahd. und Mhd., hatte aber dort zunächst eine konkrete Bedeutung (›auf-, abdecken, erkennbar machen, offenbaren‹) und bezeichnete z. B. das Abnehmen einer Bedeckung (im Dt. bis ins 18. Jh., im Nl. noch heute). Der metaphorische Gebrauch ›enthüllen, offenbaren‹ zeigt sich zwar in Ansätzen bereits im Ahd., aber die heute vorherrschende Bedeutung ›durch Auffinden von Unbekanntem das Wissen über die Welt erweitern‹ setzt sich erst seit dem 16. Jh. durch (z. B. *ein neues Element, ein neues Hotel, seine Neigung entdecken*).

Entente

›auf Interessenübereinstimmung beruhendes Bündnis von Staaten‹

Das Substantiv wurde als gleichlautendes und gleichbedeutendes frz. Wort entlehnt, das eigentlich ›Einverständnis, Übereinstimmung‹ bedeutete. Im Dt. erscheint es seit dem 19. Jh. im Sinne von ›Übereinstimmung‹, dann in der spezielleren Bedeutung von ›Staatenbündnis‹, und zwar seit dem Bündnisvertrag zwischen Frankreich und England von 1904, der *Entente cordiale* (nach frz. *cordial* ›herzlich‹). Damit wurde eine Fügung wieder aufgenommen, die zuerst für das gute Einvernehmen zwischen Louis Philippe und England 1840–1848 gebraucht wurde.

Enthusiasmus

›leidenschaftliche Begeisterung‹

Das Wort ist im 16. Jh. aus dem Griech. entlehnt worden (dort aber ›(Gott-)Begeisterung, Ergriffenheit von Gott, Verzückung‹). Im Dt. wurde es zunächst abschätzig – mit negativer Bewertung – gebraucht im Sinne von religiöser Schwärmerei und Ekstase (noch bei Martin Luther 1538). Erst seit dem 18. Jh. erscheint es in unserer heutigen Bedeutung (mit positiver Bewertung) von ›Begeisterung für ein hohes Ziel, für eine gute Sache‹, losgelöst vom religiösen Ursprung.

entsprechen

›übereinstimmen, gemäß sein‹; ›(einem Wunsche) nachkommen‹

Das Verb geht auf ein gleichlautendes mhd. Verb zurück, das soviel bedeutete wie ›durch Worte von etwas abbringen, entgegnen, antworten‹ und sich damit (mit seinen beiden Bestandteilen *ent* + *sprechen*) in die Gruppe der Verben mit der Bedeutung ›antworten‹ einreihte. Seit dem 16. Jh. entwickelt sich – zunächst im Alem. – die neue (und heutige) Bedeutung ›zu etwas anderem in einer bestimmten Relation stehen, mit etwas korrespondieren bzw. übereinstimmen‹, die sich erst im 18. Jh. generell durchsetzt (z. B. *die Wohnung entspricht unseren Vorstellungen, der Lohn seiner Leistung*).

entwenden

›stehlen‹

Früher wurde *entwenden* im weiten Sinne von ›wegwenden‹, auch ›entziehen, abwenden‹ verwendet (ohne jeden tadelnden Nebensinn). Später engte sich die Bedeutung ein auf ›stehlen‹ (für das es wahrscheinlich euphemistisch eintrat). Damit veränderte sich der begriffliche Kern des Wortes, indem es zur Bezeichnung einer negativ zu bewertenden Handlung wurde.

entwickeln

›entstehen, (sich) entfalten‹

Das Wort erscheint als Präfixbildung (*ent* + *wickeln*) zuerst im 17. Jh., zunächst im Sinne von ›aufwickeln, auseinanderfalten‹ als eine Art Gegenwort zu *einwickeln*, aber nur in wenigen, meist bildlichen Verwendungen. Im 18. Jh. bekommt das Verb eine neue, abstrakte Bedeutung von ›Verwickeltes entwirren‹ und besonders ›einen komplizierten Sachverhalt darlegen‹. Mit dieser Bedeutung hängt wohl die heutige (auf die Genese von Lebewesen bezogene, auf einen Entwicklungsprozeß zielende) Bedeutung zusammen (z. B. *Die Zwillinge haben sich gut entwickelt. Nach dem Regen hat sich eine Blütenpracht entwickelt. Die Wirtschaft hat sich gut entwickelt.*). Daneben ist *entwickeln* heute auch mit Bezug auf die Fotoherstellung gebräuchlich (z. B. *einen Farbfilm entwickeln*).

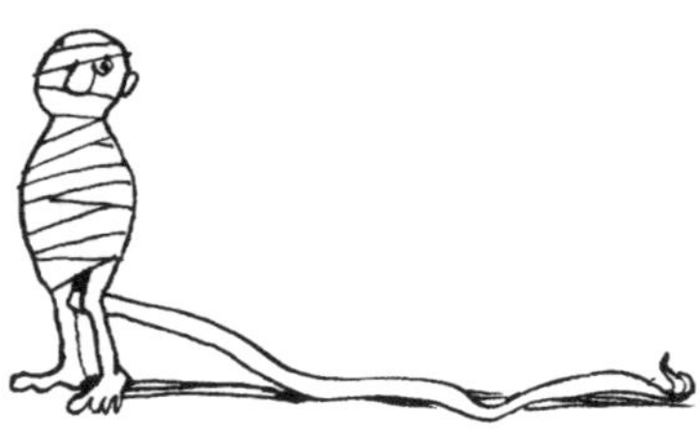

Epidemie

›massenhaftes Auftreten einer Infektionskrankheit, Seuche‹

Das Substantiv geht auf ein griech. Adjektiv in der Bedeutung ›im ganzen Volk, über das ganze Volk verbreitet‹ (entsprechend griech. *dḗmos* ›Volk‹) zurück. Schon griech. Ärzte haben das Wort auf eine sich schnell ausbreitende ansteckende Krankheit bezogen. Es erscheint zunächst in der mlat. Form in der Wissenschaftssprache, dann im 16. Jh. schon in medizinischen dt. Texten.

Epoche

›(längerer historischer) Zeitabschnitt‹

Das Substantiv geht auf ein ähnlich lautendes griech. und lat. Wort zurück, das ursprünglich soviel bedeutete wie ›fester Zeitpunkt, nach dem die Zeit berechnet wird, Halte- und Fixpunkt‹, und wurde im 18. Jh. ins Dt. entlehnt. Allerdings bezeichnet *Epoche* im Dt. – im Unterschied zum Griech. und Lat. – nicht einen Zeitpunkt, sondern den ›Zeitraum bedeutender historischer Ereignisse‹. Nur in der festen Verbindung *Epoche machen* ist die ältere Bedeutung noch spürbar; sie ist eine Übersetzung von frz. *faire époque* (18. Jh.) mit der Bedeutung ›Zeitpunkt, an dem Bemerkenswertes geschieht (und in dem deshalb der Beginn eines neuen Zeitabschnitts gesehen werden kann)‹.

erfahren

›Kenntnis erhalten‹

Das Verb gehört zu der Familie von *fahren* und bedeutete ursprünglich (bis ins Frühnhd.) ›reisen, durchfahren, erreichen, einholen‹. Daraus entwickelte sich (beginnend schon in spätahd. Zeit) die Bedeutung ›kennenlernen, erforschen, erkunden‹, die sich später durchgesetzt hat und Grundlage für die heutige Verwendung ist. Daneben – dies aber erst in neuerer Zeit – dient *erfahren* als Funktionsverb (zusammen mit einem Substantiv in einem Funktionsverbgefüge) zuweilen zur Umschreibung des Passivs

(z. B. *Das Buch erfährt eine Neubearbeitung / Fortsetzung / Vervollkommnung / Kürzung* für *Das Buch wird neu bearbeitet/fortgesetzt/vervollkommnet/gekürzt.*).

erhaben

›plastisch hervortretend, reliefartig‹; ›überlegen, durch seine Großartigkeit erhebend‹

Das Wort geht zurück auf das Partizip Perfekt des mhd. Verbs *erheben* (›in die Höhe heben‹) und bedeutete schon damals ›über anderes emporragend‹, auch ›reliefartig verziert‹. Später entstand aus dieser konkret-lokalen Bedeutung die zweite (übertragen-abstrakte) Bedeutungsvariante ›hochstehen‹, überlegen, vornehm, großartig‹. Daraus entwickelte sich im 18. Jh. *das Erhabene* zu einem sittlich-ästhetischen Wertbegriff.

erobern

›fremdes Gebiet durch Waffengewalt in seinen Besitz bringen‹; ›jmdn. für sich gewinnen‹

Das Verb geht zurück auf das Ahd. und Mhd., steht im Zusammenhang mit einer Komparativform zu *ober-* und hatte die ursprüngliche Bedeutung von ›der Obere bleiben/werden‹. Die mit dem Präfix *er-* gebildete Form begegnet zuerst im Mhd. und Frühnhd. (›gewinnen, übertreffen, überwinden, erlangen‹). Im 16. Jh. wird der Gebrauch auf den militärischen Bereich eingeschränkt (z. B. *eine Stadt, ein Land erobern*) – entsprechend der oben genannten ersten Bedeutungsvariante. Die zweite Bedeutungsvariante entwickelte sich – als übertragener Gebrauch – erst in nhd. Zeit (z. B. *Sympathien erobern*), wobei die alte Bedeutung ›gewinnen‹ wieder in den Vordergrund tritt.

erschüttern

›in heftig zitternde, rüttelnde Bewegung versetzen‹; ›zutiefst ergreifen, stark bewegen‹

Das Verb ist im Frühnhd. als Intensivbildung zu einem inzwischen untergegangenen Verb entstanden, ist eine Verstärkung von *schütten* in dessen alter Bedeutung ›schütteln, heftig hin- und herbewegen‹. In übertragenem Sinne wird es (in der zweiten Bedeutungsvariante) auf seelische Zustände übertragen (z. B. *Die Nachricht hat ihn sehr erschüttert, eine erschütternde Szene*).

Erz-

›hoher Rang‹ (als erstes Glied einer Zusammensetzung)

Erz- geht auf das Griech. zurück, ist dort eine Komparationsform (*arch(i)*) in der Bedeutung ›Ober-, Haupt-‹; es entspricht dem griech. Verb *árchein* (›der erste sein, vorangehen, herrschen‹) und dem griech. Substantiv *archós* (›Führer, Anführer‹). Durch die Kirchensprache werden dem Dt. eine Reihe griech.-lat. Zusammensetzungen mit diesem Element *Erz-* vermittelt. Zu den frühesten Entlehnungen dieser Art gehören z. B. *Erzbischof, Erzpriester, Erzvater* (12. Jh.). Später (14./15. Jh.) folgen aus dem weltlichen Bereich z. B. *Erzkämmerer, Erzkanzler, Erzherzog*, bis *Erz-* seit dem 16. Jh. als verstärkendes und steigerndes Glied von

Zusammensetzungen äußerst produktiv wird (z. B. *Erzfeind, Erzbösewicht, Erzlügner, Erzschurke*), aber auch – bei Adjektiven – z. B. *erzdumm, erzkonservativ*).

erzählen

›*(mündlich oder schriftlich) mit Worten ausführlich wiedergeben, darstellen*‹

Das Verb geht zurück auf ein lautähnliches ahd. und mhd. Wort, das zunächst die Bedeutung von ›zählen, (der Reihe nach) aufzählen‹ hatte, das auch bei der Darstellung von Ereignissen und Taten im Rechtswesen verwendet wurde (deshalb ›öffentlich hersagen und verkünden‹ und schließlich in der Bedeutung verallgemeinert wurde zu ›mündlich mitteilen, berichten‹, wobei die Bedeutungskomponente ›der Reihe nach‹, ›zeitliche Reihenfolge‹ erhalten geblieben ist. Während diese allgemeine Bedeutung auf *erzählen* übergegangen ist, wird *zählen* nun auf den rechnerischen Bereich eingeschränkt.

Eskalation

›*stufenweise Steigerung, Verschärfung und Zuspitzung eines (militärischen oder politischen) Konflikts*‹

Das Substantiv wurde in der 2. Hälfte des 20. Jhs. aus einem gleichlautenden und gleichbedeutenden engl. Wort entlehnt, das sich offenbar an engl. *escalator* ›Rolltreppe‹ anschließt. Dem liegt ein Verb mit der Bedeutung ›ersteigen, erstürmen‹ zugrunde. Häufig tritt neben *Eskalation* auch das Verb *eskalieren* ›sich stufenweise steigern und verschärfen‹ auf.

esoterisch

›*nur für Eingeweihte, einen engen Personenkreis bestimmt (und zugänglich)*‹

Das Adjektiv stammt aus dem philosophischen Sprachgebrauch, ist im 18. Jh. aus ähnlich lautenden griech. und lat. Wörtern übernommen worden, die eigentlich ›innerlich‹ bedeuteten und die in streng wissenschaftlicher Form geschriebene philosophische Schriften (vor allem von Aristoteles) und den engeren Schülerkreis eines Gelehrten (z. B. von Pythagoras) bezeichneten. Das Gegenwort zu *esoterisch* ist *exoterisch* (›für Außenstehende, allgemein verständlich, nach außen gehend‹).

Espresso

›*in einer Spezialmaschine schnell zubereiteter starker Kaffee*‹

Das Wort ist im 20. Jh. aus dem Ital. entlehnt worden, bedeutete ursprünglich ›ausdrücklich‹ (von *exprimere*) und bezeichnete zunächst den ›eigens zugesandten Boten zur schnellen Benachrichtigung‹, den ›Eilboten‹. Danach nahm es unter dem Einfluß des engl. *express* die Bedeutung ›schnell, eilig‹ an (vgl. *express train*). Es ist nicht ganz klar, ob für die Benennung des Kaffees (in unserer heutigen Bedeutung) dessen schnelle oder dessen spezifische Zubereitung (auf den ausdrücklichen Wunsch des Gastes hin) ausschlaggebend war. *Espresso* wird heute auch in übertragenem Sinne benutzt zur Bezeichnung des ›kleinen Lokals, in dem *Espresso* verabreicht wird‹.

Essay

›allgemeinverständliche, knappe Abhandlung über einen wissenschaftlichen Gegenstand in literarisch ausgereifter Form‹

Das Wort wurde von Montaigne (1580) gebraucht, der seine philosophischen Abhandlungen frz. *essais* nannte (eigentlich: ›Versuche‹). Bacon (1597) übernimmt das Wort ins Engl. und nimmt *essay* in den Titel seiner Traktate auf. Im 18. Jh. erscheint es im Dt., z.T. als *Essay*, z.T. als *Versuch*. In dieser Eindeutschung mit *Versuch* klingt die Komponente des ›Experimentellen‹ und ›Vorläufigen‹ an.

Essenz

›hochkonzentrierte Lösung aus organischen Stoffen‹; ›Wesen, Kernstück‹

Das Wort erscheint im Spätmhd., ist entlehnt aus dem Lat. (›Wesen, Substanz, Wesenheit‹ – gebildet aus lat. *esse* ›sein‹). Zunächst ist es Ausdruck der Philosophie und Theologie, später wird es in die Sprache der Alchimisten (›konzentrierte Lösung‹) und schließlich von dort in die Sprache der Chemie übernommen. Die damit im Zusammenhang stehenden Wörter *essentiell* (›wesentlich‹) und *Quintessenz* (›Wesen, Kernstück‹) schließen sich an die philosophische Bedeutungsvariante an.

Estrade

›erhöhter Teil des Fußbodens, Podium‹

Das Wort ist um 1700 aus dem Frz. entlehnt worden und geht zurück auf lat. *strātum* ›Decke, Lager, Pflaster‹, eigentlich ›das Hingebreitete‹. Erst seit den 60er Jahren des 20. Jh. kommt zusätzlich – offenbar unter Einfluß des Russ. – die Bedeutung ›volkstümliche künstlerische Veranstaltung mit gemischtem Programm, meist im Freien‹ auf, die heute dominiert (vgl. auch *Estradenorchester, -programm*).

Etymologie

›Teil der Sprachwissenschaft, der sich mit der Herkunft der Wörter nach Form und Bedeutung befaßt‹

Das Substantiv wird im 16. Jh. aus einem gleichlautenden und gleichbedeutenden griech. Wort entlehnt, das eine Zusammensetzung ist (deren erstes Glied die Bedeutung ›wahr‹ hat). Folglich meinte *Etymologie* eigentlich die ›Lehre vom wahren Sinn der Wörter‹ – entsprechend der noch im Mittelalter verbreiteten Auffassung, daß die Kenntnis der ursprünglichen Wortbedeutung zu Erkenntnissen über das Wesen der bezeichneten Sache führen könne.

Euphorie

›Gefühl gesteigerten Wohlbefindens, (rauschhaft übersteigerte) sorglose Gemütsstimmung, Hochstimmung‹

Das Wort kommt aus dem Griech. (dort ›Fähigkeit, etwas leicht zu ertragen‹ –

entsprechend der Zusammensetzung aus *eu-* ›gut‹ + *phérein* ›(er)tragen‹) und wird im 18. Jh. als Terminus der Medizin übernommen (zunächst im Sinne von ›Wohlbefinden, Wohlbekommen, Kurerfolg‹). Im 20. Jh. erscheint *Euphorie* dann in der spezielleren Verwendung von ›gehobene Stimmung als Symptom bestimmter Krankheiten oder als Folge des Genusses von Rauschmitteln‹. In jüngster Zeit ist es auch in der Allgemeinsprache üblich geworden als ›übersteigertes Hochgefühl‹.

Euthanasie

›Herbeiführen des Todes durch Medikamente‹

Das Substantiv ist im 19. Jh. als medizinischer Terminus aus dem Lat. ins Dt. übernommen worden und bedeutete zunächst nur – im allgemeinsten Sinne – ›leichtes, sanftes Sterben‹, dann (durchaus noch ohne negative Bewertung) ›Gesamtheit ärztlicher Maßnahmen zur Erleichterung des Todeskampfes‹ (entsprechend griech. *euthanasía* ›leichter, schöner Tod‹). Erst in faschistischer Zeit wurde *Euthanasie* verwendet als verhüllender Ausdruck für ›strafbares Herbeiführen des Todes durch Medikamente bei kranken Menschen‹, seitdem wird es zumeist in dieser – negativ bewertenden – Bedeutung gebraucht.

evakuieren

›wegen drohender Gefahr ein Gebiet räumen, die Einwohner an einen sicheren Ort bringen‹

Das Verb ist im Frühnhd. aus dem Lat. übernommen worden (dort ›ausleeren, abführen‹ – entsprechend *vacuus* ›leer, frei‹, auch enthalten in *Vakuum*), zunächst – bis ins 19. Jh. – als Terminus der älteren Medizin im Sinne von ›schädliche Stoffe aus dem Körper abführen‹ (so bei Paracelsus 1529). Daneben finden sich Verwendungen im militärischen Bereich (›eine Stadt, eine Festung, ein Gebiet räumen‹) seit dem 17. Jh. und im physikalisch-technischen Bereich (›einen abgeschlossenen Raum durch Auspumpen weitgehend luftleer machen‹) seit dem Ende des 18. Jhs. Am Anfang des 20. Jhs. entwickelte sich aus der Verwendung im militärischen Bereich – durch Wechsel des Objekts – die heute zumeist übliche Bedeutung ›Personen aussiedeln‹ (z. B. solche, die von Erdbeben, Hochwasser oder Bomben bedroht sind).

evident

›augenscheinlich, offenkundig (und deshalb ohne weiteres einleuchtend)‹

Das Wort geht auf die lat. Wissenschaftssprache zurück (ist aus *vidēre* ›sehen‹ gebildet) und ist bis heute als Terminus der Philosophie geläufig. Seit dem 18. Jh. wird es im Dt. auch im allgemeinen Sprachgebrauch üblich (z.B. *Seine Schwächen/Fehler/Mängel sind evident.*).

Exekution

›Hinrichtung‹

Das Substantiv wurde im 15. Jh. aus dem Lat. entlehnt (es bedeutete dort ›Ausführung einer Anordnung‹, bei Gericht ›Vollzug eines Urteils‹ ganz allgemein)

und in die dt. Kanzleisprache übernommen. Erst seit dem 17. Jh. tritt die (heute vor allem übliche) speziellere Bedeutung von ›Hinrichtung‹ in den Vordergrund.

Exempel

›Beispiel‹

Das Substantiv kommt bereits gleichlautend und gleichbedeutend im Mhd. vor (›Beispiel, Muster, Vorbild‹) und ist eine Entlehnung aus dem Lat. (das zugrunde liegende Verb *eximere* meint eigentlich ›herausnehmen‹, das Substantiv *exemplum* eigentlich ›das aus einer Menge gleichartiger Dinge Herausgenommene‹). Das Substantiv *Exempel* wirkt heute schon etwas veraltend, auch in der rechtssprachlichen Verwendung *ein Exempel statuieren* (für ›ein abschreckendes, warnendes Beispiel geben‹).

exmittieren

›zwangsweise von seinem Besitztum / aus seiner Wohnung entfernen‹

Das Verb *exmittieren* und das Substantiv *Exmission* werden im 18. Jh. aus dem Lat. übernommen, zunächst als juristische Ausdrücke (›gerichtliche Ausweisung aus einem Haus, von seinem Besitztum‹). Lat. liegt ihnen *ēmittere* (›aussenden, heraus-/hinausschicken, fortjagen‹) zugrunde, eine aus *ex-* und *mittere* entstandene Wortbildung.

Expreß

›Schnellzug‹

Das Substantiv geht auf ein lat. Adverb zurück, das eigentlich soviel wie ›ausgedrückt, ausdrücklich, bestimmt‹ bedeutete. Es vollzog sich jedoch eine Bedeutungsverschiebung von ›ausdrücklich, genau festgelegt‹ hin zu ›schnell‹, vor allem in der substantivierten Form. Das gilt schon für die ältere Verwendung von *Expreß* als ›Bote‹: erst der ›eigens, ausdrücklich gesandte Bote‹, dann – im 17. Jh. – der ›schnelle Bote‹ (weil der eigens gesandte Bote zugleich die schnellste Benachrichtigungsmöglichkeit war). Das gilt aber auch für den *Expreß(zug)* (dem engl. *express train* nach 1840 nachgebildet), der zunächst einen Zug

mit genau (›ausdrücklich‹) festgelegten Fahrzeiten bezeichnete; daraus entwickelte sich die Bedeutung ›Schnellzug‹ für die spezifische Zugart (weil die genau festgelegten zugleich die kürzeren Fahrzeiten waren).

exzentrisch

›überspannt, vom Üblichen abweichend‹

Das Adjektiv wurde im 18. Jh. aus dem Spätlat. entlehnt mit der ursprünglichen Bedeutung von ›ohne gemeinsamen Mittelpunkt‹. Es bezeichnete in der antiken Astronomie die Umlaufbahn der Himmelskörper, die nicht um die Erde als ihren Mittelpunkt kreisen. Die heutige (übertragene) Bedeutung findet sich erst seit Mitte des 18. Jhs.

F

Fabrik

›Industriebetrieb‹

Das Substantiv wird im 17. Jh. aus einem gleichlautenden frz. Wort entlehnt, das jedoch ›Herstellungsart, Fabrikation‹ bedeutete – in Anlehnung an lat. *faber* ›Künstler, Schmied, Handwerker‹. Später (seit dem 18./19. Jh.) findet sich auch die Verwendung für ›Werkstatt, Herstellungsgebäude‹. Im 19. Jh. entsteht mit der industriellen Revolution die heutige Bedeutung: Das Wort wurde nicht nur von der Herstellungsart auf den Herstellungsort übertragen, der Herstellungsort wurde zugleich eingeschränkt (nicht mehr ›Werkstatt‹, sondern ›Industriebetrieb‹). Die generelle Bedeutungskomponente ›herstellen‹ ist auch im Verb *fabrizieren* enthalten.

fadenscheinig

›abgenutzt, abgewetzt, durchsichtig‹; ›nicht wahrheitsgemäß, nicht überzeugend‹

Das Adjektiv geht in der (ursprünglichen) 1. Bedeutungsvariante zurück auf das Substantiv *Faden*, wird bezogen auf Kleidungsstücke und Gewebe und findet sich in der heutigen Form seit dem 18. Jh.: *fadenscheinig* ist etwas, was so abgenutzt ist, daß die einzelnen Fäden sichtbar sind (z. B. *Die Jacke ist an den Är-*

meln schon fadenscheinig.). In der (übertragenen) 2. Bedeutung bezieht sich *fadenscheinig* nicht auf Kleidungsstücke, sondern auf Aussagen (z. B. *eine fadenscheinige Begründung*).

fähig

›imstande sein zu etwas, begabt, tüchtig‹

Das Adjektiv taucht im 15. Jh. auf und ist abgeleitet von *fahen*, einer älteren Form von *fangen*. Deshalb bedeutete es ursprünglich ›imstande sein zu fassen, aufzunehmen‹ (sowohl körperlich als auch geistig). Der Zusammenhang mit dem alten Verb wird auch in der alten Bedeutung ›fangbar‹ (von Tieren) deutlich (im 16. Jh.). In der modernen Sprache wird *fähig* vorwiegend auf Lebewesen, vor allem auf Menschen und speziell auf ihr geistiges Erfassungsvermögen bezogen. Deshalb steht es auch oft für ›begabt, tüchtig‹. (z. B. *Der Neue ist ein fähiger Leiter. Sie ist fähig, als Verbandssprecherin aufzutreten.*) In der Wendung *jmd. ist zu allem fähig* steht allerdings die Bedeutungsvariante ›imstande sein‹ im Vordergrund.

Fahne

›an einer Stange als Kennzeichen befestigtes Tuch; Banner‹

Das Wort erscheint bereits im Ahd., im Mhd. und in anderen germ. Sprachen (dort allerdings zumeist in der allgemeineren Bedeutung ›Tuch, Lappen, Schweißtuch‹ – entsprechend auch im Griech. und Lat.). Dann entwickelte sich die Bedeutung von ›Tuch‹ zu ›Banner‹, offenbar weil eine ahd. Zusammensetzung durch Weglassung des ersten Gliedes gekürzt wurde (*gundfano>fano*). Seit dem 17. Jh. bezeichnet *Fahne* auch den nicht umbrochenen ›Korrekturabzug‹ des Druckers (auf Grund der vergleichbaren länglichen Form). Ugs. steht *Fahne* (im übertragenen Sinne) auch für ›durch reichlichen Genuß von Alkohol bedingter Mundgeruch‹ (z. B. *Er hatte eine mächtige Fahne.*).

fahnden

›nachforschen, jmdn. zu finden versuchen‹

Das Verb findet sich bereits im Ahd. und in anderen germ. Sprachen; es steht ursprünglich im Zusammenhang mit *finden*. Seit dem 18. Jh. erscheint es in der heutigen Bedeutung, seit dem 19. Jh. wird es vor allem in der Polizeisprache allgemein bekannt und auf diese Verwendung spezialisiert (z. B. *nach dem Mörder/dem Raubgut fahnden*), auch als Substantiv *Fahndung* (›polizeiliche Suchaktion‹).

fahren

›sich mit einem Fahrzeug fortbewegen, es lenken, steuern‹

Das Verb findet sich bereits im Ahd., im Mhd. und in anderen germ. Sprachen, bezeichnete dort aber jede Art der menschlichen Fortbewegung (also unter Einschluß von ›gehen‹, ›reiten‹, ›schwimmen‹, ›fliegen‹). Eine ähnlich allgemeine Bedeutung hat im heutigen Engl. auch *go* (nicht nur für ›gehen‹, sondern auch für ›fahren‹ und ›fliegen‹; z. B. *to go by car/plane*). Die Bedeutung von *fahren* im Dt. wird erst allmählich auf die Fortbewegung mit Wagen und Schiffen mit Fahrzeugen eingeschränkt.

Reste der älteren Bedeutung sind heute noch erhalten z.B. in *fahrendes Volk* (›umherziehendes Volk‹), *Schlittschuh/Ski fahren*, auch in *Gefährte* (vgl. dort).

Fahrenheit

›Maßeinheit der Temperatur‹

Die Maßeinheit ist benannt nach dem deutschen, aber hauptsächlich in Holland lebenden Erfinder Gabriel Daniel *Fahrenheit* (1686–1737), der physikalische Instrumente – vor allem Barometer und Thermometer – konstruierte. Die Thermometer verbesserte er einerseits durch die Füllung mit Quecksilber (statt wie vorher mit Weingeist) und andererseits dadurch, daß er als Nullpunkt seiner (180teiligen) Skala die stärkste Kälte des Winters 1709 in Danzig annahm (statt – wie bei Réaumur und Celsius – den Gefrierpunkt). Die *Fahrenheitsche* Skala ist vor allem in Ländern mit britischem Maßsystem üblich (gewesen) – im Unterschied zu den Skalen von Réaumur und Celsius.

fair

›anständig, ehrlich, den Regeln entsprechend und die Rolle des anderen aufrichtig respektierend‹

Das Adjektiv ist im 19. Jh. als engl. *fair* (›ehrlich, gerecht, angemessen‹, aber auch ›hübsch, schön‹) entlehnt worden, geht auf das Aengl. zurück und findet sich auch in anderen germ. Sprachen. Zuerst war *fair* im Sinne von ›ausgezeichnet, vorzüglich‹ auch als Qualitätsangabe bei Warenangeboten üblich, dann wurde es (in der heutigen Bedeutung) vor allem ein Ausdruck der Sportsprache (z. B. *ein faires Fußballspiel*). Darüber hinaus wird es heute ugs. namentlich in der Jugendsprache in allen möglichen Situationen benutzt.

Fakultät

›größerer Gliederungsbereich an Hochschulen, der eine Gruppe zusammengehöriger Fachwissenschaften umfaßt‹

Das Wort taucht im 15. Jh. auf, zunächst in der Bedeutung von ›Vermögen, Kraft, Fertigkeit, Anlage, Talent‹ – im Anschluß an lat. *facultās* (vgl. noch in *facultas docendi*). Die heutige Bedeutung entspricht dem mlat. Wort (›Wissenschaftszweig, Forschungsgebiet‹). Sie entwikkelt sich weiter zu ›Lehrerkollegium einer Wissenschaft‹, und zwar zunächst an einer der vier Hauptdisziplinen an der mittelalterlichen Universität (Theologie, Jura, Medizin, Philosophie), die sich in der jüngeren Zeit zunehmend verzweigt und differenziert haben (heute z.B. auch *Philologische, Historische, Wirtschaftswissenschaftliche Fakultät*).

fällen

›zu Fall bringen‹

Das Verb erscheint bereits im Ahd. (und in anderen germ. Sprachen), ist eine Kausativbildung zu *fallen* und bedeutet folglich ›machen/bewirken, daß etwas fällt‹.

Familie

›Gemeinschaft von Eltern und Kindern, Verwandtschaft‹

Das lat. Wort *familia* bedeutete zunächst ›Gesinde, Sklavenschaft‹, dann auch ›die ganze Hausgenossenschaft‹ (Freie und

Sklaven). Die Bezeichnung wird Anfang des 15. Jhs. ins Dt. entlehnt und setzt sich im 16. Jh. allmählich durch (noch nicht z. B. bei Martin Luther) und nimmt die neue (heutige) Bedeutung an.

famos

›vortrefflich, ausgezeichnet, großartig‹

Das Adjektiv ist im 16. Jh. aus dem Lat. übernommen worden und hatte ursprünglich die Bedeutung von ›viel (gut oder schlecht) besprochen‹ und deshalb ›berüchtigt‹ (als Ableitung von lat. *fāma* ›Gerede, öffentliche Meinung, Leumund‹). Es nahm erst unter dem Einfluß von frz. *fameux* (›angenehm, berühmt‹) im Dt. in der 2. Hälfte des 18. Jh. die positive Bedeutung ›wohl beleumdet, berühmt‹ an, besonders in der Studentensprache (z. B. *eine famose Idee, ein famoser Bursche*), gilt aber heute als ugs. und auch veraltend.

Fan

›jugendlicher begeisterter Anhänger‹

Das Wort ist in der Mitte des 20. Jhs. als Kürzung eines gleichbedeutenden amerik.-engl. Wortes übernommen worden, das eigentlich *fanatic* (›Fanatiker, Schwärmer‹) lautete.

fanatisch

›unduldsam, eifernd‹

Das Adjektiv geht auf das Lat. zurück (dort *fānāticus* ›von der Gottheit ergriffen, rasend‹, eigentlich ›zum Kult, zum Heiligtum gehörend‹) und wurde im 16. Jh. entlehnt. Es steht anfangs für ›religiös schwärmerisch‹, es meint aber oft auch ›ketzerisch‹ (weil von der Orthodoxie abweichend). Im 18. Jh. wird es allgemeiner verwendet für ›sich religiös ereifernd, unduldsam‹, und zwar im Interesse der orthodoxen Lehre. Im 18./19. Jh. setzte sich dann – unter dem Einfluß des frz. Wortes – die heute vorherrschende, von der Religion losgelöste Bedeutung durch, vor allem im politischen Sprachgebrauch und eher mit negativer Bewertung (z. B *fanatisch für eine Ideologie eintreten, eine fanatische Rede halten*).

Farce

›Posse, Satire‹; ›etwas Nichtssagendes, Lächerliches‹

Das aus dem Frz. übernommene Wort geht auf das substantivierte Partizip Perfekt des Verbs *farcir* mit der Bedeutung ›vollstopfen‹ zurück. Als Literaturgattung stellt die *Farce* (seit dem 15. Jh. belegt) eine derbkomische Einlage im frz. Mirakelspiel dar und ist wohl als ›Einschiebsel, Füllung‹ zu verstehen. Erst später bezeichnet es auch eine selbständige Posse. In dieser Bedeutung dringt das Wort im 18. Jh. ins Dt. ein und erfährt im 19. Jh. eine abermalige Bedeutungserweiterung: Es meint jetzt (auch) eine lächerliche, unseriöse und nichtssagende Angelegenheit – unabhängig von der Literatur (vgl. die oben genannte 2. Bedeutungsvariante) (z. B. *Die Veranstaltung war eine einzige Farce.*).

Faschismus

Die Bezeichnung für eine reaktionäre politische Bewegung ist in Italien geprägt worden und geht auf ital. *fascio* (›Bund, Bündel‹) zurück. Die Bewegung selbst ist von Mussolini ins Leben gerufen worden, der 1919 einen *fascio di combattimento* (›Kampfbund‹) gegründet hat. Das Wort *fascio* ist angelehnt an ein lat. Wort, dessen Plural *(fascēs)* ein altrömisches Symbol der Gewalt über Leben und Tod bezeichnet und durch ein

Rutenbündel versinnbildlicht wird, aus dem ein Beil herausragt. Dieses den römischen Herrschern und Konsuln bei öffentlichen Auftritten vorangetragene Zeichen wird von der faschistischen Bewegung in Italien wieder aufgegriffen. In den 20er Jahren des 20. Jhs. wird das Wort *Faschismus* ins Dt. übernommen, blieb aber nicht auf die Bezeichnung des italienischen Herrschaftssystems beschränkt, sondern wurde – von seinen Gegnern – auch auf den *Nationalsozialismus*, die deutsche Variante des *Faschismus*, übertragen (während die deutschen Faschisten sich zumeist selbst als *Nationalsozialisten* bezeichneten).

fatal

›unangenehm, peinlich‹

Das Adjektiv geht zurück auf ein lat. Wort (›verhängnisvoll‹), das von dem Substantiv *fātum* (›Götterspruch, Schicksal‹) abgeleitet ist. Es tritt im 17. Jh. im Dt. zunächst im Sinne von ›schicksalsschwer, verhängnisvoll‹ auf (z. B. noch in *fatale politische Entscheidung/geschichtliche Entwicklung*). Daneben findet sich – dies von Anfang an – die oben angegebene und heute dominierende deutlich abgeschwächte (auch von religiösen Vorstellungen völlig abgelöste) Bedeutung ›unangenehm, peinlich‹ (z. B. *eine fatale Angelegenheit/Situation*).

Fata Morgana

›durch atmospärische Bedingungen erzeugte Luftspiegelung; Trugbild, Sinnestäuschung, Wunschbild‹

Der Ausdruck geht auf ein gleichlautendes und gleichbedeutendes ital. Wort zurück *(›Fee Morgana‹)*, das auf dem Namen einer Sagengestalt beruht, die in arab. Märchen und in der Artusdichtung auftritt und früher auch für die Urheberin der in der Straße von Messina häufig zu beobachtenden atmosphärischen Erscheinung gehalten wurde. *Fata* hat ihren Ausgangspunkt im Spätlat. (›Schicksalsgöttin‹ – als Nebenform von lat. *fātum* ›Götterspruch, Schicksal, Bestimmung‹), *Morgana* im Arab. (›Koralle, Perle‹). Im Dt. taucht *Fata Morgana* zuerst um 1800 auf. Unabhängig davon findet sich die *Fee Morgana* schon bei Chrétien de Troyes, in der dt. Literatur schon in Wolframs »Parzival« als Ländername sowie bei Fischart (im 16. Jh.).

faul

›verdorben, verwesend, daher nicht genießbar‹; ›träge, ohne Lust zur Arbeit‹

Das Adjektiv findet sich bereits im Ahd. und in anderen germ. Sprachen in der Bedeutung ›verwesend, stinkend, modrig‹. Später entwickelte sich die nicht mehr auf konkrete Stoffe, sondern auf Einstellungen bezogene 2. Bedeutungsvariante von ›träge‹ (z. B. *ein fauler Schüler*). Im ugs. Ausdruck *stinkend faul* liegt einerseits eine Verstärkung dieser Bedeutung, aber andererseits zugleich ein Bezug auf die 1. Bedeutungsvariante vor. Es bleibt aber bis heute auch die 1. Bedeutungsvariante von ›verdorben‹ erhalten (z. B. *faule Eier, Kartoffeln*), die ugs. darüber hinaus eine Nebenvariante von ›zweifelhaft‹ hervorgebracht hat (z. B. *ein fauler Kompromiß*).

Fazit

›schlußfolgernde Zusammenfassung, Ergebnis‹

Das Substantiv geht auf lat. *facit* zurück (›es macht‹), eine Konjugationsform (3. Person Singular Präsens) von *facere* (›machen‹). Es taucht auf seit dem 14. Jh. in lat., bald auch in dt. Rechnungsbüchern und bildet bei Additionen und Substraktionen mit der Endsumme eine feste Formel. Seit dem 15.Jh. kommt das Wort substantiviert in dt. Texten für ›Summe‹ vor. Im 16. Jh. gewinnt es seine heutige übertragene Bedeutung von ›Schlußfolgerung, Ergebnis‹ – losgelöst nun vom Rechnungskontext.

Februar

Name für den 2. Monat im Jahr

Die Bezeichnung geht zurück auf das Lat. (dort eigentlich ›Reinigungsmonat‹), erklärt sich aus den Sühne- und Reinigungsriten, die in diesem Monat (der nach dem altrömischen Kalender der letzte des Jahres war – da das Kalenderjahr ursprünglich im März begann) vorgenommen worden sind. Der Name *Februar* verdrängt (beginnend mit dem 15.Jh.) den älteren Namen *Hornung*, der noch heute in manchen Landschaften ugs. üblich ist.

feige

›ängstlich, nicht mutig‹

Das Adjektiv findet sich bereits im Ahd. und Mhd., dort allerdings in der Bedeutung von ›zum Tode bestimmt, dem Tode nahe, gottlos‹. Es steht auch in formalem Zusammenhang mit Adjektiven der Bedeutung ›feindlich, feindselig‹. Der Zusammenhang (und die Bedeutungsveränderung) erklärt sich offenbar aus der Vorstellung, daß der Feind in der Regel als ›zum Tode bestimmt‹ und deshalb auch als ›verzagt‹ und ›ängstlich‹ angesehen wird. Die zuletzt genannte Bedeutung findet sich zuerst im 13. Jh. und wird erst durch die Bibelübersetzung von Martin Luther verbreitet.

Feile

›Werkzeug aus Stahl zur Glättung der Oberfläche‹

Feile ist eine germ. Gerätebezeichnung. Das Gerät bestand wahrscheinlich zunächst aus Holz und diente zum Glätten. Die Bezeichnung wurde später auf Eisen- und Stahlfeilen übertragen. In jüngster Zeit wurde das entsprechende Verb *feilen* (›mit Hilfe eines Stahlwerkzeuges glätten‹) metaphorisch auch auf geistige Tätigkeiten übertragen (z. B. *an einem Gedicht/einem Vortrag feilen*).

Fell

›behaarte Tierhaut, Pelz‹

Das Wort findet sich bereits im Ahd. (und in anderen germ. Sprachen), bedeutete aber ursprünglich soviel wie ›Haut, Fell‹, wurde also (bis ins 16. Jh.) sowohl auf die menschliche als auch auf die tierische Haut bezogen. Erst mit der Bibelübersetzung von Luther trat eine Differenzierung ein: *Fell* setzt sich für die ›Tierhaut‹, *Haut* für die ›menschliche Haut‹ durch.

Fenster

›verglaste Licht- und Lüftungsöffnung‹

Das Wort ist aus dem lat. *fenestra* um 1000 in das Ahd. *(fenstar)* übernommen worden, zunächst in der ursprünglichen lat. Bedeutung für jedwede ›Öffnung, Luke in der Wand oder Mauer‹, um einen Raum zu erhellen. Später verengte sich die Bedeutung zu einer Licht- und Lüftungsöffnung aus Glas.

Ferien

›unterrichts- und arbeitsfreie Zeit, Urlaub‹

Das Wort wurde im 15. Jh. aus dem Lat. übernommen und bezeichnete dort ›Festtage, Feiertage, an denen keine Geschäfte wahrgenommen werden‹, also ›Ruhetage‹. Bis zum 18. Jh. stand *Ferien* auch im Dt. für ›geschäftsfreie Tage, Ruhetage‹ (z.B. bei Gerichten und in Schulen). Erst seit dem 18. Jh. – seit der Einführung einer zusammenhängenden unterrichtsfreien Zeit – wird die Bedeutung erweitert zu ›arbeitsfreie Zeit, Urlaub‹ (z. B. Schul- und Semesterferien). Auf Grund der Bedeutungskomponenten ›turnusmäßige Wiederkehr‹ und ›längere Zeitspanne‹ ist *Ferien* auf diese Weise zum Synonym für *Urlaub* geworden (vgl. dort).

fertig

›bereit‹

fertig ist ursprünglich eine Ableitung von *Fahrt* und bedeutete zunächst ›zum Fahren/Gehen bereit, gerüstet‹. Erst später nahm es die allgemeinere Bedeutung von ›bereit, rüstig‹ und schließlich die von ›zu Ende gearbeitet, ausgereift, gebrauchsbereit‹ an. In diesem Sinne kommt es auch oft in Zusammensetzungen vor (vgl. z. B. *Fertigteil, Fertigprodukt, Fertighaus, Fertigbekleidung, Fertiggericht*).

Feuilleton

›unterhaltender Teil einer Zeitung (Zeitschrift) mit populärwissenschaftlichen, literarischen, kulturellen u. ä. Beiträgen‹

Das Substantiv ist im 19. Jh. aus einem gleichlautenden frz. Wort übernommen worden, das ursprünglich die Bedeutung hatte ›Heft von 8 Seiten, Beiblatt‹ (abgeleitet von frz. *feuillet* ›Blatt von einem Bogen‹). *Feuilleton* war seit 1800 Titel eines besonderen Teils des Pariser »Journal des Débats«.

Fiaker

›zweispännige Pferdedroschke, Mietkutsche‹

Das Substantiv wurde im 18. Jh. als gleichbedeutendes frz. Wort ins Dt. übernommen. Die Bezeichnung geht zurück auf ein Gebäude in Paris, das mit dem Bild des heiligen *Fiacrius* geschmückt war. An diesem Gebäude wurden bereits im 17. Jh. Kutschen vermietet. *Fiaker* wird eher in Süddeutschland und Österreich verwendet (sonst veraltend), nördlich von Berlin steht dafür meist *Droschke*.

Fibel

›Lesebuch für Schulanfänger‹

Fibel ist als kindersprachliche Fehldeutung und fehlerhafte Aussprache von *Bibel* entstanden und seit dem 15. Jh. belegt. Lehrbücher enthielten damals tatsächlich Lesestücke aus der Bibel. Die Bezeichnung *Fibel* wurde von Martin Luther aufgegriffen und hat sich danach in der Literatursprache verbreitet.

ficken

›miteinander schlafen, koitieren‹

Das Wort geht zurück auf das Mhd. und Frühnhd. (dort in der Bedeutung von ›reiben, jucken, kratzen, kurze und rasche Bewegungen machen‹). Seit dem 16. Jh. hat das in den Mundarten überall verbreitete Verb die neue Bedeutung angenommen, die zwar im gesamten dt. Sprachgebiet üblich wird, aber von Anfang an anstößig gemeint ist und als äußerst derber Ausdruck gilt. Die alte Bedeutung (›unruhig hin und her fahren‹) ist noch erhalten in *fickerig* (›unruhig‹).

fidel

›lustig, unbeschwert, vergnügt‹

Das Adjektiv wurde im 17. Jh. aus dem Lat. als Kürzung des Wortes *fidēlis* übernommen, das jedoch eigentlich ›treu, zuverlässig‹ bedeutete. Sowohl das lat. als auch das dt. Wort entwickelten im 18. Jh. den heutigen Sinn ›lustig, vergnügt‹, ausgehend von der Studentensprache.

Fidibus

›gefalteter Papierstreifen zum Anzünden des Feuers, besonders der Pfeife‹

Das Wort findet sich im 17. Jh. in der Studentensprache. Es wird hergeleitet aus der Interpretation eines Verses von Horaz: et ture et fidibus iuvat placare … deos (»mit Weihrauch und Saitenspiel laßt uns die Götter besänftigen!«). Dabei wird *fidibus* scherzhafterweise als ›Pfeifenanzünder‹ gedeutet. Das Wort ist heute veraltet, weil es kaum noch üblich ist, sich die Pfeife auf diese Weise anzuzünden.

Filiale

›Zweigstelle, Nebenstelle‹

Das Substantiv geht auf ein lat. Wort zurück (*filiālis* ›kindlich im Abhängigkeitsverhältnis eines Sohnes bzw. einer Tochter stehend‹ – vgl. *fīlius/fīlia*). Im Mlat. bezeichnete *Filiale* ›das von einem großen Kloster abhängige kleine Kloster‹, auch die ›Tochterkirche‹. Um 1600 erscheint im Dt. noch *Filialkirche*. Im 19. Jh. wird die Bedeutung übertragen auf den säkularen Bereich (z. B. *Filialhandlung, Bankfiliale, Filialbank*).

Finish

›Endkampf, letzte Bemühungen‹

Das Wort geht zurück auf engl. *finish*, das in der Bedeutung ›Endspurt‹ im Pferderennsport Ende des 19. Jhs. ins Dt. übernommen wird. Nach engl. Vorbild setzt es sich bald in der gesamten Sportsprache durch und nimmt – darüber hinaus – in übertragenem Sinne die allgemeine Bedeutung von ›Abschluß, letzte Bemühungen‹ an.

Firma

›Geschäft, kaufmännisches oder gewerbliches Unternehmen, Betrieb‹

Die Bezeichnung geht zurück auf das Lat. (*firmāre* ›festmachen, bestätigen, durch Unterschrift für gültig erklären‹). Sie ist aus dem Ital. Anfang des 18. Jhs. ins Dt. entlehnt worden und bezeichnete zunächst ›die bestätigende Unterschrift eines Kaufmanns‹, dann den ›Namen des Handelshauses, des Unternehmens‹. Im 18. Jh. steht *Firma* dann – in unserem heutigen Sinne – allgemein für ›Handelshaus, Unternehmen, Geschäft‹.

fix

›fest(-stehend), beständig, unveränderlich‹; ›geschickt, behende, schnell‹

Das im 16. Jh. auftretende Adjektiv geht mit der Bedeutung ›fest, unbeweglich‹ auf ein gleichbedeutendes lat. Wort zurück. Es wird zunächst ein Terminus der Alchimie und bezeichnete dort feste Aggregatzustände von Stoffen. Seit dem 17. Jh. verallgemeinert sich die Bedeutung zu ›konstant, beständig‹, der Gebrauch von *fix* dehnt sich auf allgemeinere Bereiche aus (z. B. *fixes Gehalt, fixe Preise*). Damit hängt auch die Verwendung von *Fixum* in der Kaufmannssprache zusammen (›feste, gleichbleibende Summe‹ bei einem Fonds oder beim Gehalt). Aus der Bedeutungskomponente ›beständig‹ entwickelt sich im 17. Jh. die 2. Bedeutungsvariante von *fix* (›sicher, geschickt, erfahren, behende, schnell‹), sowohl in der Funktion eines Adjektivs (z. B. *ein fixer Bursche, eine fixe Verkäuferin*) als auch in der eines Adverbs *(noch fix etwas essen)* – in beiden Fällen häufig, aber ugs.

Flagge

›Fahne‹, zumeist das bloße Tuch ohne Befestigungsstange

Das engl. Wort *flag* (›Fahne‹) gelangt im 16. Jh. in die festländischen Küstensprachen und um 1600 aus dem Nl. ins Dt. Es bezeichnet hier im engeren Sinne – anders als im Engl. – zunächst die Schiffsfahne (als National- und Signalflagge), tritt jedoch später synonymisch neben das ältere Wort *Fahne* (vgl. dort), also im weiteren Sinne. Die Herkunft der Wortform ist nicht ganz sicher; möglicherweise ist sie als lautmalende Bildung (›im Winde hin und her schlagend‹) mit *flackern* (und der entsprechenden Wortgruppe) verwandt.

Flasche

›(Glas-)Behälter mit enger halsförmiger Öffnung‹

Das Wort geht zurück auf das Ahd. und ist etymologisch verwandt mit *flechten*, bezeichnet deshalb ursprünglich ein Gefäß (aus Holz, Ton o.ä.), das zur Stoßsicherung mit einem Flechtwerk umgeben ist. Auf diese ältere Bedeutung (und damit auch auf aus Metall hergestellte Flaschen) verweist die in süddeutschen Mundarten noch heute anzutreffende Berufsbezeichnung *Flaschner* (›Klempner‹). Erst in neuerer Zeit wird *Flasche* zur Bezeichnung für Flüssigkeitsbehälter aus Glas (daneben ist aber auch noch – mit älterer Bedeutung – gebräuchlich z. B. *Sauerstoff-, Propangasflasche*). Ugs. wird *Flasche* auch verwendet in der (abschätzigen) Bedeutung ›Versager‹, erklärbar offenbar aus der Vorstellung einer Flasche ohne Inhalt, ohne Substanz, als äußere Hülle ohne Wert.

flau

›schwach, müde, kraftlos, schwunglos‹

Das Adjektiv geht zurück auf ein lat. Wort (*flāvus* ›gelb‹), das über das Nl. (dort auch schon ›schwach, müde‹) zunächst ins Nd. eingegangen ist. Es war dort zunächst ein Wort der Seemannssprache und wurde auf die Windstärke bezogen (seit dem 17. Jh.). In dieser Bedeutung wird es im gesamten norddt. Küstengebiet geläufig und geht schließlich auch in das Hd. ein. Daneben wird es auch im kaufmännischen Bereich verwendet mit Beziehung auf Warenumsatz und Preistendenz (z. B. *flaue Börsengeschäfte, flaue Kassen*). Ugs. wird *flau* auch auf physische und psychische Zustände des Menschen übertragen (z. B. *Die Stimmung ist flau; mir ist im Magen flau.*).

Flegel

›Werkzeug zum Dreschen‹; ›Mensch ohne Takt und Manieren, Lümmel‹

Das Wort erscheint bereits im Ahd. (und in anderen westgerm. Sprachen) und geht auf das Lat. zurück (dort ›Peitsche, Geißel‹). Auf Grund der ähnlichen Handhabung wird die Bezeichnung im Spätlat. auf das ›Dreschinstrument‹ erweitert und so mit der Sache ins Rom. und Germ. übernommen. Die Übertragung vom Instrument auf die Person (2. Bedeutungsvariante) beruht offenbar darauf, daß der Bauer sich mit einem seiner Hauptarbeitsinstrumente identifizierte und dies zugleich als Herabsetzung empfand. Dies führte im 16. Jh. zu der übertragenen Bedeutung ›Bauer, Grobian, Lümmel‹.

flirten

›ein unverbindliches, spielerisches und kurzfristiges (erotisches) Zuneigungsverhältnis zu einer Person des anderen Geschlechts zu erkennen geben‹

Das Wort geht zurück auf das engl. Verb *flirt*, das im 19. Jh. unter Beibehaltung der engl. Aussprache eingedeutscht wurde und nicht nur ›liebeln, kokettieren‹, sondern ursprünglich auch ›flattern, sich schnell bewegen‹ bedeutete. Zum *Flirten* (und zum *Flirt*) in der heutigen Verwendung reicht dagegen ein nettes Lächeln und ein bestimmter Augenaufschlag.

flott

›munter, flink, schnell, schick‹

Das Adjektiv ist etymologisch verwandt mit *fließen, Floß* und *Flotte*, ist ursprünglich ein Wort der nd.-nl. Seemannssprache (›ein Schiff fahrbereit, schwimmfähig machen‹). Die Ausgangsbedeutung ist ›obenauf schwimmend‹. Sie erklärt die heutige Verwendung sowohl von *flott* im Sinne von ›schnell, flink‹ (z. B. *flott lesen, vorangehen*) als auch die im Sinne von ›lebensfroh, munter‹ (z. B. *ein flottes Mädchen, ein flottes Leben*) als auch die von ›schick‹ (z. B. *ein flottes Kleid*). Das Wort wurde im 17. Jh. ins Hd. aufgenommen und fand (in den unterschiedlichen Verwendungen) im 18. Jh. allgemeine Verbreitung.

fluchen

›derb schimpfen‹

Das Verb findet sich schon im Ahd. (und in anderen germ. Sprachen), dort zumeist in der Bedeutung von ›schmähen, verwünschen, schelten‹, und geht zurück auf griech. und lat. Verben (›[die Hand auf die Brust] schlagen‹). Es ist davon auszugehen, daß der Vorgang des Verwünschens mit einem (affektbeladenen) Schlagen an die Brust verbunden war. *Fluchen* steht heute fast nur noch für die neue Bedeutung ›derb schimpfen‹; die alte Bedeutung ›verwünschen, jmdm. etwas Böses wünschen‹ hat heute *verfluchen* übernommen.

Fluidum

›Ausstrahlung, Wirkung‹

Das Substantiv geht zurück auf das lat. Wort *fluidus* (›fließend, flüssig, wallend‹). *Fluidum* wurde im 18. Jh. in der dt. Sprache der Naturwissenschaften verwendet zur Bezeichnung einer ›Flüssigkeit‹ (eines flüssigen Körpers). Im 19. Jh. entwickelte sich die heutige Bedeutung ›Ausstrahlung oder Wirkung eines Gegenstandes, eines Sachverhalts, eines Menschen‹ (z. B. *das Fluidum der Großstadt, einer Veranstaltung, eines Redners*) – wohl ausgelöst von der Übertragung des Ausdrucks auf magnetische und elektrische Ströme.

Folklore

›Zeugnisse der Volkskunst‹

Das Substantiv wurde im 19. Jh. aus dem Engl. übernommen. Dort wurde es 1846 von W.J. Thomas geprägt als Zusammensetzung aus *folk* (›Volk‹) + *lore* (›Lehre‹). Deshalb war das Wort anfangs gleichbedeutend mit *Volkskunde*, spezifizierte sich aber später in der Bedeutung (zu ›Volkskultur‹ und schließlich ›Volkskunst‹).

Foxtrott

›nordamerikanischer Gesellschaftstanz‹

Das Wort hat sich mit dem Tanz seit 1917 in Europa verbreitet. Es kommt aus dem Engl., ist dort eine Zusammensetzung (*fox* ›Fuchs‹ + *trot* ›Trab‹) und bezeichnete zunächst die Gangart des Pferdes, wenn es vom Trab in den Schritt übergeht. Später geht die Bezeichnung über auf den Tanz, für den eine rasche Aufeinanderfolge schneller und langsamer Bewegungen (im Dreivierteltakt) charakteristisch ist.

Foyer

›Vorraum, Wandelhalle‹ (z. B. in Hotel, Theater)

Das gleichlautende frz. Wort wurde um 1800 ins Dt. übernommen, bedeutete aber ursprünglich ›Herd, Ort, wo das Feuer brennt‹. Im 18. Jh. bezeichnete es einen Raum zum Aufwärmen im Theater, zunächst für die Schauspieler, später aber generell – als beheizbare Wandelhalle – für das Publikum gedacht.

Fraktur

›Bruch‹

Das Wort geht auf das Lat. zurück (›Brechen, Zerbrechen‹), steht schon bei den römischen Ärzten für ›Knochenbruch‹ und geht in dieser Verwendung im 18. Jh. in die dt. Fachsprache der Medizin über. In der Druckersprache bezeichnet seit dem 16. Jh. *Fraktur* die dt. Ausprägung der gotischen Schrift, deren Buchstaben ›gebrochene‹ Bogen, d. h. eckige Formen haben – im Unterschied zu den runden Formen der als *Antiqua* bekannten lat. Druckschrift.

Franken

›Währungseinheit‹

Diese Währungseinheit gilt heute noch in der Schweiz (seit 1850), sie galt vor der Einführung des Euro auch in anderen Ländern (vor allem in Frankreich). Die entsprechende Bezeichnung kommt aus dem Frz. *(franc)* und ist eine Kürzung aus der mlat. Aufschrift *Francorum rex* (›König der Franken‹) auf den unter dem frz. König Johann II. erstmals 1360 geprägten Goldmünzen.

frappieren

›überraschen, verblüffen, befremden‹

Das Verb geht auf ein frz. Wort zurück (›schlagen, treffen, einen unerwarteten Eindruck auslösen‹) und ist im 18. Jh. ins Dt. übernommen worden. Die heutige (abstrakte) Bedeutung hat sich erheblich von der ursprünglichen (konkreten) Bedeutung des ›Schlagens‹ entfernt.

Frau

›erwachsener weiblicher Mensch‹; ›Ehefrau‹

Ursprünglich steht *Frau* nur zur Bezeichnung der ›Herrin‹ – als Pendant zu *Herr* –, im Mittelalter ist es Standesbezeichnung und Anrede nur für die ›(adlige) Feudalherrin‹. Als Geschlechtsbezeichnung steht es dem *Weib* (mhd. *wīp*) gegenüber, das erst später (im 17. Jh.) von *Frau* in dieser Funktion verdrängt wird. *Frau* wird in dieser Bedeutung mit der Emanzipation des Bürgertums als Standesbezeichnung durch *Dame* ersetzt, wird allgemein und löst *Madame* in der Anrede für Bürgerfrauen ab. *Frau* trat zudem in der neuen Bedeutung ›verheiratete Frau, Ehefrau‹ an die Stelle von *Weib*, das seinerseits zur pejorativen Bezeichnung wird (vgl. *das alte Weib, Weibsstück*). Neuerdings wird *Frau* in der Anrede nicht mehr nur für verheiratete, sondern auch für unverheiratete (erwachsene) weibliche Personen gebraucht (für die vorher *Fräulein* üblich war).

Frauenzimmer

›Frau‹ (abwertend)

Frauenzimmer war ursprünglich (frühnhd.) ›Aufenthaltsraum der Frauen‹, wurde seit dem 16. Jh. auf die sich in diesem Raum aufhaltenden Frauen übertragen, war zunächst für das weibliche Hofgefolge und die weibliche Dienerschaft gebräuchlich. Schließlich wurde aber (seit dem 17. Jh.) *Frauenzimmer* auch zur Bezeichnung für die ›Frau‹ als Einzelwesen (unabhängig von ihrem Aufenthalt in einem bestimmten Raum) verallgemeinert. Im 18. Jh. wurde *Frauenzimmer* noch wertungsneutral verwendet, seit dem 19. Jh. dagegen zumeist scherzhaft oder geringschätzig.

Fräulein

›erwachsene weibliche unverheiratete Person‹

Wie *Frau* (und *Herr*) war *Fräulein* (als Verkleinerungsform zu *Frau* seit dem

12. Jh. üblich) ursprünglich eine Standesbezeichnung (›Herrin, Gebieterin, junge unverheiratete Edeldame‹) und deshalb als Anrede dem Feudaladel vorbehalten. Für junge Nicht-Adlige stand dafür *Magd (mag[e]t)*. Erst im 18. Jh. (mit der Emanzipation des Bürgertums) wird *Fräulein* zur allgemeinen Bezeichnung für unverheiratete junge Mädchen (auch in der Anrede), wird allerdings heute zunehmend und weitgehend durch *Frau* ersetzt (auch bei unverheirateten weiblichen Personen).

frech

›dreist, unverschämt, übermütig, draufgängerisch, respektlos‹

Das Adjektiv taucht bereits im Ahd. (und in anderen germ. Sprachen) auf, aber am Anfang mit der Bedeutung ›gierig, heftig, habsüchtig‹. Aus dieser Ausgangsbedeutung entwickelte sich – in der Vermittlung über ›mutig, kühn, keck, dreist‹ – im Nhd. die Bedeutung hin zu ›übermütig, unverschämt, respekt- und schamlos‹ (z. B. *ein frecher Schüler, eine freche Antwort*).

Freitag

›fünfter Tag der (am Montag beginnenden) Woche‹

Der Wochentagsname findet sich seit dem 9. Jh. und ist ursprünglich der Göttin *Frīa* (der Gemahlin Wodans bzw. Odins) gewidmet. Der Name *Frīa* steht in Verbindung mit *frei* (in der ursprünglichen Bedeutung von ›Geliebte, Liebe‹). Vorbild der Benennung ist das Lat. gewesen (›Tag der Venus‹, vgl. heute frz. *vendredi*); die Rolle der *Frīa* in der germ. Mythologie entspricht etwa der der römischen Liebesgöttin.

frenetisch

›rasend, irrsinnig‹

Das Adjektiv geht zurück auf das Griech. und Lat. (dort ›wahnsinnig, gehirnkrank‹) und wurde im 16. Jh. zunächst in die dt. Sprache der Medizin übernommen (im Sinne von ›geisteskrank‹). In die Allgemeinsprache kam das Adjektiv im 19. Jh. unabhängig vom medizinischen Gebrauch, vor allem in der festen Wendung *frenetischer Beifall* (›rasender, tobender Beifall‹), aber schließlich auch im Zusammenhang mit anderen gleichermaßen intensiven wie übertriebenen Gefühlsäußerungen (z. B. *frenetischer Jubel, frenetische Zustimmung*).

fressen

›feste Nahrung aufnehmen‹ (vom Tier; salopp auch vom Menschen)

Das Wort geht zurück auf das Ahd. (und andere germ. Sprachen), hatte ursprünglich die Bedeutung von ›vollständig aufessen‹ und galt in dieser Weise für jede Form der Nahrungsaufnahme für Mensch und Tier. Erst im Nhd. tritt die heutige Differenzierung ein: standardsprachlich *fressen* für Tiere, nur salopp im Sinne von ›unmäßig unkultiviert essen‹ für Menschen (sonst *essen*).

Friedhof

›Beisetzungsort für Verstorbene‹

Das Wort findet sich bereits im Ahd. und Mhd., dort mit der Bedeutung ›Vorhof eines Tempels, Vorplatz, Vorraum einer Kirche, Kirchhof, Begräbnisstätte‹ (entsprechend dem ahd. Verb *frīten* ›hegen, schonen‹). Die Ausgangsbedeutung ist also ›eingefriedeter, geschützter Platz, Immunitätsbezirk‹. Da der geweihte Platz um eine Kirche zumeist als Begräbnisstätte diente, wurde die Bedeutung schließlich auf ›Begräbnisstätte‹ beschränkt. Erst später wurde der *Friedhof* als Ort der Ruhe und des Friedens im Sprecherbewußtsein mit dem verwandten Wort *Frieden* verbunden (so daß ein lautlicher Weiterbestand von [regulär diphthongiertem] *Freithof* – im 16. Jh. belegt, z. T. auch noch in einigen Mundarten – in der Literatursprache blockiert wird).

frivol

›zweideutig, gewagt, die (sexuelle) Moral verletzend, schamlos‹

Das Adjektiv kommt im 18. Jh. als gleichlautendes frz. Wort, das ›unbedeutend, oberflächlich, leichtfertig‹ meint und deshalb inhaltlich »harmloser« ist, ins Dt. Der Ursprung liegt im Lat. (dort als Adjektiv ›zerbrechlich, wertlos, abgeschmackt‹, als Substantiv ›Bagatelle, nichtssagende Worte‹). Im Dt. vollzieht sich dann die Änderung hin zu der heutigen Bedeutung mit der negativen Bewertungskomponente (vgl. z. B. *frivoles Verhalten gegenüber der Partnerin; frivole Äußerung*).

froh

›mit Freude erfüllt, in froher Stimmung, heiter‹

Das Adjektiv findet sich lautgleich oder lautähnlich im Ahd., im Mhd. und in anderen germ. Sprachen, bedeutete dort aber soviel wie ›schnell, lebhaft, frisch‹. Über die Vorstellung ›frisch, beschwingt‹ läßt sich eine Verbindung zu der heute üblichen Bedeutung von ›fröhlich gestimmt‹ herstellen (vgl. *froh und munter sein; froh sein, die Prüfung bestanden zu haben*).

fromm

›von religiöser Überzeugung durchdrungen, gottergeben‹

Das Adjektiv entsteht im Mhd. und geht auf ein ahd. Substantiv (mit der Bedeutung ›Nutzen, Wohl, Hilfsmittel‹) zurück. Im Mhd. (auch noch bei Luther) hat *fromm* die Bedeutung ›tüchtig, tapfer, rechtschaffen‹. Erst allmählich bekommt es im 15. Jh. den spezifisch religiösen Inhalt von ›gottgefällig‹ (z. B. *ein frommer Christ, seine fromme Mutter*). Allerdings ist vor allem in den Ableitungen von *fromm* (z. B. *frömmeln, Frömmelei, Frömmler*) eine bestimmte pejorative Bewertung unverkennbar, die sich auf übertriebene und öffentlich zur Schau getragene Frömmigkeit richtet.

Fron

›unter Zwang verrichtete harte Arbeit‹

Das Wort geht auf das Mhd. zurück (ursprünglich ›Herrschaft, Herrschaftlichkeit, Herrlichkeit, Heiligkeit‹, dann auch ›Gewaltherrschaft, Herrendienst‹). Der ursprünglich religiöse Sinn erschließt sich besonders im mhd. Adjektiv *vrōn* (›was den geistlichen und weltlichen Herrn betrifft‹, ›dem Herrn [Gott, Christus] gehörig, heilig‹). Zunächst (zur Zeit des Feudalismus) wurde *Fron* verwendet für ›unentgeltliche Arbeit leibeigener und höriger Bauern für den Grund- oder Gutsherrn‹, erst im 19. Jh. in unserem heutigen (verallgemeinerten) Sinne für ›mühselige, harte Arbeit‹ schlechthin. Der religiöse Sinn ist noch erhalten in *Fronleichnam* (als Bezeichnung für das seit 1246 gefeierte katholische Kirchenfest am 2. Donnerstag nach Pfingsten), das eigentlich bedeutet ›der Leib des Herrn (Jesu Christi)‹.

Front

›Stirnseite, dem Feind zugekehrte Seite der Truppenaufstellung‹

Das Substantiv geht zurück auf gleichbedeutende lat., frz. und ital. Wörter (›Stirn, Vorderseite‹). Es wurde im 17. Jh. entlehnt und verbreitete sich in der Militärsprache des 1. Weltkrieges nach frz. Vorbild, nun in der neueren (und heutigen) Bedeutung ›Gefechtslinie, Kampfzone‹ (z. B. *die gegnerische Front, an der Front kämpfen, an die Front schicken, Frontsoldat*). Zugleich wird es in der Gegenwartssprache aber auch in der älteren (nicht-militärischen) Bedeutung verwendet (z. B. *die Front des Rathauses, die Front eines Hochdruckgebiets, die Fronten im Streit um die Reformen*).

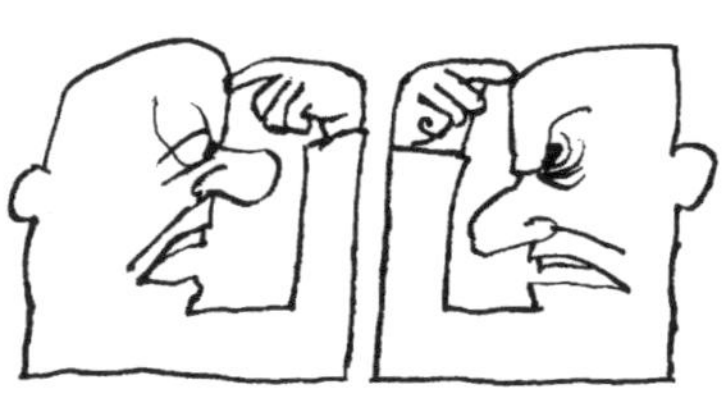

fulminant

›glänzend, großartig‹

Das Wort wurde im 18. Jh. aus dem Frz. entlehnt (dort: ›Blitze schleudernd, drohend‹) und hatte deshalb auch im Dt. zunächst die Bedeutung von ›drohend, heftig, donnernd‹ (so etwa bei Campe), ehe die negative durch die (heutige) positive Bedeutungskomponente abgelöst wurde (vgl. *eine fulminante Rede, ein fulminantes Ergebnis*).

Fusel

›minderwertiger Trinkalkohol‹

Damit wird Alkohol bezeichnet, der nach dem Destillieren noch unerwünschte Substanzen und Rückstände (chemisch: Fuselöle) enthält. Die Bezeichnung ist zuerst im Rotwelsch belegt, hat sich anfangs nur im Norddt. verbreitet und ist schließlich zum Bestandteil der Allgemeinsprache geworden.

gaffen

›neugierig starren‹

Das Wort findet sich bereits im Mhd. (und in anderen germ. Sprachen), bedeutete dort allerdings zunächst soviel wie ›den Mund (staunend) aufsperren, mit offenem Munde (voll Verwunderung) sehen‹ und ist auch verwandt mit der Wortgruppe von *gähnen*. Inzwischen hat sich die Bedeutung verlagert: vom ›offenen Munde‹ hin zur Art des Sehens, Bindeglied ist die Bedeutungskomponente des ›Staunens‹, der ›Verwunderung‹. *Gaffen* enthält im Unterschied zu *erstaunt, neugierig zuschauen* aber eine abschätzige Bedeutungskomponente (vgl. z. B. *ein unliebsamer Gaffer; viele gafften beim Unfall nur zu, ohne zu helfen*).

Gag

›witziger, wirkungsvoller Einfall‹

In der 1. Hälfte des 20. Jhs. wird das gleichlautende und gleichbedeutende amerik.-engl. Wort ins Dt. übernommen, das eigentlich ›Knebel, Mundsperre‹ bedeutete (und offenbar als Lautnachahmung für die Geräusche eines Erstickenden entstanden ist). Im übertragenen Sinne bedeutete *Gag* dann zunächst ›stopfendes Füllsel, Einschiebsel‹ und wird heute in einem weiteren Sinne als ›witziger, wirkungsvoller Einfall‹ vor allem in Film, Lustspiel und Kabarett, aber nicht nur dort verwendet.

Gala

›Festkleidung‹

Das Substantiv kommt um 1700 über den Wiener Hof ins Dt. und ist eine unmittelbare Entlehnung von span. *gala* (›Staatskleidung, Putz, Zierde, vollendetes Benehmen, Hoffestlichkeit‹), das seinerseits wahrscheinlich auf älteres frz. *gale* (›Lustbarkeit, Vergnügen‹) – entsprechend einem Verb *galer* (›sich vergnügen, ein lustiges Leben führen‹) – zurückgeht.

Galan

›Liebhaber, Verehrer‹

Das Wort ist Mitte des 16. Jh. (zunächst in der höfischen Sphäre) aus dem Span. (*galán* ›eleganter zuvorkommender Mann, Liebhaber‹ – Substantivierung eines Adjektivs mit der Bedeutung ›stattlich, gutaussehend, geschmackvoll gekleidet, wohlerzogen‹) – übernommen worden. Im Dt. bezeichnete es anfangs den ›elegant gekleideten Höfling‹, seit dem 17. Jh. dann ›den vornehm auftretenden Liebhaber mit feiner Lebensart‹.

Galerie

›langer, an einer Seite offener oder verglaster Gang‹; ›Ausstellungsgelände für Kunstschätze‹

Das Wort ist aus dem Ital. entlehnt (›langer überdachter Gang‹), tritt im 16. Jh. im Dt. auf, zunächst als Fachwort der Architektur (›Säulengang, Balkon, Empore‹), der Gartenbaukunst (›Laubengang‹) und des Festungsbaus (›überdeckter Graben‹). Bald wird es aber auch (wie im Ital.) für ›Bilder- und Gemäldesammlung‹ (im 17. Jh.) und für den ›obersten Rang im Theater‹ (im 18. Jh.) verwendet. Das ital. Substantiv *galleria* geht auf ein lautähnliches Wort im Lat. zurück, das der Bezeichnung *Galilaea* folgt, dem Namen einer Landschaft in Nordpalästina, die in der Bibel als heidnisch gilt. Motiv für die Benennung könnte sein, daß sich in der Vorhalle eines Klosters/Heiligtums die große Anzahl der Laien aufhielt, während der Chorraum selbst den Mönchen vorbehalten war.

gammeln

›alt, faulig, schimmlig werden‹; ›planlos und untätig die Zeit verbringen‹

Das Wort kommt aus dem Nd. (und anderen, nord- und westgerm. Sprachen) und hatte die Bedeutung von ›alt (werden)‹ (vgl. z. B. *Die Pflaumen gammeln vor sich hin.*) Häufiger noch als *gammeln* in dieser Bedeutung ist *vergammeln* (›verderben, unansehnlich werden‹), das sich im 20. Jh. über das Norddt. hinaus verbreitet. Die 2. Bedeutungsvariante (›untätig die Zeit verbringen‹) erscheint Mitte des 20. Jhs. und knüpft wohl an ein im Rheinischen und Hessischen vorhandenes gleichlautendes Wort an (›faul herumschlendern, müßiggehen‹). Sie verbreitet sich rasch als Modewort und wird mit der 1. Bedeutungsvariante als zusammengehörig empfunden (beide dürften sich auch in der Gebrauchshäufigkeit gegenseitig gefördert haben), so daß sie den Nebensinn des Unkonventionellen, des Nachlässigen und alle Formen Negierenden angenommen hat (vgl. z. B. *Straßengammler, zu Hause herumgammeln*).

Gang

›organisierte Gruppe (von Gangstern), kriminelle Bande‹

Das Substantiv wurde in den 30er Jahren des 20. Jhs. als gleichlautendes und gleichbedeutendes amerik.-engl. Wort übernommen. Eigentlich bedeutete *Gang* (Substantiv zu *gehen*) ›das Gehen, die Art und Weise des Gehens‹ (vgl. auch *Gangway*). Später bezeichnete es dann den ›gemeinsamen Weg mit einem bestimmten Zweck‹, das ›gemeinsame Handeln einer Gruppe‹, die ›Arbeitskolonne‹ und schließlich – wie heute – die ›kriminelle Bande‹. Damit war eine zunehmende negative Bewertung verbunden.

Garde

›durch gemeinsame Ziele verbundene Menschengruppe‹ (allgemein); ›spezielles Wachregiment, Elite- bzw. Kerntruppe‹

Das Substantiv geht auf ein gleichlautendes frz. Wort zurück (›Wache, Wachmannschaft, Bewachung‹). Es wird im 15. und 16. Jh. z. T. zur Bezeichnung

bestimmter Landsknechtshaufen in dt. Texten verwendet. Erst Ende des 17. Jhs. wird es im Sinne von ›fürstliche Leibwache‹ (also: mit positiver Bewertung) ins Dt. übernommen.

Garderobe

›Kleidung, Kleiderablage, An- und Umkleideraum‹

Das Substantiv ist aus dem Frz. übernommen worden (dort: ›Kleiderkammer, -schrank, Ankleidezimmer, Toilettenraum‹, später auch ›Kleidervorrat‹). Es ist eigentlich eine Zusammensetzung, bestehend aus einer Befehlsform aus *garder* (›bewachen, bewahren, hüten‹) + *robe* (›Rock, Gewand‹) und bedeutete also soviel wie ›Bewache die Kleidung!‹. *Garderobe* wird im 16. Jh. für den ›Kleiderschrank‹ verwendet (so noch heute in Teilen der Schweiz), im 17. Jh. für ›Kleidervorrat‹ und ›Kleiderzimmer‹ (anfangs ›fürstliche Kleiderkammer‹) übernommen. Heute sind die verschiedenen Verwendungen durchaus noch nebeneinander üblich: für die ›Kleidung‹ selbst (z. B. *nicht die passende Garderobe haben*), für den ›separaten Raum zur vorübergehenden Abgabe der Kleidung‹ (z. B. *den Mantel an der Garderobe abgeben*), für die ›spezielle Vorrichtung in Korridoren zum Aufhängen der Kleidung‹ (z. B. *den Mantel an die Garderobe hängen*), für den ›Raum zum Umkleiden für Künstler‹ (z. B. *vor der Garderobe warten*).

Gardine

›Fenstervorhang‹

Das Wort tritt zuerst am Niederrhein (15. Jh.) und im Mnd. (16. Jh.) auf, findet im 17. Jh. Eingang ins Hd., setzt sich aber nur zögernd im Obd. durch (dort zumeist *Vorhang*). *Gardine* bezeichnet anfangs (bis ins 19. Jh.) den ›Bettvorhang‹. Die Bezeichnung ist eine Entlehnung des gleichbedeutenden frz. Substantivs, das seinerseits auf das Lat. zurückgeht (dort: ›Tempelvorhang‹). Die Zusammensetzung *Gardinenpredigt* bezeichnet eigentlich (auch heute noch so verwendet, wenn auch viel allgemeiner als ›Vorwurf‹) ›eine Strafrede, mit der eine Ehefrau ihren Mann unter vier Augen (hinter dem Bettvorhang, der *Gardine*) Vorwürfe macht‹, wenn er zu spät nach Hause kommt.

Gas

›unsichtbarer Stoff in einem der Luft ähnlichen Aggregatzustand‹

Gas ist eine gelehrte Wortschöpfung des Brüsseler Arztes und Chemikers van Hellmont (17. Jh.) für den ›durch Kälte erzeugten Wasserdunst‹ – im Unterschied zu dem ›durch Wärme hervorgerufenen Dampf‹. Später wurde die Bedeutung erweitert und auch auf jede andere ›Gas- oder Luftart‹ ausgedehnt, die von der atmosphärischen Luft unterschieden ist.

Gasse

›von Häusern eingefaßte enge Straße, schmaler Durchgang‹

Das Wort kommt bereits im Ahd. (und in anderen germ. Sprachen) vor. Es bezeichnete ursprünglich den ›ungepflasterten Weg‹ innerhalb des Dorfes oder der Stadt – im Unterschied zur *Straße*, das für den ›gepflasterten Verkehrsweg zwischen Ortschaften (bzw. innerhalb einer Ortschaft)‹ stand. Jetzt ist *Gasse* weitgehend durch *Straße* verdrängt, weil (besonders im Norddt.) mit *Gasse* die Vorstellung des Engen, Schmalen, Kleinen und Gedrückten verbunden ist. Stärker geläufig ist *Gasse* im Sinne von *Straße* noch im Süddt.

Gast

›Besucher, der sich vorübergehend an einem fremden Ort aufhält‹

Das Wort kommt bereits im Ahd. (und in anderen germ. Sprachen) vor (›Fremder‹). Es bezeichnete zunächst sowohl den friedlich sich nähernden Fremden, dem Schutz, Unterkunft und Bewirtung, also *Gastrecht* gewährt wird, als auch den mit kriegerischen Absichten sich nähernden Fremden, den Feind. Im Germ. überwiegt am Anfang die erste Bedeutung (obwohl im Mhd. *gast* auch für ›Krieger‹ stehen kann). Seit der Entwicklung des Bürgertums und des Handels und der damit verbundenen Verbreitung des Herbergswesens bezeichnet *Gast* nur noch den bewirteten Fremden, den Besucher (z. B. *Hotelgast; viele Gäste einladen*).

Gatte

›Ehemann‹

Das Wort findet sich bereits im Ahd. und Mhd. (sowie in anderen germ. Sprachen), allerdings zunächst in einem weiteren Sinne von ›Gleichgestellter, seinesgleichen, Genosse, Gefährte, Ehepartner‹. Seit dem 13. Jh. bezeichnet *Gatte* auch den Paarungspartner im Tierreich. Erst seit Mitte des 17. Jhs. steht *Gatte* ausschließlich für den ›durch Ehe verbundenen Mitmenschen‹. Vorher bedurfte es dazu einer Spezifizierung (*Ehegatte* – so noch im 16. Jh.). Lange Zeit wurde *Gatte* in dieser Bedeutung gleichermaßen als Bezeichnung für die *Gattin* angewandt. Erst ab Ende des 18. Jh. gilt *Gatte (Ehegatte)* allein für den ›Ehemann‹, nachdem *Gattin* (im 18. Jh.) für die ›Ehefrau‹ üblich geworden ist. *Gattin* gilt heute als stilistisch gehoben gegenüber der standardsprachlichen Bezeichnung *Ehefrau*, die oft zu *Frau* verkürzt wird (vgl. *Empfehlungen an Ihre Gattin! Meine Frau läßt grüßen.*).

Gauner

›Schwindler, Betrüger, gerissener Kerl‹

Das Wort kommt aus dem Rotwelsch und bedeutete dort ursprünglich soviel wie ›Falschspieler‹. Es kam offenbar auf, als nach der Eroberung von Konstantinopel durch die Türken (1453) viele Griechen heimatlos umherzogen. Deshalb hieß es auch in der Gaunersprache *falschspielen wie ein Grieche* – den Griechen wurde ohnehin besondere Geschicklichkeit im Falschspiel nachgesagt (vgl. auch jidd. *jowen* ›Grieche‹). Erst im 16. Jh. wurde die Bedeutung von *Gauner* erweitert von ›Falschspieler‹ zu ›Betrüger‹ generell.

Gaze

›durchsichtiges, gitterartiges Gewebe‹

Das Substantiv ist im 17. Jh. ins Dt. übernommen worden und geht zurück auf ein gleichbedeutendes frz. und span. Substantiv. Wahrscheinlich hat die Bezeichnung ihren Ursprung im Namen der am Mittelmeer gelegenen Oasenstadt *Ghaza* (Palästina). Obwohl für *Ghaza* eine Textilindustrie zu jener Zeit kaum nachweisbar ist, sind häufig Produkte nach dem Hafen oder dem Umschlagplatz benannt worden, über den sie gehandelt wurden.

Gazette

›Zeitung‹

Das Substantiv wurde im 17. Jh. als gleichlautendes und gleichbedeutendes frz. Wort übernommen (›Zeitung mit zumeist unseriösem Inhalt, Groschenblatt‹). Die Bezeichnung geht zurück auf den volkstümlichen Namen einer in Venedig geprägten Scheidemünze von geringem Wert. Sie war der Preis für die ersten von der venezianischen Regierung herausgegebenen (handschriftlich hergestellten) periodischen Blätter, die Neuigkeiten über Unternehmungen verbreiteten. Die Bedeutung ist vom Preis auf die Ware übertragen worden.

Gebiet

›Bezirk, Bereich, Gelände, Fach‹

Das Substantiv taucht gleichlautend im Mhd. auf, zunächst in der Bedeutung ›Befehl, Gebot‹ (*Gebiet* und *Gebot* sind beide Substantivbildungen zu *gebieten*), dann auch ›Gerichtsbarkeit, Botmäßigkeit‹. Daraus entwickelte sich im 14. Jh. der lokale Sinn ›Befehlsbereich,Bereich der Herrschaftsgewalt, der Gerichtsbarkeit‹. Allein dieser lokale Sinn wird im Nhd. üblich, wird verallgemeinert und schließlich auch auf die abstraktere Ebene übertragen (z. B. *Naturschutzgebiet, Erholungsgebiet*; aber auch: *das Gebiet der Wissenschaft, der Kunst, der Politik*).

Gedächtnis

›Erinnerungsvermögen, Erinnerung, Andenken‹

Das Wort erscheint schon im Ahd. und Mhd., ist eine Bildung zum Partizip Perfekt des Verbs *denken*. Es bedeutete ursprünglich ›das Denken an etwas‹, später (bis heute) im spezielleren Sinne ›Denken an früher Geschehenes und Erfahrenes, Erinnerung‹.

Gefahr

›drohendes Unheil‹

Das Wort findet sich schon im Mhd., dort allerdings in der Bedeutung ›Hinterlist, Betrug‹, und geht auf den ahd. Stamm *fāra* zurück (›Hinterhalt, Versuchung, Nachstellung, Aufstand, Hinterlist‹). Man nimmt eine Bedeutungsentwicklung von ›hinterlistiger Versuch‹ über ›Nachstellung‹ bis hin zu ›drohendes Unheil‹ an.

Gefährte

›Begleiter‹

Das Wort gehört zur Wortfamilie von *fahren*, meint im Ahd. und Mhd. deshalb den ›Fahrtgenossen‹, den, ›der die Fahrt mit einem anderen gemeinsam macht‹, also den ›Mitreisenden bzw. Reisebegleiter‹. Daraus entwickelt sich die heutige (erweiterte) Bedeutung. Auf Grund des Bedeutungsmerkmals ›Gemeinsamkeit‹ erfolgte eine Bedeutungsausweitung (vgl. z. B. *Spielgefährte, Lebensgefährte, Kampfgefährte*; daneben aber auch noch: *Reisegefährte*).

gefallen

›zusagen; anziehend, angenehm sein‹

Das Verb geht zurück auf ein ahd. Wort mit der Bedeutung ›fallen, zufallen, zuteil werden, zutreffen, zusagen‹. Die im Nhd. allein geltende Bedeutung ist herzuleiten von ›zufallen, zuteil werden‹: Was mir (z. B. durch den Würfel oder das Los) *zufällt*, ist ein Gewinn für mich, *gefällt* mir. Daraus ergibt sich der heutige Sinn ›zusagen, angenehm sein‹ (z. B. *Das Buch, ihr neuer Mantel, der renovierte Stadtkern, die Aufführung gefällt mir.*).

Geflügel

›eßbares Federvieh‹

Das Wort ist im 14. Jh. als Kollektivbildung zu *Flügel* entstanden und bezog sich ursprünglich auf alle Vögel als flügeltragende Tiere. Erst im 19. Jh. wird die Bedeutung von *Flügel* auf ›eßbares Federvieh‹ eingeschränkt.

Gefreiter

›militärischer Mannschaftsdienstgrad‹

Das Wort (seit dem 16. Jh.) ist ein substantiviertes Partizip Perfekt von *freien* (›frei machen, befreien‹). Seine Bedeutung ist ursprünglich ›der Soldat, der vom Schildwachdienst befreit ist‹.

Gehalt

›Inhalt, Anteil‹; ›Vergütung, Besoldung, Einkommen‹

Das gleichlautende mhd. Wort ist ein Verbalabstraktum zum Verb *gehalten* (›stillhalten, festhalten, bewahren, gefangennehmen‹) und bedeutete zunächst ›Gewahrsam, Gefängnis‹. Die heutige Bedeutung ›Bestandteil, Inhalt‹ entwickelte sich erst im 15. Jh. Sie gilt zuerst für den Silber- oder Goldanteil von Münzen, im 17. Jh. dann für den Anteil chemischer Substanzen an einer Mischung. Seit dem 18. Jh. findet sich schließlich der – heute übliche – übertragene Gebrauch (z. B. *innerer Gehalt, ideeller Gehalt*).

Die 2. Bedeutungsvariante von *Gehalt* (›Vergütung‹) – im Unterschied zur 1. Bedeutungsvariante heute mit neutralem Genus: *das Gehalt* – gehört zu *halten* im Sinne von ›unterhalten‹: Die Besoldung war früher eigentlich ein ›Unterhalt ohne Gegenleistung‹ (vgl. z. B. *Gnaden-, Witwengehalt* im 18. Jh.). Heute steht *Gehalt* für ›Vergütung, Einkommen‹, besonders aus Leistungen im Angestellten- oder Beamtenverhältnis (im Unterschied zum *Lohn*) (vgl. z. B. *ein Gehalt von 3000 Euro beziehen*).

Gehäuse

›Hülle, Behälter‹

Das seit dem 15. Jh. belegbare Substantiv ist entstanden als Kollektivbildung zu *hūs* (mhd. für ›Haus‹) und bedeutete ursprünglich soviel wie ›Hütte, Verschlag‹. Im 16. Jh. löste es sich in der Bedeutung von ›Haus‹ und entwickelte den heutigen Sinn von ›Behältnis,

Schutzhülle, Kapsel‹ (z. B. *das Kerngehäuse* beim Apfel, das *Uhrgehäuse*).

geheuer

›nicht unheimlich‹

Das entsprechende mhd. Wort hatte bereits die Bedeutung von ›nichts Unheimliches an sich habend‹, folglich ›lieblich, angenehm, trefflich‹. Es hatte Entsprechungen im Ahd. und in anderen germ. Sprachen, die eine etymologische Verwandtschaft mit *Heirat* und *Heim* erkennen lassen. Ursprünglich bedeutete *geheuer* ›zum Haushalt, zum Hauswesen gehörig‹ und eben deshalb ›vertraut, angenehm‹. Heute kommt *geheuer* nur noch in der verneinten Form vor: *nicht geheuer* (›unheimlich‹) (z. B. *Der dunkle Wald/Das Vorhaben ist ihm nicht geheuer.*).

geil

›lüstern, geschlechtlich erregt‹

Das Wort kommt bereits im Ahd. vor, allerdings damals in der Bedeutung von ›übermütig, überheblich, erhoben, lustig, froh‹, die noch im 19. Jh. bezeugt ist. Seit dem 15. Jh. entwickelte sich jedoch die heute vorherrschende Bedeutung als Gegensatz zu ›keusch‹. In der Gegenwartssprache verbreitet sich *geil* zunehmend in der Jugendsprache in einem sehr allgemeinen, verblaßten, fast nichtssagenden Sinne für ›großartig, toll‹.

Geißel

›Unglück, Landplage, Strafe‹

Das Substantiv war im Ahd. und Mhd. eine Bezeichnung für ein Gerät, für ›Peitsche, Stab mit Riemen zur Selbstkasteiung‹. Heute wird *Geißel* nur noch in übertragener Bedeutung (z. B. *der Krebs als Geißel der Menschheit*) und als historische Bezeichnung für das Instrument zur Selbstkasteiung gebraucht. Sonst ist es weitgehend durch *Peitsche* verdrängt worden.

gelackmeiert

›hereingelegt, betrogen‹

Das Wort ist eine scherzhafte Zusammenziehung (19. Jh.) aus *lackieren* (im

Sinne von ›hereinlegen‹) + (landschaftlich üblichem) *meiern* (›foppen, täuschen‹ – zum Eigennamen *Meier* gebildet).

Gelage

›üppiges Gastmahl‹

Das Wort kam aus dem nd.-nl. Bereich (›Trink-, Tischgesellschaft, Festmahl, Zeche‹) und drang von dort ins Md. und Obd. ein (in mehreren lautlichen Variationen im 14.–17. Jh.). Im 19. Jh. setzte sich dann *Gelage* als korrekt empfundene Form der Standardsprache durch. Der Bildung nach ist es ein Kollektivum zu den Formen von *legen*. Deshalb war seine ursprüngliche Bedeutung ›(zum Essen und Trinken) Zusammengelegtes bzw. Zusammengetragenes‹.

gelassen

›äußere und innere Ruhe bewahrend, beherrscht‹

Das Adjektiv findet sich bereits im Mhd. und ist von dem Verb *lassen* abgeleitet. In der Sprache der Mystiker und noch der Pietisten (18. Jh.) bedeutete es eigentlich ›gottergeben‹ und bezeichnete den, der die Welt und sich selbst ›gelassen‹ und sich dafür Gott ›überlassen‹ hat. Das Wort verliert allmählich seinen religiösen Charakter und hat schließlich die (allgemeine) Bedeutung von ›maßvoll, beherrscht in der Gemütsbewegung‹ angenommen (z. B. *trotz drängender Termine gelassen seiner Arbeit nachgehen*).

Geld

›gesetzliches Zahlungsmittel in Form von Münzen und Banknoten‹

Den Ausdruck gab es bereits im Ahd. (und in anderen germ. Sprachen), obwohl es die Sache (das *Geld* in unserem heutigen Sinne) noch lange nicht gab. Die Bezeichnung gehörte anfangs in die kultische und rechtliche Sphäre und bedeutete ›Opfer, Buße, Tribut‹, genauer ›das, womit man Opfer, Buße erstatten/entrichten kann‹. Später begegnete das Wort dann im wirtschaftlichen Bereich für ›Abgabe, Zahlung‹ (noch heute in Zusammensetzungen bewahrt wie *Brükken-, Wege-, Kost-, Schulgeld*). Schließlich bezeichnet *Geld* ›das, was als Zahlungsmittel dient‹, seit dem 14. Jh. nimmt es dann allmählich (unter den Bedingungen der Warenproduktion als allgemeines Äquivalent) seine heutige Bedeutung als ›gesetzliches Zahlungsmittel‹ an.

gelegen

›geeignet, passend, angenehm, zu einem günstigen Zeitpunkt‹

Das Wort kommt bereits im Ahd. und Mhd. vor und ist ursprünglich das Partizip Perfekt zum Verb *liegen*, das in den adjektivischen Gebrauch übergegangen ist. Die ursprüngliche Bedeutung war lokaler Natur (›angrenzend, benachbart, nahe gelegen‹), aus der sich schließlich die heutige (nicht-lokale) Bedeutung von ›bequem, passend‹ entwickelt hat (vgl.: *Das Honorar kommt ihm sehr gelegen.*).

gemein

›gemeinsam, gemeinschaftlich, allgemein, gewöhnlich‹; ›niedrig gesinnt, niederträchtig, unfein, unanständig‹

Das Adjektiv bedeutet ursprünglich ›mehreren abwechselnd in gleicher Art zukommend‹, dann ›mehreren in gleicher Art gehörig‹. Daraus entwickelte sich die Bedeutung ›gemeinsam, gemeinschaftlich, allgemein‹. Was aber vielen oder mehreren ›gemeinsam‹ ist, kann nicht ›wertvoll‹ oder ›edel‹ sein. Deshalb trat eine Bedeutungsminderung ein: Seit dem 15. Jh. verschiebt sich der Sinn zu ›einfach, gewöhnlich‹ (z. B. *der gemeine Mann, das gemeine Volk, der gemeine Soldat*), im 19. Jh. sogar verächtlich zu ›niederträchtig, unanständig‹ (z.B. *ein gemeiner Kerl, sich gemein verhalten*). Heute herrscht diese abwertende Bedeutung vor, nur teilweise ist die alte Bedeutung noch erhalten (z. B. *Gemeinwesen, Gemeinwohl*).

Gemüse

›eßbare (krautige) Pflanzen‹ (bzw. Teile davon und Gerichte daraus)

Das Wort kommt nur im Dt. als Kollektivbildung zu dem Substantiv *Mus* vor. Deshalb bezeichnete *Gemüse* zunächst allgemein ›Speise, Mahlzeit‹ und danach den ›Brei bzw. das Mus aus gekochten Nutzpflanzen‹. Schließlich wurde (und wird) das Wort *Gemüse* auch angewandt auf die unzubereiteten eßbaren Pflanzen selbst (z. B. *Obst und Gemüse als wichtige Vitaminlieferanten*).

Gemüt

›Empfindungsvermögen, Sinn für Gefühlswerte‹

Das Wort ist eine Kollektivbildung zu dem im Ahd. und Mhd. auftretenden Substantiv *Mut* (mhd. *muot*), das zunächst die Gesamtheit aller Sinnesregungen und seelischen Kräfte bezeichnete. Seit etwa 1800 wurde die Bedeutung eingeengt und nur auf die gefühlsmäßigen Empfindungen und Stimmungen eingeschränkt (vgl. *leicht erregbares Gemüt; der Film geht ans Gemüt*).

Gendarm

›Polizist‹, vor allem ›Landpolizist‹

Das Wort wurde Anfang des 19. Jhs. aus dem Frz. entlehnt. Dort bedeutete es zuvor ›schwerer Reiter, Angehöriger der königlichen Leibgarde‹ (gebildet zu *gens d'armes* – dies war im 18. Jh. noch Name eines preußischen Kürassierregiments). Seit etwa 1800 nahm es im Frz. die Bedeutung ›Polizist‹ an (wie auch heute im Dt.). Die Bezeichnung wirkt heute veraltend, nur in einigen Landschaften (besonders in Österreich) ist sie noch gebräuchlich.

General

›Offizier der höchsten Rangstufe‹

Das Wort geht zurück auf lat. *generālis* in der Bedeutung von ›allgemein, zur ganzen Gattung gehörig‹. In diesem Sinne wurde darunter der allgemeine und dadurch auch der höhere Vorsteher verstanden (im Unterschied zu den niederen Vorstehern kleinerer Einheiten oder Verbände). Mit dieser Vorstellung hat das Frz. den Ausdruck auch in den militärischen Bereich übernommen, von dort kam er (Ende des 16. Jhs.) auch ins Dt. Die Bedeutungsentwicklung von ›allgemein, übergreifend, umfassend‹ bis hin zu ›ranghöher‹ läßt sich noch erkennen in zahlreichen Zusammensetzungen im gegenwärtigen Dt. (z. B. *Generalkonsul, Generalprobe, Generalstreik, Generalschlüssel, Generaldebatte*), auch im Verb *generalisieren* (›verallgemeinern‹) sowie im Adjektiv *generell* (z.B. *generelles Verbot, generelle Zustimmung*).

Genitiv

›zweiter Fall in der dt. Deklination, Wesfall‹

Das Substantiv ist im 18. Jh. aus dem gleichlautenden lat. Wort übernommen worden (unter Aufgabe der lat. Endung), bezeichnete dort ›den die Herkunft bzw. die Zugehörigkeit bezeichnenden Fall‹, eigentlich den ›Zeugefall‹, den ›zeugenden Fall‹ (in Entsprechung zum lat. Verb *gignere [genitum]* ›[er-]zeugen, hervorbringen‹). Allerdings läßt sich die Bedeutung des Genitivs – wie auch die der anderen Kasus – weder im Lat. noch im Dt. auf eine bestimmte spezifische Bedeutung festlegen (insofern ist er inhaltlich weder einfach ein ›Herkunfts-‹ noch ein ›Zeuge-‹ oder ›Besitzfall‹ – so lauten manche Verdeutschungsversuche für *Genitiv*). Der Genitiv kann vielmehr recht unterschiedliche Beziehungen ausdrücken, vor allem als Attribut, z. B. Subjekt, Objekt, Besitzer, Ganzes – vgl. *die Ankunft des Zuges, der Kauf des Hauses, das Auto des Onkels, die Tür des Hauses*).

Genius

›schöpferische Geisteskraft, hochbegabter schöpferischer Mensch, Genie; Schutzgeist‹

Das Wort ist aus dem klassischen Lat. von den Humanisten ins Dt. übernommen worden. Lat. *genius* bezeichnet den ›Schutzgeist‹ (z.B. heute noch: *Ein guter Genius hat ihn davor bewahrt.*), besonders den, der über Zeugung, Geburt und Leben des Menschen waltet. Danach stand es auch für die im Manne verkörperte ›Kraft, Energie, Genußfähigkeit‹, spätlat. auch für ›schöpferische Begabung, Talent‹ – in Anlehnung an das zugrunde liegende lat. Verb (›erzeugen, hervorbringen‹). Die letztgenannten Bedeutungen liegen dem Substantiv im Dt. heute zugrunde.

Genosse

›Gefährte, Begleiter, Kampfgefährte, Mitglied in einer Arbeiterpartei‹

Die Wortform kommt aus dem Ahd. und Mhd. (›wer mit einem anderen etwas gemeinschaftlich hat, gleich an Wesen und Stand, also ebenbürtig, ein Gefährte ist‹) und ist verwandt mit *genießen* und *nutzen*. Bis zum 19. Jh. bezeichnet *Genosse* ›den Gefährten, den Gleichgesinnten, den Gleichgestellten an Stand und Besitz‹. In den 70er Jahren des 19.Jhs. wird *Genosse* üblich als Anrede der Mitglieder der sozialdemokratischen und später der kommunistischen Parteien untereinander. Es tritt also eine Spezifizierung der früheren (allgemeineren) Bedeutung ein.

gerben

›Tierhäute zu Leder verarbeiten‹

Das Verb kommt bereits im Ahd. und im Mhd. vor (sowie in anderen germ. Sprachen), ist entstanden als Faktitivum zu dem Adjektiv *gar* (›fertig, bereit‹ – vgl. noch heute *die Kartoffeln gar kochen*) und bedeutete ursprünglich soviel wie ›bereiten, zurüsten‹. Daraus geht im Mhd. der (spezifische) fachsprachliche Gebrauch ›Leder zubereiten‹ hervor. Schon spätmhd. ergab sich eine zusätzliche, übertragene Verwendung im Sinne von ›prügeln, schlagen‹, die sich (seit dem 16. Jh.) noch bis heute vor allem in der Fügung *jmdm. das Fell gerben* erhalten hat.

Geselle

›Facharbeiter, Handwerksbursche, Kamerad‹

Das Wort findet sich schon im Ahd. (sowie in anderen germ. Sprachen), steht etymologisch im Zusammenhang mit *Saal* und bezeichnet ursprünglich den, ›der den Saal (die Unterkunft) mit (einem) anderen teilt‹. Seit dem Mhd. wird es als Bezeichnung für den gelernten und zugleich abhängigen Handwerker verwendet, heute aber zumeist ersetzt durch *Facharbeiter* (vgl. z. B. *Schneider-, Bäckergeselle*).

Gerüst

›Gefüge aus Brettern und Planken, Stützgestell, Hilfskonstruktion‹

Das Substantiv ist als Ableitung zu dem Verb *rüsten* gebildet worden und zeigte in der älteren Sprache (wie das Verb) reiche Verwendungsmöglichkeiten: im Ahd. und Mhd. z. B. im Sinne von ›Vorrichtung, Zurüstung, Aufbau, Gebäude, Werkzeug, Gestell, Ausrüstung, Waffenrüstung, Kleidung, Schmuck‹. Im Nhd. wird die Bedeutung deutlich eingeengt (z. B.: *Der Mauerputz konnte ohne Gerüst nicht ausgebessert werden.*). Allerdings findet sich auch übertragene und nichtkonkrete Bedeutung (›Gliederung, Entwurf, Plan‹ – z. B. *das Gerüst des Vortrags, des Buches, der Predigt*).

Gesäß

›hinterer Teil des Beckens, Hintern‹

Das Substantiv ist gebildet aus dem Verb *sitzen* und findet sich schon im Ahd. und Mhd., dort allerdings in der Bedeutung ›Sitz, Wohnsitz, Lager, Niederlassung‹. Am Anfang wurde also mit *Gesäß* ›der Ort, wo man sitzt‹, bezeichnet. Von dort her wurde der Ausdruck dann schon früh übertragen auf den ›Körperteil, auf dem man sitzt‹. Heute ist nur diese übertragene Bedeutung üblich, vorwiegend in der Fachsprache der Medizin und der Bekleidungsindustrie (ugs. eher *Hintern*, derb und vulgär *Arsch*).

Geschmeide

›kostbare Goldschmiedearbeit, Schmuck‹

Das Substantiv geht auf ein ahd. und mhd. Wort zurück (›Metall, Schmiedearbeit‹) und ist eine Kollektivbildung zu ahd. *smīda* (›Metall‹). Das mhd. Wort bezeichnete jede ›Schmiedearbeit‹, also ›Metallgeräte, Waffen und Rüstung‹, später auch ›Metallschmuck‹. Die engere (und heutige) Bedeutung setzt sich erst im 18. Jh. durch.

Geschwister

›Brüder und Schwestern‹

Das Substantiv erscheint im Ahd. und Mhd. (und in anderen westgerm. Sprachen) und ist eine Kollektivbildung zu dem Wort für ›Schwester‹. *Geschwister* ist also ursprünglich nur eine Bezeichnung für die ›Schwestern‹ (genauso wie *Gebrüder* nur eine Bezeichnung für die ›Brüder‹ ist). Erst später (im Nhd.) werden auch die Brüder in die Bedeutung eingeschlossen. Ein direktes Äquivalent für *Geschwister* (in diesem heutigen, weiteren Sinne) gibt es nicht in allen germ. Sprachen (vgl. engl. *brothers and sisters*).

Getreide

›auf Halmen wachsende Körnerfrüchte‹

Das Substantiv geht auf ein ahd. Wort zurück (›Ertrag, Einkünfte, Besitz‹) und ist eine Ableitung von dem alten Verb *tragen*. Es bezeichnet folglich ursprünglich ›alles, was getragen wird‹, den ›Ertrag‹. Die heute übliche Bedeutung entwickelt sich im 14. Jh. und wird von Martin Luther in seiner Bibelübersetzung verwendet (vgl. z. B.: *Roggen und Weizen als Getreidearten werden in dieser Region bevorzugt.*).

Gewehr

›Handfeuerwaffe mit langem Lauf‹

Das Substantiv geht zurück auf das Ahd. und Mhd., bedeutete dort aber ›Kampf, blanke Waffe, Befestigungswerk‹ (es steht im Zusammenhang mit *wehren/Wehr*). Im 18. Jh. wurde die Bedeutung von *Gewehr* eingeengt im Sinne von ›Handfeuerwaffe‹. Die alte Bedeutung ›blanke Waffe‹ lebt heute allerdings noch in *Seitengewehr* (›an der Seite getragene blanke Waffe‹ wie z. B. Degen oder Säbel) fort.

Gewerkschaft

›(umfassende) Organisation der Arbeitnehmer zur Vertretung und Durchsetzung ihrer (ökonomischen und sozialen) Interessen‹

Die Bezeichnung findet sich bereits im 16. Jh. für die ›Gesamtheit aller Teilhaber an einem Bergwerk‹ und ist der Bildung nach ein Kollektivum zu mhd. *gewerke* (›Handwerksgenosse, Zunftgenosse‹), gehört also zur Wortfamilie *Werk*. Im 18. Jh. bezeichnen *Gewerkschaften* jeweils die Gesamtheit der Vertreter eines bestimmten Berufszweiges, seit 1868 dann die – nach dem Vorbild der engl. *trade unions* gegründete – Gesamtorganisation der Arbeitnehmer.

Gewissen

›moralisches Bewußtsein; Vermögen des Menschen, sein Verhalten sittlich einzuschätzen‹

Das Substantiv ist ursprünglich das Partizip Perfekt zu dem ahd. Verb für *wissen* und dient der Wiedergabe von lat. *conscientia* (›Bewußtsein moralischer Handlungen‹, eigentlich ›Mitwissen‹). Der Begriff des Gewissens entsteht im antiken Griechenland aus der Vorstellung, daß es für alle Handlungen und

Verhaltensweisen gegenüber Göttern und Menschen einen inneren ›Mitwisser‹ gibt. In der christlichen Ethik wird das Gewissen zu einem zentralen Begriff des sittlichen Verhaltens und des Vermögens des Menschen, seine Handlungen selbst einzuschätzen.

gewiß

›sicher, bestimmt, unbestreitbar‹

Das Wort kommt seit dem Ahd. vor und hängt etymologisch mit *wissen* zusammen. Deshalb war die Ausgangsbedeutung ›was gesehen worden ist und daher gewußt wird‹, also ›sicher und unbestreitbar‹ ist. Später entwickeln sich im Dt. aus der Bedeutung ›bestimmt‹ *(eine gewisse Stunde)* aber eher Bedeutungen der ›Unbestimmtheit‹, wenn man das genaue Maß oder die genaue Bestimmung nicht angeben kann oder will (z. B. *eine gewisse Frau Schulze, unter gewissen Bedingungen*). Auch in der Funktion eines Modalwortes (z. B.: *Er ist gewiß schon zu Hause.*) ist *gewiß* gebräuchlich – vorwiegend noch in der alten Bedeutung, aber mit geringerem Sicherheitsgrad als bei *sicher*.

Gewitter

›Unwetter mit luftelektrischer Entladung, mit Blitz und Donner (meist auch mit heftigen Niederschlägen und starkem Wind)‹

Das Substantiv kommt bereits im Ahd. und Mhd. (sowie in anderen germ. Sprachen) vor, ist eine Kollektivbildung zu *Wetter* und bedeutete ursprünglich ›Witterung‹ allgemein, also einschließlich ›Unwetter mit Regen und Sturm‹. Die heutige Spezifizierung und Beschränkung auf ›Unwetter mit Blitz und Donner‹ prägte sich erst seit dem 16. Jh. aus.

gewogen

›wohlwollend gesinnt, zugetan, geneigt‹

Das Adjektiv ist entstanden als Partizip Perfekt zu mhd. *wegen* (›Gewicht, Zahl, Wert haben‹) und ist seit dem 16. Jh. üblich. Die Bedeutung hat sich wohl aus dem Bezug des Wortes auf Münzen ergeben (*gewogen sein* ›gutes Gewicht, guten Wert haben‹). Daraus entwickelte sich ›angemessen, angenehm‹ und schließlich ›zugetan, geneigt‹.

gewöhnlich

›üblich; gemein, ordinär‹

Das Wort geht zurück auf das Ahd. und Mhd. (dort: ›gewohnt, der Gewohnheit gemäß, hergebracht, üblich‹). Die heute vorhandene zusätzliche (abwertende) Bedeutung ›gemein, ordinär‹ entwickelte sich aus ›üblich, alltäglich‹, daher ›nicht besonders, niedrig, unfein‹. Im Zusammenhang damit steht *außergewöhnlich* (›aus dem Üblichen herausragend, nicht alltäglich‹), nahezu gleichbedeutend mit *ungewöhnlich*.

Ghetto/Getto

›abgesondertes Stadtviertel‹

Das Substantiv ist im 17. Jh. als gleichlautendes und gleichbedeutendes ital. Wort übernommen worden. Es wurde zunächst nur in Berichten über Italien und im Zusammenhang mit der von Italien ausgehenden Absonderung der Juden in eigenen Stadtvierteln verwendet. Die Bezeichnung ist möglicherweise herzuleiten vom Namen der Insel *Geto nuovo* (Nordvenedig), wo im 16. Jh. erstmals ital. Juden von Christen getrennt lebten. Von dort gelangte die Bezeichnung *Ghetto* in andere Sprachen, stand dann vor allem für die zwangsweise vorgenommene und besonders radikale Absonderung der Juden durch die Faschisten; sie wird aber auch bezogen auf andere Formen der Absonderung.

Gicht

›Gliederlähmung, Gliederreißen, Zuckungen, Krämpfe‹

Gicht geht zurück auf ein lautgleiches mhd. Wort, das eine Abstraktbildung zu dem Verb ahd. *jehan* (›sprechen‹) ist. Der Name der Krankheit bedeutete deshalb ursprünglich ›angesprochene, durch Besprechung und Behexung angezauberte Krankheit‹. Zunehmend wird das Wort dann neutraler für ›Gliederreißen, Gelenkschmerzen‹ verwendet und später (1848) in der Medizin als Fachterminus für ›durch übermäßige Harnsäureansammlung hervorgerufene krampfartige Gelenkentzündung‹ festgelegt.

Gift

›Stoff, der an oder in einem lebenden Organismus schädliche Wirkungen, Krankheiten oder den Tod hervorruft‹

Das Substantiv erscheint bereits im Ahd. (und in anderen germ. Sprachen), ist ursprünglich eine Abstraktbildung zu dem Verb *geben* mit der Bedeutung ›Gabe, Geschenk, Schenkung‹. So wurde *Gift* noch bei Goethe verwendet, so findet es sich heute nur noch in *Mitgift* (›Aussteuer, Heiratsgut der Braut‹). Der Bedeutungswandel von ›Gabe‹ zu ›tödliche Gabe‹ findet sich zuerst (euphemistisch) bei Notker im Ahd., setzt sich aber erst unter dem Einfluß des griech. und lat. *dosis* ›Geschenk, Gabe, Arznei‹ im 18. Jh. durch. Zur alten Bedeutung vgl. engl. *give* (›geben‹) und engl. *gift* (›Gabe, Geschenk‹).

Gigant

›Riese, riesenhafte Gestalt‹

Das Wort findet sich bereits laut- und bedeutungsgleich im Ahd. und Mhd. Es geht zurück auf das Griech. und Lat. In der griech. Mythologie waren die *Giganten* die riesenhaften Söhne der Erdgöttin Gäa, die durch ihren Kampf gegen die den Olymp bewohnenden Götter bekannt geworden sind. *Gigant* und *gigantisch* werden heute auch im übertragenen Sinne (außerhalb des menschlichen Bereichs) verwendet (z. B. *Industriegigant, die Giganten des Himalaya*).

Gin

›wasserheller Kornbranntwein mit Wacholdergeschmack‹

Das Getränk wird besonders in England hergestellt, wurde im 19. Jh. in Deutschland eingeführt. Die engl. Bezeichnung *gin* ist eine Verkürzung von engl. *geneva* (auch *Hollands geneva*), einer Entlehnung aus mnl. *genever*, die auf ein lat. Wort mit der Bedeutung ›Wacholder‹ zurückgeht.

Giro(verkehr)

›bargeldloser Zahlungsverkehr‹

Das Wort geht zurück auf ital. *giro* (›Kreislinie, Kreisumfang‹) und bezeichnete in der Kaufmanns- und Wirtschaftssprache die ›Übertragung eines Wechsels‹. Motiviert war die Bezeichnung wohl durch die Vorstellung von einem ›Kreis‹, den die Beteiligten am Wechselgeschäft bilden, oder durch den ›Umlauf‹ des Wechsels. Das Wort *Giro* wurde bereits im 17. Jh. ins Dt. entlehnt, fand aber erst im 19. Jh. weitere Verbreitung und ist heute meist in Zusammensetzungen *(Giroverkehr, Girokonto)* gebräuchlich.

glauben

›annehmen, vermuten, für wahr halten‹; ›eine religiöse Überzeugung haben‹

Das Verb findet sich bereits im Ahd. (und in anderen germ. Sprachen), hängt etymologisch zusammen mit *lieb* (vgl. auch engl. *believe*) (›lieb halten, lieb nennen‹). Schon in vorchristlicher Zeit bezieht sich das Verb wohl auf das vertrauensvolle Verhältnis zwischen Mensch und heidnischem Gott. Später drückte es (in der Missionssprache) das Verhältnis des Menschen zum Christengott aus. Neben dieser religiösen Verwendung (z. B. *an Gott glauben*) darf wohl schon in früher Zeit ein Gebrauch im Sinne von ›sich auf einen Menschen verlassen, ihm vertrauen‹ angenommen werden. Aus ›jmdm. vertrauen in bezug auf die Wahrheit seiner Aussage‹ entwickelte sich ›etwas für wahr halten‹ (z. B. *jmdm. eine Geschichte glauben*), schließlich auch ›für möglich halten, vermuten‹ (z. B.: *Ich glaube, daß er kommt.*).

Glück

›zufälliges Zusammentreffen günstiger Umstände, Schicksal‹; ›Gemütszustand innerer Befriedigung‹

Das Substantiv taucht zuerst in der frühhöfischen Dichtung (1160) auf und verbreitet sich mit der höfisch-ritterlichen Kultur vom Rhein aus über das dt. Sprachgebiet. *Glück* bedeutete am Anfang ›Schicksal, Geschick, Ausgang eines Geschehens (sowohl zum Guten als auch zum Bösen)‹. Daraus entwickelte sich die (heutige) engere Verwendung von ›günstiger Verlauf oder Ausgang eines Geschehens, günstiges Geschick‹ (z. B. *bei einer Prüfung Glück haben*) (1. Bedeutungsvariante). Schließlich wurde es auch zur Bezeichnung des wünschenswerten ›Zustands starker innerer Befriedigung und Freude‹ (z. B. *ein Leben in Glück und Wohlstand*) (2. Bedeutungsvariante).

Gnade

›verzeihende Güte, Nachsicht, herablassende Gunst, Strafnachlaß‹

Das Wort findet sich bereits im Ahd. (›Gottes Erbarmen, Gottes Hilfe, Wohlwollen, Gunst‹) und in anderen germ. Sprachen (als Ausgangsbedeutung ist ›Ruhe, ruhiges Leben, Frieden‹ anzunehmen). *Gnade* im Sinne von ›huldvolles Zugeneigtsein‹ wurde in der süddt. Mission Übersetzungswort für kirchenlat. *grātiā* und auf das Verhältnis Gottes zu den Menschen bezogen. Die Formel *von Gottes Gnaden* als Zusatz bei Herrschertiteln (seit dem 13. Jh.) geht zurück auf Paulus (1. Kor. 15, 10), der sein Apostelamt auf der Gnade Gottes aufgebaut hat; sie wurde von Karl dem Großen dem weltlichen Herrschertitel hinzugefügt. Die religiöse Bedeutung klingt noch an in *begnaden/begnadet* (›durch Gnade mit besonderen Gaben beschenken/beschenkt‹), nicht aber in *begnadigen* (›Strafnachlaß/Straferlaß durch ein weltliches Gericht gewähren‹). *Gnade* wird heute vielfach im nicht-religiösen Sinne gebraucht (z. B. *Gnade vor Recht ergehen lassen; Gnadengesuch*).

Gorilla

›in den tropischen Urwäldern Äquatorialafrikas lebender großer Menschenaffe‹

Der Name für diesen Affen stammt wahrscheinlich aus einer westafrikanischen Sprache. Im 5. Jh. v. Chr. berichtet der karthagische Seefahrer Hanno von wilden, behaarten Menschen an der Westküste Afrikas, die in der Sprache der Eingeborenen *Gorillai* genannt worden seien. Daraus bildete der amerikanische Naturwissenschaftler Savage 1847 für die in Westafrika neu entdeckte Affenart den zoologischen Namen *Gorilla*, der bald auch in anderen Weltsprachen bekannt wurde.

Götze

›als Gottheit verehrtes Wesen und seine Darstellung‹; ›Abgott‹

Götze ist eigentlich eine Kurz- und Koseform zu dem Eigennamen *Gottfried* (ähnlich wie *Heinz* zu *Heinrich, Kunz* zu *Konrad* eine Kurzform ist). Diese Kurzform wird seit dem 15. Jh. als Gattungsname im Sinne von ›Dummkopf, Schwächling‹ gebraucht, aber auch als Koseform von *Gott* verstanden (und im Sinne von ›Heiligenbild, Bildwerk‹ verwendet). Die Bedeutung ›falscher Gott, Abgott‹ erhält *Götze* bei Martin Luther (1520).

Gourmand

›Vielesser‹; ›Feinschmecker‹

Das Substantiv wurde im 18. Jh. als gleichlautendes frz. Wort (›Vielesser‹) übernommen. Die Bezeichnung *Gourmand* wird jedoch um 1800 im Dt. außerdem in der Bedeutung ›Feinschmecker, Kenner und Liebhaber bestimmter Speisen‹ üblich. Aber für diese (neuere) Bedeutung steht seit dem 19. Jh. (im engeren Anschluß an den frz. Sprachgebrauch) auch *Gourmet* zur Verfügung.

Grapefruit

›Zitrusfrucht mit saftreichem, bittersüß schmeckendem Fruchtfleisch, Pampelmuse‹

Die Bezeichnung wurde im 20. Jh. aus dem Amerik.-Engl. entlehnt, ist dort eine Zusammensetzung aus *grape* ›Traube‹ + *fruit* ›Frucht‹. Sie erklärt sich wohl aus den traubenförmigen Blütenständen der Pflanze.

Grippe

›fieberhafte Erkältungskrankheit‹; ›als Epidemie auftretende Viruserkrankung‹

Das Substantiv ist Ende des 18. Jhs. als

gleichbedeutendes frz. Wort übernommen worden. Dieses frz. Wort ist wahrscheinlich abgeleitet von dem Verb *gripper* (›ergreifen, fassen, haschen‹) und enthält offenbar einen Hinweis auf das plötzliche Auftreten der Krankheit, von der der Mensch ›erfaßt‹ bzw. ›ergriffen‹ wird.

Grog

›heißes Getränk aus Rum (oder Weinbrand), Wasser und Zucker‹

Das Substantiv findet im 19. Jh. Eingang ins Dt. (vom Norden her) und geht zurück auf ein gleichlautendes und gleichbedeutendes engl. Wort (zuerst 1770 belegt). Der engl. Admiral Vernon soll 1740 seinen Matrosen befohlen haben, den Rum nur mit Wasser vermischt zu trinken. Dieser Admiral soll einen Rock aus Kamelhaar (engl. *grogram* ›grober Stoff, Mischgewebe aus Seide und Wolle‹) getragen und deshalb den Spitznamen *Old Grog* gehabt haben, der schließlich auf das Getränk übertragen worden sein soll.

Groschen

›Zehnpfennigstück‹

Groschen war (z. T. bis ins 19. Jh.) eine ehemals in Deutschland geprägte Silbermünze, später dann die ugs. Bezeichnung für das ›Zehnpfennigstück‹ und in Österreich die Bezeichnung für die kleinste Währungseinheit. Das Wort geht zurück auf lat. *grossus* ›dick‹, das über die Benennung eines (1266 in Tours aufkommenden) dicken Zehnerstücks zur Münzbezeichnung wurde. In Prag wurde (um 1300) eine entsprechende Münze nachgeprägt, die darauf zurückgehende Wortform *Grosch(en)* fand dann durch die böhmische Kanzlei seit dem 14. Jh. allgemeine Verbreitung.

Guillotine

›Fallbeil‹

Das Wort bezeichnet die Hinrichtungsmaschine der frz. Revolution. Diese wurde 1789 benannt nach einem der Gutachter, dem frz. Arzt *Guillotin*. Im Dt. wurde die Bezeichnung zuerst bei Lichtenberg (1792) erwähnt. Heute ist das Wort veraltend und geht mit der Sache (der Hinrichtung mit Fallbeil) unter.

Gulasch

›Gericht aus Fleischwürfeln mit scharf gewürzter Soße‹

Das Gericht ist (mit der Bezeichnung) über österreichische Vermittlung aus dem Ungar. übernommen worden. Dort bedeutete das Wort bereits ein ›scharf gewürztes Fleischgericht‹, wie es von Rinderhirten im Kessel gekocht wird (wörtlich eigentlich: ›Rinderhirtenfleisch‹). Seit Mitte des 19. Jhs. ist das Wort im Dt. bekannt.

Gulden

›Goldmünze, später auch Silbermünze‹

Das Wort kommt bereits im Mhd. vor, dort allerdings als Substantivierung des Attributs in Fügungen wie z. B. *guldīn pfenninc* (›der goldene Pfennig‹), bedeutete also eigentlich ›der Goldene‹. Der Ausdruck hat sich dadurch verbreitet, daß er auf den aus Florenz stammenden, seit dem 14. Jh. auch in Deutschland (besonders von rheinischen Kurfürsten) geprägten *Goldfloren* bezogen wird (vgl. die Abkürzung *f.* oder *fl.* für *Gulden*). Seit dem 14. Jh. war der Gulden in Deutschland und in benachbarten Ländern eine Gold- bzw. Silbermünze, z. T. auch als offizielle Währungseinheit (so z. B. in den Niederlanden bis zur Einführung des Euro).

Gully

›Schacht, durch den die Straßenabwässer in die Kanalisation fließen, Schlammfang‹

Wort und Sache werden um 1870 aus England übernommen. Engl. *gully* bedeutete soviel wie ›Schlund, Kehle‹ (ähnlich auch die entsprechenden Wörter im Lat. und Frz.). Offenbar lag die Vorstellung zugrunde, daß die Vorrichtung *Gully* wie eine Kehle funktioniert und das Abwasser gleichsam ›verschluckt‹.

Gymnasium

›zum Abitur führende höhere Schule‹

Die Bezeichnung *Gymnasium* wurde um 1500 von den Humanisten eingeführt für die über die gewöhnlichen Unterrichtsziele hinausgehenden Lateinschulen. Im 19. Jh. wurden dann – durch Verfügung – alle Schulen *Gymnasium* genannt, die ihre Schüler zum Abitur führten, erst später nur solche, die vorzugsweise auf den altsprachlichen Unterricht (Latein und Griechisch) ausgerichtet waren. Das Wort geht auf das Griech. und Lat. zurück; dort bezeichnete es einen öffentlichen Platz, wo die männliche Jugend – nach griech. Sitte unbekleidet – Leibesübungen durchführte (nach griech. *gymnós* ›nackt‹). Es liegt also eine Bedeutungsübertragung vor (eine Ablösung von körperlichen Übungen), überdies eine unterschiedliche Anwendung auf verschiedene Arten von Schulen.

halleluja

›Lobet den Herrn!‹

Das Wort ist der Form nach eine Interjektion im Imperativ, der Funktion nach ein Jubelruf, eine formelhafte Lobpreisung Gottes. Es ist übernommen worden aus einem gleichlautenden und gleichbedeutenden kirchenlat. Wort, das zurückgeht auf eine Zusammenrückung im Hebr. (›preiset‹ + ›Jähwe‹). Im Dt. erscheint es seit dem 16. Jh.

Halma

›Brettspiel‹

Das Spiel ist benannt nach der bevorzugten Fortbewegungsart der Spielsteine, dem Überspringen der eigenen sowie der gegnerischen Spielsteine (im Anschluß an griech. *hálma* ›Sprung‹). In das Dt. wurde das Wort wohl (mit der Sache) Ende des 19. Jhs. aus dem Amerik.-Engl. entlehnt.

Halunke

›Gauner, Betrüger‹

Das Wort geht wohl zurück auf zwei unabhängige Entlehnungen aus slaw. Sprachen: einerseits aus einem tschech. Wort (›Gauner, Taugenichts‹, ›Unbehaarter, geschlechtlich Unreifer‹), andererseits aus einem sorb. Wort (›Heidebewohner‹). Daraus entsteht im 16. Jh. *Halunke*, das im 17./18. Jh. in der Literatursprache geläufig wird.

Hammel

›kastrierter Schafbock‹

Die Bezeichnung findet sich schon im Ahd. und Mhd.; sie geht auf ein Adjektiv (ahd. *hamal*) mit der Bedeutung ›verstümmelt‹ zurück.

Hammer

›Schlagwerkzeug‹

Hammer geht auf ein ahd. Wort zurück und bezeichnete ursprünglich ein Gerät aus Stein, das als Werkzeug und Waffe verwendet worden ist. Im Nhd. hat das Wort zusätzlich in der Sportsprache die Bedeutung ›Wurfgerät‹ angenommen.

Hämorrhoiden

›knotenförmige Erweiterungen der Mastdarmvene mit gelegentlichem Blutfluß‹

Das Substantiv geht zurück auf ein lautähnliches und bedeutungsgleiches lat. Wort (schon: ›krankhafter Blutfluß‹). Es war bereits bei den antiken Ärzten gebräuchlich und wird im 18. Jh. aus der medizinischen Wissenschaftssprache in den allgemeinen Sprachgebrauch übernommen.

Handicap

›Benachteiligung, Behinderung, Nachteil‹

Das Substantiv wurde im 19. Jh. als gleichlautendes und gleichbedeutendes engl. Wort entlehnt, das eigentlich zurückgeht auf ein Pferderennen *(handicap race)* mit einer Zeit- oder Streckenvorgabe für die schwächeren Pferde, was zugleich eine ›Benachteiligung‹ der stärkeren Pferde war. Daraus entstand die (heutige) allgemeinere Bedeutung von ›Behinderung‹.

Handy

›handliches mobiles Funktelefon‹

Das Wort wurde im 20. Jh. aus dem Engl. übernommen, trat dort zuerst als 1. Glied in der Zusammensetzung *Handie-Talkie* (etwa ›Handsprecher‹) auf. Das engl. Wort *handy* war ausschließlich Adjektiv und hatte die Bedeutung ›handlich im Gebrauch, praktisch‹ (was gewiß mit dazu beigetragen hat, daß sich das Substantiv *Handy* im Dt. durchgesetzt hat). Als technischer Begriff wurde *Handie-Talkie* von einer US-Firma für ein militärisches Nachrichtengerät geprägt, das im 2. Weltkrieg weltweit eingesetzt wurde, und gelangte samt seiner Bezeichnung auch in den dt. Sprachraum. Mitte der 80er Jahre wird die Kurzform *Handy* in kommerziellen Anzeigen deutscher Funkzeitschriften für ›Mini-Handfunkgeräte‹ verwendet. Um 1990 erfuhr das Wort einen Bedeutungswandel, wurde in einem Mobilfunklexikon von Gusbeth erstmals für ein Mobiltelefon gebraucht, was sich kurze Zeit später im Dt. durchsetzte. Inzwischen findet sich *Handy* auch schon vereinzelt im amerik. Engl., wenn auch nur auf einer unteren Stilebene. In der Standardsprache wird im amerik. Engl. dagegen als Bezeichnung für das ›mobile Funktelefon‹ noch immer *cell phone* oder *mobile phone* gebraucht.

Hängematte

›ausgespanntes Netz oder Segeltuch, das als Liegestatt dient‹

Das Substantiv geht zurück auf amerik. *hamaca*, eine von den Aruaks auf Haiti verwendete Bezeichnung für die Schlaf- und Tragenetze der Eingeborenen (die den Schlafvorrichtungen der Matrosen nachgebildet waren). Über das Span., Ital. und Frz. kam das Wort schließlich ins Dt., allerdings paßte es sich dabei – auf Grund der eigentümlichen Beschaffenheit der Liegestatt – im Dt. (zuerst 1627) sekundär – über Volksetymologie – an das dt. Verb *hängen* an. *hängen* ist jedoch nicht der Ausgangspunkt für die Bildung.

hänseln

›necken, zum Narren halten, sich lustig machen über jmdn.‹

Das Verb (belegt seit dem 17. Jh.) wurde ursprünglich bezogen auf die (scherzhaften) Prozeduren, die ein Neuling bei der Aufnahme in die *Hanse* (›Gilde, Gemeinschaft‹) über sich ergehen lassen mußte. Ein Zusammenhang mit dem Eigennamen *Hans* (den man erwarten könnte) besteht also nicht.

hantieren

›herumwirtschaften, sich mit etw. befassen, handhaben‹

Das Verb ist nicht (wie Lautähnlichkeit und heutige Bedeutung nahelegen) von *Hand* abgeleitet, sondern aus frz. *hanter* entlehnt (›häufig aufsuchen, Umgang haben‹). In der heutigen Form taucht es im Spätmhd. auf (›Handel treiben, einem Geschäft nachgehen, tun, verrichten‹). *hantieren* wird zunächst in der Kaufmannssprache benutzt, dort aber später durch *handeln* verdrängt. Erst in diesem Zusammenhang wird es – infolge des Anklangs an *Hand* – (durch Volksetymologie) auf die heutige Bedeutung, auf das ›unmittelbare handgreifliche Geschäftigsein‹, auf ›etwas mit der Hand tun, mit den Händen arbeiten‹ festgelegt.

Happen

›mundgerechtes Stück, Bissen einer festen Speise‹

Das Wort taucht seit dem 18. Jh. auf und ist wahrscheinlich in der Kindersprache auf Grund von Lautnachahmung entstanden: Die Interjektion *happ* ahmt das Zuschnappen des Mundes lautlich nach.

Happy-End

›glücklicher Ausgang einer konfliktreichen Handlung‹

Das Substantiv ist im 20. Jh. als gleichlautende und gleichbedeutende engl. Wortverbindung (›glücklich‹ + ›Ende‹) übernommen worden, bezeichnete ursprünglich die glückliche Vereinigung zweier Liebender nach Überwindung entgegenstehender Schwierigkeiten. Es wurde bezogen zunächst auf das Ende eines Films, dann auch auf die erzählende Literatur. Schließlich wird das Wort in unserem heutigen Sprachgebrauch in seiner Bedeutung erweitert und auf jede befriedigende Lösung einer problemhaften Situation angewandt.

Harmonie

›wohlklingende Verbindung mehrerer Töne‹; ›Ausgewogenheit, Übereinstimmung, innere Geschlossenheit‹

Das Substantiv geht zurück auf ein ähnlich lautendes griech. und lat. Wort (›Verbindung, passendes Verhältnis, Übereinstimmung, Einklang, Melodie‹) und wurde um 1600 ins Dt. entlehnt. Zunächst war das Wort ein Terminus der Musik, wurde aber später auf andere Wahrnehmungsbereiche übertragen (Bindeglied ist die Bedeutungskomponente ›wohltuende und angenehm empfundene Konstellation‹), sowohl auf andere Künste (z. B. auf Grund der Ausgewogenheit von Farben und Formen) als auch auf das menschliche Verhalten (z. B. *die Harmonie in einer Ehe, in der Zusammenarbeit*).

Haschee

›Gericht aus feingeschnittenem, gekochtem Fleisch bzw. Fisch oder aus Innereien‹

Das Substantiv erscheint um 1700 im Dt. und wurde als Ausdruck der Kochkunst aus dem Frz. übernommen (als Partizip Perfekt des Verbs *hacher* – also im Sinne von ›gehacktes Fleisch‹). Damit trat es im Dt. neben ältere einheimische Bezeichnungen für ›Hackfleisch‹, wie z. B. *Gehacktes* oder *Gehack(e)/Gehäck(s/e)*. Die veränderte (eindeutschende) Schreibung – erst *Haché*, nun *Haschee* – kommt im 19. Jh. auf, setzt sich aber erst im 20. Jh. durch. Die Bedeutung von *Haschee* ist freilich heute nicht identisch mit der von *Gehacktes: Gehacktes* wird verstanden als ›Grundlage für Hackbraten bzw. Klops‹, *Haschee* bezieht sich auf die Art der Zubereitung (auch aus anderen Fleisch- und Fischsorten).

Haudegen

›alter Krieger, Draufgänger‹

Das Wort war im 17. und 18. Jh. Bezeichnung für eine degenartige Hiebwaffe – im Gegensatz zum *Stoßdegen*. Im 19. Jh. wurde die Lautform *Degen* (im Ahd. schon vorhanden, aber inzwischen fast vergessen) in der Bedeutung von ›Held, Krieger, Gefolgsmann‹ neu belebt und mit der anderen Bedeutung von ›Hieb- und Stichwaffe‹ vermischt. Aus dieser Vermischung entstand die heutige Bedeutung von *Haudegen* – mit der Übertragung von der Waffe auf die Person.

Haupt

›Kopf eines Menschen oder Tieres‹; ›wer an der Spitze steht, Führer oder Leiter‹

Das Substantiv kommt bereits im Ahd. und Mhd. (sowie in anderen germ. Sprachen) in ähnlicher Form vor und hatte wohl eine Ausgangsbedeutung von ›Schalenförmiges, Gefäß‹. Es liegt offenbar eine ähnliche Bedeutungsentwicklung vor wie bei *Kopf* (auch ursprünglich ›Gefäß, Schale‹). Bis zum 15. Jh. ist *Haupt* im Dt. das einzige Wort für ›Kopf‹. Seit dem 16. Jh. wird es allgemein durch *Kopf* verdrängt, bleibt in dieser 1. Bedeutungsvariante nur als gehobener Ausdruck vereinzelt bis heute erhalten (z. B. *mit erhobenem Haupt*), während es in der 2. Bedeutungsvariante (übertragen) nicht auf den gehobenen Ausdruck beschränkt ist (z. B. *das Haupt der Familie, der Verschwörung, der kriminellen Bande*).

Haus

›Gebäude, Bewohner des Gebäudes, Hauswesen‹

Das Wort findet sich in gleicher Bedeutung bereits im Ahd. Nach dem Vorbild des Engl. hat es zusätzlich auch die Bedeutung ›Parlament‹ o.ä. angenommen (vgl. *Unterhaus, Oberhaus, Abgeordnetenhaus, das Hohe Haus*).

Havarie

›Unfallschaden, Bruch, technische Störung an einer Maschine, einer Anlage, einem Schiff, einem Flugzeug u. ä.‹
Ausgangspunkt für die Lautform ist ein lautähnliches arab. Wort (›durch Meerwasser beschädigte Ware‹), das mit dem Seehandel ins Ital. (um 1300) und ins Frz. gelangte (›Ausgaben oder Kosten für auf dem Seewege eingetretenen oder möglichen Schaden‹). Das nl. Wort wurde volksetymologisch an *haven* (›Hafen‹) angeglichen und bezeichnete die Beschädigung, die Schiff und Ladung während der Fahrt erleiden, sowie die daraus entstehenden Kosten. In diesem Sinne wurde das Wort im 16. Jh. ins Nd. und Norddt. entlehnt, setzte sich aber erst im 19. Jh. literatursprachlich durch. Im 20. Jh. wurde die Bedeutung über die Seemannssprache hinaus erweitert und verallgemeinert, d. h. auf Unfallschäden überhaupt (bei Flugzeugen, Maschinen usw.) bezogen.

Hebamme

›staatlich geprüfte Geburtshelferin‹
Das Wort geht zurück auf eine Zusammensetzung im Ahd. (*hev(i)anna/hevamma*, bestehend aus ›heben‹ + ›Großmutter‹), bedeutete also ursprünglich ›Großmutter oder alte Frau, die das Neugeborene aufhebt‹. Das Grundwort *-anna* wurde seit dem Ahd. zu *-amma* (›Amme‹) umgedeutet. *Hebamme* setzt sich schließlich im Nhd. gegenüber landschaftlichen Ausdrücken wie *Bade-, Hebe-, Kindermutter, weise Frau* oder *Wehmutter* (so von Luther geprägt) durch und wird allgemein gültige Berufsbezeichnung.

Hefe

›Pilzsubstanz als Gärungsmittel (bei der Herstellung alkoholischer Getränke) und als Treibmittel (für den Teig von Backwaren)‹
Das Wort steht in etymologischem Zusammenhang mit *heben*. Das erklärt die Verwendung des Wortes für ›Treibmittel‹ oder ›Hebemittel‹ (als das, was den Teig ›hebt‹).

Heide

›ebenes unbebautes Land, an Nährstoffen arm und mit niedrigen Sträuchern (z. B. Heidekraut, Kiefern, Wacholder) bewachsen‹; ›Anhänger einer nicht-christlichen Religion‹
Das Substantiv mit seiner ersten Variante findet sich in ähnlicher Bedeutung schon im Ahd. und Mhd. In älterer Zeit bezeichnete es ›unfruchtbares, wildbewachsenes Land‹, in der Regel unter Ausschluß des Waldes. Die Grundkomponente ›landwirtschaftlich wenig ertragreiche Landschaft‹ ist bis ins Nhd. erhalten geblieben (vgl. z. B. *Lüneburger Heide*), aber in Norddeutschland steht *Heide* auch für die auf kargen Sandböden wachsenden Kiefernwälder (vgl. z. B. *Rostocker Heide*). – In seiner 2. Bedeutungsvariante erscheint das Wort ebenfalls bereits im Ahd. und Mhd. (sowie in anderen germ. Sprachen). Es

kommt mit der gotischen Mission als Entlehnung aus dem Griech. ins Dt. (›zum fremden Volk gehörig‹). Im Nhd. tritt *Heide* zuerst md. im 14. Jh. auf, setzt sich im 16. Jh. durch und bezeichnet – vor allem in der Sprache der Bibel – den Nicht-Juden und Nicht-Christen, im Mittelalter und bis ins 16. Jh. speziell auch den Mohammedaner, in neuerer Zeit außerdem denjenigen, der dem Christentum fernsteht. *Heide-* erscheint überdies seit dem 19. Jh. als verstärkendes Bestimmungswort von Zusammensetzungen, wohl ausgehend von der Vorstellung des Ungezügelten, Furchterregenden und Schrecklichen, die als Bewertung mit dem *Heiden* verbunden war (z. B. *Heidenangst, Heidengeld, Heidenlärm*).

Heidelbeere

›Blaubeere‹

Die Zusammensetzung findet sich schon im Ahd. und Mhd. *Heidelbeere* bedeutete eigentlich ›die auf der Heide, im Kiefernwald wachsende Beere‹. Unter vielen anderen landschaftlich begrenzten Bezeichnungen für diese Beere (z. B. *Blau-* oder *Schwarzbeere*) ist *Heidelbeere* am weitesten verbreitet.

heimlich

›unauffällig, verborgen, geheim‹

Das Adjektiv geht zurück auf ein gleichlautendes ahd. Wort, das ursprünglich soviel bedeutete wie ›häuslich, einheimisch, heimatlich, vertraut‹, das eine von dem Substantiv *Heim* abgeleitete Bildung ist. Aus dieser alten Bedeutung ›häuslich, dem begrenzten häuslichen Kreis angehörend‹ entwickelte sich bereits im Mhd. die Bedeutung ›fremden Augen entzogen‹ und deshalb auch ›geheim, versteckt‹.

heiter

›hell, sonnig, klar, nicht trübe‹; ›fröhlich, unbeschwert, vergnüglich‹

Das Adjektiv findet sich lautgleich bereits im Ahd. und Mhd., bezog sich aber zunächst (nur) auf den wolkenlosen, klaren Himmel und den Glanz der Sonne (z. B. noch heute: *bei heiterem Himmel*), dann auch auf den Schein des Feuers und das Blinken glänzender Gegenstände (heute nicht mehr üblich). Seit dem 18. Jh. tritt übertragener Gebrauch im Sinne von ›fröhlich, unbeschwert‹ auf, d. h. es findet eine Übertragung von dem sinnlich wahrnehmbaren Bereich auf innere Zustände des Menschen statt (z. B. *heiteres Gemüt, heiterer Mensch*).

heizen

›Feuer anmachen (im Ofen), einen Raum erwärmen‹

Das Verb findet sich gleichlautend bereits im Ahd. und Mhd., ist eine Faktitivbildung zu *heiß* und bedeutet in älterer Zeit ›heiß machen‹.

Hektik

›fieberhafte Eile, nervöses Aufgeregt-Sein, überstürzte Betriebsamkeit‹

Das Substantiv und das entsprechende Adjektiv *hektisch* gehen zurück auf ein lautähnliches lat. und griech. Wort (›an Brustübeln leidend, fiebrig‹). In diesem Sinne war es ein geläufiger Ausdruck der medizinischen Wissenschaftssprache (lat. *febris hectica* erscheint in dt. Übersetzung als ›Schwindsucht‹ oder ›Lungenfieber‹ [18. Jh.]). Die Bezeichnung ist schließlich aus der medizinischen Fachsprache in die Allgemeinsprache übernommen worden; dabei wurde die Bedeutung übertragen von der physischen Krankheit auf ein menschliches Verhalten.

Held

›durch kühne Taten sich auszeichnender Mann‹; ›tapferer Kämpfer‹

Das Wort geht auf das Ahd. und andere germ. Sprachen zurück und wurde ursprünglich nur für den ›Krieger‹ verwendet. Alle Ableitungen und Zusammensetzungen von ihm gehören in die Sphäre des Krieges (z. B. *heldisch, heldenhaft, Heldentod*). Seit dem 18. Jh. trat eine Bedeutungserweiterung ein: Zunächst bezeichnet *Held* (unter dem Einfluß von engl. *hero*) auch die ›Hauptperson eines literarischen Werkes, einer Dichtung‹, danach schließlich auch allgemein den, ›der auf einem Gebiet Hervorragendes leistet‹. Im zuletzt genannten Sinne ist *Held* zu verstehen in Ausdrücken wie z. B. *Helden der Widerstandsbewegung, des Alltags, der Revolution* sowie in dem Ehrentitel »Held der Arbeit« (seit 1950 als staatliche Auszeichnung in der ehemaligen DDR verliehen für »herausragende Verdienste beim Aufbau des Sozialismus« – als Lehnübersetzung aus dem Russ. übernommen).

Heller

›kleines Geldstück‹

Die Bezeichnung geht zurück auf die frühere Reichsstadt *Schwäbisch-Hall,* wo das Geldstück (zuerst 1208) geprägt worden ist (mhd. *Haller pfenninc,* gekürzt dann *haller/heller,* seit dem 15. Jh. *Heller*). Es handelte sich ursprünglich um eine Silbermünze im Werte von einem Pfennig. Später war es in verschiedenen Gebieten (bis ins 19. Jh.) die kleinste Scheidemünze, in Österreich bis 1924 der hundertste Teil einer Krone, heute noch Übersetzung der entsprechenden tschech. Münze. Das Wort *Heller* findet sich im gegenwärtigen Dt. nur noch in einigen Wendungen (z. B. *auf Heller und Pfennig, nicht einen Heller wert sein*).

Hengst

›männliches Pferd‹

Die Bezeichnung findet sich schon im Ahd. und Mhd. (sowie in anderen germ. Sprachen), ihre Herkunft ist nicht ganz aufgeklärt. Möglicherweise ist sie eine Superlativbildung auf *-st* zu einem germ. Adjektiv im Sinne von ›am besten, am feurigsten Springender‹ (oder ›Bespringender‹?). Die Bedeutungskomponente ›springen‹ und ›schnell‹ liegt auch den Äquivalenten in anderen idg. Sprachen zugrunde.

Herberge

›einfaches Gasthaus mit Übernachtungsmöglichkeit, billige Unterkunft‹

Das Substantiv ist nur im Dt. und im Nl. heimisch, findet sich aber lautähnlich bereits im Ahd. und Mhd. Es ist ursprünglich eine Zusammensetzung aus *Heer + bergen,* bedeutet also eigentlich ›ein das Heer bergender Ort‹. Über ›Heer- und Feldlager‹ (so schon ahd. und mhd.) entwickelte sich die Bedeutung zu ›Unterkunft für eine Schar und für einen einzelnen Fremden‹ und schließlich zu ›Haus, in dem Fremde für die Nacht Unterkunft finden, Gast- und Logierhaus‹ (vgl. z. B. *Jugendherberge, Herbergen* auf der Rennsteig-Wanderroute).

Herbst

›Jahreszeit zwischen Sommer und Winter‹

Das Substantiv findet sich lautgleich oder -ähnlich schon im Ahd. und Mhd. (sowie in anderen germ. Sprachen) und bedeutete dort ursprünglich ›Ernte, Erntezeit‹. Auch in anderen idg. Sprachen gibt es ähnliche Bildungen, die auf den Sinn ›Zeit der Ernte, der Früchte‹ oder ›Zeit des Pflückens‹ hindeuten.

Herd

›häusliche Feuerstelle, Kochstelle‹

Das Substantiv findet sich bereits im Ahd. (dort ›Feuerstelle, Erdboden‹) und im Mhd. (›Feuerstätte, Haus, Wohnung‹). Ursprünglich bestand die Feuer- und Kochstätte wohl nur aus festgestampftem Erdboden in der Mitte des Raumes (zugleich Mittelpunkt und Symbol menschlicher Behausung). Erst später bezeichnete *Herd* – entsprechend dem Fortschritt der Technik – (wie heute) einen spezifischen großen Ausstattungsgegenstand in der Küche zum Zwecke des Kochens, Bratens, Backens usw. Auf die ältere Vorstellung geht indes der übertragene Gebrauch von *Herd* im Sinne von ›Ausgangspunkt, Zentrum‹ zurück (z. B. *der Herd der Krankheit, der Revolte, Eiter-, Gefahrenherd*).

hermetisch

›undurchdringlich, dicht verschlossen; luft- und wasserdicht‹

Das meist adverbial verwendete Adjektiv (vgl. z. B *hermetisch verschließen/abriegeln*) geht auf ein lat. Adverb zurück, das zum Namen des Urhebers alchimistischer Weisheit *Hermes Trismegistos* gebildet worden ist. Dieser sagenhafte ägyptische Weise soll die Kunst erfunden haben, eine Glasröhre mit einem geheimnisvollen Siegel (›hermetisches Siegel‹) luftdicht zu verschließen.

Heroin

›starkes, suchterzeugendes, weißes, pulvriges Rauschgift‹

Die Bezeichnung für das Diazetylmorphin hat H. Dreser 1898 eingeführt (als gelehrte Kunstwort-Bildung zu *Heros* oder *Heroe*). Der Stoff sollte ursprünglich Morphin und Kodein als Arzneimittel ablösen.

Herr

›erwachsener männlicher Mensch‹, auch Anrede dafür

Ursprünglich steht *Herr* nur zur Bezeichnung des ›Höhergestellten, Ranghöchsten‹ (in einer militärischen Einheit, einer Verwaltungsbehörde, einer kirchlichen Gemeinde o. ä.), dann (zuerst im 8. Jh. im Frankenreich) für ›Feudalherr‹, ›König‹ (als obersten Feudalherrn), ›hoher kirchlicher Würdenträger‹ (sofern mit feudalem Besitz ausgestattet), übertragen auch auf Gott sowie die soziale Hierarchie in der

Familie. Später wurde es zur Anrede des adligen Feudalherrn vor Namen, in der weiteren Entwicklung dann ausgeweitet auf bürgerliche Räte, Bürgermeister u. ä. Erst seit dem 18. Jh. gilt *Herr* als allgemeine Bezeichnung und Anrede unabhängig vom Stand (so wie heute).

herrlich

›hervorragend, ausgezeichnet‹

Das Wort findet sich bereits im Ahd. und Mhd., ist ursprünglich eine Ableitung von *hehr,* wird jedoch (vereinzelt schon im Ahd.) dann mit *Herr* in Verbindung gebracht. Deshalb treten in älterer Zeit auch beide Schreibungen auf *(hehrlich – herlich). Herrlich* bedeutete zunächst – ähnlich wie *hehr* – soviel wie ›erhaben, hervorragend‹ und nahm unter dem Einfluß von *Herr* im Mhd. und Frühnhd. auch den Sinn von ›herrenmäßig, herrisch‹ an. In der Gegenwartssprache schließlich steht es für ›außerordentlich gut oder schön‹ (vgl. z. B. *herrliches Wetter, herrliches Brautkleid*).

Herrschaft

›Machtausübung, Regierung, Macht ausübende Person‹

Das Wort findet sich bereits im Ahd. und Mhd., dort in der Bedeutung von ›Hoheit, Würde, Herrenwürde, ehrenvolles Amt, Obrigkeit‹. Es ist eine Ableitung von dem alten Adjektiv *hehr,* hat sich aber in der Bedeutung seit dem Mhd. an *Herr* angelehnt. Anfangs wurde es mit *r,* nun mit *rr* geschrieben (so z. B. bei Luther). Entsprechend hat sich die Bedeutung von *Herrschaft* verlagert; von ›Würde‹ zu ›Regierung, Gewalt- und Machtausübung eines Herrn‹.

Heu

›abgemähtes, getrocknetes Gras‹

Das Substantiv geht auf ein lautähnliches und bedeutungsgleiches ahd. und mhd. Wort zurück, das eine Substantivierung des Verbs *hauen* ist. Folglich bedeutet *Heu* eigentlich ›das Gehauene‹ oder ›das zu Hauende‹ (vgl. *das Heu hereinholen, ins Heu gehen*).

heuer

›in diesem Jahr‹

Das vor allem im Obd. geläufige Wort findet sich schon im Ahd. und Mhd. Es ist eine Zusammenziehung aus der Instrumentalform **hiu jaru* (›in diesem Jahr‹). Davon abgeleitet sind *heurig* (›diesjährig‹) und *der Heurige* (›der Wein der letzten, d. h. diesjährigen Lese‹).

heute

›an diesem (angebrochenen) Tage, gegenwärtig‹

Das Wort ist bereits im Ahd. vorhanden und ist entstanden aus der Zusammenziehung eines Demonstrativpronomens *(dieses)* und des Substantivs *Tag* (also ›dieses Tages‹). Das entspricht bereits genau der heutigen Bedeutung.

Hexenschuß

›plötzlicher Schmerzanfall im Bereich der Lendenwirbelsäule‹

Das Wort taucht erst im 16. Jh. auf und ist wohl motiviert durch das plötzliche Auftreten – auf Grund eines Vergleichs mit einem Schuß von Zauberhand (und insofern besteht ein Zusammenhang mit *Hexe* und *Hexerei*).

Hieb

›starker Schlag (mit einem Werkzeug oder einer Waffe)‹

Das Substantiv ist abgeleitet aus dem Präteritum des Verbs *hauen*. Anfangs (15. Jh.) bezeichnete *Hieb* das Recht, in einem bestimmten Waldgebiet Holz zu schlagen (zu ›hauen‹). Danach wird es zum Ausdruck der Fechtersprache; aus ihr stammt auch die Wendung *hieb- und stichfest* (›gesichert gegen Hieb- und Stichwaffen‹ und – übertragen – ›unanfechtbar, stichhaltig‹). Heute ist *Hieb* synonym zu *Schläge, Prügel* gebräuchlich (vgl. *Hiebe bekommen*).

Himbeere

›saftige und wohlschmeckende rote Beere‹

Das Wort findet sich lautähnlich bereits im Ahd. und Mhd., bedeutete eigentlich ›Beere der Hinde (Hirschkuh)‹. Das Motiv für die Benennung ist nicht geklärt: Möglicherweise liegt die Vorstellung zugrunde, daß die Hirschkuh diese Beere gern frißt oder daß sie sich mit ihren Jungen vor den Fliegen im Himbeerstrauch versteckt.

Hiobspost (Hiobsbotschaft)

›Unglücksbotschaft, Schreckensnachricht‹

Das Wort wurde im 18. Jh. aus dem Namen *Hiob* gebildet, einer vom Unglück verfolgten Gestalt aus dem Alten Testament (Buch Hiob 1, 14–19). Mehrere Boten sollen Hiob mehrere Unglücksnachrichten überbracht haben. *Post* ist dabei im alten Sinne von ›Botschaft, Nachricht‹ gebraucht. Der Gebrauch von *Hiobspost* in Goethes »Götz von Berlichingen« hat zu seiner Verbreitung beigetragen, heute steht dafür meist *Hiobsbotschaft*.

Hobby

›Liebhaberei, Freizeitbeschäftigung‹

Das Wort wurde im 20. Jh. als gleichlautendes und gleichbedeutendes engl. Wort übernommen, das auf eine ältere Form mit der Bedeutung ›(kleines) Pferd‹ zurückgeht. *Hobby-horse* war ein Kinderspielzeug, das aus einem Stock mit hölzernem Pferdekopf bestand. Die Bezeichnung wurde übertragen vom Spielzeug auf ›Neigung, Liebhaberei‹; dabei wurde die Kurzform *hobby* üblich.

Hochmut

›übersteigertes Selbstgefühl, Überheblichkeit‹

Das Wort kommt bereits im Ahd. lautähnlich vor, aber ursprünglich in der Bedeutung von ›hohe, edle Gesinnung, Hochstimmung, Freude‹. Erst später entwickelte sich der heutige Sinn mit seiner negativen Bewertungskomponente (z. B. *Hochmut kommt vor dem Fall.*).

Hochzeit

›Fest der Eheschließung‹

Das Wort kommt bereits im Mhd. und in anderen germ. Sprachen vor, hatte jedoch ursprünglich die Bedeutung von ›hohes (kirchliches) Fest, Feiertag‹ (die für nhd. *Hochzeit* noch im 17. Jh. nachweisbar ist). Nach dem 17. Jh. erscheint das Wort nur noch in dem heutigen – verengten – Sinne.

Hokuspokus

›Taschenspielerei, Zauberkunststück, Blendwerk, Unfug‹; ›(Teil einer) Zauberformel‹

Das Wort taucht zuerst in England auf (im 17. Jh.), und zwar als Bezeichnung für einen ›Taschenspieler‹, danach als Zauberformel und als Eigenname im Titel des Buches von *Hocus Pokus junior, The Anatomic of Legerdemain* (1634), das auch ins Nd. und ins Dt. übersetzt worden ist (ins Dt. 1667 unter dem Titel *Hocus Pokus junior oder Taschenspielkunst*).

Homöopathie

›(wissenschaftlich nicht begründetes) Heilverfahren‹

Das Verfahren beruht auf einem (im Volksglauben verwurzelten) Grundsatz, daß Gleiches durch Gleiches geheilt werden könne. Deshalb gibt man dem Kranken kleinste Dosen solcher Mittel, die – wenn man sie dem Gesunden in größeren Mengen verabreicht – gerade die Krankheit hervorrufen, die man beim Kranken bekämpfen will. Die Bezeichnung der Behandlungsmethode ist eine Wortschöpfung ihres Begründers, des Leipziger Arztes S. Hahnemann (1796). Sie geht zurück auf das Griech. (dort *hómoios* ›gleich, gleichartig‹ + *páthos* ›Leid, Krankheit‹).

Honigmonat, Honigmond

›Flitterwochen‹

Die Zusammensetzung ist im 18. Jh. nach gleichbedeutenden frz. und engl. Wörtern gebildet worden, gilt heute bereits wieder als veraltend. Die engl. Bildung *honeymoon* (16. Jh.) ist anfangs von der Vorstellung ausgegangen, daß die Zuneigung eines jungen Paares wie die Mondphasen wechsele.

Honorar

›Vergütung für freiberuflich ausgeübte Tätigkeit‹

Das Substantiv geht auf das Lat. zurück (*honōrārium* ›Anerkennung für geleistete Dienste, Ehrensold‹), wurde im 16./17. Jh. zunächst unverändert ins Dt. übernommen (bevor im 18. Jh. die lat. Endung abgestoßen wurde). Zu den wichtigsten Bedeutungskomponenten von *Honorar* gehören die ›freiberufliche Tätigkeit‹(im Unterschied etwa zu *Gehalt* und *Lohn*) und die ›Ehre‹ (lat. *honor*) (vgl. z.B. *Künstlerhonorar, Arzthonorar*).

hören

›mit dem Ohr wahrnehmen‹

Das Wort findet sich bereits lautgleich im Ahd. und Mhd. (lautähnlich auch in anderen germ. Sprachen). Es stand zunächst für das ›unwillkürliche Wahrnehmen mit dem Ohr‹. Später hat es dann auch die Bedeutungen von ›absichtlich vernehmen‹ (z.B. *eine Rede, ein Konzert hören* – vgl. engl. *listen* im Unterschied zu *hear*) und die von ›gehorchen‹ (z.B.: *Wer nicht hören will, muß fühlen.*) angenommen.

Horde

›Gruppe zusammenlebender Familien, Stammesbund bei Naturvölkern‹; ›ungeordnete umherstreifende wilde Truppe, zügelloser Haufen‹

Die Wortform hat eine lange Entwicklung (z.B. vom Mongol., Lat., den Turk- und Balkansprachen her), wurde aus den slaw. Sprachen im 15. Jh. im Ordensgebiet des Dt. entlehnt (später wohl nochmals aus dem Russ.). *Horde* bedeutete zunächst ›Tatarenverband, Menschenansammlung‹, dann (im 16. Jh.) – mit negativer Bewertung – ›Kriegsleute, Haufen, Soldatenrotte‹ und schließlich (seit dem 18. Jh. generell bis heute) – ebenfalls mit negativer Bewertung – ›ungeordnete Menge, zügellose Schar‹.

Hornberger Schießen

Die Wendung *Es ging aus wie das Hornberger Schießen* in der Bedeutung ›Es verlief ergebnislos‹ soll auf einem Schildbürgerstreich der *Hornberger* beruhen (der Bewohner von *Homberg*, einer kleinen

Stadt und einem Luftkurort im Schwarzwald): Die *Hornberger* wollten einen Herzog mit Schießen begrüßen, hatten aber – als der Herzog erschien – kein Pulver.

hosianna

›hilf doch!‹

Die Interjektion ist aus einem lautgleichen Imperativ im Hebr. (›hilf doch!‹) über die entsprechenden griech. und lat. Wörter in die europäischen Sprachen gekommen. *Hosianna* war der beim Einzug von Jesus in Jerusalem zu vernehmende Willkommens- und Jubelruf, der ursprünglich (vgl. Psalm 118, 25) eine Bitte um bleibende Hilfe nach einem Sieg war, später dann ein freudiger Zuruf zu Ehren Gottes oder des Königs wurde.

Hostess

›Begleiterin, Betreuerin, Führerin von Gästen und Besuchern‹

Das Substantiv wurde im 20. Jh. als gleichlautendes engl. Wort entlehnt, das jedoch ursprünglich ›Gastgeberin, Gastwirtin‹ bedeutete.

hübsch

›schön aussehend, von gefälligem Äußeren‹

Das Adjektiv geht auf das Ahd. und Mhd. zurück, ist ursprünglich eine Ableitung von *Hof* und bedeutete soviel wie ›höfisch, hofgemäß, fein, gesittet, unterhaltend‹. Seit dem 15. Jh. begegnet *hübsch* in der heutigen – mehr auf das äußere Ansehen bezogenen – Bedeutung von ›fein aussehend, gefallend, schön‹.

Humanität

›Menschlichkeit, menschliche Würde, menschenwürdiges Denken und Handeln‹

Das Substantiv wurde im 16. Jh. aus dem Lat. entlehnt (*hūmānitās* ›menschliche Natur, Menschheit, Menschenfreundlichkeit, Milde, feine Bildung‹). Im Sinne von ›gelehrte Kenntnis, höhere Bildung, freie Entfaltung aller menschlichen Geisteskräfte‹ wurde *Humanität* zum Losungswort des aus der Renaissance hervorgegangenen *Humanismus* (als geistesgeschichtliche Epoche); es bezog sich – besonders in der dt. Klassik (z. B. bei Herder) – sowohl auf umfassende Bildung als auch auf höchstes sittliches Verhalten der Menschen.

Humor

›heitere Gelassenheit als Grundhaltung gegenüber dem Dasein, Sinn für Komik, gute Laune‹

Das Substantiv geht auf ein gleichlautendes lat. Wort zurück, das volksetymologisch an *humus* (›Erde‹) angeschlossen wurde und soviel bedeutete wie ›Feuchtigkeit, Flüssigkeit, Naß‹. In der mittelalterlichen Medizin steht es für ›Körpersaft‹ und bezeichnet jene vier angenommenen Grundsäfte des Körpers, die nach der hippokratischen Lehre die vier Temperamente bewirken sollen. Im Anschluß daran gilt es auch für ›Gemütslage, Laune, Charakter‹. In diesem Sinne wird es im 16. Jh. ins Dt. übernommen. Auf dieser Basis (und einer erneuten Entlehnung, diesmal aus dem Engl.) entwickelte sich schließlich *Humor* zu einer Bezeichnung für jene – nun eindeutig positiv bewertete – Wesensart des Menschen, die Heiterkeit, Belustigung und Spaß hervorruft und ausstrahlt.

Hüne

›Riese; großer, starker Mann‹

Das Substantiv kommt seit dem 17. Jh. durch norddt. Schriftsteller (z. B. Bürger, Voß, später Wieland) in die dt. Literatursprache. Die nd., aber auch die entsprechenden ahd. und mhd. Formen hatten zunächst aber die Bedeutung von ›Angehöriger eines östlichen Volkes, Hunne, Ungar‹. Die Bezeichnung geht wohl zurück auf den einheimischen Namen (z. B. lat. *Hūni*, griech. *Chū́noi*) des innerasiatischen nomadisierenden Turkvolkes, das nach der Zerschlagung des ostgotischen Reiches (375) in der Theißebene ein Großreich bildete.

huschen

›sich schnell und lautlos fortbewegen‹

Das im 18. Jh. im Dt. auftretende Verb ist eine Ableitung von der lautmalenden Interjektion *husch* (15. Jh.), die zur Schnelligkeit auffordert und deshalb auch als Ruf verwendet wird, jmdn. (z. B. auch ein Tier) wegzuscheuchen.

hypochondrisch

›schwermütig, an einer eingebildeten Krankheit leidend‹

Das Adjektiv geht zurück (17. Jh.) auf ein lautähnliches Wort im Griech. und Lat., das ursprünglich die Bedeutung hatte ›krank am Unterleib, unter dem Brustknorpel, unter dem Herzen‹. Vom Unterleib und dessen Organen gehen nach Vorstellungen der antiken Medizin die Gemütskrankheiten aus. Daraus hat sich die (heutige) übertragene Bedeutung ergeben. *hypochondrisch, Hypochonder* und *Hypochondrie* wurden anfangs nur auf Männer bezogen – im Unterschied zu *hysterisch, Hysteriker* und *Hysterie*.

hysterisch

›übertrieben leicht erregbar, übertrieben erregt‹

Das Adjektiv ist im 18. Jh. aus dem Griech. und Lat. entlehnt worden; die entsprechenden lautähnlichen Wörter hatten dort die Bedeutung ›die Gebärmutter betreffend, von ihr herkommend‹. Davon abgeleitet wird im 19. Jh. *Hysterie* als ›Krankheit mit übersteigerten Ausdruckserscheinungen‹, als ›Neurose, bei der neben psychischen Störungen auch körperliche Beschwerden ohne nachweisbare organische Ursachen bestehen‹. Vorher schon war *Hysterie* ein Terminus der Medizin im allgemeinen Sinne als ›körperliches und psychisches Unwohlsein bei Frauen‹ (18. Jh.). Die Bezeichnung erklärt sich daraus, daß in der Antike (und z. T. bis ins frühe 19. Jh.) die Vorstellung bestand, daß krankhafte Veränderungen an der Gebärmutter die Ursache derartiger Leiden seien. Deshalb hielt man bis zur Entwicklung der Neurosenlehre (Ende des 19. Jhs.) *Hysterie* als eine nur bei Frauen auftretende Krankheit.

Ideologie

›System von gesellschaftlichen (politischen, ökonomischen, juristischen, künstlerischen, moralischen, philosophischen u. a.) Anschauungen, die durch bestimmte Interessen bedingt sind und entsprechende Verhaltensnormen, Denkweisen und Wertungen zur Folge haben‹

1796 wird von dem Franzosen Destutt de Tracy (nach dem Muster des Griech.) der Begriff *idéologie* (›Ideenlehre‹) geprägt für eine philosophische Richtung, die – anknüpfend an Condillac – durch die Analyse der physiologischen und psychischen Organisation des Menschen, durch die Analyse des Inhalts ihrer Vorstellungen praktische Regeln für Erziehung, Recht, Moral und Politik zu gewinnen suchte. Das rief den Widerspruch von Napoleon I. hervor, der seinerseits den Ausdruck *Ideologie* als eine Art Schimpfwort mit der spöttischen Bedeutung ›unpraktische Schwärmerei‹ verwendet. In diesem (negativ bewerteten) Sinne wird das Wort im 19. Jh. in Deutschland bekannt. Im Gegensatz dazu knüpfen Marx und Engels an den ursprünglichen Inhalt der frz. Bezeichnung an und definieren *Ideologie* als ›Gesamtheit der gesellschaftlichen Anschauungen einer bestimmten Klasse in Abhängigkeit von der jeweiligen ökonomischen Basis‹. Dieser marxistische Ideologiebegriff ist gebunden an die Auffassung, daß das gesellschaftliche Bewußtsein das gesellschaftliche Sein widerspiegelt, daß die Ideologie in der Klassengesellschaft die historisch-gesellschaftliche Lage und die Interessen von Klassen zum Ausdruck bringt, also immer Klassencharakter trägt. Entsprechend wird die sozialistische Ideologie als positiv, werden die Ideologien anderer Klassen als negativ, als »unwissenschaftlich« bewertet. Ganz im Gegensatz dazu werden in anderen (zumeist positivistisch orientierten) Philosophien (z. B. Popper) *Ideologie* und *Wissenschaft* streng getrennt: Die *Ideologie* erscheint als »verkehrtes Bewußtsein«, als politisches Zweckbewußtsein; alle weltanschaulichen Aussagen, Wertungen, Normen und Parteinahmen werden als subjektive, theoretisch nicht begründbare Elemente der wissenschaftlichen Erkenntnis entgegengesetzt: Weil sie »Trugbilder« sind, werden sie – bei dieser Interpretation – eindeutig als negativ bewertet und abgelehnt (im Sinne einer »Entideologisierung« der Wissenschaft).

Idiot

›Schwachsinniger‹; allgemeiner auch ›Trottel, Dummkopf‹

Das Wort kommt aus dem Lat. (und Griech.) und bedeutete dort zunächst ›Privatperson, einer aus dem Volk, der einfache und ungelehrte Mann, der Laie‹. Allerdings bezeichnet *Idiot* auch schon in den antiken Sprachen geringschätzig den ›Stümper, Pfuscher‹. Im 16. Jh. ins Dt. entlehnt, steht das Wort zunächst im alten griech.-lat. Sinne für ›Laie, ungelehrter, ungebildeter Mensch‹ (so bis ins 19. Jh.), daneben auch für ›Stümper‹ (seit dem 18. Jh.). Die heutige

Bedeutung (›Narr, Blöd-, Schwachsinniger‹) kommt zuerst im Engl. auf und setzt sich erst im 19. Jh. im Dt. durch.

imaginär

›nur in der Vorstellung bestehend, nicht wirklich‹

Das Adjektiv ist als gleichlautendes und -bedeutendes frz. Wort übernommen worden, ist eine Ableitung von lat. *imāgo* (›Bild‹). Es wurde zunächst von Descartes im 18. Jh. in die Sprache der Mathematik eingeführt – in der Fügung *imaginäre Zahl* (als ›komplexe Zahl, die nicht real ist‹). So wurde *imaginär* anfangs auch im Dt. geläufig. Die (heutige) allgemeine Verwendung im Sinne von ›nur vorgestellt, aber nicht wirklich‹ setzt erst im 19. Jh. ein (ebenfalls nach frz. Muster).

immanent

›einer Sache selbst innewohnend, in der Sache selbst liegend‹

Das Adjektiv wurde im 18. Jh. entlehnt und geht zurück auf das Lat. (dort bereits in der gleichen Bedeutung). Seit der mittelalterlichen Scholastik bezeichnet *immanent/Immanenz* das, ›was innerhalb von etwas wirksam ist, ihm selbst innewohnt und nicht darüber hinausgeht‹ – im Gegensatz zu *transzendent/Transzendenz* (›über Erkenntnis bzw. Erfahrung hinausgehend‹).

immer

›ständig, stets, jederzeit‹

Das Adverb taucht lautähnlich bereits im Ahd. und Mhd. auf, ist entstanden als Zusammenrückung von *je + mehr* und bezog sich anfangs ausschließlich oder vornehmlich auf die Zukunft (›künftig irgend einmal, jetzt und künftig‹). Die Bedeutung hat sich danach erweitert zu ›jederzeit‹, d.h. einschließlich Gegenwart und Vergangenheit.

Imperialismus

›Kaiserherrschaft‹; ›expansives Großmachtstreben‹

Das Wort geht zurück auf das Lat. (*imperium* ›Herrschaftsgewalt, Reich, Staat‹) und bezeichnete zunächst (im 19. Jh.) allgemein die ›Kaiserherrschaft‹ (nach lat. *imperiālis* ›die Staatsgewalt betreffend, kaiserlich‹), besonders die Regierungsform autoritärer Militärmonarchien (z.B. Napoleon I. und III.). Unter dem Einfluß des engl. Wortes (Ende des 19. Jh.) bezeichnet es dann – mit negativer Bewertung – (am Anfang bezogen auf die kolonialistische Expansionspolitik Englands) ›Expansionsbestrebungen von Großmächten, Weltmachtpolitik, Streben nach politischer, ökonomischer und militärischer Ausdehnung‹ allgemein.

impertinent

›ungehörig, unverschämt, respektlos, frech‹

Das Adjektiv geht auf das Lat. zurück, bedeutete dort aber ursprünglich soviel wie ›nicht dazugehörig‹ (so auch in der mlat. Rechtssprache in dem Sinne von ›nicht dazugehörige und deshalb nicht sachdienliche Fragen‹). Daraus entwickelte sich die Bedeutung ›unangemessen, töricht, unpassend‹. Das Wort wurde im 17. Jh. ins Dt. entlehnt und nahm dann – außerhalb der juristischen Sphäre – allmählich die (heutige) Bedeutung von ›frech, unverschämt‹ an.

impfen

›Krankheitserreger in abgeschwächter Form bzw. Schutzmittel zur Immunisierung in den Körper bringen‹

Das Verb findet sich lautähnlich bzw. -gleich schon im Ahd. und Mhd., aber dort in der Bedeutung von ›pflanzen, hineinbringen, pfropfen‹. Bei der Berührung mit der römischen Kultur lernten die Germanen auch das Veredeln und Pfropfen von Obstgehölzen kennen; sie übernahmen mit der Sache auch die Bezeichnung dafür. In der Bedeutung entsprach dem das engl. Wort *inoculate*, das zunächst (im 18. Jh.) – mit der Erfindung der Blatternschutzimpfung – zum medizinischen Ausdruck für das Einbringen von Krankheitserregern in den Körper zum Zwecke der Erzeugung von Abwehrstoffen wird. In der 2. Hälfte des 18. Jh. tritt dafür im Dt. *impfen* ein und verdrängt das anfänglich vorherrschende *inokulieren*.

Imponderabilien

›unberechenbare Einflüsse, Stimmungen‹

Im 18. Jh. haben engl. Physiker im Anschluß an das Lat. (*ponderābilis* ›wägbar‹) ein engl. Adjektiv und Substantiv gebildet, um Eigenschaften zu bezeichnen von sinnlich wahrnehmbaren, aber doch ›nicht wägbaren‹ Stoffen, aus denen – nach damaliger Vorstellung – Elektrizität und Licht zusammengesetzt sind. Anfang des 19. Jhs. wurde *imponderabel* und *Imponderabilien* aus dem Engl. (oder dem Frz.) ins Dt. entlehnt, allerdings mit deutlicher Erweiterung der Bedeutung zu ›nicht kalkulierbare politische und geistige Kräfte‹.

imprägnieren

›zum Schutz (vor Nässe oder Zerfall) mit chemischen Flüssigkeiten tränken‹

Das Verb wurde im 16. Jh. aus dem Lat. übernommen, bedeutete dort allerdings ›schwängern‹. Es wurde zunächst in die dt. Rechtssprache entlehnt. Aus einem übertragenen Gebrauch im Lat. (›durchdringen, erfüllen, sättigen‹) ergab sich Ende des 17. Jhs. der heute allein übliche Sinn (als technischer Terminus).

Imprimatur

›Druckerlaubnis‹

Das Substantiv geht zurück auf lat. *imprimātur* (›es werde gedruckt‹). Es war der übliche Vermerk des Bücherzensors und ist vor allem in der Druckersprache üblich. Im 18. Jh. bezeichnet *imprimatur* die ›Druckerlaubnis‹ der Zensur, später die des Autors für ein druckfertiges Manuskript bzw. einen durchkorrigierten Abzug.

Industrie

›maschinelle Großproduktion, Gesamtheit der Fabrikbetriebe‹

Das Substantiv wird im 18. Jh. aus dem Frz. übernommen und hatte dort – im Anschluß an lat. *industria* (›beharrliche Tätigkeit, Energie, Fleiß‹) – die Bedeutung zunächst von ›Gewerbefleiß‹, später von ›gewerblicher, maschineller Fabrikation, Großgewerbe‹; mit dieser Bedeutung ist es ins Dt. übernommen worden. Die moderne Warenproduktion hat dann zu der heutigen Bedeutungsspezifizierung geführt.

infam

›niederträchtig, abscheulich, ehrlos‹

Das Adjektiv wurde am Ende des 17. Jhs. aus lat. *īnfāmis* (›berüchtigt, verrufen, ehrlos‹) zunächst in die Rechtssprache entlehnt (in der Bedeutung ›bürgerlich ehrlos‹). Diese Bedeutung hat sich später – wohl unter Einfluß von frz. *infâme* – weiterentwickelt zu ›schlecht, schändlich‹. Das lat. Adjektiv ist gebildet worden zu dem Substantiv *fāma* (›Gerede, öffentliche Meinung, [guter oder schlechter] Ruf‹) und bezeichnet – mit dem Negationselement *in-* – eigentlich den, ›der keine *fāma* hat‹, der ›ohne Nachrede‹, besonders aber ›ohne guten Ruf‹ und deshalb ›verrufen‹ ist.

infernalisch

›teuflisch, höllisch‹

Das Wort wurde im 16. Jh. aus dem Lat. entlehnt (*īnfernālis* spätlat. ›unterirdisch‹; *infernus* kirchenlat. als Substantiv für ›Hölle‹). Darauf beruht das ital. *inferno* (›Hölle‹), das den 1. Teil von Dantes »Göttlicher Komödie« nach dem Schauplatz bezeichnet. Daraus ergab sich das nhd. *Inferno* in der Bedeutung von ›Unterwelt, Hölle‹ und schließlich – in übertragenem Sinne – von ›schreckliches, unmenschliches Geschehen‹.

Inflation

›Geldentwertung‹

Das Wort kommt aus dem Engl. und bedeutete dort – wie im Lat. – eigentlich ›Aufblähung, Aufblasen‹. Auf Grund der Vorstellung einer aufgeblähten Summe des umlaufenden Geldes wurde im Amerik.-Engl. das Substantiv übertragen auf eine (vom Staat gesteuerte) ›übermäßige Vermehrung des (nicht einlösbaren) Papiergeldes bei gleichzeitiger Erhöhung der Preise‹. In diesem Sinne wurde das Wort im 19. Jh. ins Dt. entlehnt. Der Prozeß der Inflation, der Erhöhung (und ›Aufblähung‹) des Geldumlaufs, der die Deckung überhöhter Staatsschulden ermöglichen soll, begegnet dem Menschen praktisch vor allem als ›Geldentwertung‹. Das Adjektiv *inflationär* findet sich auch in übertragener Bedeutung (z. B. *die inflationäre Verwendung eines Wortes*).

Influenza

›Virusinfektion, Grippe‹

Das Substantiv geht zurück auf ein gleichlautendes ital. Wort, das eigentlich ›Fließendes, Beeinflussung, Einfluß der Gestirne‹ bedeutete (vgl. auch engl. *influence*). Anfang des 16. Jh. entwickelte es im Ital. unter dem Eindruck des plötzlichen, unerklärbaren und daher dem Wirken der Gestirne zugeschriebenen Auftretens von Seuchen die Bedeutung ›Ausbruch einer ansteckenden Krankheit, Ansteckung‹. Später bezeichnet es epistemische Erkrankungen jeder Art, schließlich (Mitte des 18. Jhs.) im spezielleren Sinne ›Grippe‹. Seit den 80er Jahren des 18. Jhs. kommt das Wort *Influenza* im Dt. auf (auf Grund einer sich von Italien her in Europa ausbreitenden Grippeepidemie), wird im 20. Jh. aber dann wieder weitgehend durch *Grippe* verdrängt.

inhalieren

›intensiv einatmen‹

Das Wort geht zurück auf lat. *inhālāre*, das ursprünglich die Bedeutung von ›zu-, anhauchen‹ hatte. Es wurde im 19. Jh. ins Dt. übernommen; im Dt. verschob sich (wie im Frz.) jedoch die Bedeutung zu ›einatmen‹, vorwiegend bezogen auf die Einatmung von Dämpfen und Gasen zu therapeutischen Zwecken.

inserieren

›eine Anzeige in einer Zeitung veröffentlichen, annoncieren‹

Das Verb wurde im 16. Jh. aus dem Lat. entlehnt (*īnserere* ›[hin]einfügen‹), bedeutete dort eigentlich ›einen erklärenden Vermerk in Aktenstücke einfügen‹. Im 18. Jh. entstand die neue (heutige) Bedeutung – im Zusammenhang mit der Entwicklung des Zeitungswesens. Zum Verb *inserieren* gehört als Substantiv *Inserat* (›Anzeige in einer Zeitung‹).

Interview

›Befragung bekannter Persönlichkeiten durch Journalisten‹ (besonders für die Massenmedien)

Das Wort wird um 1870 aus dem Engl. übernommen (dort eigentlich ›Zusammenkunft, Unterredung‹), geht von dort aber auf das Frz. zurück (dort ebenfalls ›Zusammenkunft‹, als Ableitung von einem Verb mit der Bedeutung ›sich flüchtig sehen, treffen‹). Die heute übliche Bedeutung entwickelt sich erst im Zusammenhang mit den journalistischen Arbeitsmethoden (besonders im Amerik.-Engl.).

Intuition

›Eingebung, ahnendes Erfassen, Erkenntnis ohne wissenschaftliche Reflexion‹

Das Wort kommt im 18. Jh. als Wort in Gebrauch, das dem Lat. entstammt und ursprünglich ›das Erscheinen des Bildes im Spiegel‹, später dann ›geistiges Schauen‹ und (in der scholastischen Philosophie) ›durch Schauen (nicht durch Denken) erworbene Kenntnis‹ bedeutete.

intus

›innen, inwendig‹

Das Adverb ist auf die Umgangssprache beschränkt und stammt aus der Studentensprache (seit dem 19. Jh.). Es kommt nur in der Wendung *etw. intus haben* vor, d. h. ›etw. gegessen oder getrunken haben‹ oder ›etw. gelernt und verstanden haben‹.

investieren

›in ein Amt einsetzen‹; ›(Kapital) anlegen‹

Das Verb erscheint bereits im Spätmhd. in der Bedeutung ›feierlich einsetzen‹ (im Anschluß an das Lat. ›mit einem feierlichen Gewand, dem Zeichen der Amtswürde, bekleiden‹ – vgl. lat. *vestis* ›Kleid, Gewand‹). Abgeleitet davon ist *Investur* für die ›Einsetzung in ein (kirchliches) Amt‹, vor allem für die Einsetzung eines Bischofs durch Papst oder Kaiser. Die 2. Bedeutungsvariante (›Kapital anlegen‹) läßt sich erst im 19. Jh. im Dt. nachweisen, ist heute aber häufiger und geht auf ein gleichbedeutendes ital. Wort zurück. Im heutigen Dt. wird sie nicht nur auf Kapital bezogen (z. B. *sein Geld in ein Auto investieren*), sondern auch auf Abstrakta übertragen (z. B. *Mühe, Kraft, Zeit investieren*). Das zugehörige Substantiv *Investition* knüpft daran an (z. B. *die Investitionen von Siemens in China, vergebliche Investitionen an Zeit und Kraft*).

irre

›unsicher, zweifelnd‹; ›verwirrt, geistesgestört‹

Das Adjektiv findet sich bereits im Ahd. und Mhd. (sowie in anderen germ. Sprachen), und zwar in der Bedeutung ›umherschweifend, verirrt, unwissend, vom rechten Wege abgekommen‹. Es steht wohl auch im Zusammenhang mit lat. *errāre* (›umherirren, sich verirren‹). Das nhd. *irre* im Sinne von ›geistig verwirrt, geisteskrank‹ (seit dem 17. Jh.) ist hervorgegangen aus der älteren Bedeutung ›verwirrt, geistig vom rechten Wege abgekommen‹, diese wieder aus der noch älteren (lokalen) Bedeutung ›unruhig, unsicher umherschweifen‹. In der Gegenwartssprache hat sich zusätzlich noch eine ugs. Verwendung entwickelt im Sinne von ›ausgefallen, toll, in hohem Grade‹ (z. B. *ein irrer Typ, eine irre Geschwindigkeit*).

irritieren

›reizen, provozieren, erregen, verunsichernd beeinflussen‹

Das Verb wurde im 16. Jh. aus dem Lat. übernommen *(irritāre),* lehnte sich im Dt. dann volksetymologisch an *irr* und *irren* an und entwickelte auf diesem Wege die Bedeutung ›irre, unsicher machen‹.

Jacke

›hüftlanges, geknöpftes Oberbekleidungsstück‹

Das Wort wurde im 15. Jh. aus einem gleichlautenden frz. Wort entlehnt (›kurzer, eng anliegender Männerrock‹), das ursprünglich als Bezeichnung für ein bäuerliches Kleidungsstück diente: Mfrz. *ja(c)ques* war der Spitzname für die Bauern, weil unter ihnen der Name *Jacques* (aus *Jacobus*) weit verbreitet war. *Jacquerie* stand für den Bauernaufstand 1358 in Nordostfrankreich, *Jacques Bonhomme* für den ›einfältigen und dummen Menschen und Bauern‹ im 14. Jh. (im Dt. dafür *dummer Michel*). Als Verkleinerungsform wurde davon zunächst im Frz. *jacquette* abgeleitet (erst ›Jacke des Bauern‹, dann allgemeiner ›kurzer Männerrock‹) und schließlich (im 19. Jh.) als *Jackett* (›Jacke zum Herrenanzug‹) ins Dt. übernommen.

Jalousie

›Fensterschutz gegen Einsicht bzw. Sonne‹

Das Substantiv wurde im 18. Jh. als gleichlautendes frz. Wort übernommen, das eigentlich soviel wie ›Eifersucht, Neid‹ bedeutete (so auch im Griech., Lat. und Ital.). Das ital. *gelosia* ›Eifersucht‹ wird Ende des 15. Jhs. auch zur Bezeichnung von ›Gitterladen, Fensterladen, Sommerladen‹, durch den man sich vor neugierigen oder zudringlichen Blicken von außen schützen konnte, durch dessen Ritzen man aber selbst nach außen sehen konnte. Fensterläden dieser Art wurden danach auch in Frankreich üblich und entsprechend im 16. Jh. *jalousie* genannt.

Januar

›Name für 1. Monat im Jahr‹

Das Wort ist entlehnt aus dem Lat. *(mēnsis) Iānuārius,* Monat des altitalischen Gottes Iānus, des Gottes der Türen, des Ein- und Ausgangs, übertragen ›des Anfangs und Endes‹. Seit Julius Cäsar beginnt das römische Kalenderjahr nicht mehr im März, sondern im Januar. Daraufhin wurde dieser 1. Monat nach dem Gott *Ianus* benannt.

Jeans

›Baumwollhose mit gesteppten Nähten‹

Das Wort wurde im 20. Jh. aus dem Amerik.-Engl. übernommen (dort *Blue Jeans,* Zusammensetzung aus ›blau‹ + ›Baumwollstoff‹). Die Bezeichnung ist möglicherweise über das Frz. auf *Genua* zurückzuführen, den Namen der norditalienischen Stadt, die früher ein wichtiger Umschlaghafen für Baumwolle war. Im Dt. wird heute fast nur noch die verkürzte Form *Jeans* (statt: *Blue Jeans*) verwendet, auch für anders als blau eingefärbte praktische Hosen.

Jeep

›kleiner Geländekraftwagen mit vierrädrigem Antrieb‹

Die Bezeichnung wurde im 2. Weltkrieg im Dt. bekannt und entstand in der 1. Hälfte des 20. Jhs. im Amerik.-Engl. aus *general purposes (war truck)* in der Bedeutung von ›Mehrzweck(kriegskraftwagen)‹. Es ist ein Initialwort, das auf der engl. Aussprache der Anfangsbuchstaben *g.p.* beruht.

Jod

›nichtmetallisches, zur Desinfektion von Wunden benutztes Element‹

Jod entwickelt beim Erhitzen blauviolette Dämpfe. Deshalb hat es der frz. Chemiker und Physiker Gay-Lussac so benannt (1812) (frz. *iode* im Anschluß an ein griech. Wort in der Bedeutung ›veilchenfarbig, tiefblau, das Aussehen eines Veilchens habend‹).

Joghurt

›durch bakterielle Gärung gesäuerte dicke Milch‹

Das Wort ist erst im 20. Jh. aus einem gleichlautenden türk. Wort übernommen worden (›gegorene Milch‹).

Johannisbeere

›Frucht des Johannisbeerstrauchs‹

Die Bezeichnung erscheint seit dem 16. Jh. und spielt auf den Johannistag (24. Juni) an, der als Zeit der Fruchtreife der Beere galt.

Joule

›Maßeinheit für die Energie‹

Die Maßeinheit wurde benannt nach dem engl. Physiker James Prescott *Joule* (1818–1889), der als experimenteller Begründer der mechanischen Wärmetheorie gilt. 1848 leitete er aus seinen Versuchen den Arbeitswert der Wärmeeinheit ab und erkannte, daß man immer, wo man eine mechanische Kraft aufwendet, ein genaues Äquivalent von Wärme erhält.

Juli

›Name für den 7. Monat im Jahr‹

Juli ist entlehnt aus lat. *(mēnsis) Quīntīlis*, das mit lat. *quīntus* (›fünfter‹) zusammenhängt. Das Wort weist also auf den 5. Monat im Jahr (gemäß dem vorjulianischen Kalender, nach dem das Jahr im März begann). Als Julius Cäsar (46 v. Chr.) seine Kalenderkorrektur vorgenommen hat (vom vorjulianischen zum julianischen Kalender), wird der nunmehr 7. Monat ihm zu Ehren *(mēnsis) Iūlius* genannt. Die Benennung setzt sich seit dem 16. Jh. im Dt. (über die Kanzlei- und Urkundensprache) gegen die frühere Bezeichnung *Heumonat* durch.

Jungfer

›ältere, unverheiratet gebliebene empfindliche, zimperliche und prüde Frau‹

Das Substantiv kommt bereits im Mhd. vor *(juncvrouwe)*. Durch die Konzentration der Betonung auf das erste Glied der Zusammensetzung wird die Bezeichnung im 14. Jh. zu *Jungfer* verkürzt. Ursprünglich war sie die Bezeichnung für die unverheiratete Dame ritterlichen Standes, später dann für die unverheiratete Tochter und schließlich die unverheiratete bürgerliche Frau sowie das sexuell unberührte Mädchen (damit hängen auch die Ableitungen *entjungfern* und *Jungfernschaft* zusammen). Seit dem 17. Jh. entwickelt sich bereits der (heute mit der Bezeichnung verbundene) abschätzig wertende Sinn von ›zimperlich‹ und ›prüde‹ (vor allem auch in *jüngferlich* und in *alte Jungfer*).

Juni

›Name für den 6. Monat im Jahr‹

Juni ist entlehnt aus lat. *(mēnsis) Iūnius* mit der Bedeutung ›der der Göttin Juno geweihte Monat‹. *Jūno* war eine römische Götterkönigin, die Gemahlin des Jupiter und ursprünglich wohl eine Geburts-, Fruchtbarkeits- und Ehegöttin. Das im 16. Jh. (zuerst in der Kanzleisprache) im Dt. auftretende *Juni* löst die alte Bezeichnung *Brachmonat* für den 6. Monat ab.

Junior

›der Jüngere, der Sohn‹

Das Wort ist im 19. Jh. aus dem Lat. übernommen worden (dort ist die lautgleiche Form Komparativ zu einem Adjektiv mit der Bedeutung ›jung, jugendlich‹). *Junior* ist im Dt. das Gegenwort zu *Senior* und bezeichnet vor allem den Sohn eines Geschäftsinhabers (als jüngerer Teilhaber) sowie Sportler im jugendlichen Alter (›Jugendsportler‹). Neuerdings soll es an Hochschulen auch *Juniorprofessoren* geben (im Unterschied zu älteren, unbefristeten, verbeamteten Professoren).

Jury

›Preisrichterkollegium, Ausschuß von Sachverständigen bei Wettbewerben‹

Das Wort geht zurück auf das Engl. (dort allerdings in der anderen Bedeutung von ›Schieds- und Schwurgericht‹, mit der es auch – mit Bezug auf engl. Verhältnisse – im 17./18. Jh. sowohl ins Frz. als auch ins Dt. übernommen wurde). Als in Frankreich das Schwurgericht eingeführt wurde (1790) und sich in Deutschland ein starker Einfluß des frz. Rechts geltend machte (Anfang des 19. Jhs.), wurde das Wort im Dt. verbreitet (zumeist auch mit der frz. Aussprache, die die ältere engl. verdrängt), aber am Anfang noch in der Bedeutung von ›Schwurgericht‹. Die jüngere und heutige Bedeutung von ›Preisrichterkollegium‹ findet sich erst seit Ende des 19. Jhs.

Kabarett

›Kleinkunstbühne‹ (zumeist für literarische und politisch-satirische Darbietungen)

Das Substantiv kommt im 17. Jh. aus dem Frz. ins Dt., allerdings mit der Bedeutung ›Schenke, Wirtshaus‹ (als Verkleinerungsform von *chambre/cambre* ›Zimmer, Stube‹). In dieser älteren Bedeutung ist *Kabarett* noch in der 2. Hälfte des 19. Jhs. belegt. Die neue (und heutige) Bedeutung setzt sich erst gegen Ende des 19. Jhs. durch mit den (auch nach frz. Vorbild) entstehenden Kleinkunstbühnen.

Kabinett

›kleines Zimmer, Nebenraum‹; ›Regierung als Gesamtheit der Minister‹

Das Wort kommt im 16. Jh. aus dem Frz. (dort ›kleines Zimmer, Kammer‹). Später entstanden im Frz. mehrere Bedeutungen, mit denen das Wort erneut ins Dt. entlehnt wurde: vor allem für das ›Arbeitszimmer eines Fürsten oder Ministers‹ (17. Jh.), später (im 18. Jh.) dann einerseits für ›Geheimkanzlei, Regierung, Ministerrat‹ und andererseits auch für ›Raum zur Aufbewahrung von Sammlungen‹ (z. B. *Münz-, Raritäten-, Wachsfigurenkabinett*).

Kader

›(planmäßig herangebildeter) Bestand an Fachkräften‹

Das Wort (zunächst aus dem Frz. entlehnt) bezeichnete im 19. Jh. den ›zur Führung eines Heeres nötigen Stamm von Offizieren und Unteroffizieren‹, auch den ›Stamm einer Truppenabteilung‹ – war also auf den militärischen Bereich eingeschränkt. Nach 1945 erweiterte sich (unter dem Einfluß des Russ.) die Bedeutung zu ›fester Bestand an Mitarbeitern‹ (über den militärischen Bereich hinaus – vgl. z. B. *Parteikader, Führungskader, Kader einer Fußballmannschaft*).

Kadi

›mohammedanischer Richter‹; (ugs. und scherzhaft) ›Richter‹

Das Wort kommt aus dem Arab. (›Richter‹) und bezeichnete ursprünglich den ›nach dem Koran rechtsprechenden Richter‹, war also bezogen auf juristische und theologische Vorgänge. Erst später wurde es im Dt. in der Allgemeinsprache, aber nur ugs. zur scherzhaften Bezeichnung für den ›Richter‹ allgemein (z. B. *vor den Kadi bringen*).

Kaffee

›Kaffeestrauch, dessen Samen und das daraus bereitete Getränk‹

Im 17. Jh. wurde das Substantiv aus dem Engl. und Frz. ins Dt. entlehnt, die westeuropäischen Formen gehen aber auf das Türk. und noch weiter auf das Arab. zurück. Die arab. Bezeichnung stammt wahrscheinlich aus dem Namen der abessinischen Landschaft *Kaffa*, der Heimat des Kaffeestrauches (unter Anlehnung an älteres arab. *qahwa* ›Wein‹, das wohl auf Grund von Mohammeds Alkoholverbot zurückgedrängt worden ist).

Kaiser

›Staatsoberhaupt in bestimmten Monarchien‹

Das Wort begegnet lautgleich bzw. -ähnlich bereits im Ahd. und Mhd. (sowie in anderen germ. Sprachen), beruht auf einer Entlehnung von lat. *Caesar* durch die Germanen. Der erbliche Bei- und Familienname *Caesar* (des römischen Feldherrn *Gāius Iūlius Caesar*) wird im römischen Weltreich zur festen Bezeichnung des Herrschers und auch von den Germanen in der Bedeutung ›Herrscher‹ entlehnt. Die Entlehnung muß sehr früh stattgefunden haben – wohl schon zu Caesars Lebzeiten, also um Christi Geburt –, so daß *Kaiser* das älteste lat. Lehnwort im Germ. sein könnte. Letztlich ebenfalls auf lat. *Caesar* geht auch das russ. *Zar* zurück, das ursprünglich Ehrenname der russ. Großfürsten war, 1547 offizieller Titel Iwans IV. als ›Großfürst von Moskau und ganz Rußland‹ wurde (er verstand sich als Nachfolger byzantinischer Kaiser) und schließlich genereller Titel des Monarchen in Rußland war (auch in anderen Ländern, z. B. des alten Orients und der Antike, auch in Bulgarien). *Zar* und *Kaiser* sind also von der Herkunft her verwandt.

Kaiserschnitt

›operatives Öffnen der Bauchhöhle und der Gebärmutter zur Entbindung‹

Im 17. Jh. wurde das Wort als gynäkologischer Terminus aus dem lat. Äquivalent *sectio caesarea* (›kaiserlicher Schnitt‹) übernommen. Diese Bezeichnung ist durch einen (an sich verfehlten) Etymologisierungsversuch bei Plinius entstanden, der den Namen *Caesar* (›Kaiser‹) von lat. *caedere* (›schlagen, auf-, herausschneiden‹) abgeleitet hat, da G. J. Caesar durch einen operativen Schnitt zur Welt gebracht worden sei.

Kalauer

›wenig geistreiches Wortspiel, billiger Witz‹

Das Wort findet sich seit Mitte des 19. Jhs. und geht wohl auf den Ortsnamen *Kalau* zurück: Mit dieser Ortsangabe soll der Kladderadatsch-Redakteur Dohm bei gelegentlichen Besuchen in der Stadt *Kalau* (in der Niederlausitz) Witze nach Berlin an die Zeitschrift geschickt haben.

Kalfaktor

›Person, die alle möglichen Hausarbeiten erledigt; Sträfling, der dem Gefangenenwärter hilft‹

Das Wort wurde im 15. Jh. aus dem Lat. übernommen (dort allerdings soviel wie ›Heizer‹ oder ›Warmmacher‹). Es tauchte zunächst in der Schulsprache auf und bezeichnete den ›Schüler oder Studenten, der das Heizen besorgt‹. Später entwickelte sich die Bedeutung zu ›Streber, der sich zu Hausdiensten drängt‹ und schließlich zu ›Liebediener, Zwischenträger‹. Erst danach geht es in die Allgemeinsprache über und nimmt die heutigen Bedeutungen an.

Kamerad

›Gefährte‹

Das Substantiv ist im 16. Jh. in die dt. Militärsprache entlehnt worden. Es geht auf ein gleichlautendes frz. Wort zurück, das in lat. *camera* (›gewölbte Decke, Zimmer, Schlafraum; vgl. auch nhd. *Kammer*‹) seinen Ursprung hat, so daß eine ursprüngliche Bedeutung von ›Zimmer, Stube von Soldaten‹ angenommen werden kann. Später wurde die Bezeichnung dann vom Zimmer auf die einzelne Person, auf den ›Soldaten, Gefährten im Zimmer, in der Armee‹ übertragen. Im 30jährigen Krieg wird das Wort im Dt. geläufig und dann ganz allgemein für ›Gefährte‹ (auch außerhalb der Armee) verwendet.

Kammer

›kleiner Raum, Nebenzimmer‹

Das Wort erscheint bereits im Ahd. und Mhd. und ist eine Entlehnung aus dem Lat. *camera* (in der Bedeutung ›gewölbte Decke eines Zimmers, Gewölbe‹). Im Mittelalter entwickelt sich die Bedeutung ›Gewölbe‹ zu ›Schlaf-, Wohn-, Vorratsraum, Schatzkammer, fürstliche Wohnung, Gerichtsstube‹, an die sich zahlreiche Zusammensetzungen und Ableitungen anschließen. Zur Bedeutung ›fürstliche Kammer‹ gehören z. B. *Kammerherr, Kammerfrau, Kammerdiener, Kammerrat, Kammerjäger* (seit dem 17. Jh. allerdings zugleich scherzhaft ›Ratten- und Mäusefänger‹, heute ›Schädlingsbekämpfer‹), *Kammermusik,* zur Bedeutung ›Schatzkammer‹ *Kämmerer,* zur Bedeutung ›fürstliche Gerichtsstube‹ *Kammergericht, Zivil-, Strafkammer.* Aus derselben Wurzel, über das entsprechende frz. Wort *(chambre)* ist im 18. Jh. *Kammer* für die Körperschaften einer Ländervertretung in das Dt. eingegangen (vgl. *Länderkammer; Volkskammer* [als oberstes staatliches Organ der ehemaligen DDR]).

Kampagne

›zeitlich begrenzte größere gemeinschaftliche Aktion‹

Das Substantiv ist aus dem Frz. übernommen (dort zunächst ›Feld, flaches Land‹, dann ›Gelände, auf dem militärische Aktionen ausgetragen werden‹). Daraus entwickelte sich im 17. Jh. die Bedeutung ›Feldzug‹, mit der die Wortform unmittelbar danach ins Dt. übernommen wird (vgl. noch *Goethes Campagne in Frankreich* 1792/93). Im 18. bis 20. Jh. wurde das Wort dann übertragen auf den nicht-militärischen Bereich, z. B. auf Handel und Landwirtschaft (›saisonbedingter, verstärkter Arbeitseinsatz‹), auf Presse und Politik (›zeitlich begrenzte politische, publizistische und propagandistische Aktion‹ – z. B. *Wahlkampagne, Pressekampagne*‹).

Kandidat

›Bewerber um einen akademischen Grad oder um ein Amt‹

Das Wort ist aus dem Lat. entlehnt worden (auch dort ›Bewerber‹), geht dort zurück auf ein Adjektiv *candidus* ›schimmernd, glänzend, weiß‹ und bezeichnete ursprünglich den ›mit einer weißen Toga bekleideten Bewerber im alten Rom‹. Im 16. Jh. benennt *Kandidat* im Dt. zunächst einen ›Bewerber um einen akademischen Grad‹ (z. B. *cand. phil.*) – später in manchen osteuropäischen Ländern sogar den akademischen Grad selbst, der etwa dem dt. Doktorgrad entsprach, im 18. Jh. dann auch einen ›Bewerber um ein Amt‹ (vgl. z. B. heute *Kanzlerkandidat*). Schließlich findet es sich vereinzelt in noch weiterer Verwendung (z. B. *Heiratskandidat, Todeskandidat*).

Kanister

›tragbarer Behälter für Flüssigkeiten aus Blech oder Plaste‹

Das Substantiv wird im 18. Jh. aus dem Ital. entlehnt (›Korb‹) und geht auf das Lat. zurück (dort ›aus Rohr geflochtener Brot-, Frucht- oder Blumenkorb‹). Die neue (und heutige) Bedeutung wird erst später (im 19. Jh.) üblich, und zwar unter dem Einfluß des engl. Wortes mit der Bedeutung ›Blechbüchse, -dose‹ (vgl. z. B. *Benzinkanister*).

Kannibale

›Menschenfresser‹

Das Wort kommt aus dem Span. und ist seit dem 16. Jh. im Dt. nachweisbar. Die Kariben nennen sich in ihrer *Sprache caribe, cariba, caniba*. Columbus hat bei seinen Entdeckungsfahrten aus den Mundarten der Festlands- und Inselkariben den Ausdruck in vielen Varianten übernommen: Einerseits leitet sich daraus im span. Sprachgebrauch der Kolonien der Name für die Ureinwohner ab (*caribes*, entsprechend dt. *Kariben*); andererseits ergab sich mit *canibales* eine Bezeichnung der (aus kultischen Gründen) ehemals menschenfressenden Indianerstämme der Karibik, also die Bedeutung ›Menschenfresser‹. Erst später (und losgelöst von diesem Ursprung) erhielt das Wort seine negative Bedeutungskomponente (vor allem im Sinne von ›roher, brutaler Mensch‹).

Kantine

›Erfrischungs- und Speiseraum‹ (von Betrieben, Kasernen u. ä.)

Das Substantiv lehnt sich an ein ähnlich lautendes frz. Wort an, das eigentlich ›Flaschen-, Vorratsbehälter‹, auch ›Soldatenschenke‹ bedeutete und auf das Ital. zurückgeht (dort: [Wein-]Keller). Im Dt. steht es zunächst (im 18. Jh.) für ›Soldatenschenke‹ und schließlich für den ›Speiseraum für Mannschaften‹ (im Unterschied zum *Kasino* als ›Speiseraum der Offiziere‹). Auf diese zuletzt genannte Verwendung geht unsere heutige Bedeutung zurück.

Kanzel

›erhöhter, mit einer Brüstung umgebener Platz des Geistlichen bei der Predigt in der Kirche‹; ›verglaster Pilotensitz im Flugzeug‹; ›Hochsitz eines Jägers‹

Das Substantiv kommt bereits lautgleich oder -ähnlich im Ahd. und Mhd. vor und schließt an lat. *cancella* an (›Gitter, Schranke‹). Die Bedeutungskomponente von ›Gitter, Schranke‹, auch ›Abgrenzung‹ ist für die verschiedenen Verwendungen maßgebend gewesen. Am Anfang stand (schon im Lat.) die Bezeichnung für ›den für den Geistlichen abgegrenzten Raum in der Kirche‹ und

dann auch für ›Podium, Lesepult‹ (das ursprünglich mit einer Brüstung versehen war, die als Schranke diente). Im Dt. ergaben sich dann die zusätzlichen Bedeutungsvarianten in der Piloten- und in der Jägersprache.

Kanzler

›Leiter einer Verwaltungsbehörde, Regierungschef‹

Das Wort erscheint bereits im Ahd., dort allerdings in der Bedeutung ›Kanzlist, Schreiber, Notar‹. Es geht zurück auf das Lat. (dort zunächst ›Türvorsteher‹, später ›Kanzleivorsteher‹). Im Mhd. erfuhr es dann eine deutliche Aufwertung in der Bedeutung (›Reichsbeamter, der für die Ausfertigung von Staatsurkunden verantwortlich ist‹), erst recht im Nhd. (›oberster Leiter einer staatlichen Verwaltung‹, z. B. des obersten Gerichtshofes). Diese Aufwertung erreicht ihren Höhepunkt in den letzten Jahrhunderten (z. B. *Reichs-, Bundeskanzler*). Mit *Kanzler* hängen zusammen *Kanzlei* (für das ›Büro des Kanzlers‹) und *Kanzel* (vgl. dort).

Kapelle

›kleine Kirche, für Gottesdienste abgeteilter Raum oder Anbau der Kirchen‹

Das Wort ist entlehnt aus dem Mlat. (dort ›Kapuzenmantel‹ oder ›Kopfbedeckung mit Kapuze‹). Im Ahd. wurde es dann übertragen von der Reliquie auf

den Raum der Aufbewahrung (›Gottesdienstraum der königlichen Pfalz‹): Damit wurde der als Heiligtum verehrte Mantelrest des heiligen Martin von Tours bezeichnet, über dem die fränkischen Könige einen Betraum errichteten. Daraus entstand die heutige Bedeutung ›kleine Kirche‹. – Auch die Bedeutung von *Kapelle* als ›Musikvereinigung, Orchester‹ ist das Ergebnis einer Übertragung: Ursprünglich wurden die bei festlichen Gelegenheiten in einer Schloßkapelle auftretenden Musiker *Kapelle* genannt, später wurden alle Musikvereinigungen so bezeichnet.

kaputt

›entzwei, defekt‹; ›zerschlagen, erschöpft, am Ende‹

Im 30jährigen Krieg wurde die Wendung *capot, caput machen* (›zerstören, zerschlagen, töten‹) aus dem Frz. ins Dt. entlehnt. Das frz. Adjektiv *capot* ist ursprünglich ein Ausdruck des Kartenspiels gewesen und bedeutete ›ohne Stich, schwarz‹, folglich als Vorgang ›jmdn. schwarz spielen‹ bzw. – im übertragenen Sinne – ›gänzlich besiegen‹. Losgelöst von diesem Ursprung im Kartenspiel hat *kaputt* im Dt. schließlich eine erweiterte konkrete Bedeutung von ›entzwei‹ (z. B. *Das Glas, die Uhr ist kaputt.*) und eine eher abstrakte (auf physische und psychische Zustände bezogene) Bedeutung (z. B.: *Der Fußballspieler ist* [körperlich], *der Politiker* [nervlich] *kaputt.*) angenommen.

Karbunkel

›Gruppe mehrerer dicht nebeneinander liegender und ineinander übergehender Furunkel, großes Blutgeschwür‹

Das Wort ist ein medizinischer Ausdruck und geht auf das Lat. zurück: Dort bedeutete es ›fressendes Geschwür‹, eigentlich und ursprünglich ›kleine Kohle‹ (nach *carbo* ›Kohle‹). Nach früherer medizinischer Vorstellung handelt es sich um eine ›Pest-Geschwulst‹ mit schwarzer und glänzender Röte (was die Bezeichnung in Anlehnung an ›Kohle‹ motiviert haben dürfte).

Kardinal

›hoher katholischer (zur Papstwahl berechtigter) geistlicher Würdenträger‹

Das Substantiv findet sich bereits im Mhd. und geht zurück auf das Lat. (*cardo* ›Türangel‹, übertragen ›Haupt-, Dreh- und Angelpunkt‹). Eine wesentliche Bedeutungskomponente ist folglich ›auf einem wichtigen, einem Hauptplatz stehend, vorzüglich‹. Dem entsprechen die verschiedenen Verwendungen: Zunächst steht *Kardinal* für den ›Haupt-

geistlichen‹ einer Kirche sowie den ›Priester höheren Ranges‹, danach – im engeren Sinne – für die wichtigsten Geistlichen in und um Rom, für Priester, denen im 11. Jh. das Recht zur Papstwahl übertragen wurde. Die zentrale Bedeutungskomponente ›Haupt-, hauptsächlich‹ ist auch heute noch in Zusammensetzungen außerhalb des kirchlichen Bereichs erhalten (z.B. *Kardinalfrage, Kardinalproblem, Kardinalfehler*).

Karneval

›die letzten Tage und die Veranstaltungen vor Beginn der Fastenzeit, bei denen mit Umzügen und Maskenfesten ausgelassen gefeiert wird‹

Die Bezeichnung ist üblich vor allem im Rheinland und im Norddeutschen, im Süddeutschen steht dafür meist *Fasching* oder *Fastnacht*. *Karneval* ist eine Entlehnung aus dem Ital. und steht zunächst für die römischen und venetianischen, seit Ende des 17. Jhs. auch für die dt., speziell die rheinischen Masken- und Narrenfeste, die den Beginn der Fastenzeit bzw. diese selbst, meist aber den unmittelbar voraufgehenden Zeitraum oder Tag als ›Fleischwegnehmen, Fleischwegnahme‹ bezeichnen (entsprechend lat. *carnis* ›Fleisch‹ [im Genitiv] + *levāre* ›wegnehmen‹). Auch in anderen idg. Sprachen deutet das Wort auf das ›Weglassen des Fleisches‹ während der Fastenzeit. Dagegen ist die (häufig anzutreffende) Deutung als ›Fleisch, leb wohl‹ (aus mlat. *carne vale*) wohl nur eine Volksetymologie, d.h. eine nachträgliche (und auch scherzhafte) Auslegung.

Karriere

›schneller erfolgreicher Aufstieg im Beruf, Laufbahn‹

Das Substantiv wurde im 18. Jh. aus dem Frz. entlehnt (dort ›Rennbahn, Lauf, Fahrt, Lebensweg, Laufbahn‹) und geht auf das Lat. zurück (dort auch ›Fahrweg, Straße für Wagen‹). Aus dieser konkreten (lokalen) Bedeutung hat sich später unsere heutige – auf die berufliche Laufbahn bezogene – Bedeutung entwickelt. In Ableitungen klingt heute eine negativ wertende Bedeutungskomponente mit an (z.B. *Karrierist, karrieristisch*).

Kartell

›Zusammenschluß rechtlich selbständig bleibender Unternehmen eines Produktionszweiges auf Grund von Vereinbarungen‹

Das Substantiv geht auf ein gleichlautendes frz. Wort zurück, ist seit dem 17. Jh. belegt, aber zunächst in den Bedeutungen von ›schriftliche Vereinbarung von Kampfbedingungen‹ (bei Turnieren und Kampfspielen), von ›schriftliche Herausforderung zum Zweikampf‹ und von ›zwischenstaatlicher schriftlicher Vertrag, besonders zwischen kriegsführenden Mächten‹. Die heutige Bedeutung findet sich zuerst Ende des 19. Jhs. im Dt. und geht im 20. Jh. auch auf die ähnlich lautenden Bezeichnungen in anderen Sprachen (engl., frz., ital.) über.

Kartoffel

›krautartiges Nachtschattengewächs sowie seine eßbaren Wurzelknollen (als wichtiges Nahrungsmittel)‹

Die Bezeichnung taucht im 17. Jh. im Dt. auf und ist durch Lautprozesse entstanden aus den *Lautformen Tartoffel/ Tartuffel/Tartüffel*, die aus dem Ital. entlehnt sind und eigentlich für *Trüffel* stehen (ein aus Südamerika stammendes, im 16. Jh. auch in Italien angebautes und kultiviertes Nachtschattengewächs). Die Bezeichnung wurde dann – auf Grund der Ähnlichkeit im Hinblick auf die in der Erde wachsenden Knollen – auf die Kartoffeln übertragen.

Käse

›aus saurer oder mit Lab versetzter Milch hergestelltes streichfähiges oder schnittfestes Nahrungsmittel‹

Die Bezeichnung geht zurück auf das Lat. Die Germanen haben nicht nur die Bezeichnung, sondern auch die (damals) neue Herstellungstechnik von den Römern übernommen. Vorher kannten sie den *Käse* nur als *Weißkäse*, als Quark. In salopper Sprache wird das Wort heute auch verwendet für ›Unsinn‹ oder ›wertloses Zeug‹ (z. B.: *Er redet nur Käse.*).

Kaserne

›Gebäudekomplex zur ständigen Unterbringung von Soldaten‹

Das Substantiv wurde im 17. Jh. als gleichlautendes frz. Wort übernommen, das auf das Lat. zurückgeht (vgl. lat. *quater* ›viermal‹, *quattuor* ›vier‹). Ursprünglich bezeichnete das frz. Wort einen ›kleinen Raum auf Festungsbauten für (zunächst wohl vier) Wachsoldaten‹. Als später unter Ludwig XIV. große Soldatenunterkünfte gebaut wurden, geht die Bezeichnung auf diese neuen Bauten über (und kommt mit dieser Bedeutung ins Dt.).

Kasper

›Hauptfigur im Handpuppenspiel‹

Kasper ist eine Nebenform von *Kaspar*, dem Namen eines der Heiligen Drei Könige aus dem Morgenland, der in den mittelalterlichen Dreikönigsspielen als

Mohr dargestellt wird. Er nimmt (etwa seit dem 15. Jh.) die Gestalt einer lustigen Person an. Ende des 18. Jhs. ersetzt er in Wien die komische Bühnenfigur des *Hanswurst*.

Katarrh

›Schleimhautentzündung (besonders der Atmungsorgane) mit vermehrter Flüssigkeitsabsonderung‹

In Arzneibüchern des 16. Jhs. (sowie in der Umgangssprache noch heute) steht *Katarrh* oft für ›Schnupfen‹. Die Bezeichnung geht zurück auf das Griech. und Lat. (dort eigentlich ›das Herab- bzw. Herunterfließen‹). Die Bezeichnung ist offenbar motiviert von der Vorstellung, daß aus dem Gehirn herabfließender Schleim die Ursache für die Krankheit sei (nicht ein Symptom, wie es heute gesehen wird).

Katzenjammer

›körperliches Unwohlsein als Nachwirkung eines Rausches‹

Das Wort taucht in der 2. Hälfte des 18. Jhs. auf, anfangs in der Studentensprache. Im 19. Jh. wurde es dann auch auf Gemütszustände übertragen (›Reue, Gewissensqual‹). Jünger ist das gleichbedeutende *Kater* (erst in der 2. Hälfte des 19. Jhs. bezeugt), das zuerst von Leipziger oder Jenaer Studenten verwendet wurde und offenbar eine (durch die ostmd. Aussprache begünstigte) Umbildung von *Katarrh* darstellt (der inhaltliche Zusammenhang wird nahegelegt durch Fügungen *wie physischer Catarrh* und *moralischer Catarrh* bei Hippel 1793). Die scherzhafte Anlehnung an Katze und Kater entspricht wohl der Tendenz, Tiernamen zur Umschreibung zu benutzen (z. B. auch bei *Affe*).

Kauderwelsch

›wirre und fehlerhafte oder fremde und deshalb schwer verständliche Sprechweise/Sprache‹

Das Wort taucht seit dem 16. Jh. auf und ist eine Zusammensetzung: Das zweite Glied *welsch* (›romanisch‹) bezeichnete oft ganz allgemein eine fremde und unverständliche Sprache. Im ersten Glied wird oft eine Umgestaltung des schweiz. Ortsnamens *Chur* (obd. auch *Kauer*) gesehen; dann wäre *Kauderwelsch* identisch mit der üblichen Bezeichnung *Churwelsch* (als Sprachbezeichnung für den rätorom. Dialekt Graubündens). Es könnte aber auch ein Zusammenhang mit obd. *kudern/kaudern* (›undeutlich sprechen‹) oder mit obd. *kaudern* (›Kleinhandel betreiben‹) bestehen; im zuletzt genannten Falle wäre ein Bezug auf die Redeweise wandernder (oder zugewanderter) Händler anzunehmen.

Kaution

›Bürgschaft, Sicherheitsleistung durch Hinterlegung einer Geldsumme‹

Das Substantiv geht zurück auf ein lautähnliches lat. Wort *(cautio)*, das eigentlich soviel bedeutete wie ›Vorsicht, Behutsamkeit‹ und terminologisch auch in der Rechtsprechung verwendet wurde für ›Bürgschaft, Sicherstellung‹. Mit dieser terminologischen Bedeutung wird das Wort im 16. Jh. ins Dt. übernommen (vgl. *gegen Kaution aus der Haft entlassen werden, beim Vermieter eine Kaution hinterlegen*).

Kavalier

›höflicher und zuvorkommender, besonders gegenüber Frauen taktvoller Mann‹, mitunter auch (eher scherzhaft) ›Begleiter, Verehrer einer Frau‹

Das Wort ist aus lat. *caballus* (›in der

Landwirtschaft genutztes Pferd‹) abgeleitet und bezeichnete ursprünglich (im Mlat.) den ›Pferdeknecht‹, den ›ohne Panzer kämpfenden Ritter aus dem niederen fränkischen Adel‹ (vgl. frz. *chevalier*). Die Übernahme ins Dt. begann Ende des 16. Jhs. Um 1600 stand *Kavalier* zunächst für ›Reiter, Ritter (besonders Mitglied eines Ritterordens), adliger Herr‹, wurde dann – auf Grund seines Vorkommens in der galanten Dichtung (›vornehmer Liebhaber‹) – im 17. Jh. zum Modeausdruck und zum Kennwort für den das Persönlichkeitsideal jener Zeit repräsentierenden weltgewandten und gebildeten Mann (im 19. Jh. dann abgelöst durch *Gentleman*). Daraus leitet sich auch der Gebrauch in der Gegenwartssprache ab.

Keks

›Kleingebäck‹

Das Wort wurde im 19. Jh. im Plural aus dem Engl. übernommen (*cakes* ›Kuchen, süße Gebäckstücke‹), später zu *Keks* eingedeutscht und wird nun (seit dem 20. Jh.) als Singular empfunden.

Kellner

›Bedienungskraft in einer Gaststätte, Ober‹

Das Wort taucht bereits im Ahd. und Mhd. auf (allerdings dort in der Bedeutung ›Kellermeister, Verwalter des Weinbergs und der Einkünfte‹) und ist eine Entlehnung aus dem Lat. (dort auch ›Keller- und Küchenmeister‹). Die heutige Bedeutung entsteht erst im 18. Jh.

Kemenate

›Wohnraum in einer (mittelalterlichen) Burg, Frauengemach‹

Das Substantiv findet sich bereits im Ahd. und Mhd., hatte dort die Bedeutung von ›ein mit einer Feuerstätte versehenes Gemach, Schlafgemach, Wohnzimmer‹. Es ist entlehnt aus dem Lat. (›mit einem Kamin versehener Raum, heizbares Zimmer‹). *Kemenate* wird auch mit lat. *camera* (›Zimmer‹) in Verbindung gebracht und bezeichnete – schon im Lat. – ein besseres, mit einer Feuerstätte versehenes Zimmer.

Kerker

›Gefängnis, Verlies‹

Das Wort findet sich lautähnlich bereits im Ahd. und Mhd. (sowie in anderen germ. Sprachen) und ist aus lat. *carcer* (›Kerker‹) ins Germ. entlehnt worden. Später wurde dieses lat. Wort ein zweites Mal ins Dt. entlehnt (diesmal mit einer Aussprache des *c* als *z* vor dem *e*): Daraus entstand im 14. Jh. *Karzer* (für Schul-, Universitätsgefängnis, Arrest‹).

keusch

›unberührt und enthaltsam (in sexueller Hinsicht)‹

Das Adjektiv findet sich bereits im Ahd. und Mhd. (sowie in anderen germ. Sprachen), dort allerdings vorwiegend in der allgemeineren Bedeutung ›geziemend, sittlich, mäßig‹. Diese allgemeine Bedeutung wurde zunehmend spezifiziert und damit auch verengt: Aus ›geziemend‹ ergab sich zunächst ›beherrscht und maßvoll‹ in bezug auf die menschlichen Urtriebe, auf Nahrungs- und Sexualtrieb, dann ›maßvoll und enthaltsam in sinnlicher Beziehung‹ und schließlich (wie heute) die Einschränkung auf den sexuellen Bereich.

Kiosk

›Verkaufsstand, -bude‹

Das Substantiv wurde im 18. Jh. als gleichlautendes frz. Wort übernommen, das jedoch soviel wie ›Gartenpavillon‹ bedeutete. Der heutige Gebrauch setzt sich erst seit dem 19. Jh. durch (beginnend mit *Zeitungskiosk*).

Kirmes

›Kirchweihfest‹

Das Substantiv findet sich seit dem 15. Jh. und beruht auf der Verkürzung einer Zusammensetzung (etwa: *Kirchmesse, Kirchweihmesse*). Die Bedeutung entwickelte sich von der ›Messe zur Kirchweihe‹ über ›Gedächtnisfest am Jahrestag der Kirchweihe‹ bis hin zum (heutigen) ›Volksfest, Jahrmarkt am Gedächtnistag der Weihe‹.

Kladderadatsch

›allgemeines, erregtes Durcheinander, Chaos, Zusammenbruch, Skandal‹

Das Wort geht zurück auf den Namen einer 1848 in Berlin begründeten politisch-satirischen Wochenschrift. Er wurde damals gewählt in Anlehnung an die im Norddt. gebräuchliche Interjektion *kladderadatsch*, die eine Erweiterung aus *klatsch* (vgl. *klatschen*) und *kladatsch* darstellt und als Lautmalerei ein krachendes, klirrendes Geräusch wiederzugeben versucht. Die heutige – übertragene – Bedeutung ist auf die Umgangssprache beschränkt.

Klamotte

›zerbrochener Ziegelstein‹; ›alter Kram‹; ›veraltetes bzw. auf grober Komik beruhendes Theaterstück‹

Das Wort breitet sich in der 1. Hälfte des 20. Jhs. von Berlin her aus. Besonders häufig kommt es im Plural in der Bedeutung ›alte Kleider, ärmliche Möbel‹ vor. Es stammt aus der Berliner Gaunersprache (um 1900), seine Herkunft ist jedoch nicht sicher ermittelt.

Klaps

›leichter Schlag mit der flachen Hand‹; ›leichte Verrücktheit‹

Das Wort findet sich seit dem 18. Jh., ist am Anfang wohl eine Verstärkung zum Schallwort *klapp* gewesen und danach substantiviert worden. Es ist also wahrscheinlich nicht unmittelbar von *klappen* abgeleitet worden (wie man vermuten könnte). *Klaps* wurde im 18. Jh. zunächst in der 1. Bedeutungsvariante (›Schlag‹) verwendet (z. B. heute: *dem Kind einen Klaps auf den Po geben*). Die 2. Bedeutungsvariante (›Verrücktheit‹) trat im 19. Jh. auf, allerdings auf die Umgangssprache beschränkt und in scherzhaft-abschätzigem Sinne von ›nicht ganz normal, nicht ganz bei Verstande sein‹ (z. B. *einen Klaps haben*). Dazu rechnen auch manche Ableitungen bzw. Zusammensetzungen im heutigen Dt. (z. B. *verklapsen, Klapsmann, Klapsmühle*). Die Übertragung von der 1. auf die 2. Bedeutungsvariante ist offenbar begründet in der Vorstellung, daß ein Schlag auf den Kopf die Ursache der Verrücktheit sei.

Klasse

Klasse kommt gegen Ende des 16. Jhs. zunächst in der allgemeinen Bedeutung ›Gruppe mit gemeinsamen Merkmalen‹

vor, auch als ›Gruppe gleichaltriger Schüler‹ und den dafür vorgesehenen Raum *(Klassenzimmer)*. Im 18. Jh. wird *Klasse* zu einem generellen wissenschaftlichen Einteilungsbegriff ›Einheit mit gemeinsamen und sich von anderen unterscheidenden Merkmalen‹, z.B. in biologischen Systemen, schließlich auch auf anderen Gebieten (etwa bei der Gliederung der Akademien in Klassen, bei den Sportmannschaften nach Alter, bei den Fahrzeugen nach Motorstärke). Vor allem aber steht *Klasse* seit dem 18. Jh. (unter Einfluß des Frz. und Engl.) für ›Menschengruppe innerhalb der Gesellschaft‹. Auf dieser Bedeutungsvariante aufbauend, werden die *Klassen* der bürgerlichen Gesellschaft dann von frz. Historikern und engl. Sozialökonomen aus ökonomischen Verhältnissen erklärt. Darauf basiert die terminologische Bedeutung von *Klasse* bei Marx und Engels als ›große Gruppe von Menschen, die sich von einer anderen besonders nach ihrem Verhältnis zu den Produktionsmitteln und dadurch auch in der Erlangung und dem Umfang des Anteils an gesellschaftlichem Reichtum unterscheidet‹ (z.B. *Arbeiterklasse*).

Kleinod

›kostbares Sohmuckstück; (übertragen) Kostbarkeit‹

Das Wort findet sich bereits lautgleich im Mhd., bedeutete dort soviel wie ›kleines Ding, Kleinigkeit‹, dann ›kleine, fein und kunstreich gearbeitete Sache‹. Daraus entwickelte sich die heutige Bedeutung von ›kostbares Schmuckstück‹ (z.B. für einen Ring oder eine Kette) und die übertragene Bedeutung für eine ›Kostbarkeit‹ generell (z.B. für eine Landschaft, eine wertvolle Handschrift, für ein antikes Möbelstück).

Klimbim

›unbedeutendes, meist unnützes Zeug, Beiwerk, lautes Treiben‹

Das Wort ist entstanden als lautmalende Bildung aus *bim* (vgl. *bimmeln*) und diesem im Auslaut angeglichenen *kling* (vgl. *klingeln*). Es taucht wohl zuerst im 19. Jh. in Berlin auf und hat sich (als salopper Ausdruck) rasch verbreitet. Am Anfang stand es (mit abschätziger Bewertung) für jede Art ›Musik‹ (in der Soldatensprache für ›Regimentskapelle‹), später mit weiterer Bedeutung für ›Lärm, äußerlicher Schein, überflüssiger Kram‹ schlechthin.

Klinik

›Krankenhaus‹

Das Substantiv findet sich seit etwa 1800, zuerst als ›ausübende Heilkunde‹, dann (seit Mitte des 19. Jhs.) als ›Anstalt für den Unterricht in der Heilkunde‹. Die Bedeutung hat sich seitdem verlagert von der ›medizinischen Unterrichts- und Ausbildungsstätte‹ (diese Funktion hat die *Klinik* freilich noch heute bei der praktischen Ausbildung der Studenten, der *klinischen* Ausbildung im *Klinikum*) hin zum ›Krankenhaus‹ als Gebäudekomplex zur (vorwiegend) stationären Behandlung von Kranken (vgl. z.B. *HNO-Klinik, Kinderklinik, Klinikaufenthalt*).

Klüngel

›um eigener Vorteile willen sich gegenseitig stützende und fördernde Personengruppe‹

Das Wort hat sich seit dem 19. Jh. von der Kölner Stadtmundart aus verbreitet. Es geht zurück auf ein frühnhd. Wort (eigentlich ›zusammengeballter Haufen Menschen‹), weiter noch auf ein ahd. Wort (›Knäuel‹). Ursprünglich bezeichnete das Wort Kot- oder Wollklumpen im Fell eines Schafes, Zotteln und Fetzen in alten Kleidern. Inzwischen hat jedoch eine Bedeutungsaufwertung stattgefunden, eine Übertragung auf den Menschen, wenn auch die negative Bewertung geblieben ist. Einem *Klüngel* im heutigen Sinne haftet noch immer etwas Klumpiges, Knödel- und Knäuelhaftes an, er besteht aus einer Vielzahl von Fäden und Strippen, die sich zu »Seilschaften« zusammenfügen.

Knabe

›Kind männlichen Geschlechts, Junge‹

Das Wort kommt aus dem Ahd. und Mhd. (dort in der Bedeutung von ›Junge‹). Diese Bedeutung von *Knabe* blieb zwar bis heute erhalten, aber die Häufigkeit seines Gebrauchs wurde wesentlich eingeschränkt, und zwar im Obd. durch *Bub*, im Norddt. und Md. durch *Junge*. Bei dieser Verdrängung werden auch die Umgebungen des Wortes stark eingeschränkt (vgl. heute nur noch in *Knabenbekleidung, Knabenschuhe, Knabenchor* u. ä.). Wenn *Knabe* heute isoliert auftritt, dann meist nur in der vertraulichen Anrede oder in ironischer Verwendung *(alter Knabe, ein seltsamer Knabe)*.

Knäckebrot

›knuspriges, in dünnen Scheiben gebackenes Vollkornbrot‹

Das Substantiv ist gebräuchlich seit etwa 1900 und geht zurück auf ein ähnlich lautendes und gleichbedeutendes Wort im Schwed. Es ist dort bereits eine Zusammensetzung (›knacken‹ + ›Brot‹) und ist offenbar benannt worden nach dem knackenden Geräusch, das beim Hineinbeißen verursacht wird.

Kneipe

›einfaches, kleines Wirtshaus‹

Das Substantiv erscheint zuerst im Obersächsischen (im 18. Jh.) als Verkürzung von *Kneipschenke* in der Studentensprache. Es bezeichnete eine ›kleine Schenke‹, dann auch eine ›kleine Studentenbude‹. Die Bezeichnung geht wahrscheinlich auf das Verb *kneipen* zurück (›kneifen, zusammendrücken, einengen‹). Die Grundkomponente der Bedeutung ist deshalb wohl die Vorstellung von einem ›beklemmend engen Raum‹. Kneipe hat heute oft einen abschätzig-bewertenden Nebensinn, wird aber auch im Sinne eines ›vertrauten, gemütlichen Lokals‹ verwendet.

Knickerbocker(s)

›weite halblange Überfallhose, die unter dem Knie mit einer Schnalle geschlossen wird‹

Die Bezeichnung stammt aus dem Engl. und geht zurück auf den Namen einer literarischen Figur *(Knickerbocker)*, die von W. Irving (1809) erfunden wurde: Es handelte sich um einen New Yorker in der charakteristischen Tracht seiner holländischen Heimat mit einer weiten Kniehose. Dieser Name wird im Engl. nach dem Erscheinen einer bebilderten Ausgabe (Mitte des 19. Jhs.) von der

Person auf das Kleidungsstück übertragen. Das Wort wird in den 20er Jahren des 20. Jhs. ins Dt. übernommen, wird sehr bald (vor allem in der Sport- und Wanderbewegung) populär, ist aber inzwischen (zusammen mit der bezeichneten Sache) veraltet.

Knicks

›leichte kurze Beugung eines Knies oder beider Knie als ehrerbietiger Gruß junger weiblicher Personen‹

Das Wort findet sich nur im Dt. (seit Ende des 17. Jhs.) und ist eine verstärkende Bildung zu *Knick* und zu *knicken* (in dessen älterer Bedeutung von ›die Knie (verehrend) beugen‹).

knockout (k.o.)

(im Boxsport) ›niedergeschlagen und nicht imstande, den Kampf nach 9 Sekunden fortzusetzen‹; ›kampfunfähig‹

Der Ausdruck wurde am Anfang des 20. Jhs. aus dem Engl. übernommen (*to knock out of time* – ›jmdn. so schlagen oder treffen, daß er in einer festgelegten Zeit den Kampf nicht wieder aufnehmen kann‹).

Know-how

›Wissen um die praktische, technische Verwirklichung einer Sache, technisches Wissen, Sachkenntnis‹

Das Wort ist erst in der Mitte des 20. Jhs. aus dem Engl. entlehnt worden (›wissen, wie‹).

Knüppel

›kurzer dicker Stock‹

Das Substantiv findet sich lautähnlich bereits im Frühnhd. und ist nach dem Muster der Gerätenamen aus der Wortgruppe von *Knopf* gebildet worden, bedeutete also eigentlich soviel wie ›knorriger Stock‹. Zu dem Gerätenamen sind im Nhd. zusätzlich – durch Übertragung auf Grund von Ähnlichkeiten der Form – zwei weitere Bedeutungsvarianten üblich geworden: als ›Steuerknüppel, Gangschalthebel‹ und (in einigen Landschaften) als ›Brötchen in länglicher Form‹.

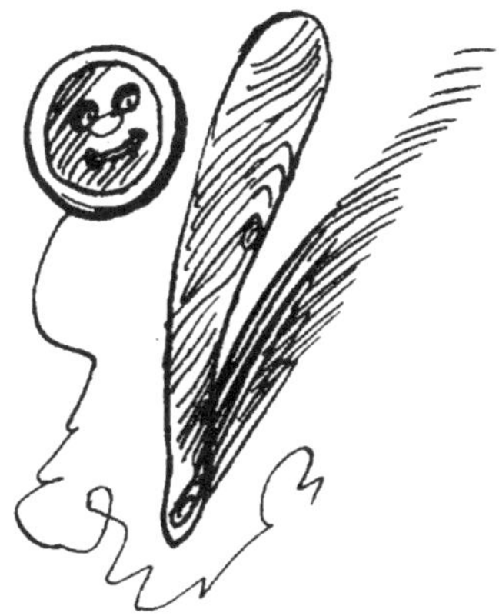

knutschen

›liebkosend an sich drücken, heftig küssen‹

Das Wort hat diese Bedeutung seit dem 19. Jh., vorher die von ›drücken, pressen, quetschen‹. Es erscheint in verschiedenen landschaftlichen Varianten des Nhd. (z. B. *knützen, knütschen, knutschen*), die Form mit langem Stammvokal *knütschen* setzt sich erst spät durch.

Kodex

›Gesetzbuch, Gesetzessammlung, alte Handschrift‹

Das Wort wurde aus dem Lat. (dort ursprünglich ›Baumstamm, zu Schreibtafeln gespaltenes Holz‹) in die Gelehrtensprache aufgenommen. Später bedeutete es soviel wie ›Urkunde, Buch, Verzeichnis, Rechnungsbuch‹, bis es im 18. Jh. in der Bildungssprache allgemein bekannt wurde (in der heutigen Bedeutung).

Koffein

›in der Kaffeebohne und im Blatt des Teestrauchs enthaltener (bitter schmeckender und anregender) pflanzlicher Wirkstoff‹
Der Wirkstoff wurde 1821 von dem dt. Chemiker Runge entdeckt und in Anlehnung an *Caffee* (mit der für Substanzbezeichnungen charakteristischen Nachsilbe *-īn*) zunächst *Caffein* genannt. Im Dt. wird dann seit etwa 1900 in Anlehnung an den internationalen Gebrauch (vgl. engl. *coffee*) *Koffein* üblich.

Koffer

›tragbarer Behälter mit aufklappbarem Deckel (vorwiegend zum Transport von Kleidung auf Reisen)‹
Das Wort hat griech. Ursprung, bedeutete dort allerdings ›großer Korb, Tragekorb‹ (ähnlich auch im Lat.). Noch im Mhd. bezeichnete das entlehnte gleichlautende Wort soviel wie ›Kiste, Truhe, Geldkasten‹. Die heutige Bedeutung beginnt sich erst im 18. Jh. durchzusetzen (vgl. *Pappkoffer, fahrbarer Koffer, Geldkoffer*).

Kognac, Cognac

›Weinbrand‹
Das Wort ist ursprünglich (im engeren Sinne) die Bezeichnung für Branntwein, der aus Wein der Charente in der frz. Stadt bzw. Gegend *Cognac* hergestellt worden ist. Sie ist seit dem 18. Jh. im Dt. nachweisbar, wird allerdings – obwohl inzwischen gesetzlich geschützt – auch (und meist) ganz allgemein für ›Weinbrand‹ gebraucht.

Kohl

›in vielen Arten vorkommende Gemüsepflanze‹; ›Geschwätz, Unsinn‹
Die ältere Bedeutung von *Kohl* als ›Gemüsepflanze‹ (die als Sache und als Bezeichnung von den Römern übernommen wurde) findet sich seit dem Ahd. Die jüngere Bedeutung von ›Geschwätz‹ stammt wahrscheinlich aus dem Jidd. (›unnützes, wertloses, sinnloses Zeug‹), ist seit dem 18. Jh. zunächst in der Gaunersprache bezeugt (*Kohl machen*, d. h. ›blauen Dunst vormachen, schwindeln‹), wird dann – in der heute geläufigen Bedeutung – in der Sprache der (Theologie-)Studenten verwendet und erfährt schließlich rasche Verbreitung. Die jüngere Bedeutung wird im allgemeinen Sprachempfinden als bildlicher Gebrauch der älteren Bedeutung aufgefaßt (vgl. auch die Ableitung *verkohlen*

im Sinne von ›zum besten haben, veralbern‹).

Kohldampf

›großer Hunger‹

Das Wort kommt aus der Gaunersprache (zuerst 1835) und ist wohl zusammengesetzt aus rotwelsch *Kohler* (›Hunger‹) + nhd. *Dampf* (im Rotwelsch ›Hunger‹). Danach würde es sich um eine tautologische Zusammensetzung handeln, mit der man die Aussage intensivieren wollte. Das Wort ist auch heute auf die saloppe Sprechweise beschränkt und kommt vor allem in der Verbindung *Kohldampf haben/schieben* vor.

Koje

›Schlafstätte, fest eingebautes Bett auf Schiffen‹

Das Substantiv geht zurück auf das Lat. (*cavea* ›Höhlung, Behältnis, Käfig‹ – vgl. auch das davon gebildete Wort *Käfig*). Daraus entwickelte sich in der nl. Seemannssprache die Bedeutung ›Schlafplatz‹, mit der das Wort im 17. Jh. in die dt. Literatursprache eingeht. Daneben entstand eine zusätzliche Bedeutungsvariante als – im allgemeineren Sinne – ›abgeteilter Bereich eines Raumes‹ (besonders auf Ausstellungsräume, Messen u.a. angewandt).

Kokain

›aus den Blättern des Kokastrauches gewonnener oder synthetisch hergestellter Stoff, der als Betäubungsmittel oder als Rauschgift verwendet wird‹

Der südamerikanische Strauch hat in den peruanischen und bolivianischen Indianersprachen Aimara und Ketschua den Namen *coca, cuca* (im Dt. entsprechend *Coca*). Davon abgeleitet (mit der für Substanzbezeichnungen charakteristischen Nachsilbe *-īn*) wird im 19. Jh. *Kokain* zur Bezeichnung des von dem Strauch gewonnenen Stoffes. Als Rauschgift gebraucht, wird die Bezeichnung unter den Süchtigen auch vereinfachend (und zugleich verhüllend) ugs. zu *Koks* reduziert (vgl. auch *koksen* und *Kokser* – abgeleitet für die Handlung und den Handelnden).

Kollaboration

›Zusammenarbeit‹

Das Substantiv wird im 19. Jh. als gleichlautendes und gleichbedeutendes frz. Wort entlehnt. Es nimmt im Frz. im 2. Weltkrieg (nach dem Krieg auch im Dt.) die spezifische Bedeutung ›landesverräterische Zusammenarbeit mit dem Kriegsgegner‹ an. Die ursprüngliche (wertungsneutrale) Bedeutung von ›Zusammenarbeit‹ wird damit nicht nur verengt, sondern auch mit einer negativen Bewertung versehen. Diese Bedeutung ist heute auch im Dt. vorherrschend.

Kolleg

›akademische Vorlesung‹; ›Bildungseinrichtung‹

Das Wort kommt aus dem Lat. (dort ›Amtsgenossenschaft, -gemeinschaft, Korporation, Verein‹, ursprünglich wohl ›durch Gesetz gebildete Vereinigung‹ – entsprechend lat. *lex* ›Gesetz‹). Im 17. Jh. bezeichnete es im Dt. ›Zusammenkunft von Studenten zu Übungszwecken‹, die bald von einem Privatdozenten geleitet wird und sich zur *Vorlesung* entwickelt. Verstanden wurde darunter zunächst oft ein *Privatkollegium* – im Unterschied zu den ›öffentlichen Vorlesungen‹ der ordentlichen

Professoren. Eingedeutscht entstand daraus *Kolleg* (z. B. *ein Kolleg über die Gegenwartsliteratur*), bezogen auch auf die Bildungseinrichtung allgemein. Im Unterschied zu *Kolleg* bezeichnet *Kollegium* (in noch stärkerer Anlehnung an die Bedeutung des Wortes im Lat. als ›Gruppe von Personen mit gleichem Amt oder Beruf‹) einen ›regelmäßig zusammenkommenden Personenkreis‹, besonders den Lehrkörper einer Schule *(Lehrerkollegium)*.

Kollektiv

›Menschengruppe‹

Aus dem Lat. entlehnt, stand das Wort zunächst allgemein für ›Menschengruppe, Arbeitsgemeinschaft‹, wurde dann nach 1945 (unter dem Einfluß des gleichlautenden russ. Wortes) in der ehemaligen DDR spezifiziert zu ›Arbeits- und Produktionsgenossenschaft‹ – besonders in der sozialistischen Wirtschaft –, zu ›durch gesellschaftliche oder berufliche Interessen und Überzeugungen verbundene Arbeits- bzw. Produktionsgemeinschaft‹. Das Wort trat vielfach als erstes Glied von Zusammensetzungen auf (z. B. *Kollektivarbeit, -bewußtsein, -eigentum, -urteil, -geist, -bildung*). Nach der Wiedervereinigung Deutschlands (1990) trat es auch im Osten zurück und wird seitdem meist durch *Team* ersetzt.

Koller

›heftiger (krankhafter) Zorn- bzw. Wutausbruch‹

Das Wort findet sich bereits im Ahd. und Mhd., dort aber in der Bedeutung ›Gallenbrechruhr, Gallenbrechdurchfall‹ (vgl. auch *Cholera*). Im 15. Jh. nimmt es dann – unter dem Einfluß der Lehre von den Temperamenten (vgl. mlat. *colera* ›Zornesausbruch‹ und *cholericus* ›Choleriker‹) – die Bedeutung von ›Heißblütigkeit, ausbrechende oder stille Wut‹ an. In der Medizin erscheint im 19. Jh. *Tropenkoller* als Sammelbezeichnung für verschiedene Formen psychischer Störungen, die nach einem Tropenaufenthalt auftreten (können).

Kommilitone

›Mitstudent, Studienkamerad‹

Das Wort wurde aus dem Lat. im 16. Jh. in die dt. Studentensprache entlehnt. Eigentlich bedeutete es aber im Lat. ›Mitsoldat, Waffenbruder, Kampfgefährte, Mitkämpfer‹ und wurde erst später aus dem militärischen in den studentischen Bereich übertragen (wohl auf Grund der gemeinsamen Bedeutungskomponente ›Mitstreiter, Kamerad‹).

Kompagnon

›Geschäftsteilhaber, Mitinhaber einer Firma‹

Das Wort erscheint seit dem 16. Jh. im Dt. und ist aus dem Frz. übernommen worden (dort ›Geselle, Genosse‹). Es geht zurück auf eine lat. Zusammensetzung (*com-* ›zusammen, mit‹ + *pānis* ›Brot‹) und bezeichnete ursprünglich ›den, der das Brot mit (einem) anderen gemeinsam hat‹. Aus der Heeressprache ist das Wort im 17. Jh. in die Geschäftssprache übergegangen.

Kompott

›gekochtes Obst (für den Nachtisch)‹

Das Substantiv wurde im 18. Jh. als ähnlich lautendes frz. Wort übernommen, das auf lat. *compositum* (→*compostum*) zurückgeht und eigentlich soviel bedeutete wie ›Zusammengesetztes, Gemischtes‹. In der heutigen Bedeutung (seit dem 19. Jh.) ist das Merkmal des ›Zusammengesetzten‹ verlorengegangen, *Kompott* bezieht sich auch auf gekochte Früchte einer einzigen Art.

Konditor

›Fein-, Zuckerbäcker‹

Das Substantiv wurde im 17. Jh. als lat. Wort entlehnt, das die Bedeutung hatte ›wer die Speisen schmackhaft macht, Hersteller würziger Speisen‹. Diese Bedeutung geht zurück auf lat. *condīre* (›einlegen, einmachen, lecker zubereiten, würzen‹). Später erfolgte eine Anlehnung an *kandieren* (›mit Zucker überziehen‹), dessen Bedeutung die Basis für unsere heutige Verwendung bildet.

Konfekt

›feine Süßwaren, Pralinen, süßes Kleingebäck‹

Das Wort kommt aus der Apothekersprache und bedeutete im 14. Jh. soviel wie ›zubereitete Arznei, Medikament‹, besonders ›eingezuckerte oder eingekochte Früchte (z. B. mit Sirup oder Mus verrührte Pulver)‹, die zu Heilzwecken eingesetzt wurden. Es geht zurück auf lat. *confectum* (›das Fertiggemachte, Zubereitete‹), das wir im Dt. noch vorfinden z. B. in *Konfektion* oder *Konfitüre*. Im 15. Jh. wird Konfekt im alten Sinne (›Zubereitung von Heilmitteln‹) ergänzt durch *Konfektion*. Daraufhin wird *Konfekt* in der neuen Bedeutung ›Zucker-, Backwerk‹ im 16. Jh. geläufig.

Konfession

›eine Gemeinschaft zusammenhaltendes religiöses Glaubensbekenntnis‹

Das Wort geht zurück auf lat. *cōnfessio* (›Eingeständnis, Zugeständnis, Geständnis, Bekenntnis‹), das bei der Entlehnung ins Mhd. noch im Sinne von ›persönliches Geständnis, Bekenntnis‹ gebraucht wurde. Im Kirchenlat. erhält es dann die Bedeutung ›Bekenntnis des Glaubens‹. Daran schließen sich die protestantische Verwendung (Augspurgische Confession 1530) und – als Gegenbegriff – die katholische Verwendung (römische Confession – noch im 16. Jh.) an. Noch später wird die Bedeutung verallgemeinert zu ›religiöses Bekenntnis‹ überhaupt und damit übertragen auch auf nicht-christliche Glaubensrichtungen (neben evangelisch-lutherischer und römisch-katholischer Konfession z. B. auch *jüdische Konfession*).

Kongreß

›Zusammenkunft, Tagung‹

Das Wort wurde im 17. Jh. aus dem Lat. *(congressus)* entlehnt, bedeutete dort ›Zusammentreffen, Zusammenkunft‹. In der jüngeren Zeit verlagerte sich die Bedeutung vom bloßen ›Zusammentreffen‹ stärker auf Inhalt und Ziel der Zusammenkunft: *Kongreß* steht heute zumeist für eine ›richtungsweisende (meist auch mehrere Tage dauernde) Zusammenkunft von Fachleuten zur Erörterung bestimmter wissenschaftlicher, medizinischer, politischer u. a. Themen‹, für ›Tagung‹ (vgl. *Urologenkongreß in Leipzig, Olympiakongreß*).

König

›Inhaber der höchsten bzw. (in Monarchien mit einem Kaiser) zweithöchsten monarchischen Würde‹

Das Wort kommt bereits lautähnlich im Ahd. und im Mhd. (sowie in anderen germ. Sprachen) vor, bedeutete ursprünglich allgemein ›Herrscher über ein räumlich und personell eingeschränktes Gebiet‹ oder – übertragen – ›Herrscher, der Erste und Beste seiner Art, der Oberste‹. Erst mit der Entwicklung des fränkischen Merowingerreichs und der späteren Ausbildung der engl. und nord. Königsherrschaft wird mit *König* der Inhaber der höchsten (Herrschafts-)Würde in einem Land bezeichnet.

Konjunktur

›wirtschaftliche Lage, besonders Phase des Aufschwungs‹

Das Wort kommt aus dem Lat. (dort ›Verbindung‹) und war zunächst ein Begriff der Astrologie: Im 17. Jh. stand es für eine bestimmte Verbindung von Gestirnen in einem Tierkreiszeichen, ihre Konstellation und die sich daraus ergebenden vermeintlichen Einflüsse auf das Schicksal der Menschen. Danach bezeichnete es – verallgemeinert – die ›Lage der Dinge‹ (wie sie sich aus dem Auftreten mehrerer Umstände ergibt). Die Spezifizierung auf den wirtschaftlichen Bereich vollzog sich erst in der Kaufmannssprache des 18. Jhs.: Zunächst stand *Konjunktur* für die ›gute Geschäftslage‹, im 19. Jh. dann für ›(günstige) Wirtschaftslage der Industrie‹.

Konkurs

›Zahlungsunfähigkeit, Bankrott‹

Das Substantiv wurde um 1700 gebräuchlich, geht auf das Lat. zurück, bedeutete dort ursprünglich ›das Zusammenlaufen, das Zusammentreffen‹ und bezeichnete vor allem ›das Zusammentreffen der Gläubiger zur gerichtlichen Teilung des noch vorhandenen Vermögens eines Gläubigers‹. Später hat sich das Wort von seiner ursprünglichen Bedeutung ›Zusammenlaufen‹ abgekoppelt und hin zu Anlaß und Ziel des ›Zusammentreffens‹ verschoben.

konservativ

›traditionsverbunden, am Alten und Herkömmlichen festhaltend‹

Das Wort wurde in der 1. Hälfte des 19. Jhs. aus dem Engl. entlehnt (dort ›erhaltend, bewahrend‹ – in Anlehnung an die Bedeutung im Lat., die in der Bedeutung des dt. Substantivs *Konserve* und in *konservieren* noch heute erhalten ist). Es wurde dann zur Bezeichnung einer der führenden engl. Parteien *(Conservative Party)* und zuerst 1830 von dem engl. Politiker J.W. Crocer gebraucht (möglicherweise in Anknüpfung an Chateaubriands Zeitschrift *Le Conservateur* 1818). Von den politischen Gegnern her wird das Adjektiv *konservativ* heute teilweise mit einem negativen Nebensinn verbunden (etwa ›an überlebten Zuständen hängend, deshalb den Fortschritt hemmend‹). Im medizinischen Bereich steht *konservativ* für eine ›Behandlung ohne chirurgische Eingriffe‹.

Konservatorium

›Musikhochschule‹

Das Substantiv wurde im 18. Jh. aus dem Ital. entlehnt, wo es auch ›Musikhochschule‹, aber ebenso ›Erziehungsanstalt, Internat, Asyl (besonders für Frauen und Mädchen)‹ bedeutete – entsprechend dem lat. *cōnservāre* ›bewahren, erhalten‹; vgl. auch dt. *konservieren, Konserve*). Die Verbindung beider Bedeutungskomponenten im Ital. ergab sich daraus, daß in Italien die ersten öffentlichen Ausbildungsstätten für Gesang und Instrumentalmusik (im 16./17. Jh.) an Waisenhäuser und Einrichtungen der Armenpflege angeschlossen waren. Seit dem 19. Jh. geht die eine Bedeutungskomponente (›bewahren, Erziehungsanstalt‹) verloren, wird *Konservatorium* ausschließlich im Sinne von ›Musikhochschule‹ oder – etwas erweitert und umgedeutet – von ›Institution zur Förderung der Musikkultur‹ verstanden.

Konsorten

›gleichgesinnte Personen, Mittäter, Mitschuldige‹

Das Substantiv ist im 16. Jh. aus dem Lat. übernommen worden, bedeutete dort ursprünglich soviel wie ›gleichen Anteil an etw. haben, am gleichen Los Teilhabender, Schicksalsgenosse, Gefährte‹. Heute dominiert eindeutig eine negativ(-abschätzige) Bewertung, die vermutlich aus der Gerichtssprache kommt (›Kumpanen, Spießgesellen, Mittäter‹) und sich – bis heute – niederschlägt in der Wendung *und Konsorten* (nach Eigennamen). Dagegen ist das Substantiv *Konsortium* von dieser negativen Bewertung völlig frei (›Vereinigung von Gesellschaften, Bankengruppe‹).

Konsul

›ständiger Vertreter eines Staates zur Wahrung von dessen Interessen in einem anderen Staat‹

Das Wort geht zurück auf das Lat., war dort allerdings der Titel eines höchsten Beamten der altrömischen Republik, also ›der, der den Senat zusammenruft und ihn um Rat fragt‹ (vgl. auch dt. *konsultieren, Konsultation*). Schon im Lat., verbreitet im Mlat., wird die Bezeichnung dann auch angewandt auf das Oberhaupt anderer Städte in den ehemaligen römischen Provinzen (und schließlich auf Magistratspersonen und Interessenvertreter im Handel). Seit dem 15. Jh. dominiert im Dt. die spezifische Bedeutung ›im Ausland tätiger Beauftragter eines Staates‹.

Konsum

›Verbrauch, Verzehr‹

Das Wort wurde zunächst aus dem Ital. entlehnt *(consumo)*, dann (im 19. Jh.) teilweise eingedeutscht, aber noch immer mit Betonung der zweiten Silbe (wie im Ital.). Im 20. Jh. erscheint im Dt. daneben *Kónsum* (mit Betonung der ersten Silbe) in der Bedeutung ›genossenschaftliche Verkaufsstelle‹.

Konstellation

›Gruppierung, Zusammentreffen bestimmter Umstände und die sich daraus ergebende Situation‹

Das Wort war seit dem 16. Jh. im Dt. ein Fachausdruck der Astrologie, ist entlehnt aus dem Lat. (lat. *stēlla* ist verwandt mit dt. *Stern*) und bezeichnete ursprünglich die Stellung der Gestirne zueinander und ihre sich vermeintlich daraus ergebenden Einflüsse auf das Schicksal der Menschen. Seit dem 18. Jh. dominiert die heutige allgemeine (übertragene) Bedeutung.

Kontinent

›Erdteil, Festland‹

Das Wort wurde im 16. Jh. aus dem Lat. entlehnt (dort eigentlich ›zusammenhängendes Land‹). Es stand zunächst für ›Festland‹, vorwiegend für ›europäisches Festland‹ (im Gegensatz zu *Insel*). Weitere Verbreitung gewinnt *Kontinent* mit der von Napoleon verfügten Kontinentalsperre (1806). Heute bezeichnet es nicht nur das ›Festland‹, sondern auch – und vor allem – den ›Erdteil‹ (z. B. *die fünf Kontinente*). In der Zusammensetzung *Kontinentalklima* meint *Kontinent* jedoch soviel wie ›Festland‹ (das entsprechende Gegenwort ist *Meeresklima* oder *maritimes Klima*).

Kontingent

›Anteil, Pflichtbeitrag, begrenzte Höchstmenge‹

Das Substantiv wurde im 17. Jh. aus dem Frz. übernommen, geht auf das Lat. zurück und bedeutete ursprünglich ›das, was jmdm. anteilmäßig zufällt‹. Es bezeichnete zunächst – so wurde es aus dem Frz. entlehnt – den ›von einer Provinz, einem Land aufzubietenden Pflichtteil an Truppen für ein Gesamtheer‹. Später wird im Dt. die heutige – allgemeinere und vom Militär abgekoppelte – Bedeutung üblich (z. B. *das Kontingent an Energie, an Brennstoffen*).

Konvention

›Übereinkunft, völkerrechtlicher Vertrag‹; ›von der Gesellschaft gebilligte Verhaltensnorm, herkömmlicher Brauch‹

Die ältere 1. Bedeutungsvariante ist als staatsrechtlicher Terminus aus dem Lat. *(conventio)* im 16. Jh. übernommen worden (vgl. z. B. in *Genfer Konvention*). Die jüngere 2. Bedeutungsvariante findet sich erst seit dem 18. Jh. (jetzt auf das Frz. zurückgehend) und bedeutet eigentlich ›was willkürlich, durch stillschweigende Übereinkunft festgelegt ist‹ (vgl. auch im Adjektiv *konventionell*). Die bei den Bedeutungsvarianten gemeinsame Komponente ist die der ›Übereinkunft‹.

Konzern

›Zusammenschluß von Unternehmen durch Kapitalverflechtung bei formaljuristischer Selbständigkeit der einzelnen Betriebe‹

Das Wort wurde Anfang des 20. Jhs. aus dem Engl. entlehnt und bedeutete dort ursprünglich soviel wie ›Handelshaus, Unternehmen‹, eigentlich ›Angelegenheit, Sache, Geschäft‹ (vgl. noch heute das engl. Verb *concern* ›betreffen, angehen, sich beziehen‹). Im Dt. ist es heute nur auf ökonomische Unternehmensformen bezogen gebräuchlich (vgl. z. B. *Stahlkonzern, Multikonzern*).

Konzession

›Zugeständnis‹; ›behördliche Genehmigung, Zulassung‹

Das Substantiv geht zurück auf das Lat. (dort ›Zugeständnis, Bewilligung‹), kam im 16. Jh. ins Dt., zunächst in der 1. Bedeutungsvariante (vgl z. B. die Wendung *Konzessionen machen/eingehen*), später auch in der im juristischen Bereich üblichen 2. Bedeutungsvariante (vgl. z. B. *Konzession für eine Gaststätte, für die Nutzung von Verkehrswegen, von Erdölanlagen*).

Konzil

›Versammlung hoher (katholischer) Würdenträger (besonders der Bischöfe) zur Beratung und Beschlußfassung wichtiger Fragen‹

Das Wort findet sich schon seit dem Mhd. und ist aus dem Lat. entlehnt worden (dort ursprünglich ›beratende und beschließende Versammlung‹, später spezifischer ›Versammlung der Bischöfe‹). So wurde das Wort auch ins Dt. übernommen. Im Universitätsbereich nimmt es später (bis heute) auch die Bedeutung an von ›Versammlung delegierter Universitätsangehöriger‹ (Wissenschaftler, Studenten, Angestellte) zur Beratung und Entscheidung über prinzipielle Fragen (etwa Universitätsverfassung, Wahl des Rektors).

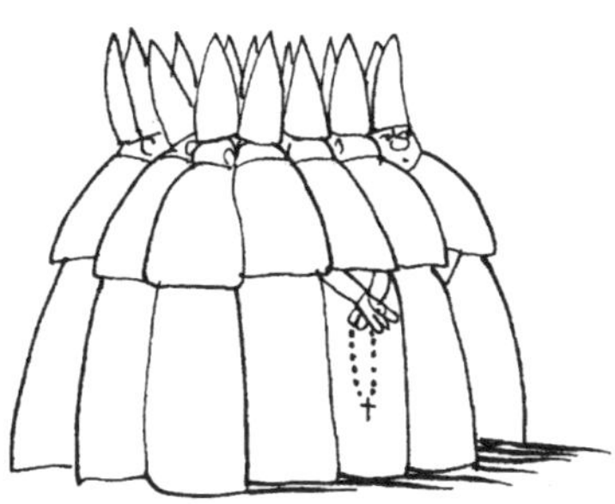

Kopf

›Haupt, Schädel‹

Das Substantiv geht zurück auf das Ahd. (dort ›Schöpfgefäß, Becher‹) und das Mhd. (dort ›Trinkgefäß, Becher; Hinterhaupt‹). Die heutige Bedeutung entwikkelt sich in mhd. Zeit, und zwar über ›Gefäß, Schalenförmiges‹ hin zu ›Hirnschale, Haupt‹. Auf diese Weise wurde das Wort *Haupt* (als ältere Bezeichnung für den ›Kopf‹) in den gehobenen Sprachgebrauch abgedrängt (z. B. *erhobenen Hauptes*).

Korinthe

›kleine, kernlose, schwarze Rosine‹

Das Wort findet sich seit etwa 1500 im Dt. und geht auf den Namen der griech. Hafenstadt *Korinth* zurück. Über diese Stadt sind die in Griechenland kultivierten und getrockneten Weinbeeren zumeist exportiert worden.

Korn

›Samen‹ (von Gräsern und Getreide), ›Roggen, Getreide‹

Das Substantiv findet sich bereits im Ahd. und Mhd. (sowie in anderen germ. Sprachen), ist mit *Kern* verwandt und bedeutete ursprünglich soviel wie ›etwas klein Zerriebenes, Reibefrucht‹, das ›Frucht- und Samenkorn‹. Zugleich bezeichnete es das jeweils übliche Brotgetreide: Deshalb steht es im Dt. für ›Roggen‹ (sowie auch allgemein für ›Getreide‹), im Schwed. für ›Gerste‹ und im Engl. für ›Weizen‹. Korn ist auch in allgemeinerer Bedeutung in Zusammensetzungen gebräuchlich (vgl. *Staubkorn, Hagelkorn*).

Korps

›Truppenverband, Gemeinschaft bestimmter Personen‹

Das Wort stammt aus dem Frz. (dort ›Körper, Leib‹, aber auch übertragen ›Gesamtheit, Körperschaft‹) und wird im 17. Jh. als Fachwort des Militärwesens ins Dt. für ›Truppe, Abteilung‹ übernommen (vgl. z. B. später *Freikorps, Kadettenkorps*). Im 19. Jh. bezeichnet *Korps* auch bestimmte studentische Verbindungen und in der Fügung *diplomatisches Korps* die Gesamtheit des bei einem Staat akkreditierten Gesandtschafts- und Botschaftspersonals.

korrekt

›richtig, fehlerfrei, der Norm entsprechend‹

Das Wort ist im 16. Jh. als Fachwort der Druckersprache aus dem Lat. entlehnt worden (dort Partizip Perfekt des Verbs *corrigere* ›geraderichten, Fehlerhaftes berichtigen, in Ordnung bringen‹). Seit dem 18. Jh. hat *korrekt* dann auch (und vor allem) die allgemeinere Bedeutung von ›richtig, fehlerfrei‹ schlechthin angenommen (vgl. z. B. *sich korrekt kleiden*, aber auch *korrekt schreiben/zitieren*).

Kostüm

›historische Kleidung, Tracht, Bühnenbekleidung‹; ›aus Rock und Jacke bestehende Damenoberbekleidung‹

Das Wort ist im 18. Jh. aus dem Ital. entlehnt worden, bedeutete dort ursprünglich ›Gewohnheit, Sitte, Brauch‹ und bezeichnete vor allem zeitlich bedingte Eigenarten und Besonderheiten der Völker. Seit Gottsched wird *Kostüm* auch im Bereich des Theaters angewandt und bezieht sich vor allem auf die jeweilige historische Kleidung. Im 18. Jh. beeinflußte das frz. *costume* den Sinn des Wortes, so daß die Bedeutung ›Tracht, Maskierung, Kleidung‹ im 19. Jh. vorherrschend wird. Unter dem Einfluß der frz. Mode wurde *Kostüm* schließlich auch zur Bezeichnung von ›Damenoberbekleidung aus Rock und Jacke‹.

Kotau

›tiefe Verbeugung, demütige Ehrerweisung‹

Das Substantiv geht auf ein lautähnliches chin. Wort zurück (›schlagen [mit dem Kopf]‹). Es bezeichnete im chin. Hofzeremoniell der Kaiserzeit ursprünglich eine Verbeugung auf den Knien, bis die Stirn den Boden berührt (vor dem Kaiser und seinen Repräsentanten). Das Wort erscheint seit etwa 1900 im Dt.

(vor allem in der Wendung *vor jmdm. Kotau machen*).

Kragen

›den Hals umschließender Teil der Kleidung‹
Das Substantiv erscheint seit dem Mhd., zunächst aber in der Bedeutung ›Hals, Kehle, Nacken‹, später dann in der (jüngeren und heutigen) Bedeutung ›Bekleidungsstück des Halses‹. An die alte Bedeutung erinnern noch heute einige Wendungen, die an die Vorstellung der Hinrichtung als juristische Strafe anknüpfen (z. B.: *Es kostet ihn Kopf und Kragen. Es geht ihm an den Kragen*), an die jüngere Entwicklung schließt sich an z. B. *Es platzt ihm der Kragen.*

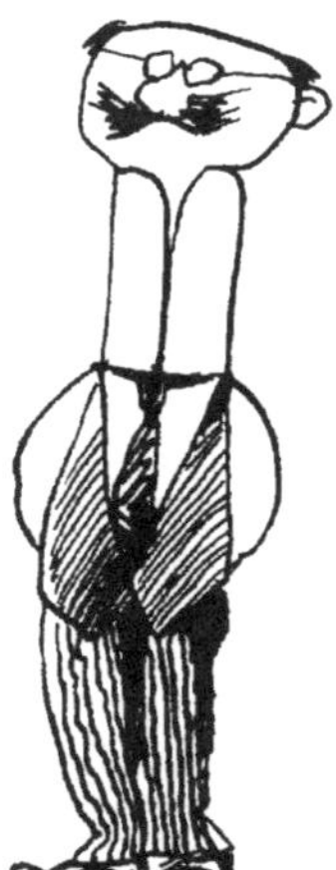

krank

›nicht gesund, leidend‹
Das Adjektiv geht auf eine idg. Wurzel zurück (mit der Bedeutung ›durch Schwäche krumm, gekrümmt, gebogen‹) und findet sich seit dem Ahd. und Mhd., zunächst im Sinne von ›schwach, kraftlos, klein‹, seit dem Spätmhd. dann im Sinne von ›leidend, nicht gesund‹ (älteres *siech* wird auf diese Weise verdrängt).

Krätze

›durch tierische Parasiten hervorgerufene, mit starkem Juckreiz verbundene Hautkrankheit‹
Der Krankheitsname findet sich seit dem Frühnhd., ist auf das Dt. beschränkt und steht im Zusammenhang mit *kratzen*.

Krawatte

›Schlips‹
Das Substantiv ist im 17. Jh. aus einem gleichlautenden und gleichbedeutenden frz. Wort übernommen worden, das seinerseits auf ein serbokroat. Wort (›Kroate‹) zurückgeht. Das frz. Wort diente ursprünglich als Bezeichnung für die Angehörigen der im 17. Jh. aus Kroatien stammenden und für die frz. Armee angeworbenen Reiterverbände (als Vorbild für die frz. Kavallerie). Diese Kroaten trugen Halsbinden, die sinnbildlich ihren Namen angenommen haben. Die frz. Offiziere übernahmen die Mode des Krawatten-Tragens und den Namen *Krawatte*, im 18. Jh. werden diese Krawatten dann zum allgemeinen Bestandteil der Herrenmode.

Kredo ↑ vgl. *Credo*

Krempel

›wertloses Zeug, Plunder, lästiger Kram‹

Das Wort findet sich zunächst in obd. Mundarten im 16. Jh. (in der Bedeutung ›Kleinhandel, Verkauf von Trödelwaren oder Lebensmitteln‹), ähnlich wie sinnverwandtes *Kram*. Im 17. Jh. nimmt es die Bedeutung von ›wertloser Hausrat, Plunder‹ an (durch Übertragung von einer Handlung auf die Sache) – wohl begünstigt durch lautliche Ähnlichkeit mit *Gerümpel*). In dieser (neuen) Verwendung wird das Substantiv über das enge Mundartgebiet hinaus üblich, gehört aber der saloppen Sprache an.

Kremser

›vielsitziger (von Pferden gezogener) Mietwagen mit Verdeck‹

Die Benennung geht zurück auf den Berliner Hofagenten *Kremser*, der in den 20er Jahren des 19. Jhs. die Erlaubnis bekam, solche Wagen am Brandenburger Tor in Berlin aufzustellen und nach Bedarf fahren zu lassen.

Krethi (und Plethi)

›alle möglichen Leute, jedermann, Hinz und Kunz‹

Die (heute mit negativer Bewertung verbundene) Fügung wird seit dem 18. Jh. gebraucht und stammt aus Luthers Bibelübersetzung (z. B. 2. Sam. 8,18; 15,18); damit wurden – im Anschluß an die hebr. Vorlage – die ausländischen Söldner der Leibwache des Königs David bezeichnet. Das an anderen Stellen der Bibel erscheinende hebr. Wort für ›Krethi‹ steht für die nach Darstellung des Alten Testaments vermutlich aus *Kreta* stammenden Philister, wird als ›Kreter‹, als ›Abkömmling der Insel Kreta‹ interpretiert.

Kretin

›mißgestalteter Schwachsinniger‹

Das Wort ist im 18. Jh. aus dem Frz. übernommen worden und bezeichnete ursprünglich einen Menschen mit schweren Entwicklungsstörungen, die durch Unterfunktion der Schilddrüse verursacht worden sind. Das frz. Wort ist seinerseits eine Übernahme eines südostfrz. Dialektwortes aus solchen Alpentälern, in denen Krankheitsfälle dieser Art besonders häufig aufgetreten sind (z. B. im Wallis und in Savoyen). Die Bezeichnung für einen ›Schwachsinnigen‹, einen ›mit Kropf Behafteten‹ ist offensichtlich zunächst eine aus Mitleid gewählte Benennung gewesen, hat sich aber zunehmend mit negativer Bewertung verbunden. Seit dem 19. Jh. wird sie im Frz., schließlich auch im Dt. gelegentlich herabsetzend, verächtlich und verallgemeinernd für ›Dummkopf, beschränkte Person‹ gebraucht.

Krippe

›(länglicher) Futtertrog (für größere Tiere)‹; ›Kinderbetreuungseinrichtung‹

Das nur in westgerm. Sprachen vorhandene Substantiv erscheint im Ahd. und Mhd. mit seiner ursprünglichen Bedeutung ›Flechtwerk, Geflochtenes‹. Die Bezeichnung für den am Anfang geflochtenen Futtertrog geht später auf den steinernen bzw. hölzernen Futtertrog über. Im 19. Jh. wird *Krippe* (oder *Kinderkrippe*) dann auch gebraucht für eine ›Einrichtung zur Betreuung von Säuglingen und Kleinkindern‹; diese Bedeutung geht zurück auf die Darstellung der Heiligen Familie mit dem Jesuskind in der Krippe.

Kuddelmuddel

›Wirrwarr, Durcheinander‹

Der (nur salopp verwendete) Ausdruck hat sich offenbar im 19. Jh. von Berlin aus verbreitet und schließt wohl an nd. *kodden/koddeln* an (›in Eile und sehr oberflächlich Leinenzeug waschen, Sudelwäsche machen, nur durch eine Lauge ziehen‹).

Kuli

›indischer und chinesischer Lastenträger, Tagelöhner‹

Die Bezeichnung geht vermutlich zurück auf den Namen eines im westlichen Indien beheimateten Stammes *Kuli* bzw. *Koli*. Sie ist nach Südindien und nach China im Sinne von ›Lastenträger‹ weitergetragen worden und von den dort ansässigen Europäern übernommen worden. Zuerst wurde sie im Engl. *(cooly)* bezogen nur auf die Angehörigen des genannten indischen Stammes (16. Jh.), später (im 17. Jh.) wurde sie übertragen und verallgemeinert verwendet für ›eingeborener Träger, Dienstmann‹. So wurde das Wort im 19. Jh. ins Dt. (als *Kuli)* übernommen und steht heute – noch stärker verallgemeinert – vielfach auch für den ›stark ausgebeuteten und schlecht bezahlten eingeborenen Arbeiter‹. In neuerer Zeit ist die Lautform *Kuli* ugs. auch in übertragener Bedeutung als Kurzbezeichnung für ›Kugelschreiber‹ (mit Mine) gebräuchlich.

Kultur

›Gesamtheit der von den Menschen geschaffenen materiellen, geistigen und moralischen Werte (der betreffenden Zeit)‹

Die Bezeichnung geht auf lat. *cultūra* zurück, das eigentlich ›Pflege (des Ackers), Bearbeitung, Bestellung, Anbau, Landbau‹ bedeutete, schließlich aber auch ›geistige Pflege, Ausbildung intellektueller Fähigkeiten‹ einschloß. Das Wort wurde im 17. Jh. ins Dt. übernommen, gewann in der 2. Hälfte des 18. Jhs. mit dem Aufschwung der Land- und Forstwirtschaft Verbreitung (vgl. *Agrikultur*). Ihr eigentliches Gewicht erhält die Bezeichnung aber erst in ihrer metaphorischen Verwendung, d. h. in der Übertragung von *Kultur* (seit etwa 1700) auch und vor allem auf die Ausbildung und die geistige Vervollkommnung des Menschen. In der dt. Aufklärung (z. B. bei Herder und Kant) wurde es geradezu zu einem Schlagwort der Epoche, im 20. Jh. (z. B. bei Thomas Mann) wurde es z. T. auf die inneren geistigen Werte beschränkt und der (auf die äußere Entwicklung bezogenen) *Zivilisation* entgegengesetzt. Heute findet das Wort eine breite Verwendung (vgl. etwa *Kulturdebatte, Kulturhaus, europäische/afrikanische Kultur, Eßkultur, Tanzkultur, Subkultur, Kulturszene*).

Kumpan

›Gefährte, Kamerad‹

Das Substantiv findet sich bereits im Mhd. und geht auf ein lautähnliches lat. Wort zurück, das eigentlich ›Brot-, Speise-, Tischgenosse‹ bedeutete (im

Anschluß an spätlat. *compānio;* vgl. lat. *pānis* ›Brot‹ – vgl. auch *Kompagnon*). Das Wort kommt im Mhd. – über die Vermittlung des Frz. – ins Dt., wird im 16. Jh. seltener, dann aber im 18. Jh. von den Sprachreinigern wieder aufgenommen und neu belebt – in der (falschen) Annahme, daß es sich um ein verschollenes dt. Wort handele. Allerdings hat sich die Bedeutung dabei inzwischen erheblich erweitert (vom ›Tischgenossen‹ zum ›Gefährten‹ allgemein), das Wort hat zunehmend auch eine pejorativ-bewertende Komponente angenommen (in Richtung auf ›Mittäter, Spießgeselle‹ – vgl. etwa *Saufkumpan, Trinkkumpan, Kumpanei*), ist ohnehin auf die Ugs. beschränkt und gilt heute schon wieder eher als veraltend.

Kunst

›spezifische Art der schöpferischen Aneignung und Deutung der Welt in bestimmten Werken (z. B. der Dichtung, Malerei, bildenden Kunst, Musik)‹

Das Wort findet sich bereits im Ahd., ist eine Ableitung von *können* und hatte ursprünglich die umfassendere Bedeutung von ›Wissen, Kenntnis, menschliche Fähigkeit, Kompetenz‹ – unabhängig von einem ästhetischen Anspruch (vgl. heute noch *Heilkunst, Kochkunst, Staatskunst, Kunstgriff*). *Kunst* bedeutete – seit dem 16. Jh. – auch ›Gemachtes, Hergestelltes‹, im Gegensatz zur *Natur* (vgl. noch heute *Natur-/Bienenhonig* vs. *Kunsthonig, Naturseide* vs. *Kunstseide; Kunstblume, Kunstleder, Kunstregen*). *Kunst* stand (in der Vergangenheit) z. T. auch im Sinne von *Wissenschaft* (vgl. auch den Begriff der ›schönen Künste‹ bzw. auch der ›schönen Wissenschaften und Künste‹). Die heutige Bedeutung (und Auffassung) von *Kunst* bildete sich erst durch eine Abgrenzung von der aufkommenden Bezeichnung *Wissenschaft* – als gelehrter Disziplin entsprechend dem Verb *wissen* – heraus, gefördert durch die Schrift von Batteux »Les beaux-arts« (1746) und dem Wirken der dt. Klassiker.

Kurator

›Verwalter (z. B. einer Stiftung, eines Vermögens)‹ aufsichtsführender Beauftragter einer Körperschaft‹

Das Wort geht zurück auf lat. *cūra* (›Sorge, Fürsorge‹), dessen Bedeutung noch heute in *Kur* erhalten ist. Es bezeichnete ursprünglich den ›Pfleger, Verwalter, Wärter, Vormund‹. Im 15. Jh. kam es aus dem Juristenlatein ins Dt., war anfangs (bis ins 20. Jh.) vor allem im Sinne von ›Vormund‹ üblich und nahm später die heutige Bedeutung an (auch als Mitglied eines *Kuratoriums*).

Kurier

›mit der schnellen und sicheren Überbringung wichtiger Nachrichten beauftragter Bote‹, vor allem ›Eilbote im diplomatischen Dienst‹

Das Wort ist seit dem 13. Jh. im Dt. nachzuweisen, geht auf das Frz. und

Ital. zurück und bedeutete ursprünglich ›Läufer‹ (vgl. frz. *courir* ›laufen‹). Es bezeichnete also zunächst den ›Eilboten zu Fuß und zu Pferde‹, wurde erst später übertragen auf den (Post-)Boten generell, auf den Postwagen und auf die Gesamtheit von auf diesem Wege beförderten (Post-)Sendungen.

Kurtisane

›Lebedame, Geliebte eines Fürsten, Mätresse‹

Das Wort ist Mitte des 16. Jhs. aus einem gleichlautenden und gleichbedeutenden frz. Wort entlehnt worden, dem das auch in anderen rom. Sprachen vorkommende Wort für ›Hof‹ zugrunde liegt. Deshalb meinte es ursprünglich soviel wie ›zum Hofe gehörig, höfisch‹. Über ›Hofdame‹ entwickelte sich bald die Bedeutung ›Buhlerin, Mätresse‹ – mit dem abschätzigen Sinn, der auch für die Übernahme ins Dt. vorauszusetzen ist.

Kutsche

›von Pferden gezogener Verdeckwagen zur Beförderung von Personen‹

Das Wort ist im 15. Jh. aus dem Ungar. entlehnt worden und ist eine Verkürzung von ›Wagen aus Kocs‹. Die Kutsche wurde also benannt nach dem Ort *Kocs* bei Komárom, der etwa in der Mitte der Strecke zwischen Wien und Budapest liegt und die Station für den Pferdewechsel beim damals schon bestehenden Reisewagendienst zwischen den beiden Hauptstädten war (vgl. heute *Hochzeitskutsche, Königskutsche*). *Kutscher* als Ableitung davon nimmt auffälligerweise die allgemeinere Bedeutung ›Lenker von Pferden‹ (bei allen Pferdefuhrwerken) an.

Kuvert

›Briefumschlag‹

Das Wort wurde im 17. Jh. aus dem Frz. übernommen und bedeutete dort eigentlich ›das, was bedeckt ist und Deckung, Schutz bietet‹. Es kam zunächst in frz. Schreibung ins Dt. (erst im 20. Jh. Eindeutschung) mit dem damals üblichen Sinn von ›Umhüllung von Postsendungen, besonders Briefen‹. Jetzt steht im Frz. dafür nicht mehr *couvert*, sondern *enveloppe* (›Briefumschlag‹). Im Dt. dagegen hat *Couvert/Kuvert* auch noch andere Bedeutungen angenommen, vor allem die von ›Gedeck‹ (genauer: alles zum Eindecken des Tisches Nötige; Teller und Besteck für eine Person) und von ›Bettdecke‹ (genauer: ›auf der Oberseite ausgeschnittener Bezug für Steppdecken‹).

Kybernetik

›Wissenschaft von den dynamischen, selbstregulierenden Systemen in Natur und Technik‹

Die Bezeichnung wurde Mitte des 20. Jh. aus dem Engl. übernommen und geprägt von dem amerikanischen Wissenschaftler N. Wiener (»Cybernetics or control and communication in the animal and the machine« 1948). Sie schließt an ein lautähnliches griech. Wort an, das soviel bedeutet wie ›zum Steuern gehörig/geeignet‹.

Laden

›Verkaufsraum, (kleines) Geschäft‹

Das Substantiv findet sich bereits im Mhd. Es bezeichnete zunächst ein ›starkes Brett‹, dann ›etwas aus Brettern Gefertigtes‹, so vor allem den Verkaufstisch‹ und den ›Außenverschluß der Fenster‹ *(Fensterladen).* Die heutige Bedeutung ›Verkaufsraum‹ erscheint erst seit Anfang des 15. Jhs.

Lager

›Ort zum Liegen oder Lagern‹

Das Wort erscheint bereits im Ahd. (und in anderen germ. Sprachen). Ihm liegt von Anfang an die Grundvorstellung ›Liegestatt‹ als Kern der Bedeutung zugrunde, zu der allerdings im Laufe der Zeit unterschiedliche dominierende Bedeutungskomponenten hinzugetreten sind: So steht *Lager* im Mhd. vor allem für ›Heerlager‹, seit dem Frühnhd. für ›Rastort eines Fürsten mit seinem Gefolge‹ (z. B. *Hoflager*), für ›Aufbewahrungsort für Waren‹ (z. B. *Warenlager*) oder – in der Bergmannssprache – für ›Vorkommen von Bodenschätzen‹ (z. B. *Erzlager*). In der Gegenwartssprache besonders verbreitet ist die Verwendung im Sinne von ›vorübergehende Unterkunftsmöglichkeit (in Baracken oder Zelten) für eine größere Anzahl von Menschen‹ (z. B. *Ferienlager, Gefangenenlager, Flüchtlingslager*); daneben findet sich der übertragene Gebrauch für eine ›Gruppe von Menschen / Staaten mit gleichen Zielen‹ (z. B. *das konservative, sozialistische Lager*).

Laie

›Nicht-Fachmann‹

Die Bezeichnung findet sich bereits im Ahd. (dort in der Bedeutung ›Nicht-Geistlicher‹) und geht auf griech.-lat. Ursprung zurück. Da die Nicht-Geistlichen im Mittelalter zumeist nicht lesen und schreiben konnten, entwickelte sich (seit dem 14. Jh.) die neue Bedeutung ›Ungelehrter, Unkundiger‹. Dieses ›Unkundig-Sein‹ wurde bezogen zunächst auf die Theologie, danach – auch außerhalb des kirchlichen Bereichs – auf die mittelalterlichen Wissenschaften wie Himmelskunde, Jura und Medizin. Schließlich bezeichnet (seit dem 18. Jh. bis heute) *Laie* einen ›Nicht-Fachmann‹ auf allen möglichen Gebieten (vornehmlich aber in Wissenschaft und Kunst).

Lakai

›herrschaftlicher Diener; Schmeichler, Kriecher‹

Das Wort wird im 16. Jh. aus dem Frz. übernommen (dort ›Fußsoldat, Läufer, Diener für Botendienste‹) und geht wahrscheinlich auf das Türk. zurück. Im Dt. bezeichnete *Lakai* zunächst einen einfachen Soldaten, dann einen herrschaftlichen Diener in Livree. Heute steht die Bezeichnung zumeist (in stark abwertendem Sinne) für einen abhängigen, kriecherischen, unterwürfigen Menschen von knechtischer Gesinnung und schmeichlerischem Verhalten.

lakonisch

›kurz und treffend im sprachlichen Ausdruck‹

Das Adjektiv wurde im 17. Jh. aus dem gleichbedeutenden lat. Wort gebildet, das eine Ableitung von *Lákōn* war (›Lakedämonier‹) und ursprünglich ›nach der Art der Lakedämonier‹ bedeutete. Den Spartanern, einem Volksstamm aus dem griech. Altertum, wurde nachgesagt, mit jedem Worte zu geizen und dennoch auf die schwierigsten Fragen treffsichere Antworten zu finden. Die Spartaner lebten in *Lakedämonien* (bzw. Lakonien), einem Landstrich auf der Halbinsel Peloponnes. Ihre Schlagfertigkeit wurde von Plutarch und anderen Historikern überliefert.

Lamento

›(lautes) Gejammer‹

Das Wort wurde zunächst um 1700 als Fachausdruck der Musik aus dem Ital. ins Dt. übernommen und stand für ›Klagegesang (in der Oper)‹. Seit Ende des 18. Jhs. wird es – in verallgemeinerter Bedeutung und unabhängig von der Musik – im Sinne von ›Klage, Jammer‹ gebraucht (mit ugs. Färbung). Zu dem Substantiv gehört auch das Verb *lamentieren* (vgl. *ein großes Lamento; ständig über fehlendes Geld lamentieren*).

Landarbeiter

›Arbeiter auf dem Lande‹

Ursprünglich wurden als *Landarbeiter* diejenigen Arbeiter auf dem Lande bezeichnet, die keine Bauern, keine Besitzer von Grund und Boden waren (im Unterschied also zu *Bauern* und *Landwirten*). Nach 1945 wurden in der (ehemaligen) DDR jedoch als Landarbeiter alle Facharbeiter in der Landwirtschaft verstanden, da sich die Besitzverhältnisse in der Landwirtschaft verändert hatten (es kaum noch Privatbesitz an Grund und Boden gab).

Landauer

›viersitzige Kutsche mit herabklappbarem Verdeck‹

Die Bezeichnung kam wohl ursprünglich in der Verbindung *Landauer Wagen* vor und ist eine Ableitung vom Ortsnamen *Landau*. Man nimmt an, daß *Landau* der erste Herstellungsort war. Das Wort kam im 18. Jh. auf.

lapidar

›kurz und bündig, aber kraftvoll wirkend‹

Das Adjektiv wurde im 18. Jh. aus dem Lat. entlehnt (dort ›zu den Steinen gehörig‹ – vgl. *lapis* ›Stein‹). Die Übertragung auf den Sprachstil erfolgte wohl auf Grund der knappen Ausdrucksweise der lat. Steininschriften (z. B. *eine lapidare Aussage*).

Larifari

›leeres, unsinniges Gerede‹

Das Substantiv wurde nach 1700 gebildet, vermutlich in Anlehnung an die ital. Bezeichnung der Stammtöne *la re fa re*. Die Schreibung *Lari fari* findet sich zuerst bei Abraham a S. Clara. Im Wiener Theater ist *Larifari* dann der Name für den Hanswurst (vgl. heute auch in Wendungen wie *Das ist doch Larifari! Nur Larifari!*).

Lärm

›lautes, als Belästigung empfundenes Geräusch‹

Das Wort war ursprünglich in der Bedeutung identisch mit *Alarm*, das auf ital. *all'arme* zurückgeht und eigentlich ›zu den Waffen‹ bedeutete. Während *Alarm* als Warnsignal fungierte, bedeutete *Lärm* dann zunehmend ›lautes Geräusch‹. Die semantische Nähe beider Wörter hat ihre Spuren vereinzelt bis in die Gegenwartssprache hinterlassen (vgl. z. B. *Feuerlärm/Feueralarm, Alarm/Lärm schlagen*).

Laster

›schändliche (bestimmte Normen verletzende) Gewohnheit‹

Das Substantiv findet sich bereits im Ahd. (und in anderen germ. Sprachen) und hatte die Ausgangsbedeutung von ›Schmähung, Lästerung, Kränkung, Tadel, Verleumdung‹, die sich bis ins 16. Jh. erhalten hat. Seitdem setzt sich der Sinn von ›gewohnheitsmäßige Sünde, verwerfliches Verhalten, schlechte Gewohnheit‹ durch (z. B. *Rauchen/Trinken kann zum Laster werden.*).

Laube

›einfaches Gartenhäuschen‹, ›gewölbter Gang mit Läden und Verkaufsständen‹

Laube (taucht als Wort bereits im Ahd. und in anderen germ. Sprachen auf) bezeichnet ursprünglich ein Schutzdach aus zusammengeflochtenen grünen Zweigen und Ästen, danach eine Hütte mit einem solchen Dach. Als Bezeichnung für den überdachten Teil eines Bauernhauses und für den überwölbten Gang am städtischen Haus (vgl. *Laubengang, Laubengasse*) hat sich *Laube* teilweise bis heute in einigen Landschaften erhalten. Die neue (und heute wohl dominierende) Bedeutung ›einfaches Gartenhäuschen‹ setzt sich erst im 20. Jh. durch (obwohl sie sich seit dem Aufkommen der Gartenbaukunst im 16. Jh. vorbereitet hatte).

Laune

›(vorübergehende) Stimmung, Gemütsverfassung‹

Das Wort findet sich bereits im Mhd. (dort ›Mond, Mondwechsel, [wechselnde] Gemütsstimmung‹) und ist aus dem Lat. entlehnt worden (aus *lūna* ›Mond‹). Der Übertragung von der Erscheinung des wechselnden Mondes auf die Gemütsstimmung des Menschen liegt die

Vorstellung zugrunde, daß – nach Auffassung mittelalterlicher Astrologen – der Mond mit seinen Phasen die Gemütsstimmung des Menschen stark beeinflusse.

lauter

›rein, ungetrübt‹; ›aufrichtig‹

Das Adjektiv erscheint schon im Ahd. und Mhd., dort allerdings zunächst in der (konkreten) Bedeutung von ›hell, rein, klar, unvermischt‹ (so noch heute z. B. in *lauteres Gold, eine lautere Quelle*). Später wurde es übertragen auf die Haltung und Gesinnung des Menschen (im Sinne von ›aufrichtig, ehrlich‹; vgl. z. B. *ein lauterer Charakter*). Schließlich tritt im Mhd. noch eine zusätzliche Bedeutungsvariante auf (›ausschließlich, nur, lediglich, nichts als‹), in der das Adjektiv in einer erstarrten (undeklinierten) Form verwendet wird (ugs. z. B. noch heute *lauter Ärger, lauter nette Leute, lauter Dummheiten*).

Lavendel

›zu den Lippenblütlern gehörender niedriger Strauch (mit blauen Blüten) und das aus seinen Blüten gewonnene ätherische Öl (mit spezifischem Duft)‹

Das Substantiv erscheint bereits ahd. und mhd. in gleicher Lautung und Bedeutung, ist eine Entlehnung aus dem Lat. (geht zurück auf *lavāre* ›waschen, baden‹, also eigentlich ›das, was zum Waschen dient‹). Die Pflanze ist also nach ihrer Verwendung als wohlriechender Zusatz zum Badewasser benannt.

lavieren

›sich geschickt durch Schwierigkeiten hindurchwinden‹

Das Verb kommt zuerst im Nd. vor, und zwar zunächst als nautischer Ausdruck (›im Zickzack gegen den Wind ansegeln‹) im 15./16. Jh. Der (heutige) übertragene Gebrauch (›sich hin und her winden, vorsichtig vorgehen‹) begegnet im Nd. im 16. Jh., im Hd. dann seit dem 17. Jh.

Lazarett

›Militärkrankenhaus‹

Das Wort ist im 16. Jh. aus dem Ital. entlehnt worden und hatte damals die Bedeutungen ›Quarantänestation‹ und ›Hospital‹ (besonders für Leprakranke). Es hängt ursprünglich mit der Benennung eines Aussätzigenhospitals bei der Kirche *Santa Maria di Nazaret* in Venedig (im 15. Jh.) zusammen, eines Pesthauses mit Quarantänestation. Das wurde offensichtlich verwechselt mit einem auf einer benachbarten Insel ansässigen Aussätzigenhospital *Ospedale di S. Lazarro,* benannt nach der biblischen Gestalt des heiligen/armen *Lazarus* (vgl. Lukas 16), der als Schutzpatron der Leprakranken galt. Im Dt. wird *Lazarett* anfangs ganz allgemein für ›Krankenhaus, Seuchenspital‹ gebraucht, erhält erst seit dem 18. Jh. die engere Bedeutung ›Krankenhaus für Soldaten‹.

Legende

›Erzählung über das Leben und Leiden eines Heiligen‹; ›erläuternder Text zu Zeichen und Abbildungen‹

Das Wort kommt in der Bedeutung ›Heiligenerzählung‹ bereits im Mhd. vor und geht auf das Lat. zurück (*legendum* ›das zu Lesende‹). Schon im 15. Jh. entwikkelt sich die (erweiterte) Bedeutung ›freier Bericht, Erzählung‹, im 16. Jh.

dann die Bedeutung ›sagenhafte Erzählung, unbeglaubigter Bericht, unglaubwürdige Geschichte‹ (nicht nur über Heilige – z. B. heute: *in den Bereich der Legende verweisen*). Die 2. Variante der Bedeutung (›Zeichenerklärung‹) findet sich erst seit Ende des 19. Jhs.; auch dabei geht es um etwas, ›was zu lesen ist‹, damit die Zeichen, Abbildungen o. ä. verstanden werden können.

Leim

›Klebstoff‹

Das Wort findet sich bereits im Ahd. (und in anderen germ. Sprachen) und hatte die Ausgangsbedeutung von ›klebrige Erdmasse‹ (es hat dieselbe Wurzel wie *Lehm*). Im Mhd. bezeichnete es vor allem den ›Vogelleim‹. Auf die mit Leim bestrichene Rute des Vogelstellers beziehen sich auch ugs. Wendungen, die sich bis heute erhalten haben (z. B. *jmdm. auf den Leim gehen, jmdn. auf den Leim führen, aus dem Leim gehen*).

Lektor

›Lehrer für praktische Übungen und Sprachen an Hochschulen‹; ›Mitarbeiter eines Verlags zur Überprüfung und Bearbeitung von Manuskripten‹

Das Substantiv wurde aus dem Lat. übernommen (›Leser, Vorleser‹ – vgl. lat. *legere* ›lesen‹) und bezeichnete zunächst den Vorleser von Bibeltexten und den Lehrer an Klosterschulen, später auch den Sprachlehrer an Ritterakademien und schließlich (im 18. Jh.) den Universitätslehrer (auch in anderen praktischen Fächern). Erst in neuerer Zeit hat sich die 2. Bedeutungsvariante (›Verlagsmitarbeiter‹) herausgebildet.

lesbisch

›homosexuell (bezogen auf Frauen)‹

Das Adjektiv geht zurück auf den Namen der griech. Insel *Lésbos* im Ägäischen Meer, wo die griech. Dichterin Sappho (um 600 v.Chr.) die Schönheit von jungen Mädchen einer Kultgemeinschaft in leidenschaftlichen Liedern gepriesen hat. Es wurde im 19. Jh. ins Dt. übernommen.

Lethargie

›starke Schläfrigkeit mit Bewußtseinsstörungen, Schlafsucht‹; ›Trägheit, Gleichgültigkeit, Teilnahmslosigkeit‹

Das Substantiv geht zurück auf ein lautähnliches griech. Wort (*lēthargía* ›Vergeßlichkeit, Schlafsucht‹) und wurde im 16. Jh. als Krankheitsbezeichnung entlehnt. Seit dem 18. Jh. wurde es dann allgemein geläufig, aber nun zumeist in der übertragenen Bedeutung von ›Trägheit, Teilnahmslosigkeit‹, nicht mehr im Sinne einer (medizinischen) Krankheitsbezeichnung.

Leutnant

›Offizier der untersten Rangstufe‹

Das Wort wurde im 16. Jh. aus dem Frz. entlehnt und geht auf einen lat. Ausdruck zurück (*locum tenere*, d. h. ›Ort, Stelle‹ + ›halten, vertreten, ersetzen‹). Der Ausdruck wurde in der Volksetymologie am Anfang angelehnt an *Leute* und an *Amt*.

Likör

›gesüßtes alkoholisches Getränk mit aromatischen Zusätzen‹

Das Substantiv wurde im 18. Jh. entlehnt und knüpft an frz. *liqueur* an, das eigentlich soviel wie ›Flüssigkeit‹, dann ›Alkoholgehalt und Süße des Weins‹ bedeutete. Dem frz. Wort liegt lat. *liquor* (›Flüssigkeit‹) zugrunde. Im Dt. war es schon im 16. Jh. üblich, aber damals als Fachwort der Chemie und der Arzneikunde zur Bezeichnung von Lösungen und flüssigen Substanzen. Später stand und steht es für ›süßen, stark alkoholhaltigen Wein‹, für ein ›gesüßtes alkoholisches Getränk mit aromatischen Zusätzen‹.

Liliputaner

›Mensch mit zwergenhaftem Wuchs‹

Das Wort wurde im 18. Jh. aus dem Engl. übernommen und bedeutete eigentlich ›Bewohner von Liliput‹. *Liliput* ist das Zwergenland aus »Gulliver's Travels«, einem satirischen Roman des engl. Schriftstellers Jonathan Swift (1726).

Limonade

›alkokolfreies Erfrischungsgetränk aus Fruchtsaft (oder -essenz), Zucker und (meist kohlesäurehaltigem) Wasser‹

Das Wort wurde im 17. Jh. aus dem Frz. übernommen, bedeutete aber zunächst – bis ins 19. Jh. – nur ›Zitronenwasser‹, war eine Ableitung von frz. *lémon* ›Zitrone‹. Auch im Dt. ist seit dem 14. Jh. *Limone* als ältere Bezeichnung für ›Zitrone‹ üblich gewesen (in obd. Mundarten z. T. noch heute).

Limousine

›geschlossener Personenkraftwagen mit festem Verdeck‹

Das Substantiv wurde Anfang des 20. Jhs. als gleichlautendes frz. Wort übernommen, das aber eigentlich einen ›weiten, großen Mantel aus grober Wolle‹ bezeichnete, wie er von Fuhrleuten in der frz. Landschaft *Limousin* getragen wurde. Die Übertragung beruht auf einem Vergleich des geschlossenen Wagens mit dem (schützenden) Fahrermantel.

links

›auf der linken Seite‹; ›politisch zu einer bestimmten Gruppierung gehörig‹

Aus der örtlichen Bedeutung (16. Jh.) entwickelte sich im Dt. im 19. Jh. die politische Bedeutung im Anschluß an das Frz., weil nach der Sitzordnung im Parlament nach der frz. Restaurationszeit die sich als fortschrittlich ansehenden frz. Parteien ihre Plätze – vom Präsidenten aus gesehen – auf der linken Seite hatten.

Linoleum

›Fußbodenbelag aus einer aus Leinöl, Harzen, Kork und Farbstoffen hergestellten und auf Jute aufgepreßten Masse‹

Das Wort wurde von dem Erfinder des Belags, dem Engländer Walton künstlich gebildet (1863), und zwar in Anknüpfung an einen der Bestandteile, an das Leinöl. Die Bezeichnung *Leinöl* geht zurück auf lat. *līnum* ›Leim‹ + *oleum* ›Öl‹.

liquidieren

›abrechnen, abwickeln, auflösen‹; ›umbringen, töten‹

Das Verb wird um 1600 in die Kaufmannssprache aus dem Ital. entlehnt (dort: ›[eine Abrechnung] in Ordnung bringen, auflösen‹) und geht zurück auf das Lat. (*liquidāre* ›verflüssigen, flüssig machen‹). Danach übernahm das Verb auch die Bedeutung ›(ein Unternehmen, ein Geschäft, eine Gesellschaft) auflösen und die damit verbundenen Verpflichtungen abwickeln‹ (im 19. Jh.) und schließlich auch – mit negativer Bewertung – die von ›(besonders aus politischen Gründen) umbringen, töten‹ (im 20. Jh.).

List

›geschickte Täuschung, raffiniert ausgeklügelter Plan‹

Das Substantiv findet sich bereits im Ahd. (und in anderen germ. Sprachen), dort aber zunächst in der Bedeutung von ›Weisheit, Klugheit, Wissenschaft, Wissen, Kenntnis, Kunst, Kunstfertigkeit‹ – also durchaus mit positiver Bewertung. Ausgehend von der Bedeutung ›Wissen, Kenntnis‹ (im Hinblick auf Kriegsführung, Jagd, kultisch-magische Vorgänge, Zauberei), entwickelte sich dann schon früh die (heutige) abschätzige Bedeutung von ›Täuschung, Finte, Verschlagenheit‹ (vgl. auch die Wendung *mit List und Tücke*).

Litfaßsäule

›Anschlagsäule‹

Das Wort geht zurück auf den Drucker *E. Litfaß*, der zum ersten Male am 1.7.1855 eine Säule für Plakate aufstellen ließ.

live

›direkt, original, echt‹

Das Adverb ist in den letzten Jahrzehnten aus dem Engl. übernommen worden und wird im Dt. vor allem auf Rundfunk, Fernsehen, Musik u. ä. bezogen (z. B. *Ein Fußballspiel wird live übertragen* - im Sinne von ›echt, direkt, ohne Werbung‹; *Die Musik ist live zu hören* – im Sinne von ›echt, nicht vom Band, sondern mit Original-Stimmen‹). Im Engl. hat *live* (gesprochen mit *ai*) dieselbe Bedeutung, steht im Zusammenhang mit, ist aber zu unterscheiden von *life* (mit *ai*) und *live* (mit *i*), die Äquivalente sind für das dt. *Leben* (als Substantiv) und *leben* (als Verb).

Logistik

Das Wort meinte ursprünglich (in der wissenschaftlichen Fachsprache) die ›Behandlung der logischen Gesetze mit Hilfe der mathematischen Symbolsprache‹ – im Sinne der ›mathematischen Logik‹. Heute (in der Alltagssprache weit verbreitet) steht *Logistik* für die ›Gesamtheit aller Aktivitäten eines Unternehmens bis hin zur Auslieferung von

Fertigprodukten‹ in der Wirtschaft und entsprechend auch im Militärwesen (z. B. bei der Vorbereitung und Durchführung von Kriegen).

Lokus

›Abort, Toilette‹

Das Wort ist in der Schülersprache des 17. Jhs. entstanden als Kürzung von lat. *locus necessitātis* (›Ort der Notdurft‹), dient der euphemistischen Umschreibung und ist auf die Umgangssprache beschränkt.

lösen

›losmachen, aufbinden; zergehen lassen; klären‹

Das Verb bezeichnet im Ahd. und Mhd. zunächst soviel wie ›freimachen‹, auch ›losmachen, befreien, loskaufen, bezahlen‹. Erst in jüngerer Zeit hat es die Bedeutung von ›aufheben‹ (z. B. *ein Arbeitsverhältnis lösen*), von ›kaufen‹ (z. B. *einen Fahrschein lösen*) und von ›klären‹ (z. B. *ein Problem lösen*) angenommen.

Luder

›Lockspeise, Köder, Aas‹; ›liederlicher, frecher, durchtriebener Mensch‹

Das Wort kommt bereits im Mhd. in der Jägersprache vor und steht dort für das dem Falken als Raub oder Beute hingehaltene Fleisch, hatte also zunächst die Bedeutung von ›Lockspeise, Köder‹, aber auch zunehmend die von ›Anreizung, Lockmittel, Wohlleben, Schlemmerei‹. Schon im Mhd. entwickelte sich daraus in übertragener Bedeutung – auf den Menschen bezogen – ein derbes Schimpfwort (auf die saloppe Sprache beschränkt und oft auf das sexuelle Leben einer Frau zielend) (z. B. heute *ein faules, schlampiges, freches Luder; ein Luderleben führen*). Allerdings wird die Derbheit in der neueren Umgangssprache zuweilen durch Attribute abgeschwächt (z. B. *ein armes/dummes Luder*).

lukullisch

›üppig, schwelgerisch, erlesen‹

Das Adjektiv wird bezogen vor allem auf Speisen. Es ist im 18. Jh. im Dt. gebildet worden im Anschluß an den Namen des römischen Feldherrn *Lūcullus*, der wegen seines Reichtums und seiner Verschwendungssucht bekannt war.

Lump

›charakter- und gesinnungsloser Mensch, Gauner, Landstreicher‹

Das Substantiv bezeichnet ursprünglich einen ›Menschen mit schlechter, zerschlissener Kleidung‹ und ist im 17. Jh. entstanden aus *Lumpen*. Es erfolgte eine Übertragung der Bedeutung von äußeren Merkmalen (der Kleidung) auf innere Merkmale (des Charakters einer Person).

Lunch

Das Wort ist aus dem Engl. übernommen worden: Es bezeichnet in den angelsächsischen Ländern eine leichte Mittagsmahlzeit (neben dem *Frühstück* und dem *Dinner* – der Hauptmahlzeit des Tages, die am Abend eingenommen wird). Nach dem 2. Weltkrieg hat es Eingang in andere europäische Länder und Sprachen gefunden, auch ins Dt. (z. T. verbunden auch mit einer Veränderung des Status der einzelnen Mahlzeiten: ursprünglich war in vielen europäischen Ländern das Mittagessen die Hauptmahlzeit, danach wurde z. T. das Abendessen die Hauptmahlzeit – motiviert auch durch die höhere Berufstätigkeit der Frauen u. a.). Entsprechend taucht auch das Verb *lunchen* im Dt. auf.

lynchen

›einen (vermeintlichen) Täter ungesetzlich mißhandeln oder töten‹

Das Verb ist entlehnt aus amerik.-engl. *lynch*, das abgeleitet ist von *Lynch*, wahrscheinlich dem Namen eines Farmers aus Virginia (im 18. Jh.), der eigenmächtig mit einem selbsternannten Gremium Rechtsprechung geübt haben soll.

Machorka

›russischer Tabak mit großen dicken Rippen‹

Das Wort wurde Ende des 19. Jhs. aus dem Russ. (dort: ›billiger Tabak, Bauerntabak‹) entlehnt. Es soll vom Namen der nl. Stadt *Amersfoort* abgeleitet sein, allerdings unter volksetymologischem Einfluß eines älteren russ. *mochór* (›Franse, Faser‹), wohl wegen des groben Schnitts.

Magazin

›Vorratsraum, Lagerhaus, Speicher‹; ›(Unterhaltungs-)Zeitschrift‹

Das Wort wurde im 16. Jh. aus dem Ital. (dort in der Bedeutung ›Warenlager, Speicher‹) in die dt. Kaufmannssprache entlehnt, geht aber schon auf das Arab. zurück und ist durch Handelsbeziehungen mit Nordafrika im 14. Jh. ins Ital. gelangt. Im 18. Jh. tritt unter Einfluß des Frz. die Bedeutung ›Laden‹, im 19. Jh. die Bedeutung ›Zeughaus, Waffenlager, Munitionskammer‹ auf. Unmittelbar aus dem Engl. stammt die Bedeutung ›(illustrierte) Zeitschrift‹, die sich dort bereits im 17. Jh. als ›Sammelstelle für Neuigkeiten und Nachrichten‹ entwickelt. Als Titel für periodisch erscheinende Publikationen für breitere Kreise wird *Magazin* seit dem 18. Jh. im

Dt. nahezu zu einem Modewort (z.B. *Hannoverisches Magazin, Leipziger Magazin zur Naturkunde, Mathematik und Ökonomie*).

Magister

›*akademischer Grad und Titel*‹

Das Wort ist bereits zu ahd. Zeit aus dem Lat. *(magister)* übernommen worden (›Leiter, Lehrmeister, Lehrer‹), wurde aber erst seit dem 15. Jh. akademischer Grad mit gleicher Geltung wie *Doktor* (vgl. dort), allerdings vorwiegend für die Fakultät der (freien) Künste *(magister artium)* und der diese ablösenden philosophischen Fakultät. Nach der allgemeinen Einführung des Doktortitels (18. Jh.) erhielt *Magister* wieder die Bedeutung ›Lehrer‹. Erst 1957 wird *Magister* als akademischer Grad in Deutschland neu eingeführt – nach engl. (*master;* vgl. *M.A.*), österr. u.a. Vorbild. – Aus *Magister* entwickelte sich das heutige *Meister*. Die alte Bedeutung (›Lehrer, Beherrscher von Wissenschaft und Kunst‹) hat es beibehalten als Bezeichnung für den Künstler (z.B. *die alten/neuen Meister*).

Magnat

›*Angehöriger des hohen Adels, prominentes Mitglied der ständigen Vertretung eines Reiches*‹

Das Wort wird seit dem 16. Jh. im Dt. gebraucht und wird zunächst vor allem auf ungar. und poln. Verhältnisse bezogen, später dann auch in der Bedeutung ›adliger Großgrundbesitzer‹ und (im 20. Jh.) ›Großindustrieller‹ gebraucht. Es ist aus dem Lat. entlehnt (›Großer, Oberhaupt‹) und geht zurück auf *magnus* (›groß, vornehm‹).

Magnifizenz

›*Titel und Anrede des Rektors einer Universität oder Hochschule*‹

Das Substantiv geht auf das Lat. zurück (als Steigerungsform zu *magnificus* ›sich groß zeigend, großartig, Pracht liebend‹), wird im 16. Jh. entlehnt (in der Bedeutung ›Hochherzigkeit, Großartigkeit, Pracht‹). Im 17. Jh. erscheint das Adjektiv *magnificus* in *rector magnificus* als Titel für den Rektor einer Universität, schließlich das Substantiv *(Eure) Magnifizenz* als Anrede zunächst für Doktoren, Professoren und Rektoren, heute ausschließlich für Rektoren.

Mai

›*Name für den 5. Monat im Jahr*‹

Das Wort ist zu mhd. Zeit aus lat. *(mēnsis) Maius* entlehnt worden, das den Namen des Gottes *Maius* enthält, der als Beschützer des Wachstums verehrt wurde und eine maskuline Bildung zu *Maia* ist (›große Göttin, Erde‹ als Kultgenossin des Vulkan und Mutter Merkurs). Die verkürzte Form *Mai* findet sich seit dem 15. Jh. Damit hängt auch (vereinzelt bis heute auftretendes) *Maie* zusammen für ›grüner Baum, Zweig oder Strauch‹ zum Mai- und Frühlingsbeginn.

makaber

›*gespenstisch, schauerlich*‹

Das Adjektiv ist eine Entlehnung aus dem Frz., charakterisiert schon dort etwas Grausiges, das zugleich grotesk und lächerlich erscheint. Es findet sich seit den 20er Jahren des 20. Jhs., verbreitet sich aber vor allem seit der Jahrhundertmitte (nun aber möglicherweise unter dem Einfluß des in Literatur- und Kunstkritik gebräuchlichen engl. *macabre*). Das vorherige frz. Adjektiv (seit 1876) entstammt der (bereits Mitte des

19. Jhs. auch im Dt. als bildungssprachlicher fremder Ausdruck bekannten) Fügung *danse macabre* (›Totentanz‹).

Make-up

›Verschönerung der Gesichtshaut durch Kosmetik, die kosmetischen Präparate dazu‹
Der Ausdruck wurde Mitte des 20. Jhs. aus dem Engl. übernommen (*make up* ›aufmachen‹). Er entstammt der Welt des Theaters und bezeichnete ursprünglich ›Puder, Schminke und Aufmachung‹ des Schauspielers.

Malaria

›durch Stechmücken übertragenes Infektionsfieber‹
Das Wort wurde im 18. Jh. aus dem Ital. übernommen und ist dort eine Zusammensetzung aus *mala* ›schlecht‹ + *aria* ›Luft‹. Damit wird Bezug genommen auf die feucht-heiße Luft der Sumpfgebiete, die man als Ursache des Fiebers ansah. Im 19. Jh. wird *Malaria* zur medizinischen Bezeichnung für die Infektionskrankheit.

Mammon

›Geld, Reichtum‹ (in negativer Bewertung)
Das Wort stammt aus dem Aram. und wurde in der Bibel (Neues Testament) übernommen. Auch Martin Luther läßt den Ausdruck *Mammon* in seiner Bibelübersetzung unübersetzt. Seit dem 16. Jh. verbreitet er sich im Dt.

Mamsell

›Wirtschafterin‹
Das Wort geht zurück auf frz. *mademoiselle* und wurde bis ins 18. Jh. als Anrede für ein adliges Mädchen, für eine verheiratete Frau des niederen Adels oder Bürgertums, dann auch für die unverheiratete Frau gebraucht. Die Übernahme ins Dt. erfolgte im 17. Jh.: *Mademoiselle* sowie die Verkürzung *Mamsell* werden hier zur Anrede für junge bürgerliche Mädchen. Für unverheiratete bürgerliche Frauen werden damit nebeneinander als Anrede verwendet *Jungfer, Mademoiselle* und *Mamsell.* Alle drei werden Anfang des 19. Jhs. durch *Fräulein* verdrängt (vgl. dort). *Mamsell* wird dann häufig benutzt, wenn niedere Hausangestellte die höherstehenden und qualifizierten Kräfte bezeichnen (vgl. z. B. *Ladenmamsell, Sohneidermamsell,* auch *Mamsell* für ›Wirtschaftsleiterin‹ auf großen Gütern).

Manager

›Führungskraft in der Wirtschaft‹; ›den Geschäftsverkehr wahrnehmender Betreuer eines Sportlers oder Künstlers‹
Das Wort wurde aus dem (amerik.) Engl. übernommen (dort: ›Geschäftsführer, Leiter, Verwalter‹). *Manager* kommt als fremder Ausdruck seit Ende des 18. Jhs. in der dt. Reiseliteratur vor. Es wird ins Dt. übernommen in der 2. Hälfte des 19. Jhs. zunächst im Bereich der Unterhaltungskunst (etwa ›Regisseur, Leiter einer Varietébühne‹) und verdrängt das bisher übliche *Impressario.* Erst um 1900 findet *Manager* in unserem heutigen

Sinne Eingang in die Sprache der Wirtschaft, noch später in die des Sports (z. B. *Manager einer Fußballmannschaft*).

Manchester

›Stoff aus einem kräftigen, baumwollenen, gerippten und samtartigen Gewebe‹
Diese Art Stoff wurde zuerst in der engl. Stadt *Manchester* produziert, in der die Baumwollindustrie bereits im 18. Jh. einsetzte und die später als »Cottonopolis« (»Baumwollstadt«) zum Mittelpunkt der engl. Baumwollindustrie wurde. Auf *Manchester* gehen auch *Manchestertum* und *Manchesterkapitalismus* zurück – als Bezeichnungen für eine liberalistische Wirtschaftsauffassung ohne wesentliche soziale Komponenten, deshalb in der politischen Diskussion zumeist kritisch verwendet und mit negativer Bewertung verbunden.

Mandarine

›Name für eine aus Südostasien stammende, seit dem 19. Jh. auch im Mittelmeerraum kultivierte kleine aromatische Zitrusfrucht‹
Das Wort ist um 1850 wohl aus dem Frz. ins Dt. gekommen. Es hängt mit *Mandarin* zusammen und geht auf das Aind. zurück (›Ratgeber eines Fürsten, Minister‹), wurde auf chinesische Verhältnisse angewandt und so den europäischen Sprachen übermittelt. Es diente als Benennung für einen hohen Würdenträger im kaiserlichen China. Der Zusammenhang von *Mandarin* und *Mandarine* stellte sich dann offenbar entweder durch die farbliche Übereinstimmung der Frucht mit der Tracht der chinesischen Staatsbeamten oder durch die hohe Qualität der Orangenart (vgl. botanisch *Citrus nobilis*) her.

Manifest

›öffentliche Erklärung, Programm, Aufruf, Rechtfertigungsschrift‹
Das Wort wurde im 17. Jh. aus dem Lat. entlehnt (dort in gleicher Bedeutung), gehört zu lat. *manus* (›Hand‹), die Herkunft des zweiten Gliedes *(-festum)* ist ungeklärt.

Manipulation

›Lenkung der öffentlichen Meinung durch Massenmedien‹; ›verschleiernde Steuerung des Bewußtseins‹
Das Wort wurde entlehnt aus dem Frz. (dort ›chemische Bearbeitung der Metalle und Mineralien, die Handgriffe bei deren Gewinnung‹). Im Dt. bezeichnete es zunächst die Handgriffe bei magnetischen Heilverfahren (18. Jh.) in der Bedeutung von ›Handgriff, Handhabung‹ (vgl. lat. *manus* ›Hand‹), aber auch im allgemeineren Sinne ›Behandlungs- und Verfahrensweise‹. Erst später – mit der Verbreitung der Medien – ist zunehmend die heutige Bedeutung ›Lenkung der Meinung durch Presse und Politik‹ (im negativen Sinne) mit dem Ausdruck verbunden worden.

Manko

›Fehlbetrag‹; ›Mangel, Fehler, Beeinträchtigung‹

Im 18. Jh. wird das ital. Wort (*a manco* ›im Ausfall, im Defizit‹) zunächst in die dt. Kaufmannssprache übernommen, geht dann – im 19. Jh. – in der verkürzten Form *Manco* und mit seiner (im Ital. schon vorgeprägten) allgemeinen Bedeutung auch in die dt. Standardsprache ein.

Mann

›erwachsener Mensch männlichen Geschlechts, Ehemann‹

Die germ. Formen weisen auf eine ältere Bedeutung ›Mensch‹, ›der Aufragende, der aufrecht Gehende‹, die sich auch auf eine entsprechende idg. Wurzel zurückverfolgen läßt. Diese ältere und weitere – geschlechtsneutrale – Bedeutung ›Mensch‹ ist heute noch erhalten in den unbestimmt-persönlichen (ebenfalls geschlechtsneutralen) Pronomina *man, jemand* und *niemand*.

Mannequin

›Vorführerin von Damenbekleidung‹

Das Wort geht auf das Frz. und Mnl. zurück (dort ›Männchen, bildliche Menschendarstellung, Figürchen‹ – Verkleinerungsform von *Mann*). Um 1700 erscheint das frz. Substantiv (für ›den bildenden Künstlern als Modell dienende Gliederpuppe‹), das im 18. Jh. so ins Dt. übernommen wird. Daneben tritt aber auch – seit dem 19. Jh. – im Frz. wie im Dt. die übertragene und zugleich abwertende Bedeutung ›willen- und charakterloser, leicht lenkbarer Mensch‹ auf. Im 19. Jh. entwickelt dann das frz. Wort die Bedeutungen ›Schneiderpuppe, Schaufensterpuppe, männlicher Modevorführer‹, schließlich (Ende des 19. Jhs.) die Bedeutung ›weibliche Modevorführerin‹, die so ins Dt. gelangt (erst seit Mitte des 20. Jhs. in neutralem Genus – *das Mannequin*).

Mansarde

›angebauter Dachstuhl, Zimmer im Dachgeschoß, Dach- oder Bodenkammer‹

Die Bezeichnung ist dem Namen des frz. Baumeisters François *Mansart (Mansard)* geschuldet, der von 1598–1666 in und bei Paris lebte und als Erfinder des ausgebauten Dachraumes gilt. Mindestens hat er dieses architektonische Detail vielfältig eingesetzt. In seiner Nachfolge bezeichnet *Mansarde* im Dt. den ›Dachraum, in dem Kammern untergebracht werden‹, später (in der 2. Hälfte des 18. Jhs.) die ›Dachkammer‹ selbst.

Manschette

›(gesteifter) Ärmelaufschlag‹

Das Wort ist aus einem gleichbedeutenden frz. Wort übernommen (›Ärmelchen‹ – Verkleinerungsform zu *manche* ›Ärmel‹), das seinerseits auf das Lat. zurückgeht (dort gebildet nach *manus* ›Hand‹ – ›langer Ärmel an der Tunika, der bis über die Hand reicht‹). Häufig aufgetreten ist die Wendung *Manschetten haben* (für ›Angst haben‹) – schon im 18. Jh. Sie erklärt sich entweder aus der Studentensprache (die hinderlichen Spitzenmanschetten könnten als Vorwand für die Verweigerung einer Mensur angegeben worden sein) oder als Anspielung auf angstvolles Zittern der Hände, das sich auf die Manschetten überträgt. Jedenfalls gilt der modische Manschettenträger als ein Mensch, der auf sein äußeres Ansehen großen Wert legt.

Manufaktur

›frühkapitalistische, auf Arbeitsteilung und handwerkliche Technik beruhende Produktion‹

Das Substantiv geht zurück auf ein lat. Wort (*manus* + *facere* ›mit der Hand machen‹), wird im 19. Jh. aus dem Engl. ins Dt. entlehnt. Es bezeichnet anfangs die ›gewerbsmäßige manuell-technische Bearbeitung bzw. Herstellung sowie das daraus entstandene Produkt, die ›Industrieware‹, später dann die entsprechende ›Werkstatt als Produktionsstätte‹ (in dieser letzten Bedeutung wurde es später durch *Fabrik* ersetzt).

Manuskript

›hand- oder maschinenschriftliche Ausarbeitung, Druckvorlage‹

Das Wort wurde im 17. Jh. aus dem Lat. entlehnt, bedeutete dort allerdings *(manū scrīptus)* ›mit Hand Geschriebenes, eigenhändig geschriebenes Dokument‹. Erst später entstand die heutige (weitere) Bedeutung, die auch maschinenschriftliche Ausarbeitungen und Computer-Fassungen (als Druckvorlagen) einschließt.

mären

›langsam und umständlich sein, trödeln, umständlich reden‹

Die Herkunft des Wortes ist recht ungewiß, es gibt jedoch in älterer Zeit in verschiedenen Mundarten ähnliche Formen (z.T. in der Bedeutung ›langsam sein, trödeln, zaudern‹, z.T. auch in der Bedeutung ›Brot in Flüssigkeit eintauchen, umrühren, mischen‹). Offenbar haben sich diese Formen schon frühzeitig in einzelnen Landschaften vermischt. Auch das heutige *mären* ist auf die mündliche Sprache und zudem landschaftlich beschränkt.

Margarine

›(gesetzlich seit 1887 vorgeschriebene) Bezeichnung für das aus tierischen und pflanzlichen (oder auch nur aus pflanzlichen) Fetten hergestellte Speisefett‹

Das Substantiv ist in der 2. Hälfte des 19. Jhs. aus einem gleichbedeutenden frz. Wort entlehnt worden: Der Ausdruck war zunächst von dem frz. Chemiker Chevreul (1813) für ein aus tierischen Fetten gewonnenes Gemisch von Stearin und Palmitin geprägt worden, wurde dann aber auf die aus diesen Ausgangsstoffen (nach einem von Mège-Mouriès 1870 entwickelten Verfahren) erzeugte Kunstbutter übertragen. Er schließt an frz. *acide margarique* an, *margarique* ist ebenfalls als Kunstwort von Chevreul geprägt worden (zu einem griech. Wort für ›Perle‹).

Marionette

›an Drähten aufgehängte und dadurch bewegliche Gliederpuppe für das Puppentheater‹; ›willen- und charakterloser Mensch als Werkzeug anderer‹

Das Wort wurde im 17. Jh. aus dem Frz. übernommen und war dort eine Ableitung, eine Verkleinerungsform zu *Maria* (also eigentlich ›Mariechen‹, verallgemeinert ›Mädchen‹). Im Frz. stand *Marionette* dann ursprünglich für ›kleine Statue, Bild der Jungfrau Maria‹, auch für ›kleine Männer- oder Frauenfigur für Kinder, die mit Händen, Sprungfedern oder Draht bewegt wird‹, dann für ›eine grimassenschneidende und nachäffende Person‹ und schließlich (seit dem 18. Jh.) im übertragenen Sinne für einen ›willen- und charakterlosen Menschen‹. Den kulturhistorischen Hintergrund bildeten die geistlichen Spiele des späten Mittelalters: Aus den verwendeten kleinen Marienfiguren entwickelten sich die Drahtpuppen des späten Mittelalters. Die heutige übertragene Bedeutung hat ihre Grundlage in der Vorstellung der nur durch fremde Hände (einen *Drahtzieher*) bewegten Puppe.

Markise

›einrollbares oder faltbares Sonnendach aus festem Stoff‹

Das Substantiv steht im Zusammenhang mit dem germ. Wort **markō* (›Grenze‹) und dem frz. Wort *Marquis* (›Markgraf‹, schließlich reiner Adelstitel). Daraus entwickelte sich um 1700 in der Seemanns- und Soldatensprache die Bedeutung ›Überzelt, zusätzliches Zeltdach‹ (auf dem Achterdeck bzw. beim Offizierszelt, das sich dadurch von den Mannschaftszelten deutlich abgehoben hat). Im 18. Jh. kam das Substantiv *Marquise* in dieser – zunächst wohl scherzhaft-übertragenen – Bedeutung ins Dt. und erhielt bald darauf den heute üblichen Sinn von ›Sonnendach‹, vor allem vor Fenstern, Balkonen oder Türen (bis Mitte des 19. Jhs. meist in frz., danach in deutscher Schreibweise).

Marmelade

›Fruchtmus, eingedickter süßer Brotaufstrich aus Obst oder Beeren‹

Das Wort wurde im 16. Jh. aus dem Port. übernommen (dort aber nur in der Bedeutung ›eingemachte Quitte, Quittenmus; vgl. port. *marmelo* ›Quitte‹). Bereits im Frz., aber auch im Dt. erweiterte sich die Bedeutung zu ›Fruchtmus‹ allgemein.

marode

›ermüdet, erschöpft, entkräftet‹ (veraltend)

Ursprünglich bedeutete das Wort in der Soldatensprache ›marschunfähig, nach Verlust des Pferdes für den Kriegsdienst unbrauchbar‹ (17. Jh.). Es geht auf das Frz. zurück (dort: ›Vagabund, Bettler‹, als Verb ›im Kriege Lebensmittel stehlen, plündern‹, auch ›betteln‹), wird offenbar während des 30jährigen Krieges in Deutschland bekannt, hier aber mit dem Namen des schwedischen Obersten *v. Merode* verbunden, dessen Regimentsangehörige nach einer Meuterei (1635) für vogelfrei erklärt wurden und sich als Plünderer herumtrieben. Deshalb wurden Soldaten, die mit dem Heer nicht schritthalten konnten und als Nachzügler plündernd durch das Land streiften, im Dt. seit Mitte des 17. Jhs. als *Marodebrüder* oder *Merodebrüder* bezeichnet.

Marotte

›seltsame Gewohnheit, wunderliche Neigung, Schrulle‹

Das Substantiv wurde im 18. Jh. aus dem Frz. entlehnt, ist im Frz. seit dem 15. Jh. nachgewiesen und gehört (wie frz. *marionette*) als verkleinernde Suffixbildung zu dem Namen *Marie* (vgl. auch den frz. Mädchennamen *Marotte*). Vor der Übernahme ins Dt. haben sich bereits im Frz. mehrfach Bedeutungsveränderungen vollzogen: Der Weg führte von ›Marienbild, Heiligenfigur‹ über ›Puppe, Marionette‹ zu ›(aus einem Stab mit Puppenkopf bestehendem) Narrenzepter‹ (16. Jh.), weiter zu ›Narrenkappe‹ und schließlich zu ›närrischer Einfall, Narrheit, seltsame Liebhaberei‹ (17. Jh.).

Märtyrer

›jmd., der wegen seiner Überzeugung oder für seinen Glauben Verfolgung, Gefangenschaft oder Tod erleidet‹

Das Wort geht auf das Griech. zurück (›Zeuge‹): In der griech. Antike bezeichnet es ursprünglich einen Zeugen, der vor Gericht aussagt. Nach dem Neuen Testament ist *Märtyrer* ein Mensch, ›der Zeugnis gibt von Tod und Auferstehung Jesu Christi‹. Ungefähr seit 150 n. Chr. erfährt der Begriff im Sinne des Christentums einen Bedeutungswandel: *Märtyrer* wird ausschließlich verwendet für ›Menschen, die wegen ihres Glaubens an Jesus Christus in den Tod gegangen sind‹. Die heutige Bedeutung ist allgemeiner und bezieht sich auf die Bereitschaft, den eigenen Tod um seiner Überzeugung/seines Glaubens willen in Kauf zu nehmen. In diesem Sinne ist die Ausprägung des *Märtyrers* auch in den Islam übernommen worden (in Gestalt von Selbstopferungen, bei denen ein toter Zeuge als Beweis für die Wahrhaftigkeit einer ganzen Religion ausgegeben wird, der tote Märtyrer mit dem Tod zugleich in das ewige Leben eintritt).

März

›Name für den 3. Monat im Jahr‹

Das Wort ist entlehnt aus lat. *(mēnsis) Mārtius*, der Monat also benannt nach dem römischen Kriegsgott *Mars*, der in alter Zeit auch Vegetationsgott war. Damit wurde ursprünglich (nach dem vorjulianischen Kalender) der erste Monat im Jahr bezeichnet, weil das Kalenderjahr damals im März begann. Erst seit dem Übergang zum julianischen Kalender (mit Julius Cäsar) wird *März* zur Bezeichnung des 3. Monats im Jahr.

Masochismus

›sexuelle Erregung, hervorgerufen durch Duldung von (körperlichen) Mißhandlungen‹

Die Bezeichnung ist gebildet worden von dem dt. Psychiater Krafft-Ebing (1886) unter Bezug auf den österr. Schriftsteller *Sacher-Masoch*, der in seinen Romanen Personen mit einem solchen sexuell abnormen Verhalten dargestellt hat.

massieren

›eine Menschenmenge, eine Truppe an einer Stelle zusammenziehen, anhäufen‹; ›Körperteile zur Heilbehandlung streichen, kneten oder klopfen‹

In beiden Bedeutungen geht *massieren* wohl auf frz. *masser* zurück. Die 1. Bedeutung (›anhäufen‹, vor allem im militärischen Bereich) – bei der es sich auch um eine eigenständige Ableitung von dt. *Masse* handeln kann – wurde im 19. Jh., die 2. Bedeutung (›streichen, kneten‹) bereits im 18. Jh. entlehnt (vgl. heute auch *Massage-Salon*).

Maß

›Einheit zum Messen von Größen‹; ›die durch Messen festgestellte Größe‹; ›Meßinstrument‹; ›die richtige Mitte, das rechte Verhältnis‹

Das Wort gehört zu *messen*, die verschiedenen Bedeutungen haben sich offensichtlich aus der Vermischung zweier ahd. Wörter ergeben: einerseits *māza* (›Maß, angemessene Menge, richtige Größe‹; ›Ausdehnung in Raum, Zeit, Gewicht usw.‹; ›Maßhalten‹), andererseits *mez* (›Maß, Meßgerät‹). Eine Differenzierung erfolgte im Genus des Substantivs (und folglich im Artikel): Bei Luther findet sich noch *die* und *das Maß*, im 18. Jh. hat sich dann *das Maß* durchgesetzt, *die Maß* wird nur im Obd. als Hohlmaß verwendet (vgl. *eine Maß Bier*).

Match

›sportliches Wettspiel, Wettkampf zwischen zwei Gegnern oder Mannschaften‹

Das Substantiv ist übernommen aus dem engl. *match* (ursprünglich: ›[zwei ebenbürtige/passende Partner] durch die Ehe miteinander verbinden, zusammentreffen/-stoßen, (in einem Zweikampf) kämpfen‹), gewinnt dann die Bedeutung ›Zweikampf‹ (um 1400). Daraus leitet sich die heutige Bedeutung ›sportlicher Wettkampf‹ ab.

Maul

›Mundöffnung von Tieren‹

Schon im Ahd. steht das Wort für die ›Mundöffnung von Tieren‹, aber damals auch für die von Menschen. Noch bei Luther wird Maul ohne pejorative Bewertung auch für den Mund des Menschen verwendet (z. B. *dem gemeinen Mann aufs Maul schauen*). Später wird *Maul* eingeengt auf die Mundöffnung der Tiere (beim Menschen durch *Mund* ersetzt). Soweit heute *Maul* noch auf Menschen bezogen wird, hat es einen stark pejorativen Zug (z. B.: *Halt's Maul!*).

Maulwurf

›unter der Erde lebender Insektenfresser, der mit seinen schaufelartigen Vorderbeinen Erdhaufen aufwirft‹

Das Wort kommt aus dem Ahd. (der erste Bestandteil des Wortes geht auf eine idg. Wurzel ›Haufen‹ zurück) und bedeutete damals soviel wie ›Haufenwerfer‹. Es erfuhr mehrfach volksetymologische Umdeutungen (vor allem durch Anlehnung an *Maul*, so daß eine Deutung als ›Werfer mit dem Maul‹ entstand – als Grundlage für die heute übliche Bedeutung).

Mausoleum

›monumentales, prunkvolles Grabmal in Gebäudeform‹

Das Substantiv geht auf das Griech. zurück: das (lautähnliche) griech. Wort war der Name des Grabmals von *Maúsōlos*, der König von Karien war und dessen Witwe Artemisia in Halikarnassus ein prächtiges Grabmal errichten ließ. Dieses Grabmal galt in der Antike als eines der sieben Weltwunder. Deshalb entwickelt die Bezeichnung schon im Griech. den allgemeinen Sinn ›monumentales Grabmal‹, der seit dem 18. Jh. auch für das Dt. bezeugt ist.

Mazurka

›polnischer Volkstanz im Dreivierteltakt‹

Das Substantiv ist aus dem Poln. entlehnt worden und bezeichnete ursprünglich einen ›Volkstanz aus Masowien‹, der um 1600 poln. Nationaltanz wurde. *Mazurka* ist eine Ableitung von *Mazur* (›Masowier, Masure‹).

Meerrettich

›Name einer scharf schmeckenden Gewürzwurzel‹

Die Gewürzwurzel wurde etwa im 9. Jh. – aus Südosteuropa kommend – in Mitteleuropa bekannt. Im Ahd. ist sie wohl als Zusammensetzung von *Meer* + *Rettich* zu verstehen – mit der Bedeutung ›der über das Meer zu uns gekommene, der fremde, ausländische Rettich‹. Eine andere (aber weniger wahrscheinliche) Deutung führt *Meerrettich* auf *mehr* + *Rettich* (›größerer Rettich‹ – gegenüber dem herkömmlichen kleineren Rettich) zurück.

Meister

›leitender Handwerker oder Facharbeiter‹; ›Könner in seinem Fach‹

Das Substantiv geht zurück auf das Ahd. (›Baumeister, Künstler, Lehrer, Vorsteher‹) und ist entlehnt aus dem lat. *magister* (›Leiter, Lehrmeister, Lehrer‹). Als Berufsbezeichnung ist *Meister* gleichzeitig Bezeichnung des Beherrschers eines Faches (z. B. *Er ist Meister seines Faches.*) und auch Inhaber eines Handwerksbetriebes. Mit der industriellen Entwicklung wurde die Bezeichnung auch auf den angewandt, der in seinem Fach in der Industrie einen bestimmten Abschluß, ein Examen, die *Meisterprüfung* bestanden und auf diese Weise den *Meisterbrief* erworben hat.

Memoiren

›schriftlich fixierte Lebenserinnerungen‹

Das Substantiv wurde im 18. Jh. aus dem Frz. entlehnt (dort eigentlich ›Denkschrift‹) und geht auf lat. *memoria* zurück (›Gedächtnis, Erinnerung‹). Die Herausgabe von *Memoiren* in Buchform kam zuerst in Frankreich auf und entwickelte sich seit dem 18. Jh. als Darstellung von Lebenserinnerungen in Verbindung mit zeitgeschichtlichen Ereignissen zu einer spezifischen literarischen Gattung.

Menetekel

›Vorzeichen drohenden Unheils‹

Das Substantiv wird mit den ersten Bibelübersetzungen im Dt. (im 15. Jh.) bekannt und beruht auf den (ähnlich lautenden) Anfangsworten einer durch das Alte Testament (Daniel 5, 25) überlieferten aram. Inschrift (gedeutet als ›gezählt, gewogen‹ – und zu leicht befunden). Diese Inschrift erscheint danach Belsazar, dem König Babylons, bei einem Gastmahl an der Wand; sie deutet damit seinen Sturz (als drohendes Unheil) an.

Mensa

›an eine Hochschule angeschlossene Speisegaststätte‹

Das Wort ist im 19. Jh. aus dem Lat. übernommen worden als Verkürzung von *mēnsa academica* (›Mittagstisch für die Angehörigen einer Universität‹). Die lat. Bezeichnung *mēnsa* (eigentlich: ›Tisch, Tafel, Speise(n)‹) erfährt somit eine metonymische Erweiterung (pars pro toto).

Menthol

›aus Pfefferminzöl gewonnene aromatische Substanz‹

Das Substantiv ist ein im 19. Jh. entstandenes Kunstwort, das gebildet worden ist aus einer lat. Zusammensetzung (›Minze‹ + ›Öl‹).

Mentor

›erfahrener Ratgeber, Helfer, Betreuer‹ (besonders für die Anleitung von Studenten und Nachwuchswissenschaftlern)

Das Substantiv geht auf ein gleichlautendes griech. Wort zurück. *Mentor* ist in Homers Odyssee der Name des Freundes von Odysseus, in dessen Gestalt Athene den Sohn von Odysseus (Telemachos) auf der Suche nach seinem Vater begleitet. Zur Gattungsbezeichnung wird *Mentor* durch Fénelons Roman »Aventures de Télémaque« (1699) – zunächst in literarischen Kreisen: Es bezeichnet anfangs den erziehenden, leitenden und beschützenden älteren Freund, später dann – spezieller – den ›Ratgeber, Hofmeister‹ (18. Jh.), den ›Lehrer, Hauslehrer‹ (19. Jh.) bzw. den ›Betreuer von Studenten‹ (seit dem 20. Jh.).

Menü

›Mahlzeit mit mehreren in der Abfolge festgelegten Gängen‹

Das Wort geht auf das Frz. zurück, bedeutete dort ursprünglich als Adjektiv ›klein, dünn, fein, gering‹ und (seit dem 17. Jh.) als Substantiv ›das Einzelne, die Einzelheiten‹. Seit dem 18. Jh. stand es besonders für ›die detaillierte Aufzählung der zu einer Mahlzeit gehörenden einzelnen Speisen‹. Im 19. Jh. wurde *Menü* ins Dt. entlehnt und bezeichnete zunächst auch die Speisenfolge, wie sie (vor allem) schriftlich als Verzeichnis der einzelnen Gänge festgelegt war. Erst daran schließt sich die heute vorherrschende Bedeutung ›Mahlzeit mit mehreren Gängen, Festessen‹ an – mit einer Übertragung vom Verzeichnis (auf der Speisekarte) auf die Sachverhalte selbst (auf dem Tisch).

Messe

›katholischer Gottesdienst‹; ›Verkaufsveranstaltung, Handelsausstellung‹

Die Bezeichnung findet sich bereits im Ahd. (und in anderen germ. Sprachen), ist aus dem Lat. entlehnt und bezeichnete zunächst den in der Kirche abgehaltenen Gottesdienst, die ›Meßfeier‹ (die liturgische Opferfeier wurde mit der Formel *ite, missa est* [Geht, es ist Entlassung‹] abgeschlossen). Heute wird *Messe* in dieser Bedeutung noch im Rahmen der katholischen Kirche gebraucht (vgl. *zur Messe gehen, Weihnachtsmesse*). Aus dieser ersten hat sich die zweite Bedeutungsvariante entwickelt: Seit dem 8. Jh. werden – neben den allgemeinen kirchlichen Fest- und Feiertagen – tägliche Messen zu Ehren bestimmter Heiliger abgehalten. Auf diese Weise nimmt lat. *missa* auch die Bedeutung ›Feiertag, Heiligentag‹ an. Auf den an hohen Festtagen in der Nähe der Kirche stattfindenden Markt wird daraufhin im 14. Jh. auch die Bezeichnung *Messe* übertragen (*Markt* und *Messe* sind in diesen Fällen bis ins 17. Jh. nahezu synonym gewesen). *Messe* im Sinne dieser 2. Bedeutungsvariante bezeichnet (schon im 14. Jh.) zweierlei: einmal die Veranstaltungen fliegender Händler und Schausteller (mit der Bedeutung von ›Jahrmarkt‹ – z. B. heute noch in *Kleinmesse*), zum anderen aber auch (und heute in erster Linie) die regelmäßig stattfindenden überregionalen oder internationalen Handelsveranstaltungen und Warenausstellungen (z. B. *Frankfurter* oder *Leipziger Messe*). – Von anderer Herkunft ist eine weitere (auf die Seemannssprache beschränkte) Verwendung von *Messe* als ›Aufenthalts- und Speiseraum auf einem Schiff‹ (z. B. *Offiziersmesse*). Dabei liegt eine Übernahme aus dem Engl. vor (19. Jh.) (dort *mess* ›Kasino, Tischgesellschaft‹). Freilich geht auch dies letztlich auf lat. *missus/mittere* ›das Schicken/schicken‹ zurück.

Metaphysik

›philosophische Lehre, die von der Existenz von jenseits der sinnlichen Wahrnehmung angenommenen Erscheinungen und Zusammenhängen ausgeht‹

Das Substantiv geht über das Lat. zurück auf griech. *tá metá tá physiká* (eigentlich: ›das, was nach der Naturlehre kommt‹). Unter der Bezeichnung *Metaphysik* wurden (seit dem 1. Jh. v. Chr.) in den Ausgaben der Schriften von Aristoteles seine 13 Abhandlungen zur Philosophie zusammengefaßt, da sie in der Anordnung den Arbeiten über die Natur(wissenschaften) nachgeordnet sind. In der Nachfolge steht *Metaphysik* dann für die Philosophie des Transzendenten (seit dem 14. Jh. im Dt.), einer Philosophie, die die Existenz einer metaphysischen Welt annimmt (im Gegensatz zum *Materialismus*), z. T. auch für eine Denkweise (im Gegensatz zur *Dialektik*), die die realen Dinge außerhalb ihrer Zusammenhänge und unabhängig von ihrer Entstehung darstellt.

meutern

›sich auflehnen, empören, den Gehorsam verweigern‹

Das Verb ist (im 18. Jh.) zu den Substantiven *Meuterei* (›Empörung, Aufstand‹) und *Meuterer* (›Empörer, Aufrührer‹) gebildet worden. Diese Substantive finden sich schon im 16. Jh. und gehen zurück auf alt- und mittelfrz. *meute* (›Bewegung, Aufbruch, Aufruhr, Zug‹) – im Anschluß an lat. *movēre* (›bewegen‹), das im Zusammenhang mit Gebräuchen der frz. Hetzjagd entlehnt worden ist und als *Meute* im 19. Jh. von Jagdhunden (›für die Hetzjagd abgerichtete Gruppe von Jagdhunden‹) auf Menschen übertragen worden ist (›Horde wildgewordener, ungebändigter Menschen‹). In neuerer Zeit wird es meist auf Empörung und Auflehnung bezogen gebraucht (z. B. *Matrosen meutern*).

Mimose

›tropische Pflanze, deren Blätter bei leichter Berührung zusammenklappen‹; ›sensibler, überempfindlicher Mensch‹

Das Substantiv ist bis heute eine botanische Bezeichnung, die als gelehrte Bildung zu lat. *mīmus* (›Schauspieler‹) entstanden ist. Offenbar erklärt sich diese Namensgebung durch die Vorstellung, daß die Pflanze ausdrucksvoll und empfindlich wie ein Schauspieler reagiere. Im Span. und Port. erscheinen schon im 16. Jh. die Wörter *mimo/mimoso* (›zärtlich, empfindlich‹), an die die Bildung möglicherweise angeschlossen hat. Die Bedeutungskomponente des ›Empfindlichen‹ ist es wohl auch, die zu der 2. Bedeutungsvariante (›überempfindlicher Mensch‹), d. h. zu einer Übertragung auf den Menschen geführt hat (vgl. auch das Adjektiv *mimosenhaft*).

Minister

›Mitglied einer Regierung, Leiter eines Ministeriums oder eines anderen hohen staatlichen Organs‹

Das Substantiv wurde im 17. Jh. aus dem Frz. entlehnt (dort ›Diener, Verwalter, Leiter‹) und geht zurück auf das gleichlautende lat. Wort *minister*, das ursprünglich ›Untergebener, Diener‹ bedeutete (abgeleitet von der Komparativform *minor* ›kleiner, geringer‹). Im 14. Jh. erfolgte eine direkte Übernahme des lat. Wortes ins Dt. in der Bedeutung ›Diener, Gehilfe‹ (vgl. noch heute *Ministrant*), dann aber (im 17. Jh.) die Entlehnung aus dem Frz. nunmehr mit der Bedeutung ›hoher staatlicher Verwaltungsangestellter‹ und schließlich ›Leiter eines Ministeriums‹, also mit zunehmender Aufwertung der Bedeutung.

Misanthrop

›Menschenfeind, Menschenhasser‹

Das Substantiv wurde im 18. Jh. als gleichlautendes und gleichbedeutendes frz. Wort übernommen, das vor allem durch Molières Komödie mit dem gleichnamigen Titel (1666) bekannt geworden ist. Das frz. Wort ist seinerseits eine Entlehnung aus dem Griech. (durch Rabelais); dort ist es eine Zusammensetzung (aus ›hassen‹ + ›Mensch‹) und ein Gegenwort zu *Philanthrop* (›Menschenfreund‹).

Mittwoch

›dritter Tag der Woche‹

Der Wochentagsname geht zurück auf das Ahd. und Mhd. und bezeichnete schon damals den ›mittelsten von den sieben Tagen der Woche‹. Diese Form mitsamt ihrer Bedeutung hat sich unter dem Einfluß des Christentums verbreitet und eine ältere heidnische Bezeichnung abgelöst, die an das Vorbild der römischen Bezeichnung des Wochentages nach dem Gott *Merkur* anknüpft (vgl. noch frz. *mercredi*) und sich heute auch noch im engl. *Wednesday* findet: In germanischer Interpretation wurde *Merkur* mit *Wotan (Odin)* identifiziert.

Möbel

›beweglicher Einrichtungsgegenstand zum Sitzen, Liegen oder Aufbewahren‹

Das Substantiv geht zurück auf lat. *mōbilis* (›beweglich‹) und *movēre* (›bewegen‹) und wurde im 15./16. Jh. aus dem Frz. ins Dt. übernommen. Ursprünglich war es ein juristischer Terminus für ›bewegliche Habe‹. Außerhalb dieses terminologischen Bereichs veränderte sich die Bedeutung zu ›Haushaltsgegenstand, Einrichtungsgegenstand, Hausrat‹ (im Frz. im 15./16. Jh., im Dt. im 17./18. Jh.).

Mobilien

›bewegliche Habe‹

Das Substantiv ist ursprünglich ein juristischer Terminus und geht auf das Lat. zurück (*rēs mōbilēs* ›bewegliche Dinge‹). Es taucht im 17. Jh. im Dt. auf, wird bis zum 18. Jh. allgemeinsprachlich auch auf ›Hausrat, Einrichtungsgegenstände‹ eingeengt gebraucht. Deshalb konkurriert es eine Zeitlang mit *Möbel.* Um 1800 setzt sich eine Differenzierung in der Bedeutung durch: *Mobilien* wird (wieder) in den fachlich-juristischen Bereich verwiesen. Im Gegensatz dazu bezeichnet der Ausdruck *Immobilien* eine andere Art des Eigentums, die ›unbewegliche Habe‹ (wie z.B. Haus- und Grundbesitz).

Mokka

›besonders starker Bohnenkaffee‹

Zunächst bezeichnete *Mokka* eine spezielle, besonders gute Kaffeesorte, die nach dem arab. Ausfuhrhafen *Muhā/Mahā* am Roten Meer benannt worden ist (im 18. Jh.). Erst im 20. Jh. bezieht sich die Bezeichnung *Mokka* auf die Art der Zubereitung (nicht mehr auf die Sorte des Kaffees).

Monarch

›gekröntes Staatsoberhaupt, fürstlicher Alleinherrscher auf Lebenszeit, Kaiser, König‹

Das Wort ist im 16. Jh. aus dem Lat. entlehnt worden (dort ›Fürst‹) und geht auf das Griech. zurück. Dort ist es eine Zusammensetzung (›allein‹ + ›Herrscher‹), aus der sich die ursprüngliche Bedeutung sowie – bis heute – die zentrale Bedeutungskomponente ergibt. Zu dem Substantiv gehört als Entsprechung *Monarchie* als Bezeichnung für die Regierungsform.

Monat

›Umlaufzeit des Mondes um die Erde, zwölfter Teil eines Jahres‹

Das Substantiv findet sich bereits im Germ. und hat eine idg. Wurzel (›Monat, Mond‹). Als zeitliche Bestimmung bezeichnet es ursprünglich den Zeitraum zwischen Vollmond und folgendem Vollmond. Die entsprechende Gliederung des Jahres in Monate übernehmen die Germanen vom römischen Kalender.

Mönch

›im Kloster lebender Angehöriger eines geistlichen Ordens‹

Die Bezeichnung findet sich schon im Ahd. (und in anderen germ. Sprachen), ist eine Entlehnung aus dem Lat. und geht auf das Griech. zurück (dort *monachós* als Substantiv in der Bedeutung ›Einsiedler, Mönch‹ und als Adjektiv in der Bedeutung ›einzeln, allein [lebend]‹) – als Ableitung von *mónos* ›allein‹). Auf *mónos* gehen im Dt. mehrere Bildungen zurück (z. B. *Monolog, Monokultur, Monokel, Monogramm*). In der Tat hat sich das (spätere) klösterliche Gemeinschaftsleben ursprünglich aus dem Einsiedlertum entwickelt: Am Anfang standen Eremitenkolonien.

mondän

›von auffallender und übertriebener Eleganz, im Stil der großen Welt‹

Das Adjektiv ist aus dem Frz. entlehnt worden und geht auf das Lat. zurück (›zur Welt gehörig, weltlich‹ – als Ableitung von *mundus* ›Welt‹). Im Frz. hatte das Adjektiv die Bedeutung ›weltlich‹ – im Gegensatz zu ›geistlich, kirchlich‹ – und entwickelte den Sinn von ›der Welt zugewandt‹. Mit diesem Sinn wurde es um 1800 ins Dt. übernommen (›weltlich Gesinnter, Weltkind‹). Erst im 20. Jh. nimmt es die heutige Bedeutung von ›weltgewandt, weltmännisch‹ an, bezieht sich damit auf die äußere Erscheinung und auf das Verhalten (weniger auf die innere Gesinnung).

Monokel

›Augenglas für nur ein Auge‹ (als Sehhilfe)

Das Substantiv wurde im 19. Jh. als gleichlautendes und gleichbedeutendes frz. Wort entlehnt, das auf das Lat. zurückgeht (dort ›einäugig‹ – eine Zusammensetzung aus ›ein‹ + ›Auge‹).

Montag
›erster Tag der Woche‹
Der Wochentagsname geht auf das Ahd. (und andere germ. Sprachen) zurück und enthält bereits dort das Wort für *Mond*. Er ist offenbar eine Übersetzung von lat. *diēs Lūnae*, war also dem Sinne nach ›Tag der Mondgöttin Luna‹ (vgl. auch frz. *lundi*).

Moped
›Leichtmotorrad, Kraftrad mit Pedalen und kleinem Motor‹
Das Wort wurde in den 50er Jahren des 20. Jhs. gebildet aus *Motor* + *Pedal*. Es bezeichnete anfangs ein ›Fahrrad mit Hilfsmotor‹, danach ein ›Leichtmotorrad‹ (mit einem Hubraum bis zu 50 Kubikzentimetern).

Morphium
›aus Opium gewonnenes Rauschgift, das in der Medizin zur Schmerzlinderung verwendet wird‹
Der Stoff wurde 1804 von dem dt. Apotheker F. Sertürner entdeckt, der ihn wegen seiner einschläfernden Wirkung *Morphium* genannt hat. Die Bezeichnung geht zurück auf griech. und lat. *Morpheus* (den Namen des Gottes der Träume und des Sohnes des Schlafs) und (in der Endung) auf *Opium*.

Morphologie
›Lehre von der Gestalt, den Formen und ihrer Entwicklung‹
Das Substantiv ist eine gelehrte Bildung von Goethe (1796) und danach von dem Mediziner K. F. Burdach (1800). Es schließt an griech. *morphḗ* (›Form, äußerliche Gestalt‹) an. Das Wort findet zunächst Eingang in die Naturwissenschaften (vor allem in die Biologie, aber auch in die Zoologie und in die Geographie). Später wird es auch in der Sprachwissenschaft verwendet (für die Lehre von den Wortformen). In allen Fällen werden spezifische Teilgebiete der betreffenden wissenschaftlichen Disziplinen bezeichnet.

Moschee
›islamisches Gebetshaus‹
Die Bezeichnung geht auf das Arab. zurück (dort ›Gebetshaus‹, eigentlich ›Ort, wo man sich niederwirft‹) und ist in der Zeit der Kreuzzüge nach Europa gekommen. Es treten zunächst verschiedene Formvarianten des Wortes in den südeuropäischen Sprachen auf, von denen sich die ital. und frz. Formen im 15./16. Jh. durchsetzen. Sie beruhen vermutlich auf einer Angleichung an die lat., frz. und ital. Formen für ›Moschus‹, motiviert offenbar durch den fremdartigen Duft, der die islamischen Gotteshäuser erfüllt.

Most
›unausgegorener Traubensaft, Obstsaft‹, süddt. auch ›Obstwein‹
Die Germanen haben die Technik des Weinbaus an Mosel und Rhein von den Römern übernommen, deshalb sind auch viele Ausdrücke aus diesem Bereich aus dem Lat. übernommen worden. So geht auch das ahd. Wort *(most)* auf lat. *mustum (vīnum)* ›junger Wein, Most‹ zurück (entsprechend dem lat. Adjektiv *mustus* ›jung, frisch, neu‹). Auf lat. *mustum* kann auch *Mostrich* (›Senf‹) – über mehrere Vermittlungsstufen – zurückgeführt werden.

Motel

›Hotel mit spezifischen Dienstleistungen für motorisierte Reisende an Autostraßen‹
Das Substantiv wurde um 1950 als gleichlautendes und gleichbedeutendes amerik.-engl. Wort übernommen, das eigentlich eine Kurzform ist von *motorists' hotel.*

Muckefuck

›dünner, schlechter Kaffee, Ersatzkaffee‹
Das ugs. Wort geht zurück auf rheinisches *Muckenfuck,* das seinerseits zusammengesetzt ist aus *Mucken* (›brauner Holzmulm‹) + *fuck* (›faul‹). Eine andere Deutung (aus frz. *moka faux* ›falscher Mokka‹) läßt sich dagegen nicht stützen.

Mühle

›durch Motorkraft, Wasser oder Wind betriebene Mahlanlage für Getreide‹
Das Substantiv findet sich bereits im Ahd. und in anderen germ. Sprachen, ist eine Entlehnung aus dem Lat. (*molīna* ›Wassermühle‹) und eine Ableitung von *mahlen.* Die mit Wasserkraft betriebene Mühle der Römer hat die alte Handmühle der Germanen (sowie deren ursprüngliche Bezeichnung) verdrängt.

Seit dem 17. Jh. begegnet *Mühle* auch als Bezeichnung eines Brettspiels für zwei Personen; die Übertragung auf das Spiel erfolgte wahrscheinlich deshalb, weil die Spielsteine des Gegners durch die als *Mühle* bezeichnete Spielfigur gleichsam zerrieben/zermahlen werden. Mit diesen Bedeutungsassoziationen hängt wohl auch die Verwendung von *in die Mühle von etw. geraten* zusammen.

Mulatte

›Nachkomme eines schwarzen und eines weißen Elternteils‹
Das Substantiv ist im 16./18. Jh. als lautähnliches span. Wort entlehnt worden, das anfangs Mischlinge verschiedener Rassen, später Mischlinge von Weißen und Schwarzen bezeichnete (in diesem Sinne wurde es auch ins Dt. übernommen).

Müll

›Abfall von Haushalt und Industrie, Unrat‹
Das Wort findet sich bereits im Ahd., Mhd. und in anderen germ. Sprachen und bedeutete ursprünglich soviel wie ›Abfall, Kehricht, Staub, lockere Erde, Schutt‹ – genauer ›das durch Zerreiben, Zermahlen Entstandene‹ (als Ableitung von einem älteren ahd. Verb *mullen*). *Müll* war anfangs nur im Norddt. üblich, setzte sich erst im 18. Jh. in der hd. Standardsprache durch.

Münster

›Kloster-, Stifts-, Bischofskirche‹
Das Wort findet sich lautähnlich bereits im Ahd. und ist eine Entlehnung aus lat. *monastērium,* bezeichnete zunächst die ›gesamte Anlage einer klösterlichen Niederlassung‹, war also ursprünglich

synonym mit *Kloster*. Seit dem Mhd. wurde die Bedeutung von *Münster* eingeschränkt auf die ›Kloster-, Stifts- und Bischofskirche‹. In seiner ursprünglichen (weiten) Bedeutung (von ›Kloster‹) wurde *Münster* verdrängt durch *Kloster*.

Münze

›als Geld dienendes geprägtes Metallstück‹

Das Substantiv findet sich bereits im Ahd. und in anderen germ. Sprachen. Es ist eine frühe Entlehnung aus lat. *monēta* (›gemünztes Geld, Münzstätte‹). Dieses lat. Wort ist eine Kürzung aus *officīna Monētae*, das eine Bezeichnung der im Tempel der Juno befindlichen römischen Münzstätte war (*Monēta* erscheint als Beiname der Göttin Juno). Damit im Zusammenhang steht auch nhd. *Moneten* (ugs. für ›Geld‹).

Muskel

›fleischiger, Bewegung bewirkender Teil im menschlichen und tierischen Körper‹

Das Substantiv ist im 18. Jh. über die medizinisch-lat. Wissenschaftssprache ins Dt. entlehnt worden. Das lat. *mūsculus* (›Muskel‹) bedeutete ursprünglich ›Mäuschen‹, ist eine Verkleinerungsbildung zu *mūs* (›Maus‹). Die Übertragung der Bedeutung beruht offenbar auf einem Vergleich der Muskelbewegungen unter der Haut mit dem Laufen der Maus bzw. mit deren oval-rundlicher Form.

Mut

›Kühnheit, Unerschrockenheit‹

Mut findet sich in lautähnlicher Form bereits im Ahd. *(muot)* und in anderen germ. Sprachen. Das Wort bezeichnete ursprünglich jedoch die inneren Triebkräfte, Gemütszustände und Gefühlsempfindungen im Gegensatz zum Verstand (vgl. noch heute engl. *mood* ›Stimmung, Laune‹). Erst seit dem 16. Jh. setzte sich die (heutige) verengte und spezifizierte Bedeutung von ›kühne und unerschrockene Haltung‹ (vor allem bei Wagnis und Gefahr) durch.

Mysterium

›Geheimkult, religiöses Geheimnis‹

Das Substantiv wurde im 16. Jh. aus einem lautgleichen lat. Wort übernommen und geht auf das Griech. zurück (*mystḗrion* ›Geheimnis, Geheimlehre, geheimer Kult, innerstes Wesen einer Religion‹). Im Griech. liegt dem eine Wurzel zugrunde, die soviel bedeutet wie ›eingeweiht sein, sich schließen, den Mund und besonders die Augen verschließen‹. In der Tat ist das antike *Mysterium* mit dem Schweigegebot der Eingeweihten verbunden, während das christliche *Mysterium* eine Glaubensangelegenheit ist, ein durch Verstand und Vernunft allein nicht begründbares Phänomen. Damit im Zusammenhang steht die *Mystik* als Form religiösen Erlebens, die durch Verinnerlichung, Versenkung und Ekstase eine unmittelbare Vereinigung mit dem Göttlichen anstrebt, die besonders im Mittelalter als religiöse Bewegung verbreitet war. Im Adjektiv *mysteriös* steht die Bedeutungskomponente ›geheimnisvoll, mit Verstand nicht erfaßbar‹ im Vordergrund.

Nachbar

›jmd., der neben jmdm. wohnt, sitzt oder steht‹

Das Wort geht zurück auf ahd. *nāhgibūr(o)* (ähnlich auch in anderen germ. Sprachen), ist ursprünglich eine Zusammensetzung aus den beiden Bestandteilen ›nahe‹ + ›Bauer‹ (das zweite Glied der Zusammensetzung wurde beim Übergang zum Nhd. zu *-bar* abgeschwächt).

Nachtigall

›besonders nachts singender rostbrauner Vogel‹

Das Wort findet sich bereits im Ahd. (und anderen germ. Sprachen) und ist eine Zusammensetzung aus ›Nacht‹ + ›singen‹ (nach dem untergegangenen ahd. Verb *galan* ›singen‹), bedeutet also eigentlich ›Nachtsängerin‹. Die Wortgruppe um *galan* ist verwandt mit *gellen*.

Narbe

›sichtbare Spur einer verheilten Wunde auf der Haut‹

Das Wort erscheint bereits im Ahd. und Mhd. und ist ursprünglich die Substantivierung eines westgerm. Adjektivs mit der Bedeutung ›eng, zusammengeschnürt‹. *Narbe* bedeutet demnach zunächst eigentlich ›Enge, Verengung der Wundränder, Zusammenziehung der Haut über der Wunde‹.

Nassauer

›wer sich auf Kosten anderer freihalten läßt, auf deren Kosten lebt‹

Der Ausdruck stammt aus der Berliner Dirnen- und Diebessprache und bedeutete dort (im 19. Jh.) soviel wie ›Mensch/ Gast ohne Geld, nicht-zahlender Bordellbesucher‹. Er wurde gebildet im Anschluß an rotwelsch *naß* (›ohne Geld‹) in scherzhafter Anlehnung an den Orts- und Landesnamen *Nassau*.

Necessaire

›kleiner Behälter (Etui) für Toilettensachen‹

Das Substantiv wurde im 18. Jh. als gleichlautendes und gleichbedeutendes frz. Wort übernommen, dem die eigentliche Bedeutung ›das Wesentliche, Unentbehrliche, Lebensnotwendige‹ zugrunde liegt. Im verwandten engl. *necessary* ist diese Bedeutung noch erhalten.

Neger

›Mensch mit dunkler Hautfarbe (und meist krausem dunklem Haar)‹

Die Bezeichnung wurde im 17. Jh. aus dem Frz. (und noch weiter zurück aus dem Span. und Port.) entlehnt. Sie geht zurück auf lat. *niger* ›schwarz‹. Sie war ursprünglich eine abschätzige Bezeichnung für die als Sklaven behandelten Eingeborenen Afrikas. Heute wird sie zumeist als diskriminierend empfunden und deshalb ersetzt z. B. durch *Schwarzafrikaner* oder *Farbiger*.

Negligé

›bequeme Morgenkleidung, leichter eleganter Morgenrock, Nachtgewand‹

Das Substantiv wurde im 18. Jh. aus dem Frz. übernommen, stand dort ursprünglich auch für ›korrekte, vornehme, im Alltag getragene Damen- und Herrenbekleidung‹ – im Unterschied zum großen, festlichen Gesellschaftsanzug. Später erst setzte sich die Bedeutung ›unkonventionelle Kleidung, Hauskleid, Morgenrock (für Frauen)‹ durch – im Anschluß an die eigentliche Bedeutung von lat. *negligere* ›vernachlässigen‹.

Nektar

›zuckerartige Absonderung der Blüten‹

Das Wort kommt aus dem Griech. (über das Lat.) im 16. Jh. in die dt. Sprache und Dichtung. In der griech. Sage war es die Bezeichnung für den Unsterblichkeit und ewige Jugend verleihenden Göttertrank. In der Biologie nahm es die heutige Bedeutung von ›Blütenhonig‹ im 17. Jh. an. In einem weiteren Sinne ist das Wort heute auch für bestimmte Fruchtsaftgetränke üblich (z. B. *Apfel-, Apfelsinennektar*).

Neubauer

Neubauer war die Bezeichnung für eine Person, die nach dem 2. Weltkrieg (1945) in der ehemaligen sowjetischen Besatzungszone Deutschlands auf Grund der Bodenreform (und der damit verbundenen Enteignung der Großgrundbesitzer) Land erhielt und auf diese Weise *Bauer* wurde (z. T. unabhängig von der bisherigen Tätigkeit und Qualifikation). Die Bezeichnung *Neubauer* war damals ein Neologismus, sie verschwand aber mit dem Übergang aller landwirtschaftlichen Betriebe in der (ehemaligen) DDR in gesellschaftliches Eigentum (z. B. LPG), also mit dem bezeichneten Sachverhalt.

Neulehrer

Das Wort war die Bezeichnung für einen Lehrer der allgemeinbildenden Schule, der in der ehemaligen sowjetischen Besatzungszone in Deutschland nach dem 2. Weltkrieg (1945–1947) neu eingestellt worden ist. Diese *Neulehrer* waren in der Regel nur kurzfristig und fachlich ungenügend ausgebildet worden; sie sollten diejenigen Lehrer ersetzen, die auf Grund ihrer Mitgliedschaft in oder ihrer Nähe zu der faschistischen Partei aus dem Schuldienst entlassen worden waren. Das Wort war damals ein Neologismus, ist aber sehr bald (mit dem Verschwinden der »Sache« und der »Normalisierung« der Lehrerausbildung) aus dem Sprachgebrauch wieder verschwunden.

Nikotin

›giftiges Alkaloid des Tabaks‹

Die Bezeichnung wurde im 19. Jh. aus einem gleichbedeutenden frz. Wort entlehnt. Sie geht zurück auf den Namen des frz. Diplomaten Jean *Nicot* (1530 bis 1600), der als Gesandter in Portugal die Tabakpflanze kennengelernt hatte, sie 1560 nach Frankreich schickte und den Tabak in Frankreich einführte (in der ursprünglichen Absicht, die grünen Blätter der Pflanze als Heilmittel gegen Kopfschmerzen einzusetzen). Später benannte man mit *Nikotin* die giftige Flüssigkeit, die sich in den Blättern des Tabaks befindet.

Niveau

›waagerechte Ebene, gleiche Höhe‹

Das Substantiv wurde um 1700 als gleichlautendes und gleichbedeutendes frz. Wort übernommen, das ursprünglich ein Terminus der Bautechnik war und soviel wie ›Wasserwaage‹ bedeutete. Im 18. Jh. wurde es erneut aus dem Frz. entlehnt (jetzt ›waagerechte Lage oder Fläche, Höhenstand, Höhenstufe‹). Daraus entwickelte sich schließlich die übertragene Bedeutung von ›(geistiger) Rang, Wert, Bildungsstand‹.

Nonne

›Angehörige eines katholischen Frauenordens, Klosterfrau‹

Das Substantiv findet sich bereits im Ahd. und Mhd. (sowie in anderen germ. Sprachen) und geht auf lat. *nonna* zurück. In anderen idg. Sprachen bedeutete die analoge Wortform ursprünglich soviel wie ›Amme‹. Die Bedeutungsentwicklung von ›Amme‹ zu ›Nonne‹ erfolgte wohl über das Bedeutungsmerkmal ›verehrungswürdige Frau, ehrwürdige Mutter‹.

Nostalgie

›sehnsuchtsvolle und verklärende Rückwendung zur Vergangenheit‹

Das Wort war ursprünglich die wissenschaftliche Bezeichnung für ›Heimweh‹, dessen krankhafte Steigerung zuerst an in der Fremde lebenden Schweizern beobachtet worden ist. Es geht zurück auf griech.-lat. *nostalgia* und wurde im Dt. zuerst gebraucht von Joh. Hofer in einer Baseler Dissertation von 1688 (im Sinne von ›schmerzhaftes Verlangen nach Heimkehr‹). Als solcher medizinischer Terminus kam das Wort im 18. Jh. ins Frz. und danach im 19. Jh. (gleichsam als bildungssprachliches Synonym für

›Heimweh‹) auch ins Dt. Im 20. Jh. zog es sich stärker auf den fachlichen Bereich zurück; dafür setzte sich seit den 70er Jahren die gegenwärtige (übertragene) Bedeutung von *Nostalgie* (›melancholische Sehnsucht nach früheren Lebensumständen‹) immer mehr durch.

Notar

›staatlich vereidigter Volljurist, der amtliche Schriftstücke beglaubigt und beurkundet‹
Das Wort findet sich bereits im Ahd. und Mhd. Es ist von lat. *notārius* entlehnt worden, das aber ursprünglich soviel bedeutete wie ›Schreiber, Sekretär‹, dann ›durch kaiserliche Gewalt bestellter öffentlicher Schreiber, Gerichtsschreiber‹. Dem Ursprung nach ist es verwandt mit *notieren, Notiz, Notat.*

Novelle

›gestraffte Prosaerzählung über eine (einzelne) ungewöhnliche Begebenheit‹; ›Gesetz, das einen Nachtrag darstellt, ein bisher geltendes Gesetz teilweise abändert oder ergänzt‹ (im rechtssprachlichen Gebrauch)
Das Wort geht zurück auf ital. *novella* (›kurze Erzählung, z. B. bei Boccaccio – nach dem Adjektiv *novello* ›neu‹) und bedeutete zunächst ›Neuigkeit, Bericht über eine neue, besondere Begebenheit‹. Im Dt. tauchte es zunächst in Übersetzungen des Decamerone von Boccaccio auf (im 15. Jh.), verbreitete sich dann – in der heutigen Bedeutung – vor allem durch Wieland und Goethe (im 18. Jh.). Als literarische Gattung wird die *Novelle* heute von der *Erzählung* abgegrenzt. Die 2. (rechtssprachliche) Variante von *Novelle* findet sich seit dem 18. Jh. und geht unmittelbar auf das Lat. zurück (*novus* ›neu‹).

November

›Name für den 11. Monat im Jahr‹
Das Wort ist entlehnt aus lat. *(mēnsis) november* (zu lat. *novem* ›neun‹). Die Bezeichnung *November* für den 9. Monat erklärt sich aus dem altrömischen Kalenderjahr, das ursprünglich im März begann. Die Bezeichnung ist aber beibehalten worden auch nach der Kalenderreform von Julius Cäsar, nach der das Jahr im Januar beginnt und sich *November* folglich nicht mehr auf den 9., sondern auf den 11. Monat im Jahr bezieht.

Oase

›bewässertes, fruchtbares, bewohntes Gebiet in einer Wüste‹

Das Wort ist eine Übernahme aus dem Lat. und Griech. (stammt wahrscheinlich aus dem Ägyptischen) und geht zurück auf den antiken Namen der damals vor allem bekannten (unter den römischen Kaisern als Verbannungsorte dienenden) bewohnbaren Flecken in der libyschen Wüste Ober- und Mittelägyptens. Seit dem 18. Jh. taucht *Oasis*, mit dem 19. Jh. (z. B. bei Goethe) *Oase* im Dt. auf.

Odyssee

›lange, abenteuerliche Irrfahrt‹

Das Wort ist identisch mit dem Titel eines Epos von Homer, das die Irrfahrten und die Heimkehr des griech. Sagenhelden *Odysseus* (eines Königs von Ithaka) beschreibt. In der heute üblichen (übertragenen) Bedeutung schließt es sich im 19. Jh. an das gleichlautende und gleichbedeutende frz. Wort an.

Ohm

›Einheit für den elektrischen Widerstand‹

Die Maßeinheit geht zurück auf den dt. Physiker Georg Simon *Ohm* (1787 bis 1845), der zuerst Gymnasiallehrer in Köln und später Professor in München war. Er ist bekannt geworden durch bedeutende Neuentwicklungen seines Faches, u. a. zu den Gesetzmäßigkeiten, nach denen die Metalle die Kontaktelektrizität leiten (später als »*Ohmsches* Gesetz« benannt).

Oktober

›Name für den 10. Monat im Jahr‹

Das Wort ist entlehnt aus lat. *(mēnsis) octōber* (zu lat. *octō* ›acht‹). Die Bezeichnung *Oktober* für den 8. Monat erklärt sich aus dem altrömischen Kalender, in dem das Jahr ursprünglich mit dem März begann. Die Bezeichnung ist aber beibehalten worden auch nach der Kalenderreform Julius Cäsars, nach der das Jahr im Januar beginnt und sich *Oktober* folglich nicht mehr auf den 8., sondern auf den 10. Monat im Jahr bezieht.

Ökumene

›Gesamtheit der Christen und der christlichen Kirchen‹

Das Wort ist im 19. Jh. aus dem Griech. und Lat. übernommen worden und bezeichnete zunächst ›die bewohnte, wirt-

schaftlich nutzbar gemachte Erde‹ (nach griech. *oikéin* ›wohnen‹), wurde dann zum Fachwort der römischen Feldvermesser. Seit dem 20. Jh. taucht es in der heutigen Bedeutung auf – in Anlehnung an das Adjektiv *ökumenisch,* das etwa seit 1800 belegt ist und soviel bedeutet wie ›die ganze bewohnte Erde betreffend, allgemeingültig‹ sowie ›die Gemeinsamkeit der christlichen Kirchen in der Welt betreffend‹.

Olive

›Ölbaum, Frucht des Ölbaums‹

Das Substantiv ist aus einem gleichbedeutenden lat. Wort *(olīva)* im 16. Jh. entlehnt worden. Im Dt. ist es eine Zusammensetzung aus den Substantiven für ›Öl‹ + ›Beere‹ (vgl. ahd. *oliberi,* mhd. *ölber*).

Olympiade

›Olympische Spiele‹

Das Wort bezeichnete ursprünglich die ›Zeitspanne von 4 Jahren (zwischen den altgriechischen Olympischen Spielen)‹ – so auch zuerst (wenn auch vereinzelt) im Dt. Die Bezeichnung geht zurück auf die Stadt *Olympía,* wo die Sport-Festspiele stattgefunden haben, und damit letztlich auch auf *Ólympos,* einen Gebirgsstock in Griechenland, der als Wohnsitz der Götter galt. Im Dt. verbreitet sich das Wort im 18. Jh., zuerst im Sinne von ›Zeitraum von 4 Jahren‹, danach (im 19. Jh.) für ›die Olympischen Spiele‹. Im 20. Jh. gewinnt das Wort die zusätzliche Bedeutung von ›Wettstreit von Schülern auf sprachlichem, mathematischem, naturwissenschaftlichem Gebiet u. a. zur Förderung spezifischer Fähigkeiten außerhalb des Unterrichts‹ (wohl in Anlehnung an eine Verwendung im Russ.).

Oma

›Großmutter‹

Das Wort ist in der Kindersprache als verkürzende Bildung aus *Großmama* entstanden. Dasselbe gilt für *Opa* (›Großvater‹), das in der Kindersprache als Verkürzung aus *Großpapa* gebildet worden ist.

Omnibus

›großer Kraftwagen zur Beförderung vieler Fahrgäste‹

Das Wort wurde im 19. Jh. aus dem Frz. übernommen aus *(voiture) omnibus* (›zur Beförderung für viele und jedermann

zugängiges Lohnfuhrwerk‹). Die Bezeichnung geht zurück auf den lat. Dativ Plural *omnibus* (›für alle‹). Ein frz. Kaufmann *Omnès* soll ein Reklameschild *Omnes omnibus* geführt haben, durch das der Fuhrwerksbesitzer Baudry zur Benennung seines Fahrzeugs inspiriert worden sei (1825). Für *Omnibus* bürgerte sich bald die Kurzform *Bus* ein, die seit Anfang des 20. Jhs. in Deutschland üblich wird und ihrerseits die Basis abgegeben hat für neue Zusammensetzungen (z. B. *Autobus, O-Bus* bzw. *Oberleitungsbus, Trolleybus*).

Onanie

›geschlechtliche Selbstbefriedigung‹

Die Bezeichnung geht zurück auf die Bibel (1. Mos. 38, 9): *Onan* weigert sich, der Anordnung seines Vaters zu folgen und der Frau seines kinderlos verstorbenen Bruders Kinder zu zeugen, und läßt seinen Samen auf die Erde fallen. Dieser Vorgang wird im 17. Jh. *onanitische Sünde* genannt. Der engl. Arzt Becker hat dann (1710) das nlat. Wort *onania* gebildet, das später (im 19. Jh.) eingedeutscht als *Onanie* vor allem in die medizinische und pädagogische Fachsprache eingegangen ist.

Optimismus

›zuversichtliche und bejahende Lebenseinstellung‹

Das Wort erscheint zuerst im 18. Jh. im Frz. und ist von dort ins Dt. übernommen worden. Ursprünglich bezeichnete es in der Fachsprache der Philosophie die von Leibniz (»Essai de théodicé sur la bonté de Dieu, la liberté de l'homme et l'origine du mal« 1710) begründete Lehre, daß die bestehende Welt die beste (lat. *optimum*) aller möglichen Welten sei.

Orange

›Apfelsine‹ (vorwiegend süddt., z. T. auch md.)

Die Form findet sich seit dem 15. Jh. (im 17. Jh. auch als *Oranienapfel* und *Orangenapfel*). Sie geht zurück auf das Frz. und Ital. Wahrscheinlich wurden Apfelsinen seit dem 11. Jh. in Sizilien angebaut, und zwar zunächst eine aus dem Orient stammende rotgoldene, bitter schmeckende Sorte. Diese wird im 16. Jh. von einer aus China stammenden, von den Portugiesen eingeführten süßen Sorte ersetzt, auf die der alte Name *Orange* übergeht. Vgl. auch *orange* als Farbbezeichnung.

Orang-Utan

›baumbewohnender, auf Borneo und Sumatra lebender Menschenaffe mit kurzen Beinen und sehr langen Armen‹

Der Name für diesen Affen wurde im 17. Jh. aus dem Mal. (›Waldmensch‹, *orang* ›Mensch‹ + *(h)ūtan* ›wild, Wald‹) übernommen. Er war ursprünglich die Bezeichnung für die als Naturvölker lebenden Eingeborenen. Der Name wurde

dann (irrtümlich oder scherzhaft) auf die auf das Baumleben angepaßte Gattung der Menschenaffen übertragen.

ordinär

›gemein, gewöhnlich, unanständig‹

Das Adjektiv wurde aus dem Frz. übernommen (dort ›ordnungsgemäß, gewöhnlich, alltäglich‹), hatte auch im Dt. zunächst die Bedeutung von ›ordentlich, gebräuchlich‹ sowie von ›landläufig, alltäglich‹ (17. Jh. und Anfang des 18. Jhs.). Erst Ende des 18. Jhs. nimmt es die neue, negativ wertende Bedeutung von ›gemein, gewöhnlich, unanständig‹ an. Die alte Bedeutung findet sich noch in *Ordinarius*, engl. *ordinary* u. a.

Ordinarius

›ordentlicher Professor (mit Lehrstuhl) an einer Hochschule‹

Das Wort bezog sich zeitweise auch auf einen ›ordentlich bestellten Arzt‹ (16. Jh.) und auf einen ›Klassenlehrer an einer höheren Schule‹. Es erklärt sich wohl als Verkürzung aus nlat. *professor, medicus ordinarius* (vgl. auch *ordinär*). – Das entsprechende Verb *ordinieren* bedeutet heute soviel wie ›einen (evangelischen) Pfarrer in sein Amt einführen‹, (in der katholischen Kirche) ›für ein Amt weihen‹ und (im medizinischen Bereich) ›ärztliche Sprechstunde halten‹. Das Verb findet sich bereits im Mhd. (›anordnen, bestimmen, zum Priester weihen‹) und geht auf das Lat. zurück. Diese verschiedenen Bedeutungsvarianten erscheinen auch beim Substantiv *Ordination* (›Weihe eines Priesters, Diakons, Bischofs‹ sowie ›Einsetzung eines Pfarrers‹ seit dem 16. Jh.; ›ärztliche Verordnung, Sprechstunde‹ seit dem 19. Jh.).

Orgasmus

›Höhepunkt des Wollustgefühls beim Geschlechtsakt‹

Das Wort geht zurück auf den medizinischen Sprachgebrauch im Griech. und Lat. (›aufwallen und gären‹, ›heftig erregt sein, von Lust und Begierde erfüllt sein‹, eigentlich ›von ernährender Feuchtigkeit und von Saft strotzen, (durch Blutandrang) schwellen‹) und ist im 18. Jh. wohl über das Engl. ins Dt. übernommen worden, damals noch in der (allgemeinen) Bedeutung von ›heftiger Blutandrang, starker Trieb der Körpersäfte‹.

Orgie

›ausschweifendes Festgelage‹

Das Wort wurde im 17. Jh. aus dem Griech.-Lat. (dort ursprünglich ›geheime religiöse Gebräuche, Geheimkult‹, besonders ›Geheimfeiern des Bacchusdienstes mit ekstatischer Ausgelassenheit‹) ins Dt. übernommen. Das eingedeutschte Wort entwickelt seit Ende des 18. Jhs. die heutige (übertragene und negative) Bedeutung und steht nun für ausgelassene und hemmungslose ausschweifende Handlungen einer Gemeinschaft, die dem jeweiligen Moralkodex der Gesellschaft zuwiderlaufen.

Orkan

›schwerer Sturm‹

Das Substantiv ist im 17. Jh. aus dem Nl. übernommen worden und geht über das span. *hurícán* (›Wirbelsturm‹) auf das Karibische zurück, ist im Engl. nach *hurry* (›Eile‹) zu *huricane* umgebildet worden. Die Bezeichnung ist eigentlich der Name eines Unwettergottes. Sie wird in Zusammenhang gebracht mit einem Mayawort, das das Sternbild des Großen Wagens bezeichnete (dessen Deichsel in dieser Gegend nach unten zeigt), da unter diesem Zeichen gewöhnlich die Herbststürme auftreten. Das seit dem 19. Jh. ebenfalls im Dt. erscheinende *Hurrikan* ist demgegenüber in seiner Bedeutung eingeschränkt und meint in der Regel einen ›heftigen Wirbelsturm in Mittelamerika‹.

orthodox

›recht-, strenggläubig, sich streng an das Dogma haltend und der herkömmlichen Lehre folgend‹

Das Adjektiv ist im 16. Jh. aus dem Griech. und Lat. entlehnt worden (griech. *dóxa* ›Ansicht‹ + *ortho-* ›recht, richtig‹). Es bezog sich zunächst und vor allem auf die orthodoxe Kirche, d. h. die griechisch- bzw. russisch-orthodoxe Kirche, da diese (als Ostkirche) – im Gegensatz zur römisch-katholischen Kirche – bis heute im wesentlichen an den Beschlüssen der ersten sieben ökumenischen Konzilien (vom 4.–8. Jh.) festhält. In jüngerer Zeit wird es auch auf andere (religiöse oder politische) Lehren und Dogmen angewendet (z. B. *orthodoxer Marxismus*).

Ostern

›ältestes christliches Fest, das die im Neuen Testament berichtete Auferstehung Christi feiert‹

Das Wort kommt nur im Dt. und Engl. vor, seine Herkunft ist nicht eindeutig geklärt. Auf der einen Seite wird versucht, *Ostern* mit dem *Osten* in Verbindung zu bringen: Es würde dann zu einem Wort für ›Morgenröte‹ gehören (vgl. griech. *eos*, lat. *aurora*). Auf der anderen Seite wird ein Zusammenhang hergestellt zu einer nordgerm. Sprachfamilie (*austr* ›begießen‹), zu der Wasserweihe der heidnischen Nordgermanen (bei der ein Neugeborenes mit Wasser übergossen wurde und seinen Namen erhielt) und zu der Taufe im frühen Christentum (damals wurde ausschließlich zu Ostern getauft, die Täuflinge wurden z. T. jahrelang auf den Taufakt vorbereitet). Das Osterfest kulminierte in der Osternacht, in der die Täuflinge massenweise in die Kirche gebracht und mit Wasser begossen worden sind. *Ostern* hätte dann eigentlich die Bedeutung von ›mit Wasser übergießen‹.

Overall

›einteiliger (Schutz-)Anzug‹

Das Substantiv wurde im 20. Jh. als gleichlautendes und gleichbedeutendes engl. Wort übernommen (Zusammensetzung aus *over* ›über‹ + *all* ›ganz, all-‹), bedeutete also ursprünglich ›der Überalles‹, das ›über den ganzen Körper gezogene Kleidungsstück‹.

Pädagoge

›Erzieher, Lehrer‹; ›Wissenschaftler der Pädagogik‹

Das Wort kommt aus dem Griech. (dort Zusammensetzung aus *pāis* ›Kind, Knabe, Sohn‹ + *agōgós* ›Leiter, Führer‹) und ist im 15. Jh. aus dem Lat. entlehnt worden. Das griech. Wort bezeichnete ursprünglich einen Sklaven, der die Knaben zur Schule und zum Sportplatz führt und beaufsichtigt, später den ›Aufseher, Betreuer der Knaben‹ und schließlich den ›Erzieher, Leiter, Lehrer‹. Im Dt. ist *Pädagoge* anfangs nur der ›Haus- oder Privatlehrer‹, seit dem 16. Jh. auch der ›behördlich angestellte Lehrer‹, seit dem 18. Jh. dann auch der ›Wissenschaftler der Pädagogik‹ (Erziehungslehre). Zum Substantiv gehört als Ableitung *pädagogisch,* dessen Verwendung über den beruflichen Bereich hinausreicht (z. B. *sich pädagogisch geschickt verhalten, pädagogisch begabt sein*).

Palaver

›endlos langes, überflüssiges Gerede‹

Das Wort ist griech.-lat. Ursprungs (dort soviel wie ›Gleichnis, lehrhafte Erzählung‹ – vgl. auch dt. *Parabel*), kam über das Port. und Span. auf Handelswegen an die westafrikanische Küste. Dort wurde es besonders in der Bedeutung ›von endlosem Gerede begleitete Verhandlungen mit der einheimischen Bevölkerung‹ (18. Jh.) verwendet. Die Afrikaner übernahmen das Wort (für ihre religiösen und gerichtlichen Verhandlungen), engl. Seeleute nahmen es auf und führten es in die engl. Allgemeinsprache ein (in der Bedeutung von ›Unterredung‹, aber auch von ›Geschwätz‹). Im 19. Jh. gelangte es in die dt. Umgangssprache.

Pamphlet

›Schmähschrift, politische Steitschrift

Das Substantiv wurde im 18. Jh. aus dem Frz. oder aus dem Engl. ins Dt. entlehnt. Es geht zurück auf das Titelwort eines mlat. Liebesromans *Panphilius seu de amore,* aus dem die Kurzbezeichnung afrz. *Pamphilet* entstanden ist. Daraus entwickelte sich im Engl. im 16. Jh. die Bedeutung ›aktuelle kleine Schrift, die zu Fragen von allgemeinem Interesse Stellung nimmt‹ und ›politisch-satirische Flugschrift‹, im Frz. im 18. Jh. die Bedeutung ›Broschüre, satirische kleine Schrift‹.

panieren

›in Ei und Mehl oder geriebener Semmel wälzen bzw. damit bestreichen‹

Das Verb ist im 18. Jh. aus dem Frz. entlehnt worden und geht zurück auf ein ähnlich lautendes und gleichbedeutendes Wort, das mit frz. *pain* ›Brot‹ zusammenhängt. An das Wort schließt sich auch das Substantiv *Panage* an.

Pantheismus

›Weltanschauung, die – im Gegensatz zum Christentum – davon ausgeht, daß Gott und die Welt (Natur) identisch sind, Allgottlehre‹

Die Bezeichnung wurde von dem engl.

Philosophen Toland (1705) nach dem Griech. (*pan-* ›all‹ + *theós* ›Gott‹) gebildet. Im Dt. begegnet das Wort in theologischen Schriften um 1740, gewinnt erst Ende des 18. Jhs. an Verbreitung.

Pantolette

›leichter Schuh ohne Fersenteil‹

Das Wort wurde Mitte des 20. Jhs. künstlich gebildet aus *Pantoffel* + *Sandalette.*

Paperback

›kartoniertes Taschenbuch, meist mit geklebtem Buchrücken‹

Das Wort wurde in der 2. Hälfte des 20. Jhs. als gleichlautendes und gleichbedeutendes engl. Wort übernommen, das eine Zusammensetzung ist aus den Wörtern *paper* ›Papier‹ + *back* ›Rücken, Rückseite‹, also eigentlich ›(Einband mit) Papierrücken‹ bedeutete.

Papier

›dünngepreßter Werkstoff zum Beschreiben, Bemalen, Bedrucken und Verpacken‹

Das Wort wurde im 15. Jh. aus dem Frz. entlehnt und geht zurück auf griech. *pápȳros* und lat. *papȳrus* (›Papyrusstaude‹ und ›Beschreibstoff aus dem Stengelmark der Papyrusstaude‹), die wahrscheinlich ägyptischer Herkunft sind (da die Staude in Ägypten wächst). Im 12. Jh. wurde in Oberitalien die lat. Wortform auf das neue, durch die Araber vermittelte Schreibmaterial (vorwiegend aus Stoff- und Seidenabfällen hergestellt) übertragen. Später wird als Grundstoff für die Papierherstellung häufig Holz verwendet.

Paprika

›aus Südamerika stammende, dann besonders in Südosteuropa angebaute Gemüsepflanze‹

Das Wort kam – wohl über das Ungar. – im 19. Jh. aus dem Serbokroat. *(paprika)* ins Dt. (als Ableitung aus dem Wort für ›Pfeffer‹).

Papst

›Oberhaupt der römisch-katholischen Kirche‹

Das Wort findet sich schon im Ahd. und geht zurück auf einen (aus der Kindersprache stammenden) lat. Vokativ (*pāpa/ pappa* ›Vater‹). Das Wort ist also mit dem heutigen dt. Kosewort *Papa* (für ›Vater‹) verwandt. In der Kirchensprache (seit dem 3. Jh.) stand das lat. Wort zunächst für Bischöfe, Patriarchen und Äbte, besonders für den Bischof von Rom, der als Oberhaupt der römisch-katholischen Kirche seit dem 9. Jh. diesen Titel allein führt.

Paradoxon

›widersinnige, einen (scheinbaren oder tatsächlichen) Widerspruch enthaltene Behauptung, widersinniges Ereignis‹

Das Wort wurde im 16. Jh. aus dem Griech. und Lat. übernommen (›der allgemeinen Meinung entgegenstehender, sonderbarer [Lehr-]Satz‹). Als Substantiv taucht es auch in der latinisierten Form *Paradoxum* und in jüngerer Zeit auch in der endunglosen Form *Paradox* auf. Das entsprechende Adjektiv *paradox* (›der allgemeinen Meinung entgegenstehend, seltsam‹, später vor allem ›unwahrscheinlich, widersinnig‹) erscheint seit dem 17. Jh. im Dt.

Parasit

›Schmarotzer; wer von der Arbeit oder auf Kosten anderer lebt‹

Das Substantiv geht auf ein griech. und lat. Wort zurück, das bereits ›Tischgenosse, Gast, Schmarotzer‹, genauer, ›wer seine Speise von einem anderen bezieht‹ bedeutete. Entsprechend wird das Wort im Dt. (seit dem 16. Jh.) zunächst in allgemeinsprachlicher Bedeutung (›wer von der Arbeit oder auf Kosten anderer lebt‹), seit dem 19. Jh. dann in der Fachsprache der Biologie gebraucht (›Schmarotzerpflanze; tierischer oder pflanzlicher Organismus, der an oder in einem anderen Organismus lebt und ihm seine Nahrung entnimmt‹). Danach ist die Mistel z. B. eine Schmarotzerpflanze, also ein Parasit auf Bäumen, die Laus, der Floh und der Bandwurm sind Parasiten des Menschen.

Parkett

›(hochwertiger) Fußboden aus Holztäfelung‹; ›zu ebener Erde liegender vorderer Teil des Zuschauerraumes im Theater oder Kino‹

Das Substantiv wurde (in beiden Bedeutungen) im 18. Jh. als gleichlautendes und gleichbedeutendes frz. Wort entlehnt, das eigentlich soviel bedeutete wie ›(durch Schranken) abgegrenzter Raum‹ (als Verkleinerungsform und Ableitung von frz. *parc* ›eingehegter Raum‹).

Parlament

›aus Wahlen hervorgegangene gesetzgeberische Körperschaft, Abgeordnetenhaus‹

Das Wort kommt zwar bereits im Mhd. und im älteren Nhd. vor, aber vorerst nur in der Verwaltungssprache als ›Versammlung des Rates einer Stadt, eines Landes, rechtsprechende Behörde oder gesetzgebende Körperschaft‹ (in Anlehnung an frz. *parler* ›sprechen, reden‹). Die neuere politische Bedeutung – als ›höchstes gewähltes Staatsorgan, Volksvertretung‹ – bekam das Wort über das engl. *parliament.* Geläufig wurde es in dieser Bedeutung im Dt. erst durch das Frankfurter Parlament von 1848.

Parole

›Losung, Wahlspruch, Kennwort‹

Das Substantiv erscheint bereits im Mhd. und geht auf das frz. Wort *parole* zurück (zunächst im allgemeinsten Sinne als ›Wort, Rede, Sprechweise, Unterredung‹). Im 17. Jh. erfolgte eine erneute Entlehnung aus dem Frz. (jetzt in der Bedeutung ›Versprechen, gegebenes Wort, Ehrenwort‹) und in der aus dem Ital. übernommenen terminologischen Verwendung in der Militärsprache als ›Losungswort, Erkennungswort‹. An die zuletzt genannte Bedeutung als militärisches Losungswort schließen sich später die übertragenen Bedeutungen sowohl von ›Wahlspruch, Leitsatz, Motto‹ (seit dem 18. Jh., besonders im politischen Bereich) als auch (in jüngster Zeit, mit negativer Bewertung) von ›unwahre Behauptung oder Meldung‹ an (etwa in der Wendung: *Das sind doch nur leere Parolen*).

Partei

›Gruppe Gleichgesinnter, Personengruppe mit gemeinsamen Interessen‹

Das Substantiv findet sich bereits im Mhd. und im Mnd. (›Personengruppe, Gruppierung‹) und wurde entlehnt aus afrz. *partie* (›Teil, Anteil, Trennung, Seite, Richtung‹) und *partir* (›teilen, trennen‹), die beide auf lat. *pars* ›Teil‹ zurückgehen. Auf Grund seiner allgemeinen Bedeutung ›Personengruppe mit gemeinsamen Interessen‹ bezeichnet es seit dem 15. Jh. auch jede der in Verhandlungen oder in einem Rechtsgeschäft sich gegenüberstehenden Seiten (›Vertragspartner, Prozeßgegner‹) sowie eine Personengruppe mit gemeinsamem Wohnsitz (›Haushaltung, Familie, Mietspartei‹). Seit dem 16. Jh. steht *Partei* vor allem für eine ›sich von anderen abgrenzende politische oder konfessionelle Gesinnungsgemeinschaft‹, heute besonders für die sich daraus ergebende ›politische Organisation‹ (z.B. *liberale, sozialistische Partei*).

Parterre

›Erdgeschoß‹

Das Wort ist eine Substantivierung der frz. adverbialen Fügung *par terre* (›zu ebener Erde, in der Höhe des Erdbodens‹). Es hat heute im Dt. die vorherrschende Bedeutung ›Erdgeschoß‹ (seit dem 18. Jh.), wird aber zunehmend (seit dem 19. Jh.) durch das Ersatzwort *Erdgeschoß* abgelöst. Seit dem 18. Jh. hat *Parterre* aber auch die (zusätzliche) Bedeutung von ›Sitzreihen im Theater zu ebener Erde‹ (ebenfalls aus dem Frz. übernommen).

Partie

›Teil eines größeren Ganzen‹

Das Wort geht in seiner Grundbedeutung auf frz. *partie* zurück (ebenso wie das dt. Wort *Partei*), dies wieder führt zurück auf lat. *pars* (›Teil‹). Aus dieser Grundbedeutung haben sich unterschiedliche Verwendungen ergeben, vor allem als ›Ausschnitt aus einem Ganzen‹ (z.B. *Gesichts-, Rückenpartie*), als ›einzeln ausgeschriebene Gesangsstimmen oder Sprechrollen‹ (z.B. *Solopartie, Textpartie*), als ›gemeinsamer Ausflug, Wanderung‹ (z.B. *Jagd-, Landpartie*), als ›Abschnitt, Runde eines Spiels‹ (z.B. *Schach-, Skatpartie*).

Partner

›Teilhaber, Teilnehmer, Mitspieler, Gegenspieler, Gefährte‹

Das Substantiv ist als gleichlautendes und gleichbedeutendes Wort aus dem Engl. entlehnt worden und taucht zuerst 1814 bei Goethe auf (in der Bedeutung ›Gefährte bei Tanz und gesellschaftlicher Unterhaltung, Mitspieler‹). In der 2. Hälfte des 19. Jhs. verbreitet es sich rasch, besonders in der Kaufmannssprache (z. B. in der Bedeutung ›Teilhaber eines Unternehmens‹) und in der Sportsprache (z. B. in der Bedeutung ›Mitspieler oder Gegenspieler beim Schach, Tennis oder Boxkampf‹). Darüber hinaus wird *Partner* aber auch in vielen anderen Lebensbereichen verwendet. Deshalb finden sich zahlreiche Zusammensetzungen wie z. B. *Ehepartner, Sexualpartner, Lebenspartner, Spielpartner, Reisepartner, Tanzpartner, Handelspartner, Vertragspartner, Diskussionspartner; Partnerunternehmen, Partnerstadt*).

Paß

›(persönliches) Dokument, insbesondere zur Legitimation für Reisende ins Ausland‹; ›enger Gebirgsübergang (durch eine Talenge)‹; (im Sport) ›einem Spieler der eigenen Mannschaft zugespielter Schuß/Wurf‹

Das Wort mit der Bedeutung ›Reisedokument‹ wurde am Anfang des 16. Jhs. verkürzt aus frühnhd. *paßport* und geht (wie ähnliche Bildungen in anderen Sprachen auch – vgl. engl. *passport*) auf frz. *passe-port* zurück: Die frz. Bildung war eigentlich eine Aufforderung zum Passieren des Hafens (der Grenze) und ist eine Zusammensetzung aus der Befehlsform von *passer* (›überschreiten, passieren‹) + *port* (›Hafen‹). *Port* bedeutete afrz. auch ›Gebirgsübergang (in den Pyrenäen), Grenze‹, was sich in der oben genannten 2. Bedeutungsvariante von *Paß* niedergeschlagen hat. *Paß* findet sich heute auch in einer weiteren Bedeutung als ›Ausweis‹ schlechthin (etwa in *Gesundheits-, Impf-, Qualitätspaß, Wehrpaß*) sowie in übertragener Verwendung (z. B. *jmdm. den Laufpaß geben*).

Patrone

›Metallhülse mit Treibladung und Geschoß für Feuerwaffen‹

Das Wort wurde im 16. Jh. aus dem Frz. übernommen (mit der ursprünglichen Bedeutung ›Muster, Form, Modell‹). Seit Ende des 16. Jhs. bezeichnet *Patrone* als ›Musterform‹ auch eine bestimmte, für eine Ladung ausreichende Menge Schießpulver in einer Papier-, später dann in einer Metallhülse, danach die ganze damit zubereitete Ladung. Schließlich geht der Ausdruck auf das moderne Geschoß mit Hülse, Zünder und Treibladung über. Auf Grund äußerer Ähnlichkeit wird das Wort *Patrone* seit dem 20. Jh. nicht mehr nur auf die mit Sprengstoff versehene Kapsel bezogen, sondern auch übertragen auf andere auswechselbare Kapseln, z. B. auf Behälter für Filme, für Tinte (in Füllfederhalter einzulegende Nachfüllung), für Sauerstoff.

Patt/patt

›Stellung (im Schachspiel), bei der ein Partner patt, d. h. zugunfähig ist‹

Das Substantiv und das Adjektiv sind im 19. Jh. als gleichlautendes und gleichbedeutendes frz. Wort im Zusammenhang mit dem Schachspiel übernommen worden: Ein Spieler ist *patt,* wenn er nicht mehr ziehen kann, ohne seinen König ins Schach zu bringen. Eine solche Situation wird als unentschieden bewertet. Seit der 2. Hälfte des 20. Jhs. wird das Wort auch im übertragenen Sinne gebraucht für eine ›Situation, in der keine Partei einen Vorteil erringen kann‹ (z. B. *politisches, militärisches, atomares Patt*).

Pausbacke(n)

›Person, Kind mit strotzenden Wangen‹

Das Wort findet sich seit dem 16. Jh. (vorher vereinzelt schon als Familienname) und bedeutet eigentlich ›dicke, runde, rote Wangen‹. Formal ist es eine Zusammensetzung aus einem (heute nicht mehr erhaltenen) mhd./frühnhd. Verb *pūsen/pausen* (›sich blähen, aufgeblasen sein, schwellen, strotzen‹) + *Backe*.

Pazifik

›Stiller, Großer Ozean‹

Die Bezeichnung (auch: *Pazifischer Ozean*) wurde Mitte des 19. Jhs. als gleichbedeutendes engl. Wort übernommen, das auf port. *Mar Pacífico* zurückgeht, also eigentlich soviel wie ›das friedliche Meer‹ bedeutete. Diese Benennung wird zurückgeführt auf den port. Seefahrer Magellan (1520), der angenommen hatte, dieses Weltmeer sei relativ frei von heftigen Stürmen.

Pech

›dunkelfarbiger, klebriger Rückstand bei der Destillation von Stein-, Braun- und Holzkohlenteer‹; ›Mißgeschick, Unglück‹

Das Wort findet sich in der ursprünglichen Bedeutung (›Holzteer‹) bereits im Ahd. (übertragen dort auch bereits ›Höllenfeuer, Hölle‹) und geht auf das Lat. zurück. Die zweite (und jüngere) Bedeutung von *Pech* (als ›Unglück‹) schließt wohl an den älteren Gebrauch ›Höllenstrafe‹ an und verbreitet sich in der Studentensprache des 18. Jhs. (vgl. *Pech haben, Pechvogel, Pechsträhne, Prüfungspech*).

Pedant

›Kleinigkeitskrämer, Haarspalter, rechthaberischer Mensch, der Unwesentliches übertrieben genau nimmt und schulmeisterlich wirkt‹

Das Substantiv wurde um 1600 als gleichbedeutendes frz. Wort *pédant* übernommen. Diesem ging im Mfrz. *pedante* (›Schulmeister‹) voraus, dem jedoch die (heutige) negativ-abwertende Bewertungskomponente fehlte. Die Herkunft ist nicht ganz sicher (entweder aus griech-mlat. ›erziehen, unterrichten‹ oder als scherzhafte Entstellung von ital. *pedagogo* ›Lehrer, Erzieher‹ durch Anpassung an älteres ital. *pedante* ›Fußgänger, Fußsoldat‹).

Peitsche

›Schlaggerät aus einem Lederriemen (oder einer Schnur) an einem langen Stiel‹

Das Wort kommt (in einigen dt. Mundarten) seit dem 14./15. Jh. vor und ist offenbar slaw. Ursprungs (›Geißel, Schlegel‹). Überlandschaftliche Verbreitung hat es – ausgehend vom Ostmd. – durch die Luther-Bibel gefunden. *Peitsche* steht am Anfang für ›Züchtigungsinstrument‹ (vor allem in religiös-kirchlichen Texten) und geht danach in den allgemeinen Sprachgebrauch über: Es gewinnt dabei die (speziellere) Bedeutung von ›Gerät des Kutschers zum Lenken der Pferde‹ im 18. Jh. (verdrängt zugleich das einheimische *Geißel*).

Pelerine

›weiter, (etwa bis zur Taille reichender) ärmelloser Umhang, Überwurf‹

Das Substantiv wurde im 19. Jh. aus dem gleichbedeutenden frz. Wort übernommen und schließt sich an das Substantiv *pèlerine* (›Pilger‹) an, bedeutete also eigentlich ›Kleidungsstück in der Art eines Pilgermantels‹.

penibel

›gewissenhaft, überaus sorgfältig, peinlich genau, kleinlich‹

Das Adjektiv wurde aus dem Frz. übernommen (im 18. Jh.) und bedeutete ursprünglich ›mühsam, anstrengend, beschwerlich, schmerzlich‹ (nach frz. *peine* ›Mühe, Schwierigkeit, Schmerz, Sorge‹ und lat. *poena* ›Sühne, Strafe, Qual‹). Die heutige Bedeutung enthält zumeist eine positive Bewertung (›gewissenhaft, peinlich genau‹ z. B. für eine Person oder eine Arbeit), ist aber nicht immer frei von einer negativen Bewertungsnuance (›kleinlich‹).

Penis

›schwellfähiges Begattungsorgan des Mannes (und verschiedener männlicher Tiere)

Das Wort kommt aus dem Lat. (dort eigentlich ›Schwanz‹) und ist – in seiner übertragenen (heutigen) Bedeutung – zum Bestandteil der lat. Wissenschaftssprache und danach (im 19. Jh.) auch ein üblicher bildungssprachlicher Ausdruck geworden.

Penne

›höhere Schule‹ (scherzhaft, heute veraltend, in der Schülersprache)

Das Wort ist aus dem Lat. entlehnt worden (mlat. *pennale* ›Federbüchse‹; *pennalis* ›zur Schreibfeder gehörig‹). In der Studentensprache wird (im 17. Jh.) scherzhaft *Pennal* (von älteren Studenten) verwendet für einen ›Studenten des ersten Semesters, der alle Vorlesungen nachschreibt und deshalb stets sein Schreibzeug mit sich führt‹. Später ging es in die Schülersprache über und stand für ›Gymnasiast, angehender Student‹ sowie für ›Gymnasium, höhere Schule‹ (seit dem 19. Jh.). Auf *Pennal* (und

dessen verkürzte Eindeutschung *Penne*) geht auch *Pennäler* zurück (›Schüler‹; seit Anfang des 20. Jhs., ursprünglich als Schimpfwort, heute im Gebrauch seltener).

Pensum

›zu einer bestimmten Zeit zu erledigende Arbeit‹; (spezieller) ›für eine bestimmte Zeit vorgeschriebener Lehrstoff‹

Das Substantiv (zunächst vor allem in der Schul- und Gelehrtensprache üblich) wurde im 17. Jh. aus einem gleichlautenden und -bedeutenden lat. Wort übernommen, das eigentlich soviel bedeutete wie ›die einer Spinnerin zur täglichen Verarbeitung zugewogene Wollmenge‹. Formal ist lat. *pēnsum* abgeleitet von *pendere* (›(ab)wägen, beurteilen, schätzen‹ und – weil Metall ursprünglich zur Bezahlung abgewogen wurde – auch ›[be]zahlen‹).

Peripherie

›Umfangslinie einer (krummlinig begrenzten) geometrischen Figur, Umkreis‹; ›Randgebiet‹

Das Substantiv wurde im 17./18. Jh. zunächst als Terminus der Mathematik aus dem Lat. entlehnt (›Kreisumfang‹) und geht zurück auf ein griech. Verb (das eigentlich ›sich herumbewegen‹ bedeutet). Später nahm es dann auch die (übertragene) Bedeutung von ›Randgebiet‹ an (z. B. *die Peripherie der Stadt, einer Kategorie*). Entsprechend bezeichnet auch das Adjektiv *peripher* (seit dem 20. Jh.) ›an der Peripherie liegend, am Rand befindlich und deshalb auch nebensächlich‹ (z. B. *eine periphere Frage*).

Pessimismus

›verneinende Lebensauffassung, bei der das Schlimmste als wahrscheinlich betrachtet wird, die zu Schwarzseherei und Hoffnungslosigkeit führt‹

Das Substantiv ist eine gelehrte Bildung nach dem Vorbild des frz. Wortes im 18. Jh. (Lichtenberg 1776). Es geht zurück auf lat. *pessimus* (Superlativ zu *malus* ›schlecht, schlimm‹). Man bezeichnet diese besondere Lebensauffassung als *Pessimismus,* weil ihre Vertreter immer das ›Schlechteste‹ als wahrscheinlich ansehen. *Pessimismus* war anfangs ausdrückliches Gegenwort zu *Optimismus* (ein Optimist sieht das ›Beste‹ als wahrscheinlich an).

Petroleum

›Erdöl‹

Das Wort ist im 15./16. Jh. aus dem Lat. entlehnt worden (dort eigentlich ›Steinöl‹) und bezeichnet heute vor allem (in Spezifizierung der allgemeinen Bedeutung) das durch Destillation gewonnene Produkt des Erdöls, das leicht brennbar ist und deshalb zum Heizen (als Brennstoff) und zum Leuchten verwendet wird.

Pfifferling

›gelber, eßbarer Butterpilz mit langen Lamellen‹

Der Name ist eine Ableitung zu *Pfeffer* (dies bereits im 11. Jh.) und geht auf den etwas scharfen, pfefferähnlichen Geschmack des Pilzes zurück. Schon im 16. Jh. steht *Pfifferling* im bildlich-übertragenen Sinne auch für etwas Wert- und Belangloses (z. B. *keinen Pfifferling wert sein*).

Pfingsten

›christliches Fest zur Ausgießung des Heiligen Geistes und zur Gründung der Kirche‹

Pfingsten geht formal zurück auf griech. *pentēkostḗ* (›fünfzig‹). Das Wort bezieht sich auf den 50. Tag nach Ostern, nach der Auferstehung Christi. Es schleifte sich im Sprachgebrauch zu *Pfingsten* ab. Nach dem Bericht der Bibel waren die Jünger Christi zusammen, »als sich im Himmel ein großes Sturmgebrausen erhob«, feurige Zungen über den Köpfen brannten und der Heilige Geist in Gestalt einer Taube über die Gemeinde kam. Die Anhänger Christi waren wie betäubt. Als die Erscheinung verschwunden war, bestaunten alle das »Pfingstwunder«: Sie konnten in fremden Sprachen sprechen und die freudige Botschaft verbreiten, daß Jesus auferstanden ist und alle Menschen es ihm nachtun werden.

Pfirsich

›saftige Frucht des Pfirsichbaums mit samtartiger Haut‹

Das Wort findet sich bereits im Ahd. und Mhd. (sowie in anderen germ. Sprachen) und ist im Zuge der Bekanntschaft der Germanen mit der römischen Obstkultur aus dem Lat. entlehnt worden (dort: *arbor Persica* ›Pfirsichbaum‹). Der *Pfirsich* ist also eigentlich ›der Persische‹, d. h. ein ›aus dem Osten stammender Apfel, Baum‹ (die eigentliche Heimat ist China).

Pharisäer

›hochmütiger, selbstgerechter Mensch, Heuchler‹

Das Wort bezeichnete ursprünglich die Angehörigen einer altjüdischen, das Mosaische Gesetz streng einhaltenden religiös-politischen Partei zur Zeit Christi (eigentlich: ›die Abgesonderten‹). Der Name ist dieser Gruppe vermutlich von ihren Gegnern gegeben worden, da sie sich (auf Grund ihrer strengen Auslegung der Gesetze) von der ihnen als »unrein« geltenden Menge deutlich ›abgesondert‹ hat. Diesem griech.-lat. Vorbild der Bibel folgte zunächst die ahd., mhd. und frühnhd. Verwendung (bis zu Luther, Erk und Zwingli). Erst im 18. Jh. entwickelte sich die heutige Bedeutung im Anschluß an einige Bibelstellen (vor allem Luk. 18, 11).

Philister

›kleinbürgerlich-engstirniger Mensch, Spießbürger‹

In der Sprache der Bibel sind *Philister* die Angehörigen eines nicht-semitischen Volkes an der Küste Palästinas (eines Nachbarvolkes der Israeliten), nach dem Alten Testament die Feinde des von Gott auserwählten Volkes der Juden (entsprechend einem hebr. Wort für ›Einwanderer‹). In den Streitschriften des 16./17. Jhs. werden dann die Gegner von Gottes Wort *Philister* genannt. In der Sprache der Studenten (vor allem der Theologiestudenten, die sich als von Gott auserwählt ansahen) wird die Bezeichnung danach übertragen zunächst auf deren Gegner (die

›Stadtsoldaten‹ und die ›Polizisten‹) – im 17./18. Jh. –, schließlich auf die ›Nicht-Akademiker‹ und die ›im Berufsleben stehenden Alten Herren‹. In dieser Bedeutung ist das Wort in der 2. Hälfte des 18. Jhs. in die Literatursprache eingedrungen (z. B. bei Goethe) und hat auf diese Weise seine heutige Bedeutung ›Spieß(bürg)er‹ angenommen.

Pickel

›kleines Hautgeschwür, Pustel, Eiterbläschen‹; ›Spitzhacke‹

Die 1. Bedeutungsvariante erscheint seit Beginn des 19. Jhs. in der dt. Literatursprache (Campe) und ist möglicherweise eine Verkleinerungsform zu *Pick* (mhd. *pic* ›Stich, Schnitt‹). In der 2. Bedeutungsvariante ist *Pickel* eine Gerätebezeichnung (schon ahd. und mhd., eine Ableitung zu *picken*). Mit dieser 2. Bedeutungsvariante hängt das Substantiv *Pickelhaube* zusammen: Es ist eine Zusammensetzung aus den Wörtern für ›Becken‹ und ›Haube‹, bezeichnete zunächst eine mit einem Becken verglichene, unter dem Topfhelm getragene Blechhaube, wurde – auf Grund der sich entwickelnden spitzzulaufenden Helmform – volksetymologisch an *Pickel* angelehnt und dann ugs. auf den 1842 eingeführten preußischen (später dt.) Helm mit einer Metallspitze übertragen.

pietschen

›ausgiebig Alkohol trinken‹

Das ugs. und landschaftlich begrenzte Verb ist gebildet worden nach dem poln. *pič* (›trinken‹).

Pinke

›Geld‹ (ugs., besonders norddt. und md.)

Die Herkunft des Wortes ist nicht sicher geklärt. Manchmal wird auf gleichbedeutendes *Penunge* oder *Penunse* im Rotwelsch (›Geld‹) verwiesen, das im 19. Jh. in Berlin und in Nordostdeutschland auftaucht und auf das poln. Wort für ›Geld‹ zurückgeht *(pieniądze)*. Zu *Pinke* tritt zuweilen auch seit etwa 1900 die reduplizierende Bildung *Pinkepinke* (zum Zwecke der Intensivierung) auf.

Pionier

›für kriegstechnische Arbeiten ausgebildeter Soldat‹; ›Bahnbrecher, Wegbereiter, Vorkämpfer‹

Das Substantiv ist im 17. Jh. (in der ursprünglichen Bedeutung) aus dem Frz. entlehnt worden (dort ›Schatzgräber, Fußgänger, Fußsoldat‹) und geht auf das Lat. zurück (vgl. *pedes* ›Fußgänger, Fußsoldat‹). Die übertragene Bedeutung (›Bahnbrecher‹) ist jünger und findet sich erst Mitte des 19. Jhs. (z. B. *Pionier der Luftfahrt, der Krebsforschung*).

plädieren

›etwas vertreten, (mit Worten) für etwas eintreten‹

Das Verb ist aus dem Frz. entlehnt worden (›Gericht halten, reden [vor Gericht], prozessieren‹) und geht auf das Lat. zurück. Dem entspricht die ältere Bedeutung ›eine Sache vor Gericht vortragen und vertreten‹ (seit dem 18. Jh.) (vgl. auch *Plädoyer*). Im 20. Jh. entwikkelt sich dann die jüngere (und allgemeinere) Bedeutung von ›für etwas eintreten‹ (unabhängig von einer Situation im Gericht).

platonisch

›von Platon herrührend, der Lehre Platons entsprechend‹; ›nicht körperlich‹

Das Wort wurde im 16. Jh. aus dem Lat. entlehnt und ist abgeleitet von dem Namen des griech. Philosophen *Pláton* (427 bis 347 v. Chr.). Es nahm seit dem 18. Jh. die Bedeutung von ›nicht körperlich, geistig; enthaltsam, keusch‹ an, vor allem im Anschluß an die Fügung *platonische Liebe* (›eine Liebe, die von sinnlichen, körperlichen, sexuellen Interessen frei ist, die also geistiger Natur ist‹). Diese Bedeutung knüpft an einen Ausspruch in Platons Dialog »Symposion« an, nach dem ein Liebhaber schlecht sei, der mehr den Leib als die Seele liebe (bei Platon selbst allerdings bezogen auf Verbindungen zwischen Männern).

Plebs

›ungebildete, keine Manieren besitzende Menschen; breite Masse‹

Das Wort ist im 18. Jh. aus dem Lat. übernommen worden, bedeutete dort aber ›Gesamtheit der freien Schichten des Volkes, die nicht zum Patriziat gehören‹. Später nahm es – als abschätzige Bezeichnung – die Bedeutung an ›die unteren Schichten, die Armen‹.

Pöbel

›rohe Volksmasse‹

Das Wort findet sich bereits im Mhd., ist eine Entlehnung aus frz. *peuple* (›Volk, Leute, Menge‹) und geht auf lat. *populus* (›Volk‹) zurück. Ihm fehlte zunächst (bis ins 15. Jh.) der negativ-verächtliche Nebensinn (etwa: ›roh, ungebildet, aufgepeitscht‹), der dem Wort heute anhaftet (vgl. z. B. in *pöbelhaft, [an]pöbeln, herumpöbeln*).

Polier

›Vorarbeiter der Maurer und Zimmerleute‹

Das Substantiv findet sich schon im 14./15. Jh., ist eigentlich Nomen agentis zu mhd. *parlieren* (vgl. frz. *parler* ›sprechen, reden‹) und bedeutete ursprünglich wohl ›Wortführer, Weisungsberechtigter in der Bauhütte‹.

Polka

›schneller Gesellschaftstanz im Zweivierteltakt‹

Die Bezeichnung wurde Mitte des 19. Jhs. (wohl über Prag und Wien) als gleichlautendes und gleichbedeutendes tschech. Wort übernommen, das eigentlich ›Polin‹ bedeutete. Der Tanz und auch sein Name entstanden in Böhmen (in den 30er Jahren des 19. Jhs.), als man sich für die vom zaristischen Rußland unterdrückten und ohne Erfolg aufbegehrenden Polen begeisterte. Auch in Polen ist die *Polka* als charakteristischer volkstümlicher Tanz weit verbreitet.

Pommes frites (verkürzt auch: Pommes)

›in Fett gebackene Kartoffelstäbchen‹

Mit der Sache ist auch die Bezeichnung in den letzten Jahrzehnten aus dem Frz. übernommen worden. Im Unterschied zu den traditionellen dt. *Bratkartoffeln* (die aus gekochten Kartoffeln hergestellt werden) werden die *Pommes frites* aus rohen Kartoffeln hergestellt, die in Streifen geschnitten und danach in Fett gebacken werden – trotz der formalen

Übereinstimmung der beiden Wörter (als scheinbare »Übersetzungsäquivalente«).

Pop-art

›Sammelbezeichnung für eine auf provozierenden, exzentrischen Elementen aufbauende Kunstrichtung‹

Das Substantiv wurde in den 60er Jahren des 20. Jhs. als gleichlautendes und gleichbedeutendes amerik.-engl. Wort entlehnt und ist eine verkürzende Bildung aus *popular art* (›volkstümliche Kunst‹). Diese (mehrdeutige) Bezeichnung sollte wohl andeuten, daß man sich von der abstrakten Kunst absetzen und sich vorwiegend an realen Objekten der (technischen) Umwelt orientieren wollte.

Pornographie

›aufreizende Darstellung sexueller Handlungen in Wort oder Bild (ohne Berücksichtigung innerer Beziehungen)‹

Das Substantiv wurde Ende des 19. Jh. als gleichlautendes und gleichbedeutendes frz. Wort übernommen, das eine Ableitung ist von frz. *pornographe* (das Rétif de la Bretonne 1769 als Buchtitel verwendet hat im Sinne von ›über die Prostitution Schreibender‹). Es geht zurück auf griech. *pórnē* ›Hure, Dirne‹ und *pornográphos* ›über Huren schreibend‹. Das frz. Wort *pornographie* (›Abhandlung über die Pornographie‹) nimmt im 19. Jh. die Bedeutung ›Darstellung von Obszönitäten‹ an und wird auch im Dt. in diesem Sinne gebräuchlich.

Portemonnaie

›Geldtasche‹

Das Wort kommt Mitte des 19. Jhs. etwa gleichzeitig im Frz. und Dt. auf. Es ist der Bildung nach eine Zusammensetzung aus frz. *porter* ›tragen‹ + *monnaie* ›Münze, Geld‹.

Porzellan

›dichter, weißer keramischer Werkstoff und daraus hergestellte Gegenstände (vor allem Tafelgeschirr)‹

Töpferware aus *Porzellan* wurde zunächst in China und Japan hergestellt, kam im 15./16. Jh. über Italien nach Europa und nahm erst in Italien die Bezeichnung *porcellana* an, die ins Dt. übergegangen ist (zuerst 1477 in einer Übersetzung von Marco Polo: *schüsseln von porzelane*). Das ital. Wort war eigentlich der Name für eine Art Seemuschel mit milchweißer glänzender Schale, der nun auf den neuen Werkstoff (wohl auf Grund des schimmernden Glanzes) übertragen worden ist.

Post

›Einrichtung zur Beförderung von Brief-, Paket- und Geldsendungen sowie zur Übermittlung von Nachrichten‹

Das Wort steht sowohl für die örtliche Dienststelle (›Postamt‹) als auch für das von der Post Beförderte (›Postsendung‹). Es erscheint bereits im Frühnhd. (Beförderungseinrichtung, Poststation, Nachricht‹) und ist entlehnt worden aus dem ital. *posta* (›von einem Vorsteher verwaltete Station, an der Pferde und Boten gewechselt werden können‹). Das ital. Wort bedeutete eigentlich soviel wie ›festgesetzter Punkt, Ort, Platz‹ (entsprechend lat. *positum/a* als Partizip Perfekt des Verbs *pōnere* ›setzen, stellen, legen‹, auch ›festsetzen‹, das auch der Ursprung von dt. *Posten* ist). Es bezeichnete ursprünglich die von ital. Kaufleuten zur schnellen Nachrichtenübermittlung organisierte Einrichtung und wurde später auf die umfassendere Beförderungsinstitution (auch für andere Sendungen) übertragen.

Potemkische Dörfer
›Trugbilder‹
Der Ausdruck wird verwendet für Trugbilder, die Unangenehmes verschleiern und glänzende Wirklichkeit vortäuschen sollen, steht also für ›Schönfärberei‹. Er geht zurück auf einen Vorfall aus dem 18. Jh.: *Potemkin* soll 1797 die Kaiserin Katharina II. auf ihrer Reise durch Südrußland an »blühenden« Dörfern vorübergeführt haben, die aber in Wirklichkeit nur rasch aufgebaute kulissenartige Gebilde waren.

Potpourri
›Ungeordnetes, Allerlei‹; ›ein aus beliebten Melodien zusammengestelltes – durch Modulation und thematische Übergänge verbundenes – Musikstück‹
Das Wort ist aus dem gleichlautenden frz. Wort übernommen worden. Es ist dort eine Zusammensetzung aus *pot* (›Topf‹) + *pourri* (›verfault‹), bedeutete eigentlich ›verfaulter Topf‹ und bezeichnete ein ›aus verschiedenen Fleisch- und Gemüsesorten zusammengekochtes Eintopfgericht‹. Die 1. Bedeutung (›Ungeordnetes‹) begegnet in der 2. Hälfte des 18. Jhs., die 2. Bedeutung (›Musikstück‹) dann um 1800.

Praline
›kleines Stück Konfekt mit Schokoladenüberzug und Füllung (aus Nougat, Marzipan o. ä.)‹
Das Wort bezeichnete ursprünglich (Anfang des 19. Jhs.) ›gebrannte Mandel, mit Zucker gebranntes Fruchtstück‹. In diesem Sinne wurde es aus frz. *praline* ins Dt. übernommen. Es geht zurück auf den Namen des frz. Marschalls *du Plessis-Praslin* (17. Jh.), der als Erfinder dieser Konfektart gilt. Seit Ende des 19. Jhs. hat das Wort die heutige Bedeutung angenommen.

prima
›ausgezeichnet, hervorragend, großartig‹
Das Wort ist im 19. Jh. aus der Kaufmannssprache (z. B. *prima Sorte, prima Ware, prima Qualität*) in die Alltagssprache aufgenommen worden, ist aber auf ugs. Verwendung beschränkt. Ihm liegt ital. *prima* zugrunde (Femininum zu *primo* ›erster, bester‹ – vgl. lat. *prīmus*, dt. Klassenprimus).

Privileg

›Vor-, Sonder-, Ausnahmerecht (einer Person oder einer Gruppe von Menschen)‹

Das Substantiv findet sich seit dem 13. Jh. im Dt. und geht auf das bedeutungsgleiche lat. Wort *privilēgium* zurück, das als Zusammensetzung gebildet worden ist aus *prīvus* (›für sich bestehend, einzeln‹) (vgl. dt. *privat*) + *lēx* (›Gesetz, Verordnung‹).

Problem

›schwierige, noch zu lösende Aufgabe, Fragestellung; Schwierigkeit‹

Das Wort ist im 16. Jh. aus dem Griech.-Lat. entlehnt worden, hatte dort auch schon die Bedeutung ›Schwierigkeit, gestellte (wissenschaftliche) Aufgabe, vorgelegte Streitfrage‹, eigentlich (im wörtlichen Sinne) ›das Vorgelegte und (zur Besprechung) Vorgetragene‹.

Professor

›akademischer Titel für einen Hochschullehrer‹

Die Bezeichnung setzt sich im 16. Jh. allmählich als Berufsbezeichnung für Hochschullehrer aller Fakultäten durch, z. T. auch (z. B. in Österreich) für Lehrer an höheren Schulen (Gymnasien). Sie ersetzte den alten Doktor- und Magistertitel in dieser Bedeutung, weil diese beiden Titel durch die Verleihung an Außenstehende nicht mehr zureichten. Zuerst erscheint *Professor* (seit 1400) an theologischen Fakultäten (wobei die Anlehnung an lat. *profitēri* ›sich bekennen‹ mitgewirkt haben könnte). Ein *Professor* der Theologie wäre dann ein Bekenner des christlichen Glaubens. Im weiteren Sinne liegt dem Wort wohl die Vorstellung zugrunde, daß ein Professor jmd. ist, ›der sich (zu seiner Sache, seinem Amt, seiner Lehrmeinung) bekennt‹.

Programm

›zeitliche Abfolge, Gesamtheit von Veranstaltungen, ausgearbeiteter Plan‹; ›Darlegung der Gesamtheit der Grundsätze und Absichten einer Regierung, Partei o. ä.‹

Das Wort ist um 1700 aus dem Griech. und Lat. entlehnt worden, bedeutete dort allerdings anfangs ›öffentliche Bekanntmachung, öffentliche Einladung‹ (entsprechend dem griech. Verb *prográphein*). Aus der oben angegebenen 1. Bedeutung hat sich durch die Kybernetik und Automatentheorie ein zusätzlicher Sinn entwickelt von ›Anweisung an einen Automaten zur Abarbeitung von zeitlich festgelegten Operationen‹, z. B. im Computer oder in der Waschmaschine (vgl. *Waschprogramm, Datenverarbeitungsprogramm*).

Propaganda

›schriftliche oder mündliche Verbreitung von politischen Ideen und Lehren; Werbung‹

Das Wort geht zurück auf die kirchenlat. *Congregatio de propaganda fide* (d. h. ›die päpstliche Behörde zur Verbreitung des [katholischen] Glaubens‹). Diese Kongregation wurde 1597 von Papst Clemens VIII. als gegenreformatorische Organisation in Rom gegründet und 1622 von Gregor XV. mit verbindlichen Richtlinien (für Missionstätigkeit) erneuert. Für diese Institution gilt im Dt. die Kurzform *Propaganda* (18./19. Jh.), der Form nach im Lat. ein Gerundivum von *prōpāgāre* (›weiter ausbreiten, erweitern‹). Im Gefolge der frz. Revolution entwickelte sich Ende des 18. Jhs. die Bedeutung ›von einer Organisation ausgehende Verbreitung politischer Meinungen und Lehren‹ und gelangt als Schlagwort der Revolution ins Dt. Hier stand es im 19. Jh. für die ›Ausbreitung (linker) politischer Lehren‹. In der 2. Hälfte des 19. Jhs. wird der Ausdruck auch auf die kommerzielle Werbung ausgedehnt (›Reklame‹).

Protestant

›Angehöriger einer aus der Reformation hervorgegangenen evangelischen Kirchen‹
Das Wort ist entstanden und gebildet worden auf der Basis von lat. *prōtestāns* (›der Protestierende‹) – und zwar im Anschluß an den Protest der evangelischen Stände auf dem Reichstag zu Speyer (1529) gegen die Wiederherstellung des Wormser Edikts, das alle kirchlichen Reformen verbietet.

Prozent

›ein Teil von Hundert, ein Hundertstel‹
Das Wort geht zurück auf ital. *per cento* (›für hundert, bezogen auf hundert‹), das zunächst in die süddt. Kaufmannssprache entlehnt wurde. Später wurde es latinisiert, zusammengeschrieben (16. Jh.) und hat schließlich (im 17. Jh.) substantivischen Charakter angenommen.

Pudding

›Süßspeise, die durch Aufkochen einer Mischung aus Stärkemehl und Aromastoffen mit Zucker in Milch oder Wasser hergestellt und zumeist kalt serviert wird‹
Das Substantiv wurde im 17. Jh. als engl. Wort übernommen, das jedoch eine weitere Bedeutung hatte, ein ›Gericht aus Mehl, Fleisch, Fisch oder Gemüse‹, auch ›Wurst‹ bezeichnete (vgl. engl. *black pudding* ›Blutwurst‹) und auf das Afrz. zurückgeht (dort auch ›Wurst, Blutwurst‹). Aus dieser weiteren Bedeutung ging über ›Kuchen mit Früchten und Mandeln‹ im Dt. die heutige (engere) Bedeutung hervor.

Pullover

›über den Kopf zu ziehendes, etwa hüftlanges meist gestricktes oder gewirktes Oberbekleidungsstück‹
Das Wort kam in den 20er Jahren des 20. Jhs. im Engl. auf und wurde unmittelbar darauf ins Dt. entlehnt. Formal liegt ihm im Engl. eine Zusammensetzung aus *pull* ›ziehen‹ + *over* ›über‹ zugrunde. Im Engl. ist die Bezeichnung heute kaum noch gebräuchlich, im Dt. fand sie eine weite Verbreitung, in der 2. Hälfte des 20. Jhs. auch in der Kurzform *Pulli*. Trotz der genannten Herkunft aus dem Engl. ist *Überzieher* keineswegs das entsprechende dt. Übersetzungsäquivalent; die Wortform *Überzieher* steht im Dt. vielmehr als Synonym einerseits für ›Mantel‹, andererseits für ›Kondom‹.

Pumpernickel

›schwarzbraunes, rindenloses Brot aus Roggenschrot mit leicht süßlichem Geschmack‹
Das Wort stand zunächst (im 17. Jh.) für einen ungeschlachten, groben Menschen: Es entstand als Zusammensetzung aus *Pumper* ›Furz‹ + *Nickel* (›als

Schelte gebrauchte Kurzform von *Nikolaus*‹), bedeutete also etwa soviel wie ›Furzkerl‹. Das schwer zu verdauende Brot wurde dann – offenbar wegen seiner blähenden Wirkung – *Pumpernickel* genannt (am Anfang scherzhaft).

Punsch

›*heiß serviertes Mischgetränk aus Arrak (oder Rum), Zucker, Zitronensaft, Wasser (oder Tee oder Wein) und Gewürz*‹

Das Wort wurde um 1700 aus dem Engl. entlehnt und vermutlich von engl. Seeleuten aus Indien verbreitet. Die Bezeichnung geht wohl auf das Wort *pānch* (aus dem Hindi) zurück, das ›fünf‹ bedeutete (wahrscheinlich nach den oben genannten 5 Grundbestandteilen des Getränks).

Puppe

›*Nachbildung einer menschlichen Gestalt als Spielzeug*‹

Das Wort ist im 15. Jh. aus dem Vlat. entlehnt worden, bezeichnete zunächst das Spielzeug, dann die ›Figur des Puppen- und Kasperletheaters‹, die ›Marionette‹ (18. Jh.) und schließlich auch die ›Figur zum Ausstellen oder Anprobieren von Kleidung‹, die ›Kleiderpuppe‹ (19. Jh.). Daneben steht *Puppe* auch (wie schon das lat. Vorbild) für ›junges Mädchen‹, oft auch in der Verkleinerungsform *Püppchen* (z. T. auch *Puppchen*), dies sowohl als Ausdruck der Zärtlichkeit als auch im negativ-abschätzigen Sinne (›auf Äußerlichkeiten besonderen Wert legendes Mädchen‹, ›steif und gekünstelt auftretende Frau‹). Daneben taucht *Puppe* seit dem 18. Jh. in der Zoologie auf (für das in einer Hülle befindliche Insekt in seinem letzten Entwicklungsstadium als Larve; vgl. z. B. *Seidenraupenpuppe, sich ver-/entpuppen*).

Putsch

›*Revolte, politischer Umsturzversuch*‹

Das Wort stammt aus der Schweiz: Es wurde in den 40er Jahren des 19. Jhs. von Zürich aus auch in Deutschland übernommen. Es bezeichnete zunächst einen plötzlichen und überraschenden, aber rasch vorübergehenden Auflauf oder Aufstand in den 30er Jahren des 19. Jhs. in der deutschsprachigen Schweiz. Die Bezeichnung *Putsch* geht wohl zurück auf ein (schon im 15. Jh. bezeugtes) – wahrscheinlich lautnachahmendes – schweiz. Mundartwort *Putsch* ›Knall, Stoß, Anprall‹, das im 16. Jh. den übertragenen Sinn von ›plötzlicher Vorstoß, Anlauf gegen ein Hindernis und zu einem Unternehmen‹ angenommen hat (aber bis ins 19. Jh. hinein auf die Schweiz beschränkt geblieben ist).

Quacksalber

›unqualifizierter Heilpraktiker, Kurpfuscher‹

Das Wort wurde im 16. Jh. aus dem Nl. entlehnt (vgl. nl. *kwaken* ›quaken, schwatzen, prahlen‹). Nach der früheren Praxis dieser Berufsgruppe ist der Ausdruck wohl ursprünglich als ›Salbenkrämer‹ zu verstehen: Dieser hat marktschreierisch Salben, Heilmittel und Heilverfahren in der Öffentlichkeit feilgeboten.

Quadrille

›Tanzformation, in der 4 Paare in bestimmter Weise zusammenwirken‹, ›die dazugehörige Tanzmelodie‹

Das Wort kommt aus dem Span. (dort ›Aufteilung des Heeres in 4 Gruppen‹, ›Reitergruppe bei Kampfspielen‹ – entsprechend dem lat. Wort für ›vier‹ bzw. ›Quadrat‹). Aus dem Span. wurde es ins Frz. entlehnt, wo es daneben die Bedeutung von ›Tänzergruppe beim Kontertanz, bestimmte Form des Kontertanzes‹ und ›für diesen Tanz geeignetes Musikstück‹ annahm (18. Jh.). Das Dt. folgte in der Bedeutung dem Frz.: *Quadrille* steht zunächst im Sinne von ›Reitergruppe‹, übernimmt aber bald auch die jüngere Bedeutung des Frz. (als ›Tanzformation‹).

Quarantäne

›räumliche Isolierung zur Verminderung von Ansteckung bei Infektionskrankheiten‹

Schon seit dem 14. Jh. war es in den Mittelmeerhäfen üblich, Schiffe aus verseuchten Gebieten zur Vorbeugung gegen das Einschleppen von Infektionskrankheiten für bestimmte Zeit an abgesonderten Liegeplätzen zu belassen. Im allgemeinen war eine Isolierungszeit von 40 Tagen vorgesehen (wohl nach dem 40tägigen Aufenthalt von Moses und Christus in völliger Zurückgezogenheit). Das ital. Wort für ›vierzig, Zeitraum von 40 Tagen‹ *(quarantena)* wurde Anfang des 17. Jhs. ins Dt. entlehnt, im 18. Jh. wurde *Quarantäne* dann üblich als Entlehnung des gleichbedeutenden frz. Wortes.

Quark

›aus Milch durch Gerinnung entstehende breiige Substanz, die als Nahrungsmittel verwendet wird; Weißkäse‹

Die Bezeichnung kommt schon im Mhd. vor, ist eine Entlehnung aus einer westslaw. Sprache. Ugs. wird das Wort (seit dem 16. Jh.) auch verwendet, um ›Wertloses‹ oder ›Belangloses‹ zu bezeichnen (z. B. *sich um jeden Quark kümmern*).

Quartal

›Viertel eines Kalenderjahres, Vierteljahr‹

Das Wort wurde im 16. Jh. entlehnt aus lat. *quartale*, das eigentlich ›vierter Teil von etwas‹ bedeutete. Deshalb wurde es zur Bezeichnung des 4. Teils eines Jahres, früher aber auch einer Stunde, einer Fläche, eines Weinmaßes usw.

Quartier

›Schlafstelle, (zeitweilige) Wohnung, Unterkunft‹

Das Wort findet sich seit dem Mhd. (dort in der Bedeutung ›Viertel‹) – als Entlehnung aus dem Frz. (dort ›vierter Teil von etwas‹, von Vieh, von einer Fläche, von einem Schild u. a.). Daraus entwikkelte sich (schon im Frz.) die Bedeutung von ›Viertel, Stadtviertel, Soldatenunterkunft, Kaserne‹, die die Grundlage für unsere heutige Bedeutung im Sinne einer Wohn-/Beherbergungsstätte wurde.

quasi

›gewissermaßen, gleichsam, angeblich, nur zum Schein‹

Das Wort wurde im 17. Jh. aus dem lat. *quasī* übernommen, das die Bedeutung von ›wie wenn, als wenn/ob, gleich wie, weil angeblich‹ hatte. Es fand zunächst Eingang in die dt. Rechts- und Kanzleisprache, verbreitete sich später aber sehr weit in die Umgangssprache hinein. Es erscheint heute vielfach auch als erstes Glied einer Zusammensetzung (in der Bedeutung ›ungefähr, nahezu, fast‹), z. B. *Quasi-Neutralität, quasi-offiziell, Quasi-Religion* (einige davon schon im 17./18. Jh.).

Quentchen

›kleinste Menge, kleinstes Gewicht, ein bißchen‹

Das Wort findet sich (im Anschluß an lat. *quīntus* ›fünfter‹) seit dem 18. Jh. im Dt. – neben bereits älterem *Quentlein/Quintlein*. Diese waren Verkleinerungsformen von *Quent* oder *Quint* (ebenso wie die heutige Lautform eine Verkleinerungsform ist), die ursprünglich die Bedeutung von ›ein viertel (genauer: ein fünftel) Lot‹ hatten (im 15. Jh.). Es fällt dabei die alte Vermischung von Vier- und Fünfzahl auf. Inzwischen hat sich die Bedeutung sehr stark verallgemeinert und erweitert (bis hin zu ›ein bißchen, ein kleiner Teil, eine kleine Menge‹ – vgl. z. B. *ein Quentchen Glück*).

Quisling

›Kollaborateur mit dem Feinde, Verräter‹

Die Benennung ist entstanden unter Bezug auf den norwegischen Faschistenführer Quisling, der während des 2. Weltkrieges mit der deutschen Besatzungsmacht zusammengearbeitet hat. Aus dem Eigennamen ist ein Gattungsname geworden, der in abwertendem Sinne gebraucht wird.

Racker

›Schlingel; Kind, das gern Schabernack treibt, lustige Streiche und kleine Dummheiten macht‹

Das Wort geht auf eine nd. Wortform zurück, die soviel bedeutete wie ›der den Unflat Fortschaffende, Abtrittsfeger, Abdecker, Schinder, Totengräber, Henkersknecht‹. Schon im Mnd. wird es als Schimpfwort in verschiedenen Abstufungen für Menschen und Tiere verwendet (auch im Ndl. zunächst ›Henkersknecht‹, dann ›Taugenichts‹), dringt in die md. und obd. Mundarten und (in der 2. Hälfte des 18. Jhs.) auch in die dt. Standardsprache ein. Seine Bedeutung wird zunehmend abgeschwächt, es wird schließlich nur noch als Zuruf gegenüber Kindern in dieser (heutigen) abgeschwächten Bedeutung verwendet. Reste der älteren Bedeutung sind noch erhalten in *rackern* (ugs. für ›sich abarbeiten‹) und *Rackerei* (ugs. für ›schwere, mühevolle Arbeit, Schinderei‹).

Rad

›kreisrundes Teil, das sich um seinen Mittelpunkt dreht und die Fortbewegung eines Wagens ermöglicht‹; verkürzt für ›Fahrrad‹

Das Wort wird über seine ursprüngliche Bedeutung – als ›Teil eines Wagens‹ – hinaus seit Ende des 19. Jhs. auch als elliptische Verkürzung für *Fahrrad* gebraucht (also für ein ›einspuriges zweirädriges Tretfahrzeug‹). Es ersetzte in dieser Bedeutung älteres *Veloziped*, das seinerseits aus dem Frz. übernommen wurde und lat. Ursprung hatte (*vēlōx* ›schnell‹ + *pes* ›Fuß‹).

radebrechen

›eine (fremde) Sprache nur mühsam und unvollkommen sprechen‹

Das Wort geht auf eine gleichlautende mhd. Form zurück, die aber die Bedeutung von ›einem Verbrecher auf dem Rad die Glieder brechen, ihn rädern‹ hatte. Im frühen Nhd. wurde die Bedeutung verallgemeinert und im Sinne von ›quälen‹ auf körperliche und seelische Mißhandlungen ausgedehnt. Die heutige (bildliche) Anwendung im Sinne von ›eine Sprache grausam zurichten‹ ist seit Ende des 16. Jhs. bezeugt.

radikal

›bis auf die Wurzel, bis zum äußersten, gründlich, gänzlich, rücksichtslos, rigoros‹

Das Wort geht zurück auf lat. *rādīx* (›Wurzel‹), wird im Dt. zunächst in der ursprünglichen Bedeutung ›eingewurzelt, angeboren‹ verwendet (16. Jh.), dann – unter dem Einfluß des Frz. – als ›bis auf die Wurzel gehend, grundlegend, gründlich‹ (18. Jh.), schließlich in der heutigen zentralen Bedeutung von

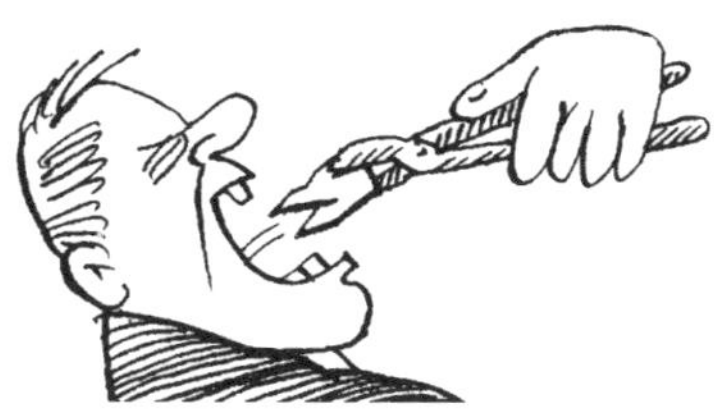

›extrem eingestellt, kompromißlos, unnachgiebig‹, vor allem mit Blick auf politisch-weltanschauliche Einstellungen und Verhaltensweisen.

Ragout

›Gericht aus feingeschnittenem gekochten Fleisch (auch: Fisch und Gemüse) mit gewürzter Soße‹

Das Wort ist im 17./18. Jh. als gleichbedeutendes frz. Wort entlehnt worden (dort ursprünglich ›appetitanregendes Gericht‹), hängt zusammen mit frz. *goût* (›Geschmack, Geschmackssinn‹). Seit dem 18. Jh. wird *Ragout* auch im übertragenen Sinne von ›Mischmasch, Durcheinander, Allerlei‹ verwendet – auch ohne Beziehung auf Fleisch- bzw. Fischspeisen (z. B. *ein Ragout aus unverdauten Behauptungen*). Besonders häufig ist das Wort in dem Ausdruck *Ragout fin*, das ein ›aus besonders delikaten Zutaten bereitetes feines Ragout‹ bezeichnet, oft aus Kalbsfleisch und als Füllung von Pasteten oder in Muschelschalen überbacken.

ramponieren

›stark beschädigen und dadurch im Aussehen beeinträchtigen‹

Das in der 2. Hälfte des 18. Jhs. in die dt. Standardsprache eindringende Verb kommt aus der nd. Seemannssprache, wo es sich zunächst nur auf Schiffe oder Schiffsteile bezieht, die Seeschaden erlitten haben (vgl. auch *Rampe*). Anfang des 19. Jhs. erscheint es in der Kaufmannssprache und wird in ihr auf Waren, später allgemein auf beliebige Gegenstände bezogen. Eine zusätzliche Bedeutungserweiterung zeichnet sich seit der 2. Hälfte des 19. Jhs. ab, wo das Wort auch auf die innere Verfassung und die soziale Stellung des Menschen bezogen wird (im Sinne von ›hart anfassen, verletzen, verderben, beeinträchtigen‹ – z. B. *Seine Gesundheit, sein Ruf als Politiker ist ramponiert.*), besonders im Partizip Perfekt. Formal ist das Wort aus dem Mnl. entlehnt (dort bereits in der Bedeutung ›beschädigen‹) und geht auf das Frz. zurück.

Ramsch

›Ausschußware, Schund, Plunder‹

Die Herkunft des Wortes ist nicht sicher. Im 18. Jh. erscheint ein ähnlich lautendes frz. Wort *(ramas)* im Dt., das als ›gesammelter Haufen, zusammengetragener Vorrat‹ interpretiert wird. Es könnte sich also um eine Entlehnung aus dem Frz. handeln. Aber ebenso ist ein Einfluß aus dem Rotwelsch denkbar (über *ramschen* ›betrügen‹). Beide Bedeutungsmerkmale sind im Sinne des Wortes im Dt. (seit dem 19. Jh.) enthalten.

Réaumur

›Maßeinheit der Temperatur‹

Die Maßeinheit ist benannt nach dem frz. Physiker und Zoologen René Antoine Ferchault *Réaumur* (1683–1757), der – neben anderen Forschungen und Entdeckungen (z. B. zur Absonderung von Schalen bei Schaltieren, zur Stahlbereitung und zum »Réaumurschen Porzellan«) – ein Weingeistthermometer erfunden hat und im Zusammenhang damit die Messung der Temperatur mit einer (damals) neuen Skala von 80 Graden vorgeschlagen hat. Heute gilt dieses 80teilige Thermometer als veraltet und ist von *Celsius* als Maßeinheit abgelöst worden.

rechts

›auf der rechten Seite‹; ›politisch konservativ‹

Aus der örtlichen Bedeutung (16. Jh.) entwickelte sich im Dt. im 19. Jh. die politische Bedeutung im Anschluß an das Frz., weil nach der Sitzordnung im Parlament seit der frz. Restaurationszeit die konservativen Parteien ihre Plätze – vom Präsidenten aus gesehen – auf der rechten Seite hatten.

reizen

›in Erregung versetzen, antreiben, anstacheln, locken‹

Das Verb geht zurück auf das Ahd. und Mhd. (›anregen, antreiben, (ver-)locken, [sich] erregen‹). Der Infinitiv des Verbs hat diese Bedeutung erhalten, die beiden Partizipien enthalten jedoch heute eine unterschiedliche Bewertung: *reizend* (›verführerisch, schön‹) verweist auf positive Eigenschaften (z.B. *reizendes Kind, reizendes Mädchen*), *gereizt* dagegen (›empfindlich, erregt, mißgelaunt, zornig‹) eher auf negative Eigenschaften (z.B. *der gereizte Lehrer*).

Retourkutsche

›Erwidern eines Vorwurfs mit denselben Worten bzw. Reagieren auf eine Handlung mit ähnlicher Handlungsweise‹

Das Wort bedeutete im 19. Jh. eigentlich ›eine Kutsche, die sowohl für die Hin- wie für die Rückfahrt benutzt wurde‹. Daraus leitet sich die übertragene heutige Bedeutung ab (die eher ugs. ist). Das Adverb *retour* (›zurück‹) ist heute nur noch im Österr. gebräuchlich (sonst veraltend), schließt sich an ein gleichlautendes frz. Wort an (›Rückkehr, Wendung, Rücksendung, Erwiderung, Gegenleistung‹), das im 17. Jh. ins Dt. gelangt ist und vor allem in der Kaufmannssprache verwendet worden ist (z.B. *à retour, per retour*).

Reue

›Bedauern, Zerknirschung über Getanes oder Unterlassenes‹

Reue geht zurück auf das Ahd. (›Leid, Trauer, Schmerz, Klage, Unglück‹), hat darüber hinaus sogar eine idg. Wurzel (›stoßen, [zer-]schlagen, brechen‹). In verschiedenen germ. Sprachen entstand daraus eine offensichtlich übertragene Bedeutung ›seelischer Schmerz, Trauer‹, die sich im Mittelalter spezialisiert zu ›Schmerz, Zerknirschung über etwas, was man getan oder nicht getan hat, was man aber ungeschehen machen möchte‹. Unter christlichem Einfluß erfolgte eine Umdeutung zu ›Einsicht in eine Sündenschuld‹ (als Stufe des Bußsakraments). Die religiöse Bedeutungskomponente trat im Laufe des Säkularisierungsprozesses der letzten Jahrhunderte wieder zurück (vgl. die heutige Bedeutung, z. B. *die Reue eines Angeklagten vor Gericht*).

revidieren

›auf seine Richtigkeit hin durchsehen, überprüfen‹

Das Wort ist im 16. Jh. aus dem lat. *revidēre* (›wieder hinsehen, noch einmal hinsehen‹) entlehnt worden, das schon im Lat. zusätzlich die Bedeutung von ›untersuchen, prüfen‹ angenommen hat. Seit dem 18. Jh. wird es auch verwendet für ›(Meinungen, politische Programme, Verfassungen, Gesetze) ändern, berichtigen‹. Es zeichnet sich also eine Bedeutungsveränderung ab vom ›konkreten nochmaligen Hinsehen‹ über das ›Überprüfen‹ bis hin zum ›Korrigieren‹. Die zuletzt genannte Bedeutung hat heute vor allem das Substantiv *Revision,* besonders im juristischen Sinne (als ›Rechtsmittel, mit dem die Überprüfung eines gerichtlichen Urteils angestrebt wird‹, als ›Berufung‹, d. h. ›Änderung nach Überprüfung‹) sowie im Druckerei- und Verlagswesen (ebenfalls ›Änderung nach Überprüfung‹, in diesem Falle des gesetzten und bereits gedruckten Manuskripts).

Rezept

›Anweisung zur Herstellung bzw. Abgabe eines Medikaments‹

Das Wort ist aus dem Lat. übernommen worden: Ursprünglich gab der Arzt eine imperativische Anweisung an den Apotheker mit der Einleitungsformel *recipe* (›nimm, verwende!‹), auf die der Apotheker mit *receptum* (›es ist genommen, verwendet worden‹) reagierte. Das Wort wird seit dem 16. Jh. auch in einem noch allgemeineren Sinne als ›Allheilmittel, Lösungsvorschlag‹ und schließlich auch als ›Anweisung‹ zum Verhalten in verschiedenen Lebensbereichen und Situationen verwendet (so z. B. als *Koch-* und *Backrezept, Rezept gegen Langeweile, Rezept für eine gute Unterrichtsstunde*).

Roboter

›künstlicher (Maschinen-)Mensch; Automat, der ferngesteuert oder programmiert bestimmte Tätigkeiten ausführt‹

Das Wort geht zurück auf das utopische Drama »R.U.R.« (= Rossum's Universal Robots) von K. Čapek (1920). Mit *robot* wird darin ein künstlicher Mensch bezeichnet, der Arbeiten verrichten und auch sprechen kann (in Anlehnung an das tschech. Wort *robota* ›schwere Arbeit‹). Der Übersetzer O. Pick gab den Ausdruck im Dt. dann 1922 als *Roboter* wieder.

röntgen
›mit Röntgenstrahlen durchleuchten, eine Röntgenaufnahme machen‹
Das Wort bezeichnet ein medizinisches Untersuchungsverfahren und geht auf den Physiker W. C. *Röntgen* zurück, der 1895 die Röntgenstrahlen entdeckte und zunächst »X-Strahlen« (›unbekannte Strahlen‹) nannte. Bei der ersten Demonstration wurden diese Strahlen von dem Anatomen Köllicker als *Röntgen-Strahlen* bezeichnet.

Sadismus
›krankhafte Veranlagung, durch (physische oder psychische) Quälerei (vor allem) sexuelle Lust und Befriedigung zu erreichen‹
Die Bezeichnung wurde (durch den Psychiater R. Krafft-Ebing Ende des 19. Jhs.) aus dem gleichbedeutenden frz. *sadisme* übernommen, das zum Namen des frz. Schriftstellers *Marquis de Sade* gebildet worden ist. Dieser war durch die Darstellung sexueller Grausamkeiten in seinen Werken bekannt. Über die Psychologie hat das Wort im 20. Jh. immer mehr die allgemeine Bedeutung ›Freude am Quälen, an Grausamkeit und Gewalttätigkeit‹ (in vielen Lebensbereichen) angenommen.

Säge
›aus einem scharf gezackten Stahlband bestehendes Schneidwerkzeug‹
Säge bezeichnet ursprünglich ein Werkzeug zum Schneiden. Es ist verwandt mit lat. *secāre* (›abschneiden, mähen‹), *secula* (›kleine Sichel‹), dt. *Sense* und *Segel* (›abgeschnittenes Tuch‹), auch mit *Messer*, das auf ahd. *mezzisahs* (›Speiseschwert‹) zurückgeht.

Saison

›längerer Zeitabschnitt im Jahresablauf, der (von Fremdenverkehr, Handel, Theatern u. a.) vorzugsweise genutzt wird‹

Das Wort ist im 17. Jh. aus frz. *saison* übernommen worden (Jahreszeit, [geeignete, günstige] Zeit‹) und geht zurück auf lat. *satio* (›das Anpflanzen; die Saaten, Saatfelder‹ – vgl. auch dt. *Saat*). Es meint also wohl ursprünglich ›der zum Säen günstige Zeitraum‹. Mit *Saison* werden im Dt. heute auch viele Zusammensetzungen gebildet (z. B. *Nach-, Vor-, Hoch-/Hauptsaison, Badesaison; Saisonarbeiter, saisonbedingt*).

Sanktion

›offizielle Anerkennung (und damit verbundene Legitimierung)‹; ›Strafandrohung bei Übertretung einer Verfügung, vor allem Androhung von Zwangsmaßnahmen beim Verstoß gegen völkerrechtliche Prinzipien und Gesetze‹

Die 1. Bedeutungsvariante (seit dem 18. Jh.) ist beeinflußt von frz. *sanction*, ist entlehnt aus lat. *sānctio*, abgeleitet aus *sancīre* (›heiligen, bestätigen, unverletzlich machen, anerkennen, bei Strafe verbieten‹ – vgl. auch lat. *sānctum*, dt. *sanktionieren* [z. B. *etw. mit Sanktion der Behörden ausführen*]). Die 2. Bedeutungsvariante (›Strafandrohung‹) – meist im Plural – entwickelte sich nach dem 1. Weltkrieg (z. B. *gegen einen Staat wirtschaftliche oder politische Sanktionen verlangen*).

Sardine

›kleiner Heringsfisch‹

Das Wort ist im 15./16. Jh. als ähnlichlautendes und gleichbedeutendes ital. Wort entlehnt worden, das aus dem Lat. und Griech. stammt. Es geht zurück auf den Namen der Insel *Sardinien*: In der Antike sollen dort besonders viele Sardinen gefischt und verarbeitet worden sein.

Satisfaktion

‹Genugtuung, Schadenersatz, Abfindung‹

Das Substantiv kommt aus der Rechtssprache und wurde im 16. Jh. aus lat. *satisfactio* entlehnt (›Befriedigung [eines Gläubigers], Genugtuung, Entschuldigung‹) – vgl. lat. *satis* ›genug‹ + *facere* ›machen, tun‹). Seit dem 17. Jh. trat eine Verengung und Spezifizierung der Bedeutung ein in Richtung auf ›Genugtuung für eine Beleidigung durch Bereitschaft zum Duell‹ (nach dem damaligen Ehrenkodex der Offiziere und Studenten) – vgl. z. B. *Satisfaktion fordern, geben*. Mit dem Untergang der »Sache« (des Duells) ist auch das Wort heute veraltet.

Saxophon

›Blasinstrument‹

Das Blasinstrument wurde von dem belgischen Instrumentenbauer *A. Sax* in Brüssel gebaut und 1846 in Paris patentiert. Das *Saxophon* erhielt seinen Namen im ersten Glied der Zusammensetzung nach dem Erbauer, im zweiten Glied nach dem griech. *phōnḗ* (für ›Klang, Ton, [Gesangs-]Stimme‹). Im Dt. ist *Saxophon* seit der 2. Hälfte des 19. Jhs. bezeugt, das Instrument und seine Bezeichnung verbreiteten sich weltweit vor allem mit dem Jazz in der 1. Hälfte des 20. Jhs.

schäbig

›abgeschabt, abgenutzt; kleinlich, geizig‹

Das Wort ist nicht unmittelbar von *schaben*, sondern von dem heute veralteten Substantiv *Schabe/Schäbe* (›Krätze, Schafräude‹) abgeleitet. *Schäbig* bedeutete also mhd. ursprünglich soviel wie ›räudig, abgeschabt aussehend wie ein räudiges Tier‹. Zunächst auf das Aussehen bezogen (›abgeschabt, abgenutzt‹ bei der Kleidung – z. B. *ein schäbiger Anzug*), wurde es dann auch auf das Verhalten übertragen (›kleinlich, geizig‹ – z. B. *ein schäbiger Charakter*).

schächten

›(nach jüdischem Ritus) schlachten‹

Das Wort ist im 17. Jh. aus dem Jidd. übernommen worden (dort bereits ›schlachten‹). Beim *Schächten* wird einem Schlachttier der Hals zu zwei Dritteln aufgeschnitten, damit es völlig ausblutet. Das hatte früher konservatorische Gründe (das Fleisch des Tiers blieb länger eßbar), heute aber hat es vornehmlich ideelle und religiöse Motive (nachdem die Konservierung durch Kühlschränke u. ä. längst technisch möglich ist). Weil dt. Fleischer andere Formen des Schlachtens vorzogen, hat sich im 17. Jh. das Verb *schächten* verbreitet (der jüdische Fleischer stellt damit koscheres Fleisch her). Das Wort hat also nichts mit den *Schächten* zu tun, in denen Bauarbeiter und Bergleute graben, auch nichts mit dem älteren dt. Wort *Schächer* (›Räuber‹) oder dem aus dem Hebr. kommenden *schachern* (›Handel treiben‹), ebensowenig mit *Schach* oder *Schachtel*.

Scharlatan

›wer nichts von seinem Fach versteht, aber vorgibt, viel zu wissen; Aufschneider, Schwindler, Hochstapler‹

Das Wort geht zurück auf das Ital.: Es ist wohl auszugehen von *Cerretano* (›Einwohner von Cerreto‹, einem Ort bei Spoleto), als Gattungsname dann in der Bedeutung ›Quacksalber, Marktschreier‹. Es verbindet sich mit ital. *ciarlare* (›schwatzen‹) und wird umgestaltet zu ital. *ciarlatano*, das die unmittelbare Quelle für die Übernahme ins Dt. ist (im 17. Jh.). Das Verwendungsspektrum im Dt. reicht von ›(umherziehender) Komödiant, Spaßvogel‹ (Anfang des 17. Jhs.) über ›Marktschreier, Gaukler, Schwindler, Kurpfuscher‹ (seit Mitte des 17. Jhs.) bis hin zu ›Demagoge, (Volks-)Verführer‹ (erst im 20. Jh.).

Scheide

›Hülle, Grenze‹; ›weibliches Geschlechtsorgan‹

Das Wort ist bereits im Ahd. und Mhd. belegt in der Bedeutung ›Scheidung, Trennung, Abschied, Tod, Unterscheidung, Schwert-, Messerscheide‹. Ursprünglich wurde mit *Scheide* die ›Schwertscheide‹ bezeichnet, d. h. eine Hülle aus zwei Holzplatten zum Schutz der Schwertklingen. Die übertragene Bedeutung ›Trennung, Abschied, Unterscheidung‹ ist ebenfalls schon im Ahd. und Mhd. bezeugt und hat sich bis heute erhalten in einigen Zusammensetzungen (z. B. *Wasser-, Grenz-, Weg-, Völkerscheide*). Jüngeren Datums (16. Jh.) ist die Verwendung für ›weibliche Scham‹ (z. B. *etwas in die Scheide einführen*) – mit verhüllender Funktion als Übersetzung von lat. *vagīna*.

Schiff

›Wasserfahrzeug‹

Das Substantiv geht auf ein gleichbedeutendes älteres (auch: ahd.) Wort zurück, das offenbar im Zusammenhang steht mit einer noch älteren idg. Wurzel, der die Bedeutung ›schneiden, trennen, scheiden‹ zugeschrieben wird. Dann wäre von einer ursprünglichen Bedeutung ›ausgeschnittener, ausgehöhlter Baumstamm‹ auszugehen. Das erklärt wohl auch die andere Bedeutung von *Schiff* als ›Kirchenlanghaus‹.

schildern

›mit Worten darstellen, beschreiben‹

Das Verb hängt historisch zusammen mit *Schild* und bedeutete ursprünglich ›Schilde mit Symbolen, mit Wappen bemalen‹. Es erhielt erst im 18. Jh. die neue Bedeutung ›mit Worten malen‹, ›darstellen, beschreiben‹.

Schlamassel

›unangenehme Situation, Unglück, Mißgeschick‹

Das Wort ist seit dem 18. Jh. in der dt. Umgangssprache und in den Mundarten verbreitet, ist in der Gaunersprache entstanden und geht auf eine Zusammensetzung zurück, deren erstes Glied offensichtlich mit *schlimm* zusammenhängt und deren zweites Glied wohl auf einem jidd. Wort beruht (›Glücksstern, Gestirn‹). Deshalb wird schon eine frühe Bedeutung von ›schlimmer, schlechter Stern‹ oder (allgemeiner) von ›Unglück, Mißgeschick‹ angenommen.

Schmarotzer

›auf Kosten anderer Lebender, Parasit‹

Das Substantiv taucht zuerst im 15. Jh. auf (allerdings in der Bedeutung ›Bettler‹ – wie auch das Verb *schmarotzen* ursprünglich ›betteln‹ bedeutete). Erst später (im 16. Jh.) nahm es die heutige Bedeutung an. Seit etwa 1800 werden Verb und Substantiv auch in der naturwissenschaftlichen Fachsprache verwendet und auf Tiere bezogen (für ›parasitieren‹ und ›Parasit‹; vgl. dort).

Schirm

›Schutz‹, heute vor allem gegen Regen und Sonne

Das Wort geht zurück auf das Ahd. (›das, was zum Schutz dient‹), hatte ursprünglich die allgemeine Bedeutung von ›Schutz‹. Mit der zunehmenden Entwicklung des Handwerks benennt es dann eine ›Schutzvorrichtung jeder Art‹ (z. B. *Bett-, Wand-, Lampen-, Raketenschirm*). In alter, allgemeiner Bedeutung ist es noch erhalten z. B. in *Schirmherr, Schirmherrschaft*).

Schornstein

›Abzugskanal für die Rauchgase von Öfen und Feuerstätten‹

Das Wort ist seit dem Ahd. vorhanden (*scorrenstein*, gebildet von *scorrēn* ›stützen, herausragen‹), bezeichnete daher zunächst den Stützstein, der den Rauchfang über dem Herd stützt, auf dem sich der Rauchfang erhebt. Nachdem der offene Rauchfang verschwunden ist, blieb die Lautform, verlagerte ihre Bedeutung aber auf den gemauerten Rauchabzug (wie beim *Fabrikschornstein*).

schrecklich

›entsetzlich, grauenhaft‹; ›sehr, viel, groß‹

Das Wort hängt mit *schrecken* zusammen, daraus ergibt sich die ursprüngliche und heutige Hauptbedeutung ›entsetzlich, grauenhaft‹ (im 15. Jh.) (z. B. *ein schreckliches Gemetzel, sich schrecklich ärgern*). Daneben entwickelte sich aber (seit dem 17. Jh.) die Bedeutung von ›sehr, viel, groß‹, die von der Bedeutung von *schrecken* weitgehend abgekoppelt ist (z. B. *sich schrecklich freuen*).

schwänzen

›den Unterricht o. ä. versäumen, bummeln‹

Das Verb taucht zuerst im 18. Jh. in der Studentensprache auf. Seine Bedeutung stammt wohl von rotwelsch *swensen* (›über Land laufen‹)/*schwentzen* ›gehen‹), das auf *schwänzen* (›sich schwenkend [im Tanz] bewegen, tanzartig einherstolzieren‹ – bis ins 17. Jh.) und mhd. *swenzen* (›schwenken, putzen, zieren‹) zurückgeht. Zu *schwänzen* tritt die Iterativbildung *schwänzeln* in mehreren Verwendungen auf: (a) (vom Hund) ›mit dem Schwanz wedeln‹; (b) (auch vom Menschen) ›geziert gehen, stolzieren‹ (ugs., spöttisch); (c) (nur vom Menschen) ›jmdn. umschmeicheln, liebdienern, scharwenzeln (ugs.) (z. B. *Er ist immer um seinen Chef geschwänzelt.*).

Selters (Selterwasser)

›kohlensaures Tafel- oder Mineralwasser‹

Das Wort bedeutet ursprünglich ›Wasser aus den Mineralquellen von *Niederselters*‹ (im Kreis Limburg im Taunus/Hessen), erst später wird es bezogen auf künstlich hergestelltes Mineralwasser schlechthin.

September

›Name für den 9. Monat im Jahr‹

Das Wort ist entlehnt aus lat. *(mēnsis) september* (zu lat. *septem* ›sieben‹). Die Bezeichnung *September* für den 7. Monat erklärt sich aus dem ursprünglich im März beginnenden römischen Kalenderjahr; sie wurde aber beibehalten auch nach der römischen Kalenderreform, mit der das Jahr (wie heute) im Januar beginnt.

Sermon

›Rede, Predigt‹

Das Substantiv wurde im 14. Jh. aus dem Lat. entlehnt (*sermo* dort schon ›Rede, Gespräch, Disputation‹, im kirchensprachlichen Gebrauch ›Predigt‹). Da das Wort häufig mit bestimmten Attributen verwendet wurde (z. B. *lang, langgeschweift*), ist es seit dem 18. Jh. zunehmend mit einer pejorativ-negativen Bewertung verbunden worden, etwa im Sinne von ›langweilige, trockene, moralisierende Rede‹ oder gar ›langweiliges, leeres Gerede, Geschwätz‹.

Service

›mehrteiliges, in Form und Dekor übereinstimmendes Tafelgeschirr‹; ›Dienstleistung, Kundendienst, Kunden- oder Gästebedienung‹

Das Wort ist in der 1. Bedeutung (›Geschirr‹) – mit Akzent auf der zweiten Silbe – im 17. Jh. aus dem gleichbedeutenden frz. Wort übernommen worden, das seinerseits aus dem Lat. stammt (*servitium* im Sinne von ›Sklaverei, Sklavendienst‹, übertragen auf ›jede Art von Dienstbarkeit‹). Später bedeutete es im Frz. auch ›bei Tisch bedienen‹, ›Bedienung bei Tisch‹, ›was zum Mahle dient, Tafelgeschirr‹. Die zweite Bedeutung (›Dienstleistung‹) – mit Akzent auf der ersten Silbe – wird in der 2. Hälfte des 20. Jhs. aus dem Engl. (dort gleiche Bedeutung) ins Dt. übernommen; sie berührt sich mit der angedeuteten (allgemeinen) Bedeutung aus dem Lat.

Siebenschläfer

›der 27. Juni, dessen Wetter nach einer alten Bauernregel für das Wetter der folgenden sieben Wochen bestimmend sein soll‹

Das Wort taucht seit dem Mhd. auf und bezeichnet nach einer mittelalterlichen Legende sieben Jünglinge, die sich im Jahre 251 bei einer Christenverfolgung in einer Höhle bei Ephesus (in der heutigen Türkei) versteckt haben. Dort wurden die Christen von ihren Verfolgern angegriffen und bei lebendigem Leibe eingemauert. In diesem vermeintlichen Grabe schliefen die Männer 195 Jahre tief und fest, bevor sie am 27. Juni 446 gefunden und aufgeweckt wurden. Noch heute erinnert eine Wallfahrtskirche im niederbayrischen Rotthoff an das Schicksal der sieben Jünglinge. Die Bezeichnung *Siebenschläfer* hat also ursprünglich weder etwas mit dem gleichnamigen Tier (der Haselmaus) – deren Name vielmehr durch den festen Winterschlaf motiviert ist – noch mit dem Wetter zu tun.

Slip

›kurzer Schlüpfer für Damen, kurze Unterhose für Herren‹

Das Wort ist Mitte des 20. Jhs. aus dem Engl. entlehnt worden, bedeutete aber dort ›leicht überzuziehendes Kleidungsstück‹, besonders ›Damenunterrock‹. Im Dt. hat sich daraus die spezifischere Bedeutung entwickelt.

Smog

›Gemisch aus Nebel, Rauch, Schmutz und Abgasen; Dunstglocke‹

Das Wort ist Mitte des 20. Jhs. aus einem gleichlautenden und gleichbedeutenden amerik.-engl. Wort übernommen worden. Das engl. *smog* ist eine Neubildung aus *smoke* (›Rauch, rauchen‹) und *fog* (›[dichter] Nebel‹).

Smoking

›schwarzer, kleiner Gesellschaftsanzug mit seidenen Jackettaufschlägen‹

Das Substantiv ist im 19. Jh. übernommen worden als Verkürzung aus dem engl. *smoking jacket* (eigentlich ›Rauchjacke‹, die nach dem Essen zur Erleichterung zum Rauchen angezogen wird – an Stelle des Fracks, des großen Gesellschaftsanzugs [im Engl. *dinner jacket*]).

Snob

›sich überheblich, extravagant und geistig überlegen gebärdender Mensch; Wichtigtuer‹

Das Wort ist Mitte des 19. Jhs. aus dem gleichbedeutenden engl. Wort übernommen worden, ist zunächst auch nur auf engl. Verhältnisse bezogen worden. Das engl. Wort war erst ein spöttischer (mundartlicher bzw. ugs.) Ausdruck für ›Schumacher, Flickschuster‹. Später wird es in der (vor allem Cambridger) Studentensprache (18. Jh.) auf den ›nicht zur Universität Gehörenden‹ (mit negativer Bewertung) übertragen. Es bezeichnet um 1830 eine ›Person ohne Bildung und Geschmack‹. Schließlich wird das Wort durch Thackerays Roman »Book of Snobs« (1848) zum Modewort für ›Geck, Protz‹. Im Dt. wird *Snob* vor allem durch Sternheims Komödie »Der Snob« (1913) als Bezeichnung für einen ›blasierten, anmaßenden und überheblichen Menschen‹ geläufig.

Sold

›Entgelt, Löhnung für Soldaten‹

Das Substantiv erscheint bereits im Mhd. (*solt* ›Löhnung für geleistete Dienste [z. B. Kriegsdienste]‹, aber auch ›Schuld, Pflicht, Dienst, Geschenk‹). Es wurde im 12. Jh. aus afrz. *solt* entlehnt (›Münze‹), das seinerseits auf spätlat. *solidus* zurückgeht (eine – im Wert wechselnde – ›Goldmünze‹). Die Bedeutung ›Löhnung‹ hat sich noch im Mhd. entwickelt als Übersetzungswort für lat. *dōnātīvum* (›Geldgeschenk des Kaisers an das Heer‹). Die Verwendung im Sinne von ›Pflicht, Dienst‹ (vgl. z. B. heute in *jmds. Sold stehen* ›in bezahltem Dienst für jmds. Interessen tätig sein‹) könnte dagegen entstanden sein unter dem Einfluß des Verbs *sollen* oder durch eine Übertragung von mhd. *solt* (›Lohn [als Folge] für geleistete Dienste‹) auf die ›Pflicht‹ (als Voraussetzung für den Lohn).

Soljanka

›stark gewürztes Gericht aus Zwiebeln, Sauerkraut, Fleisch, Pfeffergurken, Pilzen, Würstchen u. a.‹

Soljanka bezeichnete um 1900 zunächst dieses russ. Gericht mit spezieller Zubereitung (z. B. mit Zwiebeln gedämpftes Sauerkraut, mit gebratenem Fleisch geschichtet, im Ofen leicht gebacken) – wohl eher als Ausdruck russ. Kochkunst. Später (Mitte des 20. Jhs.) meinte es dann eher (so auch nach Übernahme ins Dt.) eine Suppe mit Fleisch oder Fisch, Gemüse und saurer Sahne. In beiden Fällen ist es aus dem Russ. übernommen worden, ist es die Bezeichnung eines stark gewürzten Gerichts (in Anknüpfung an russ. *sol'* ›Salz‹).

Sonnabend

›der 6. Tag der (am Montag beginnenden) Woche‹

Der Wochentagsname wird im Zuge der angelsächsischen Mission als Entsprechung zu einem aengl. Wort übernommen, das ursprünglich ›Vorabend des Sonntags‹ bedeutete und in diesem Sinne auf den ganzen dem Sonntag vorausgehenden Tag ausgedehnt worden ist. *Sonnabend* wird verwendet vorwiegend im östlichen Md. und im Norddt.; in den übrigen Gebieten steht dafür *Samstag*. Beide Bezeichnungen ersetzen ein älteres (heidnisches) Wort, das an den Gott *Saturn* anknüpft (›Tag des Gottes Saturn‹) und heute noch im engl. *Saturday* und vereinzelt auch noch in nordwestdt. Mundarten *(Sater[s]tag)* nachwirkt.

Sonntag

›der 7. Tag der (am Montag beginnenden) Woche‹

Der Wochentagsname ist nach dem Sonnengott benannt (›Tag des Sonnengottes Helios‹) und vor dem 4. Jh., d. h. vor der Christianisierung von den Germanen nachgebildet worden. Er ist eine Zusammensetzung aus *Sonne* + *Tag*. Freilich sind in älterer Zeit verschiedene Formen belegt (solche mit *o* und solche mit *u* im ersten Glied, solche mit und solche ohne Fugenelement zwischen den beiden Gliedern – z. B. *Sonn-/Sonnentag*). Im 15. und 16. Jh. setzte sich die md. Form mit *o* durch (*Sonntag* – z. B. gegenüber engl. *sunday*), trat auch eine Bedeutungsdifferenzierung ein zwischen *Sonntag* (als ›Wochentag‹) und *Sonnentag* (als ›sonniger Tag‹).

Sozialismus

›Summe von sozialen Systemen und Bestrebungen, die eine Verbesserung der gesellschaftlichen Verhältnisse anstreben‹

Die Bezeichnung ist eine latinisierte Übernahme (1839) des entsprechenden frz. Wortes, das zunächst für jede Lehre steht, die das gesellschaftliche Zusammenleben durch Beseitigung extremer Gegensätze neu ordnen will. Sie gewinnt Verbreitung unter Einfluß des engl. Wortes (das im Engl. die alte Bezeichnung *Owenism* ablöst). Sie wird nun sowohl für die Theorie Owens als auch für alle (ihr nahestehenden) sozialen Bestrebungen gebraucht (z. B. auch für die Vorstellungen Fouriers und Saint-Simons). 1843/45 wird dann eine Spezifizierung durch Marx und Engels vorgenommen, wird (von Grün 1845) der Ausdruck *wissenschaftlicher Sozialismus* geprägt (zur Abgrenzung von utopischen Theorien). Auf diesem Wege entwickelte sich im Marxismus die terminologische Bedeutung als ›Lehre vom Aufbau und von der Entwicklung der sozialistischen und kommunistischen Gesellschaft‹ bzw. als ›erste Entwicklungsstufe der sozialökonomischen Gesellschaftsformation des Kommunismus‹ (so im Sprachgebrauch der kommunistischen Parteien).

Sozius

›Teilhaber‹; ›Beifahrer‹

Das Wort ist eine Entlehnung aus dem Lat. (dort für ›Gefährte, Genosse, Teilnehmer, Bundesgenosse‹ allgemein). Im Dt. ist die Bedeutung spezifiziert worden – einerseits zu ›Geschäftsteilhaber‹, aber auch ›Hilfsgeistlicher, Hilfslehrer‹ (seit dem 17. Jh.), andererseits zu ›Motorradbeifahrer‹ (seit dem 20. Jh.). Im 17./18. Jh. kam es im Dt. aber auch noch im allgemeinen Sinne als ›Begleiter, Gefährte, Freund‹ vor.

spartanisch

›streng, hart, anspruchslos, einfach‹

Das Wort wurde im 17. Jh. aus dem Lat. übernommen (›aus Sparta stammend, die Verhältnisse in Sparta betreffend‹). Es ist also abgeleitet vom Namen der altgriechischen Stadt *Sparta*. Die Spartaner waren schon in der Antike bekannt für ihre Einfachheit und Härte. Diese Eigenschaften liegen der heutigen Bedeutung zugrunde.

Staat

›geographisch abgegrenztes Gebiet als politische Organisation (und Machtinstrument)‹, ›Hoheitsgebiet, Land‹

Das Wort wurde im 14. Jh. aus lat. *status* (›das Stehen, Stand, Wuchs, Zustand, Umstände, Lage, [durch Geburt bedingte] soziale Stellung, fester Bestand, Wohlstand‹; mlat. auch ›Hofhaltung, Haushalt, Einkünfte, Rechnungslegung‹) abgeleitet (gebildet zu dem lat. Verb *stāre* ›stehen‹). Es steht also ursprünglich im Zusammenhang mit *Status*; das zeigt sich auch im Mhd., Mnd. und Frühnhd. (dort etwa ›äußere und innere Verfassung, Lage, Umstände, Stand, Stellung, Rang, Lebensweise; Aufwand, Pracht, Prunk‹). Der Übergang zum politischen Bereich bahnt sich zwar bereits im Lat. an (z.B. bei

Cicero und Tertullian), setzt sich aber zunächst nicht nachhaltig durch. Bis ins 16. Jh. entsprechen die dt. Bedeutungen im wesentlichen dem allgemeinen lat. und mlat. Gebrauch. Erst seit dem 17. Jh. erweitert sich der Bedeutungsumfang in Verbindung mit der staatlich-politischen Entwicklung in Europa: Mit *Staat* werden nun das Territorium, der Verwaltungsapparat, das Finanzsystem, die fürstlichen Hoheitsrechte, die Rechte und Pflichten der Stände- und Klassengesellschaft sowie die Vertretung der Macht nach innen und außen erfaßt. Die (im Zusammenhang damit) früh ausgebildete Bedeutung ›Ausstattung, Aufwand, Pracht‹ ist daneben lebendig geblieben und wird ugs. (manchmal ironisch gefärbt) heute noch im Sinne von ›Prunk, kostbare Kleidung, prächtiges Hausgerät‹ gebraucht (z. B. *Staat machen* für ›sich herausputzen‹).

sich stellen

›sich verstellen‹, ›sich anders geben, als man ist‹, ›sich unkenntlich machen‹

Noch bei Luther hatte *sich stellen* die (weitere) Bedeutung von ›sich verhalten‹. Später hat sich die Bedeutung verengt zu ›sich verstellen‹, das Wort ist mit einem negativen Akzent versehen worden (z. B. *sich taub, dumm stellen*).

stiften

›einrichten, gründen, spenden, schenken‹

Das Verb geht möglicherweise zurück auf eine (allerdings so nicht belegte) Grundbedeutung ›ein Bauwerk mit Holzpfählen (vgl. *Stift*) errichten‹. In den frühesten Zeugnissen steht *stiften* im Sinne von ›gründen‹ (Gebäude, Städte, Kulturstätten), später dann im Sinne von ›erbauen lassen, zur Verfügung stellen, schenken‹ (im Hinblick auf kirchliche Gebäude, aber auch auf weltliche gemeinnützige Anstalten), damit auch im Sinne von ›als Vermächtnis aussetzen, übereignen‹ (für Gegenstände und Geld). Schon früher und bis heute wird *stiften* auch in weiterer (und übertragener) Bedeutung verwendet (›ein Geschehen, einen Zustand herbeiführen‹, so z. B. in *Frieden, Unruhe stiften*). Das dominierende Bedeutungselement ist in solchen Fällen nicht mehr ›gründen‹ oder ›schenken/übereignen‹, sondern ›schaffen‹.

Strategie

›Art des Vorgehens, Verfahrensweise‹

Das Substantiv wurde im 18. Jh. aus dem Griech. übernommen mit der Bedeutung ›Kunst/Wissenschaft von der Heerführung, von Vorbereitung, Planung und Durchführung der Feldzüge‹. Im 19. Jh. verallgemeinerte sich die Bedeutung von ›militärischer Planung‹ zu ›theoretischer Planung‹ überhaupt. Deshalb wird in neuerer Zeit auch von *politischer Strategie* gesprochen (z. B. *Strategie* als ›Generallinie von Parteien‹), auch von Text-, Handlungs-, Fußballstrategien u. ä. Beide Bedeutungen liegen auch dem Adjektiv zugrunde (z. B. *strategischer Rückzug, strategischer Einsatz der Kampfmittel; strategische Spielgestaltung*).

Streß

›(gesundheitsschädigende) Überbeanspruchung des menschlichen Organismus durch (zu) große physische oder psychische Belastung‹

Das Substantiv ist in den 50er Jahren des 20. Jhs. als amerik.-engl. *stress* übernommen worden, wurde zuerst 1936 von dem kanadischen Physiologen H. Selje als medizinischer Terminus geprägt. Im allgemeinen Sinne bedeutet *stress* im Engl. soviel wie ›Nachdruck, Beanspruchung, Spannung, Belastung‹ und ist wahrscheinlich entstanden als Kürzung aus engl. *distress* (›Qual, Schmerz, Kummer, Not, Erschöpfung‹), was seinerseits abgeleitet ist von lat. *districtus* – vom Verb *distringere* (›auseinanderziehen, zusammenschnüren, einengen‹).

Striptease

›tänzerisch umrahmte Entkleidungsszene‹ (meist in Nachtlokalen)

Das Wort wurde nach 1945 aus einem gleichlautenden und gleichbedeutenden amerik.-engl. Wort übernommen, das aus einer Zusammensetzung entstanden ist (*strip* ›abstreifen, ausziehen, entkleiden‹ + *tease* ›necken, hänseln‹).

Stuß

›unsinnige Äußerung, Dummheit‹

Das Wort kommt aus dem Jidd., bedeutet dort ›Narrheit, Torheit, Unsinn‹, taucht seit dem 18. Jh. im Dt. auf und wird vor allem auf Äußerungen bezogen (z. B. *Stuß reden*).

Sünde

›Übertretung eines Sittengesetzes, Verstoß gegen Verhaltensnormen, Verfehlung‹

Das Wort *Sünde* kommt im Ahd. und in anderen germ. Sprachen vor, stand von Haus aus in Verbindung zu *Schande* und *Scham*. Es diente dann unter dem Einfluß der Christianisierung zur Wiedergabe von lat. *peccātum* (›Sünde gegen Gott‹). Die Sünde mit dieser (besonders stark ausgeprägten) religiösen Bedeutungskomponente (›Verstoß gegen ein göttliches Gebot‹) kann nach christlicher Auffassung nur durch Gott selbst vergeben werden. Diese Bedeutungskomponente hat sich heute – auf Grund geringerer religiöser Bindungen bei vielen Sprechern – stark zurückgebildet.

Symposion/Symposium

›(dem Austausch von Erkenntnissen dienende) Zusammenkunft von Wissenschaftlern, Kolloquium, Fachkonferenz‹

Das Wort geht zurück auf griech. *sympósion* (›Trinkgelage, Gastmahl, Teilnehmer an dem Gelage‹, eigentlich: ›das Mit-, Zusammentrinken‹), wird im 18. Jh. ins Dt. übernommen und im 20. Jh. ergänzt durch die dem Lat. folgende (synonyme) Form *Symposium*. Die ursprüngliche Bedeutung war also – mit Bezug auf Platons Dialog »Symposion« – zunächst ›Trinkgelage, Gastmahl mit intellektuellen Gesprächen‹; im 20. Jh. hat sich dann die heutige Bedeutung durchgesetzt: *Symposion* bezeichnet nun nur noch die ›Gespräche‹, nicht mehr das ›Trinkgelage und Gastmahl‹, die ursprünglichen zentralen Bedeutungskomponenten sind getilgt.

Taler

›Münze‹ (mit unterschiedlichem Wert)

Das Wort ist im 16. Jh. aufgekommen als Verkürzung aus *Joachimsthaler (Guldengroschen)*: Es bezeichnete ursprünglich eine in *Joachimsthal* (Jáchymov) in Böhmen geprägte Silbermünze. Die Bezeichnung hat sich sehr rasch im dt. Sprachgebiet verbreitet. Sie ist entlehnt aus dem Nd. und Ndl. und lebt noch weiter in amerik.-engl. *dollar*.

Techtelmechtel

›Flirt, Liebelei‹

Das Substantiv taucht im 19. Jh. im Dt. auf (vorher schon österr. *Dechtlmechtl* ›geheimes Einverständnis‹) und ist wohl als Umbildung von ital. a *teco meco* (›unter vier Augen‹, eigentlich ›[ich] mit dir, [du] mit mir‹) entstanden.

Tick

›absonderliche Angewohnheit, Eigenart, Schrulle, fixe Idee‹

Das Wort ist im 18. Jh. aus dem Frz. übernommen worden, bezeichnete dort zunächst die ›fehlerhafte Angewohnheit von Pferden, ungewöhnliche Bewegungen zu machen‹, dann ›Glieder-, Muskelzucken, wunderliche Gewohnheit‹. Wahrscheinlich ist es zu verstehen als eine laut- und bewegungsnachahmende Bildung. In der Medizin des 19. Jhs. wurde es verwendet für eine ›in kurzen Abständen zwanghaft auftretende nervöse Muskelzuckung‹. Insgesamt wurde die Bedeutung vom Pferd auch auf den Menschen, vom physischen auf den geistig-psychischen Bereich übertragen (z. B.: *Er hat einen Tick.*).

Tier

›sich bewegendes und von organischen Stoffen ernährendes Lebewesen‹

Die Wortform findet sich schon im Ahd. und in anderen germ. Sprachen. Der Bedeutung nach ist *Tier* eigentlich das ›lebende, atmende Wesen‹ (entsprechend dem lat. *animal* für ›Geschöpf, Lebewesen, Tier‹ und *anima* für ›Lufthauch, Atem, Seele, Leben‹). Lange Zeit (in Volkssprache und Mundarten z. T. noch heute) bezeichnet es dann ›das sich schreitend (auf vier Beinen) fortbewegende Lebewesen‹, besonders das ›wildlebende (jagbare, nicht domestizierte) Tier‹.

Tornister

›auf dem Rücken zu tragender Ranzen aus Fell oder Segeltuch‹

Das Wort erscheint zuerst Mitte des 17. Jhs. als *Tanister* und wurde in der 2. Hälfte des 17. Jhs. zu *Tornister* umgebildet. Es ist ein Wort der Soldatensprache und wohl entlehnt aus einem lautähnlichen tschech. Wort (›Beutel, Tasche, Sack‹), das seinerseits auf das Slowakische und Ungar. zurückgeht. Ältere Bildungen ähnlicher Art gibt es bereits im Griech. und Lat. (in der Bedeutung ›Brot-, Frucht-, Blumenkorb; Futtersack [für Pferde]‹). *Tornister* löst im Dt. älteres *Habersack* ab (›am Sattel festgeschnallter Sack mit Hafer für Pferde‹).

Trenchcoat

›sportlicher, wetterfester Mantel aus festem (imprägniertem) Baumwollstoff mit Gürtel‹

Das Substantiv ist Ende der 20er Jahre des 20. Jhs. übernommen worden aus dem gleichbedeutenden engl. *trench coat* (eigentlich: ›Schützengrabenmantel‹), eine Benennung nach der Bekleidung der britischen Frontsoldaten im 1. Weltkrieg. Der Ausdruck besteht im Engl. aus *trench* ›(Schützen-)Graben, Einschnitt, Furche, tiefe Rinne‹ – entlehnt aus frz./afrz. *trenche* (›durch einen Schnitt Abgegrenztes, Abschnitt, Scheibe‹); mfrz./frz. *trancher* (›zer-/zuschneiden, Gräben anlegen‹) + *coat* (›Rock, Jacke, Mantel‹).

Trittbrettfahrer

›Person, die von einer Sache profitiert, für die er selbst keinen Beitrag leistet‹

Das Wort *Trittbrett* taucht in der 2. Hälfte des 19. Jhs. auf und bezeichnet ›die an Fahrzeugen (besonders Eisen- und Straßenbahn) unterhalb der Türen angebrachte Stufe zum Ein- und Aussteigen‹. Seit den 30er Jahren des 20. Jhs. findet sich – noch in Anlehnung an diese konkrete Bedeutung – *Trittbrettfahrer* für einen ›Benutzer eines öffentlichen Verkehrsmittels, der außen auf dem Trittbrett mitfährt‹ und nach den damaligen Regelungen nicht zu bezahlen brauchte. In den 50er Jahren wurde das Substantiv in übertragener Bedeutung (zunächst vor allem innerhalb der Gewerkschaften der alten Bundesrepublik) auf Nicht-Gewerkschaftsmitglieder angewandt, die bei Tarifvereinbarungen dieselben Vorteile genossen wie die in der Gewerkschaft organisierten Arbeiter (ohne Beiträge zu bezahlen). Neuerdings steht *Trittbrettfahrer* in einem noch viel weiteren Sinne für Personen, die Vorteile ausnutzen, ohne dafür einen Beitrag zu leisten (bei jeder Institution und Organisation, bei jedem Projekt und in jeder Aktion, auch zuweilen bei Straftaten).

Trost

›seelischer Halt, Zuversicht, Ermutigung im Leid‹

Trost geht zurück auf das Ahd. (›Vertrauen, Ermutigung, Hilfe, Schutz‹). Aus der dort und in anderen germ. Sprachen vorhandenen früheren Bedeutung ›Festigkeit‹ entwickelte sich ›Zuversicht, Vertrauen, Hoffnung‹, aber auch ›Gewährung von Festigkeit‹, d.h. ›(sichtbare) Hilfe, Schutz‹. Unter Einfluß der christlichen Mission schränkte sich dann die Bedeutung ein auf ›himmlische Tröstung‹, auf ›durch Zuspruch entstehende seelische Stärkung‹. Diese religiöse Bedeutungskomponente trat im Verlaufe des Säkularisierungsprozesses der letzten Jahrhunderte wieder zurück. Auf Grund des Rückgangs der religiösen Bindungen bei einer Vielzahl von Sprechern trat erneut die allgemeine, erweiterte Bedeutung ›seelischer Halt, seelische Unterstützung‹ in den Mittelpunkt.

Trottoir

›Gehweg, Fußweg (erhöht) neben der Fahrstraße‹

Das Substantiv wurde Ende des 18. Jhs. als gleichlautendes und gleichbedeutendes frz. Wort übernommen (gebildet zu *trotter* ›traben, schnell gehen‹), ist aber heute bereits veraltend und wird zumeist durch *Geh-, Fußweg* oder *Bürgersteig* ersetzt.

Truthahn/Truthenne

›Puter, Pute‹

Das Tier wurde Anfang des 16. Jhs. aus Amerika eingeführt. Der erste Bestandteil der Bezeichnungen *Truthahn* und *Truthenne* besteht wohl aus einer Nachahmung des Lockrufs, mit dem die Henne ihre Jungen lockt *(put, put)*. Dazu sind auch *Pute/Puter* gebildet, die aus dem Nd. stammen. *Truthahn* und *Puter, Truthenne* und *Pute* werden jeweils synonym verwendet.

Tüll

›feines, netzartiges Gewebe‹

Die Bezeichnung ist in der 1. Hälfte des 19. Jhs. entlehnt worden, geht auf gleichbedeutendes frz. *tulle* zurück und ist hervorgegangen aus *point de Tulle* (›Spitze, Stickerei aus Tulle‹), also letztlich aus dem Namen der Stadt *Tulle,* wo dieses Gewebe zuerst hergestellt worden ist.

überlegen

›durchdenken, über etwas nachdenken, um zu einer Erkenntnis oder zu einem Entschluß zu kommen‹

Das Wort geht zurück auf das entsprechende ahd. Verb (in der Bedeutung ›vorwerfen, vorhalten‹), entwickelte sich über das Mhd. (dort ›überziehen, bedecken‹, aber auch ›über-, zu-, zusammenrechnen‹) bis hin zur heutigen Bedeutung (bestehend aus *über* + *legen*). Die Wortform erscheint auch als Adjektiv in der Bedeutung von ›in bezug auf etw. besser sein‹ (z. B. *ihm an Erfahrung überlegen sein*).

Urlaub

›dienst- bzw. arbeitsfreie Zeit‹

Das Wort geht zurück auf das Ahd. (dort ›Erlaubnis‹), die alte Bedeutung wurde zunächst im Mhd. verengt zu ›Erlaubnis sich zu entfernen‹, woraus sich dann die heutige Bedeutung ›zeitweilige Freistellung vom Dienst/von der Arbeit‹ entwickelte. Die Struktur der Bedeutung von *Urlaub* ist deutlich von *erlauben* abhängig: Zugrunde liegt eine vierstellige Relation, in der ein A einem B erlaubt, daß dieser von Y zum Zwecke von Z befreit wird. Im prototypischen Falle ist A der Arbeitgeber, B der Arbeitnehmer, Y die Arbeit, Z der Urlaub (bzw. die Erholung im Urlaub). Das ist aber nicht notwendig der Fall, wie solche Beispiele wie *Hafturlaub, Arbeitsurlaub* u. a. zeigen.

Utensil(ien)

›notwendige, zweckdienliche Geräte, Gegenstände, Werkzeuge‹

Das (meist im Plural verwendete) Wort wurde Ende des 17. Jhs. aus dem gleichbedeutenden lat. *ūtēnsilia* entlehnt. Dieses hängt mit dem Verb *ūtī* zusammen, das soviel bedeutet wie ›gebrauchen, benutzen, anwenden‹ (vgl. auch noch im dt. *Usus*).

verarschen

›veralbern, zum Narren halten‹

Das ugs.-vulgäre Verb ist Anfang des 20. Jhs. aus dem Substantiv *Arsch* (›Hintern, Gesäß‹, ebenfalls ugs.; findet sich bereits im Ahd.) abgeleitet worden (z. B.: *Der Schüler wollte seinen Lehrer verarschen.).* Es liegt ihm wohl die (konkrete) Bedeutung ›jmdm. den (nackten) Hintern zeigen‹ zugrunde.

verballhornen

›eine sprachliche Äußerung entstellen‹ (in der Absicht, etw. vermeintlich Falsches zu verbessern)

Seit dem 18. Jh. ist das Verb in der dt. Standardsprache nachweisbar. Es geht zurück auf den Namen des Lübecker Buchdruckers *Johann Ballhorn,* bei dem 1586 eine von einem Unbekannten fehlerhaft bearbeitete Ausgabe des lübischen Rechts erschien.

verstehen

›akustisch wahrnehmen, deutlich hören‹; ›geistig erfassen, begreifen‹; ›mit jmdm. auskommen, gleiche Interessen oder Ansichten haben‹

Das Wort geht zurück auf das Ahd. und hat dort bereits die beiden Bedeutungen des ›akustischen Wahrnehmens‹ und des ›geistigen Erfassens‹. In der zuletzt genannten Variante (›auskommen‹), die mit der 2. Bedeutung zusammenhängt (vgl. *Ich verstehe das Problem – Ich verstehe ihn – Wir verstehen uns*), wird es reflexiv (zusammen mit *sich*) verwendet.

Visage

›Gesicht‹

Das Substantiv ist im 17. Jh. aus dem Frz. übernommen worden (dort ›Gesicht, Antlitz‹), das von lat. *vidēre* (›sehen‹) abgeleitet ist. Im Dt. wird es seit dem 18. Jh. zunehmend negativ bewertet und ist heute nur noch in derber, abschätziger Ausdrucksweise üblich.

vogelfrei

›rechtlos, ohne gesetzlichen Schutz‹

Das Wort kommt seit dem 15. Jh. vor, zunächst in der Bedeutung von ›frei von Herrschaftsdiensten, frei wie ein Vogel in der Luft‹. Im 16. Jh. erhielt es die heutige Bedeutung, offenbar auf Grund der Vorstellung ›den Vögeln (zum Fraß) freigegeben‹, da dem Körper eines ›Ge-

ächteten‹ (›Rechtlosen‹) das Grab versagt wurde.

vögeln

›den Beischlaf ausüben, begatten, koitieren‹

Das Verb geht zurück auf das Ahd. (8. Jh.), anfangs in der Bedeutung ›auf Vogelfang ausgehen, Vogelschau anstellen‹, dann in der Bedeutung ›begatten‹, zunächst vor allem auf Tiere (besonders Vögel), später (seit dem 15. Jh.) auch – euphemistisch – auf die Menschen bezogen (ugs.-vulgär).

Volontär

›wer zur Vorbereitung auf seine künftige berufliche Tätigkeit arbeitet‹

Seit Mitte des 19. Jhs. kommt das Wort besonders im kaufmännischen Bereich von Betrieben, besonders auch in Redaktionen vor. Zuvor wurde mit *Volontär* ein ›zum Zwecke der Ausbildung zum Offizier freiwillig und ohne Sold dienender Soldat‹ bezeichnet (in der Militärsprache). Ihm liegen das frz. *volontaire* bzw. das lat. *voluntārius* zugrunde, die die Kernbedeutung ›freiwillig, aus freiem Antrieb‹ enthielten, die für die spätere Entwicklung (mindestens in der Militärsprache) maßgebend wurden.

Volt

›Maßeinheit der elektrischen Spannung‹

Die Maßeinheit wurde benannt nach dem ital. Physiker Alessandro Graf *Volta* (1745–1827), der durch zahlreiche Entdeckungen im Bereich der Elektrizitätslehre (z. B. Elektroskop, Kondensator, Begründung des Galvanismus) bekannt wurde.

(sich) vorstellen

›seinen Namen nennen und sich bekannt machen‹; ›vorführen‹; ›sich in Gedanken ein Bild machen‹; ›nach vorn stellen‹

Die verschiedenen Bedeutungsvarianten, die das Verb *vorstellen* in der dt. Gegenwartssprache hat, gehen zurück auf die ältere (konkrete) Bedeutung ›nach vorn stellen‹, aus der sie sich entwickelt haben.

Wand

›senkrecht stehende, raumbildende und -abgrenzende Fläche‹

Das Substantiv gehört etymologisch zu *winden,* bezeichnet ursprünglich die nach germanischer Bauweise aus Zweigen gewundene oder geflochtene (und dann mit Lehm bestrichene) Wand als Begrenzung. Unsere heutige Bedeutung sieht ab von dieser Herstellungsweise, die ursprüngliche Bedeutung ist erweitert worden (von der gewundenen Umgrenzung zur Raumbegrenzung allgemein). Diese Bedeutungsveränderung ergab sich mit der auf die Römer zurückgehenden Steinbauweise (das Bedeutungselement des ›Windens‹ ging verloren).

wandern

›größere Strecken zu Fuß zurücklegen‹

Das Verb geht zurück auf ältere Formen, die einen etymologischen Zusammenhang mit *wenden* erkennen lassen. Aus der alten Bedeutung ›wiederholt wenden, hin und her wenden‹ entwickelte sich die Bedeutung zunächst zu ›von einem Ort zum anderen ziehen‹ und – seit dem 18. Jh. – schließlich zu ›größere Strecken in der Natur zu Fuß zurücklegen‹. Im Unterschied zu anderen Fortbewegungsverben treten die Merkmale der Zielgerichtetheit der Bewegung und der Direktheit des Weges zurück (was offenbar mit der angedeuteten Herkunft zusammenhängt).

Weib

›erwachsene weibliche Person, Ehefrau‹

Weib ist seit dem 8. Jh. im Ahd. (und in anderen germ. Sprachen) zunächst als Geschlechtsbezeichnung generell und ohne pejorative Nuance gebräuchlich. Erst nachdem *Frau* (ursprünglich ›Herrin‹ als Standesbezeichnung) im 17. Jh. zur Geschlechtsbezeichnung wird, wird *Weib* aus dieser Funktion verdrängt und erhält eine pejorative Bewertung (vgl. z. B. *das alte Weib, Weibsstück*). Entsprechende Unterschiede finden sich auch

bei den adjektivischen Ableitungen: einerseits *weibisch* in neutraler Verwendung wie *weiblich* bis ins 18. Jh., in pejorativer Verwendung als ›unmännlich‹ mit Bezug auf Männer seit dem 16. Jh.; andererseits *weiblich* immer ohne pejorative Bewertung im Sinne von ›einer Frau entsprechend, zu einer Frau gehörig‹ als Gegensatz zu ›männlich‹.

weihen

›durch eine religiöse Handlung heiligen, seiner religiösen Bestimmung übergeben, jmdm. etwas widmen/stiften‹

weihen geht zurück auf das Ahd. und andere germ. Sprachen, ist gebildet zu einer Wurzel *wīh* ›heilig‹ (wie sie noch in *Weihnachten* und *Weihrauch* enthalten ist). Es steht ursprünglich immer in religiösem Kontext und bedeutet soviel wie ›zu gottesdienstlichen Zwecken aussondern‹. In der Gegenwartssprache ist die religiöse Bedeutungskomponente abgeschwächt und in einzelnen Verwendungen ganz verschwunden (z. B. *das Theater einweihen, Jugendweihe*).

Weihnachten

›Fest der Geburt Christi‹

Die Bezeichnung dieses christlichen Festes ist im Mhd. entstanden aus einer Zusammenziehung *(diu wīhe naht)*, bedeutete also eigentlich ›die heilige Nacht‹. Die Form *Weihnacht* wird erst seit dem 18. Jh. gebräuchlich, zuvor war noch der der mhd. Form *(ze den wīhen nahten)* entsprechende Dativ Plural üblich.

Xanthippe
›zanksüchtige Ehefrau, unleidliches Weib‹
Die Bezeichnung geht zurück auf den Namen der Frau des griech. Philosophen Sokrates (5. Jh. v. Chr.), die als zänkisch und bösartig geschildert wird. Seit dem 16. Jh. taucht sie im Dt. in der heutigen Bedeutung (als Gattungsname) auf.

Yankee

Spottname für ›USA-Bürger‹

Das Substantiv wurde Ende des 18. Jhs. als gleichlautendes und gleichbedeutendes amerik.-engl. Wort übernommen, das als Verkleinerungsform (nl. *Janke*) des holländischen Namens *Jan* gedeutet wird. Sie wurde verwendet als Spitzname für die aus den Niederlanden eingewanderten Siedler. Im Amerik.-Engl. war *Yankee* zunächst Bezeichnung für die Bewohner Neuenglands, später (seit dem Sezessionskrieg) für Bürger der Nordstaaten, danach (im 20. Jh.) wurde die Bezeichnung ausgedehnt auf die weißen Bewohner der USA schlechthin. Mit dieser Bedeutung kam das Wort mit den beiden Weltkriegen im 20. Jh. ins Dt. (als eine saloppe Bezeichnung).

Zange

›Werkzeug zum Greifen, Festhalten, Biegen und Trennen, bestehend aus zwei durch Scharnier verbundenen, in Griffe übergehenden Backen‹

Das Substantiv wird in Zusammenhang gebracht mit älteren Formen (z. B. im Aind. und Griech.), die auf die Bedeutung ›beißen‹ verweisen. Die Ausgangsbedeutung von *Zange* wäre dann ›die Beißende‹. Mit der Entwicklung vieler Arten von Zangen ist dieses Bedeutungsmerkmal später verlorengegangen (vgl. aber heute *Beiß-, Kneifzange*).

Zapfenstreich

›Signal (mit Begleitmusik) als Aufforderung für die Soldaten, sich in ihre Quartiere zu begeben‹

Das Substantiv erscheint im Dt. seit dem 17. Jh. und bezeichnete eigentlich den ›Streich/Schlag auf den Zapfen des Bierfasses, damit sich dieses schließt und damit der Ausschank im Militärlager beendet wird‹. Daraus hat sich schließlich die heutige (übertragene) Bedeutung entwickelt.

Zeile

›geschriebene oder gedruckte Buchstaben- oder Wortreihe‹

Zeile kommt aus dem Ahd. und Mhd., wurde dort aber in der weiteren Bedeutung von ›regelmäßige Reihe mehrerer nebeneinanderstehender Dinge‹ verwendet (heute z. B. noch in *Häuserzeile* erhalten). Im Nhd. hat sich die Bedeutung verengt, *Reihe* bezieht sich vorrangig nur noch auf die ›geschriebene oder gedruckte Reihe/Linie‹.

Zeppelin

›Luftschiff‹

Das Starrluftschiff verdankt seinen Namen seinem Erfinder Ferdinand Graf von *Zeppelin* (1838–1917), der württembergischer Gesandter in Berlin und später auch General war, sich seit 1890 mit dem Bau seines Luftschiffes befaßt hat. 1900 erfolgte der erste Aufstieg des Luftschiffes mit seiner charakteristischen langgestreckten Form.

Ziegel

›Baustein aus gebranntem Ton, Backstein‹

Das Substantiv findet sich bereits im Ahd. *(ziegal)* und im Mhd. *(ziegel)* und ist aus lat. *tēgula* entlehnt worden (›Dachziegel‹ – abgeleitet von *tegere* ›decken, bedecken‹). Das Wort haben die Germanen in der römischen Kaiserzeit mit dem Steinbau von den Römern übernommen.

ziemlich

›von verhältnismäßig großem Ausmaß oder großer Menge, annähernd, ungefähr‹

Das Wort hängt mit dem Verb *ziemen* zusammen und hatte ursprünglich (ahd.) die Bedeutung von ›geziemend, schicklich, gebührend‹ (z. B. *wie es Witwen ziemlich ist*). Erst seit dem 16. Jh. wird es in unserer heutigen Bedeutung gebraucht (z. B. *ziemlich lange warten*).

Zigarre

›fest gewickelte, mit einem Deckblatt umhüllte Rolle aus Tabakblättern‹

Das Substantiv geht zurück auf das gleichbedeutende span. *cigarro* (ist im 18. Jh. übernommen worden), dem wohl ein indianisches (Māya) *zicar* (›gerollte Tabakblätter‹) zugrunde liegt. Das Wort ist mit der bezeichneten Sache aus Westindien gekommen, entweder als Name einer Tabaksorte von Kuba oder als Indianerwort für ›Werkzeug zum Saugen‹. Im Dt. taucht das Wort zuerst in Reisebeschreibungen über Mittelamerika auf, zuerst in der Form *Cigarr*, dann (nach span. Vorbild) *Cigarro/Zigarro*, schließlich (seit etwa 1800 in eingedeutschter Pluralform) *Cigarren* und (im 19. Jh. im Singular) *Zigarre*. In übertragener Bedeutung steht *Zigarre* auch (eher ugs.) für ›grobe Zurechtweisung, Rüffel‹ (z. B. *jmdm. eine [dicke] Zigarre verpassen*). Diese Übertragung stammt aus der Soldatensprache des Weltkrieges und geht wohl auf eine ironische Gleichsetzung der entgegenzunehmenden Rüge mit der oft bei Besprechungen (freundlich-herablassend) angebotenen Zigarre zurück. Von *Zigarre* abgeleitet sind *Zigarette* (Verkleinerungsform zu frz. *cigare*, seit Mitte des 19. Jhs. im Dt.) und *Zigarillo* (für ›kleinere, dünne Zigarre‹).

Zigeuner

Als *Zigeuner* wird der Angehörige eines ursprünglich nomadisierenden, über viele Länder verstreut lebenden idg. Volkes bezeichnet, das etwa im 10. Jh. aus Nordindien ausgewandert ist, in unterschiedlichen Gruppen und auf verschiedenen Wegen (zumeist wohl über den Iran, Syrien und die Balkanländer, aber z. T. auch über Nordafrika und Spanien) nach Europa und (im 15. Jh.) auch nach Deutschland gekommen ist. Die *Zigeuner* nennen sich selbst nicht so, sondern benutzen als Selbstbezeichnungen *Sinti, Roma* u. a. (*rom* bedeutet zigeunerisch ›Mann, Gatte‹). Die im Dt. vielfach übliche Fremdbezeichnung findet sich im 15. Jh. schon lautähnlich im Hd., kommt lautähnlich auch in den Balkansprachen vor (nicht nur in den slaw., sondern auch in anderen Balkansprachen) und steht für die durch Kleinasien ziehenden und von den einheimischen Völkern verachteten *Zigeuner*. Auf diese Weise entstand eine negative Bewertungskomponente (weshalb die Bezeichnung *Zigeuner* von den Zigeunern selbst auch als anstößig empfunden wird), die seit dem 16. Jh. auch metaphorisch gebraucht wird (im Sinne von ›ein unstetes Leben führen‹ – vgl. z. B. *zigeunerisch, zigeunern, Zigeunerleben*).

Zimmer

›Raum einer Wohnung‹

Das Substantiv geht zurück auf ein ahd. Wort (›Bauholz, Holzbau, Wohnung, Wohnraum‹). *Zimmer* bedeutete ursprünglich ›Bauholz‹, dann ›Holzgebäude‹, erst später – wie heute – ›Wohnraum‹, seit dem 20. Jh. sogar auch ›das in dem Zimmer enthaltene Mobiliar, die Zimmereinrichtung‹ – vgl. die Verwendung in *Sie kauft sich ein neues Wohn-/Schlafzimmer*. Seit dem 15. Jh. – mit der Bedeutungsentwicklung von ›Holzgebäude‹ zu ›Wohnraum‹ – geht die Beziehung zu ›Holz‹ als Bedeutungselement verloren.

Zote

›unanständiger Witz, obszöner derber Spaß‹

Das Substantiv ist im Frühnhd. entstanden in der Form *Zoten/Zotten*, zunächst als Plural gebildet zu *Zotte* (›[verfilztes, durch Schmutz verklebtes] Haarbüschel – besonders an den menschlichen Geschlechtsteilen –, Fetzen‹). Es kommt zuerst in der (derben) in Fastnachtsspielen und Schwankbüchern belegten Wendung *Zot(t)en reißen* vor (in der Bedeutung ›etw. Unflätiges tun; derbe, obszöne Späße machen‹ – 16. Jh. –, ursprünglich wohl ›schmutzige und kotig verklebte Haare säubern‹). Im 17. Jh. wird der Singular (rück-)gebildet, werden *Zote* (mit übertragener Bedeutung) und *Zotte* in der Schreibweise unterschieden.

(sich) zügeln

›(sich) zurückhalten, beherrschen‹

Wie sich das Substantiv *Zügel* aus der Anfangsbedeutung ›Gerät zum Ziehen‹ – *zügeln* hängt auch formal mit *ziehen* zusammen – zu der heutigen (spezifizierten) Bedeutung ›Lenkriemen der Reit- und Zugpferde‹ entwickelt hat, so wandelte sich auch die Bedeutung des Verbs *zügeln*: Ursprünglich bedeutete es (im konkreten Sinne) soviel wie ›die Zügel eines Reit- oder Zugtieres anziehen, um es in seiner Geschwindigkeit zu mindern oder es zum Stehen zu bringen‹, seit dem 18. Jh. dann im heutigen (abstrakten) Sinne von ›sich zurückhalten, beherrschen‹.

Zunder

›Zündschwamm, leicht brennbares Material‹

Das Wort geht zurück auf das Ahd. (*zuntāri* ›wer anzündet‹) und steht im Zusammenhang mit dem Verb *zünden*. *Zunder* kommt heute vor allem in einigen Wendungen vor – z. B. *wie Zunder brennen* (konkret); *jmdm. Zunder geben* (abstrakt). Dagegen hat sich (aus gleichem Ursprung) *Zünder* zum Fachwort der Waffentechnik entwickelt (›Vorrichtung an Sprengkörpern zum Zünden der Sprengladung‹).

Literatur

Drosdowski, Günther (Hg.) (1989): Duden. Bd. 7: Etymologie. Herkunftswörterbuch der deutschen Sprache. 2., völlig neu bearbeitete und überarbeitete Auflage. Dudenverlag Mannheim/Wien/Zürich

Grimm, Jacob/Grimm, Wilhelm (1854 ff.): Deutsches Wörterbuch. 32 Bände. Verlag Hirzel Leipzig; fotomechanischer Nachdruck der Erstausgabe 1854 – Deutscher Taschenbuchverlag München 1991

Hiersche, Rolf (1986 ff.): Deutsches etymologisches Wörterbuch. Heidelberg

Kempcke, Günter u. a. (1984): Handwörterbuch der deutschen Gegenwartssprache. 2 Bände. Akademie-Verlag Berlin

Klappenbach, Ruth/Steinitz, Wolfgang (Hg.) (1961–1977): Wörterbuch der deutschen Gegenwartssprache. Akademie-Verlag Berlin

Kluge, Friedrich/Götze, Alfred (1943): Etymologisches Wörterbuch der deutschen Sprache. Verlag Walter de Gruyter Berlin

Kluge, Friedrich (2002): Etymologisches Wörterbuch der deutschen Sprache. Bearbeitet von Elmar Seebold. 24., durchgesehene und erweiterte Auflage. Verlag Walter de Gruyter Berlin/New York

Lerchner, Gotthard (2001): Geschichte der deutschen Sprache. In: Wolfgang Fleischer/Gerhard Helbig/Gotthard Lerchner (Hg.): Kleine Enzyklopädie – Deutsche Sprache. Peter Lang Verlag Frankfurt (Main), S. 512–647

Lühr, Rosemarie (2001): Projekt »Deutsches Etymologisches Wörterbuch« (Konzeption). Sächsische Akademie der Wissenschaften zu Leipzig (unveröffentlichtes Manuskript)

Pfeifer, Wolfgang u. a. (1989): Etymologisches Wörterbuch des Deutschen. 3 Bände. Akademie-Verlag Berlin

Polenz, Peter von (1991, 1994, 1999): Deutsche Sprachgeschichte vom Spätmittelalter bis zur Gegenwart. Band I–III. Verlag Walter de Gruyter Berlin/New York (Bd. I: Einführung – Grundbegriffe – Deutsch in der frühbürgerlichen Zeit [1991]; Bd. II: 17. und 18. Jahrhundert [1994]; Bd. III: 19. und 20. Jahrhundert [1999])

Schippan, Thea (1972): Einführung in die Semasiologie. VEB Bibliographisches Institut Leipzig

Schippan, Thea (1984): Lexikologie der deutschen Gegenwartssprache. VEB Bibliographisches Institut Leipzig

Wasserzieher, Ernst (1977): Kleines etymologisches Wörterbuch der deutschen Sprache. VEB Bibliographisches Institut Leipzig

Wasserzieher, Ernst/Betz, Werner (1966): Woher? Ableitendes Wörterbuch der deutschen Sprache. 17. (von W. Betz bearbeitete) Aufl. Ferd. Dümmlers Verlag Bonn

Gestaltung Frank Eilenberger
Layout Atelier für grafische Gestaltung
Druck Jütte-Messedruck, Leipzig
Bindung Kunst- und Verlagsbuch-
binderei Leipzig
Printed in Germany
ISBN 3-936618-39-9

Dieses und andere Bücher
finden Sie auch im Internet unter
www.faberundfaber.de